Einführung in die objektorientierte Programmierung mit Java

von
Prof. Dr. Ernst-Erich Doberkat
Dr. Stefan Dißmann
Universität Dortmund

2., überarbeitete Auflage

Oldenbourg Verlag München Wien

Die Deutsche Bibliothek - CIP-Einheitsaufnahme

Doberkat, Ernst-Erich:
Einführung in die objektorientierte Programmierung mit Java / von
Ernst-Erich Doberkat ; Stefan Dißmann. – 2., überarb. Aufl.. -
München ; Wien : Oldenbourg, 2002
    ISBN 3-486-25342-5

© 2002 Oldenbourg Wissenschaftsverlag GmbH
Rosenheimer Straße 145, D-81671 München
Telefon: (089) 45051-0
www.oldenbourg-verlag.de

Lektorat: Irmela Wedler
Herstellung: Rainer Hartl
Umschlagkonzeption: Kraxenberger Kommunikationshaus, München
Gedruckt auf säure- und chlorfreiem Papier
Druck: R. Oldenbourg Graphische Betriebe Druckerei GmbH

Inhaltsverzeichnis

Vorwort 9

Kapitel 1 – Telephonieren in der Wiener Hofburg 13
  1.1 Das Problem 13
  1.2 Die Lösung von Joseph B. Kruskal 16
  1.3 Überlegungen zum Vorgehen 19

Kapitel 2 – Erste Schritte mit Java 21
  2.1 Klassen – ein erstes Beispiel 21
  2.2 Variable 23
  2.3 Primitive Datentypen 26
  2.4 Typanpassung 30
  2.5 Prioritäten 31
  2.6 Elementare Anweisungen 32
  2.7 Sichtbarkeit von Namen 46
  2.8 Das Feld als einfache Datenstruktur 47
  2.9 Übungen 54

Kapitel 3 – Klassen und Objekte 59
  3.1 Deklaration von Klassen 59
  3.2 Sichtbarkeit von Namen in Klassen 68
  3.3 Zugriffsspezifikationen 70
  3.4 Klassenattribute und -methoden 76
  3.5 Übergabe von Parametern an Methoden 78
  3.6 Einhüllende Klassen 80
  3.7 Überladene Namen 82
  3.8 Übungen 83

Kapitel 4 – Rekursion 89
  4.1 Rekursive Methoden 89
  4.2 Binäre Bäume und Heaps 91
  4.3 Heapsort 94
  4.4 Heapsort für die Verbindungen der Hofburg 101
  4.5 Zur Klassifikation rekursiver Methoden 104
  4.6 Übungen 109

Kapitel 5 – Abstraktionen 113
    5.1 Einführendes Beispiel 113
    5.2 Erweiterung von Abstraktionen 118
    5.3 Verschattung von Namen und Namenskonflikte 120
    5.4 Abstraktionen als opake Gefäße 121
    5.5 Flexible Implementierung eines Heaps 124
    5.6 Übungen 125

Kapitel 6 – Dynamische Datenstrukturen 127
    6.1 Dynamische Referenzen 128
    6.2 Lineare Listen 129
    6.3 Durchlaufen einer Liste 138
    6.4 Binäre Suchbäume 142
    6.5 Gerichtete Graphen 156
    6.6 Kellerspeicher 165
    6.7 Anmerkung zur Flexibilität 167
    6.8 Übungen 168

Kapitel 7 – Erweiterung von Klassen durch Vererbung 175
    7.1 Einführendes Beispiel 175
    7.2 Hinzunahme von Attributen 179
    7.3 Erweiterung um Methoden 181
    7.4 Die Klassen `Object` und `Class` - eine Übersicht . 185
    7.5 Typsicherheit 187
    7.6 Listen mit beliebigen Elementen 189
    7.7 Listen von Hofzwergen und abstrakte Klassen 194
    7.8 Abschließende Bemerkungen 200
    7.9 Übungen 201

Kapitel 8 – Innere Klassen 207
    8.1 Ein neuer Blick auf den Breitendurchlauf in binären Suchbäumen . 207
    8.2 Regeln für innere Klassen 216
    8.3 Lokale Klassen 217
    8.4 Anonyme Klassen 218

Kapitel 9 – Pakete und Übersetzungseinheiten 225
    9.1 Definition von Paketen 225
    9.2 Ablage von Paketen im Dateisystem 230
    9.3 Übersicht über die Zugriffsspezifikationen 232

Kapitel 10 – Anwendung: minimale Gerüste 233
    10.1 Das Problem 234
    10.2 Abstraktion: ungerichtete Graphen 234
    10.3 Vorüberlegungen zur Realisierung 241
    10.4 Mengen 253
    10.5 Rückblick 259
    10.6 Übungen 261

Kapitel 11 – Ausnahmen und ihre Behandlung 263
11.1 Ausnahmesituationen am Beispiel einer Warteschlange 265
11.2 Abfangen von Ausnahmen 272
11.3 Konzepte der Ausnahmebehandlung 275
11.4 Ausnahmen der Klasse string an Beispielen 282
11.5 Übungen 284

Kapitel 12 – Threads – Realisierung von Parallelität 287
12.1 Leichtgewichtige Prozesse 287
12.2 Eigenschaften von Prozessen 292
12.3 Kritische Abschnitte 294
12.4 Speisende Philosophen 303
12.5 Übungen 311

Kapitel 13 – Datenströme und Dateibearbeitung 313
13.1 Datenströme für Dateien 315
13.2 Dateibearbeitung – ein erstes Beispiel 317
13.3 Ablage des binären Suchbaums in einer Datei 321
13.4 Sortieren durch Mischen 323
13.5 Ströme und ihre Methoden 333
13.6 Übungen 337

Kapitel 14 – Applets – Java im Internet 339
14.1 Bibliotheken zur Implementierung von Benutzungsoberflächen . . . 339
14.2 Ein erstes Beispiel 341
14.3 Graphiken und all das 345
14.4 Applets mit Bildern 356
14.5 Jetzt kann es losgehen 363
14.6 Ereignisse 368
14.7 Jetzt wird´s multimedial: Töne 373
14.8 Der Sandkasten – einige Anmerkungen zur Sicherheit 377

Kapitel 15 – Benutzungsoberflächen mit Swing 383
15.1 Eingabe von Knoten und Kanten 385
15.2 Programmsteuerung durch Menüs 394

Kapitel 16 – Java und das objektorientierte Paradigma 403
16.1 Programmierparadigmen 403
16.2 Imperative und funktionale Programmierung 404
16.3 Objektorientierte Konzepte 406
16.4 Erzeugung gleichartiger Objekte 407
16.5 Erzeugung ähnlicher Objekte 408
16.6 Konzepte der Spezialisierung 412
16.7 Assoziation, Aggregation und Komposition in Java 418
16.8 Abschlußbemerkungen 419

Literaturverzeichnis 421

Anhang 423
    A: Einfache Methoden zur Ein- und Ausgabe 423
    B: Anmerkungen zum Unicode-Zeichensatz 425

Index 427

Vorwort

Dieses Buch beschäftigt sich mit der Programmierung, und zwar mit der objekt-orientierten Variante dieser Disziplin der Informatik. Um unseren Lesern das objektorientierte Programmieren näher bringen zu können, benötigen wir eine geeignete Programmiersprache. Hierzu haben wir Java ausgewählt, die populäre Sprache, die häufig im Zusammenhang mit den Schlagworten »Internet«, »WWW-Browser« und »Applet« genannt wird. Diese Themen werden jedoch in dem hier vorliegenden Buch nur eine untergeordnete Rolle spielen, da wir Ihnen über das Vehikel Java die Gestaltung objektorientierter Algorithmen und Systeme nahe bringen wollen. In diesem Buch stehen daher Konzepte im Zentrum der Betrach-tung, die konkrete Programmiersprache Java dient als Hilfsmittel zur Verdeut-lichung und Formalisierung. Dieser Zugang hat Konsequenzen:

- Die Programmiersprache Java wird nicht in jedem Detail vorgestellt. Wir empfinden dies nicht als Manko, da es vorzügliche Bücher gibt, die die Sprache Java erschöpfend behandeln – und es gibt die sehr umfangreiche Sprachspezifikation von Gosling, Joy und Steele [GJS00], die alle syntak-tischen Konstrukte ausführlich erläutert. Dem Leser des vorliegenden Buches raten wir, in Zweifelsfällen eine solche Sprachbeschreibung zu konsultieren.

- Im Vordergrund dieses Buches steht die sequentielle Algorithmik, soweit sie dem Anfänger zugänglich ist. Wichtige Algorithmen werden diskutiert und ihre Realisierungen in Java werden im Detail angegeben. Zu Beginn werden Details schärfer herausgearbeitet, in späteren Kapiteln wird das Niveau der Beschreibungen den wachsenden Kenntnissen der Leser angepaßt. Die klare Ausrichtung auf den Anfänger bedeutet auch, daß die Analyse der Algorithmen im Hinblick auf Laufzeit und Speicherplatzbedarf in den Hinter-grund tritt, da meist noch nicht genügend mathematisches Wissen vorhanden ist, um solche Analysen mit Bedacht (und Genuß) durchzuführen.

- Im Verlauf des Buches wird ein Vorrat an wichtigen Datenstrukturen ge-schaffen – lineare Listen, binäre Bäume, Suchbäume, Heaps, gerichtete und ungerichtete Graphen und Hashtafeln. Wir zeigen auch, wie sich diese Daten-strukturen an konkrete Problemstellungen anpassen lassen. Die Entwicklung geht Hand in Hand mit einer informellen Diskussion abstrakter Datentypen, in deren Verlauf wir beispielsweise zeigen, wie sich aus Heaps Prioritätswarteschlangen gewinnen lassen, zuerst über den ganzen Zahlen, dann über beliebigen geordneten Grundtypen.

Inhalte

Seit dem Erscheinen der ersten Auflage vor vier Jahren hat unser Buch die Grundlage für verschiedene Lehrveranstaltungen gebildet. Mit dem Buch haben in dieser Zeit viele Studierende und einige Dozenten gearbeitet, die uns zahlreiche Anmerkungen und Verbesserungsvorschläge gegeben haben. Aufgrund dieser Anregungen haben wir uns entschlossen, den Aufbau und die Inhalte des Buches für die notwendige Neuauflage gründlich zu überarbeiten. Sichtbarstes Zeichen dieser Überarbeitung ist die um etwa ein Drittel gewachsene Seitenzahl, die durch das Hinzunehmen von zusätzlichen Kapiteln zu den Themenbereichen *Innere Klassen, Gestaltung graphischer Benutzungsoberflächen, Applets* und *Klassenbibliothek Swing* zustande kam. Obwohl wir uns auch in diesen Kapitel auf die Darstellung der konzeptionellen Aspekte beschränkt haben, hat das Buch damit einen Umfang angenommen, der nach unserer Einschätzung gerade noch in einer vierstündigen Lehrveranstaltung bewältigt werden kann.

Um dem Leser des Buches frühzeitig ein Ziel mitzugeben, haben wir die Problematik der Bestimmung des minimalen Gerüstes zu einem gegebenen Kostengraphen an den Anfang gestellt. Wir skizzieren in der Einleitung zunächst dieses Problem und seine Lösung in Form des Algorithmus von Kruskal, um in den folgenden Kapiteln eine komplexe Aufgabenstellung parat zu haben, anhand derer verschiedene Programmiertechniken motiviert werden können. Allerdings verzichten wir darauf, Java ausschließlich an der Implementierung des Algorithmus von Kruskal einzuführen. Sofern es uns hilfreich oder angemessen erscheint, haben wir auch andere Beispiele eingeflochten. Im Vergleich zur ersten Auflage haben wir auch die Zahl der im Buch vorgeschlagenen Übungsaufgaben deutlich erhöht, um dem Lernenden zusätzliche Ansatzpunkte für das Selbststudium zu bieten.

Das Buch beginnt mit der Schilderung eines Problems und einer informalen Beschreibung seiner Lösung. Diese Lösung, der Algorithmus von Kruskal, benötigt zu seiner Realisierung die Repräsentation eines Kostengraphen sowie von Mengen mit ihren Operationen. In den folgenden acht Kapiteln werden die programmier- und softwaretechnischen Grundlagen erarbeitet, die es uns ermöglichen, in Kapitel 10 eine Implementierung der Lösung vorzunehmen. Diese greifen wir dann in Kapitel 15 noch einmal auf und versehen sie in Teilen mit einer fensterorientierten Benutzungsschnittstelle.

Da unser Anliegen ist in erster Linie die Einführung in das Programmieren mit dem objektorientierten Paradigma und erst in zweiter Linie die Vermittlung der Programmiersprache Java ist, ergibt sich die Folge der Inhalte dieses Buches aus den sprachlichen Hilfsmitteln, die wir zur Bewältigung der in der Einleitung geschilderten Problemlösung benötigen: Wir führen zunächst das Programmieren im Kleinen ein (Kapitel 2) und kommen dann zur Strukturierung von Programmen durch Klassen (Kapitel 3). Rekursion (Kapitel 4) und Abstraktion (Kapitel 5) ermöglichen dann das Konzipieren und Implementieren der dynamischen Datenstrukturen Liste und Graph (Kapitel 6), die anschließend die Grundlage unserer Implementierungsarbeiten bilden. Die Einführung von Vererbung (Kapitel 7), inneren Klassen (Kapitel 8) und Paketen (Kapitel 9) schafft die Grundlage für die Wiederverwendung der von Klassenbibliotheken vorformulierten Konzepte und für eine softwaretechnisch befriedigende Umsetzung des Algorithmus von Kruskal in Kapitel 10.

Die folgenden drei Kapitel setzen sich mit wesentlichen programmiertechnischen Konzepten auseinander, für die die Sprache Java eine einfach zu handhabende und leicht verständliche Unterstützung bietet: Ausnahmebehandlung (Kapitel 11), nebenläufige Prozesse (Kapitel 12) und Datenströme (Kapitel 13). Am Beispiel von Applets widmen wir uns dann der Implementierung graphischer Benutzungsoberflächen und der Behandlung von Ereignissen (Kapitel 14) und setzen die Beschäftigung mit Benutzungsschnittstellen durch eine Betrachtung der Klassenbibliothek Swing fort (Kapitel 15), die noch einmal die Anwendung fast aller eingeführten Sprachkonzepte erfordert und somit zugleich auch als Zusammenfassung angesehen werden kann. Den Abschluß des Buches bildet die Diskussion der objektorientierten Eigenschaften der Sprache Java (Kapitel 16), die dem Lernenden die Charakteristika dieser Sprachklasse verdeutlichen soll.

Die Programmbeispiele des Buches finden sie auch unter der folgenden URL:

```
http://ls10-www.cs.uni-dortmund.de/java-buch
```

Literaturhinweise

An erster Stelle muß das Buch *The Java Programming Language* [AG00] der Java-Gestalter Ken Arnold und James Gosling genannt werden. Es gibt eine kurz gefaßte Einführung in die Sprache, die ein gutes Gefühl für deren Aufbau vermittelt, ohne zu sehr in programmiersprachlichen Details herumzuwühlen. Allerdings werden beim Leser bereits Erfahrungen mit einer objektorientierten Sprache vorausgesetzt. Die algorithmische Seite kommt an manchen Stellen ein wenig zu kurz.

Das Buch von Campione und Walrath (*The Java Tutorial. Object-Oriented Programming for the Internet*, [CW01]) gibt eine recht vollständige Einführung in die Sprache Java und kann gut als Nachschlagewerk dienen, ist aber nicht als einführendes Buch in die Programmierung geeignet, da es sich ausschließlich auf die Vermittlung der Sprache beschränkt.

[Hen97] gibt zunächst eine knappe Einführung in die Sprache Java und betrachtet dann einige Konstrukte in Java, die im vorliegenden Text nur kurz behandelt werden wie die Gestaltung von Benutzungsoberflächen. Das Buch vernachlässigt etwas die algorithmische Sicht, der Verfasser ist vielmehr darum bemüht, die programmtechnische Seite zu betonen. Zusammen mit einiger Hintergrundliteratur kann das Buch sicher zur Vertiefung der Kenntnisse dienen.

Wenn Sie wirklich alles über Java als Programmiersprache wissen wollen, sollten Sie die Java-Spezifikation [GJS00] bemühen. Die Autoren erklären geduldig jedes einzelne Sprachkonstrukt, als Nachschlagewerk ist es unentbehrlich.

[Mey97] gibt eine Einführung in die objektorientierte Programmierung im Kontext von Eiffel, [Str92] führt in die Sprache C++ ein. Die Syntax von Java orientiert sich stark an den Konstrukten von C++, die dahinter stehenden Konzepte sind jedoch eher an Eiffel angelehnt. Kenntnisse in diesen beiden Programmiersprachen sind daher für das Verständnis von Java durchaus förderlich, können aber praktische Erfahrungen mit Java nicht ersetzen.

Der Klassiker [AHU74] ist eine reiche Sammlung von Algorithmen, an dem wir uns u.a. bei der Behandlung des Algorithmus von Kruskal orientiert haben; das Buch ist für Studierende im Grundstudium nicht einfach zu lesen, Interessenten sollten vielleicht zunächst einen Blick in die *Volksversion* [AHU83] werfen. Ebenfalls empfohlen werden kann das Kompendium [CLR89], in dem man meist mehr findet, als man sucht. Graphalgorithmen werden in [Knu93] ziemlich erschöpfend behandelt, das Buch sei auch wegen seiner didaktischen Qualitäten und seines hinreißenden Stils empfohlen (– das fundamentale Werk *The Art of Computer Programming* [Knu68] gehört ohnehin auf den Schreib- und den Nachttisch eines jeden Informatikers).

Sofern der Leser durch die Programmbeispiele dieses Buches angeregt wird, sich intensiver mit der systematischen Entwicklung (objektorientierter) Systeme auseinander zu setzen, bietet sich hierfür das umfassende Werk [GJM91] an. Hier wird auch ausführlich auf die Theorie der abstrakten Datentypen eingegangen.

Da viele der vorgestellten Algorithmen zur Folklore gehören, haben wir auf Angaben von Quellen im Text weitgehend verzichtet.

Dank

Dr. Doris Schmedding, Prof. Dr. Eberhard Bertsch und Hans-Gerald Sobottka haben die erste Ausgabe des Buches gründlich durchgesehen und wichtige Vorschläge zur Verbesserung gemacht. Christof Veltmann stand bei beiden Ausgaben für zahlreiche Diskussionen zur Verfügung. Astrid Baumgart hat Teile der ersten Auflage editiert, Alla Stankjewitschene hat einige der überarbeiteten Kapitel aus handschriftlichen Aufzeichnungen erstellt. Ihnen allen wollen wir herzlich danken. Unser Dank gilt weiterhin denjenigen Studierenden und Dozenten, die uns mit fundierten Kommentaren zur ersten Auflage versorgt haben.

Ernst-Erich Doberkat und Stefan Dißmann

Kapitel 1
Telephonieren in der Wiener Hofburg

Vielleicht ist die folgende Geschichte apokryph. Sie kann uns jedoch als Einführung in einige Probleme dienen, die wir in diesem Buch mit Hilfe der objektorientierten Softwarekonstruktion mit Java lösen wollen. Im alten Wien, das von Gold umglänzt ist und über das Fritz von Herzmanowski-Orlando [HO97] solche bittersüßen und abstrusen Geschichten erzählt, im alten Wien also, war die Hofburg der Mittelpunkt des politischen und gesellschaftlichen Geschehens. Heerscharen von Bediensteten arbeiteten in der Hofburg, sichtbare und sicher auch unsichtbare, und ein Gewährsmann hat uns von einer Klasse von Bediensteten berichtet, den Hofzwergen, die zwar im Untergrund ihre Arbeit verrichteten, gleichwohl aber durch die Fülle ihrer aus dem Leben gegriffenen Probleme einen dankbaren Untersuchungsgegenstand bilden. Wir werden uns hier zunächst auf ein Telekommunikationsproblem in der Hofburg konzentrieren, werden aber später auch sehen, daß die Hofzwerge eine recht interessante Besoldungsstruktur haben, über deren Modellierung und Implementierung wir uns Gedanken machen werden. Aber zunächst zur Telekommunikation der Hofzwerge in der Hofburg.

1.1   Das Problem

Wir wissen, daß Hofzwerge vielfältige Aufgaben übernehmen mußten: *Hofzwerge erster Klasse* waren u.a. auch dafür zuständig, die Adriatischen Winde aus der Gegend von Venedig einzufangen und in die Klimaanlage der Hofburg zu bringen, *Hofzwerge zweiter Klasse* waren für wichtige Arbeiten im Kanzleibereich im Amt verantwortlich, wozu insbesondere ein Bereitschaftsdienst gehörte, um die Schreibfedern des Sektionschefs stets schreibfähig zu halten. Diese überaus verantwortungsvollen Aufgaben machten zuverlässige Kommunikationsverbindungen zwischen den Hofzwergen notwendig, da sonst die Wiener Hofburg praktisch zum Erliegen gekommen wäre. Wir berichten nun kurz über die Vorgänge zu der Zeit, als die Entscheidung getroffen wurde, Telephonleitungen zwischen den Büros der einzelnen Hofzwerge zu verlegen. Die dazu hier wiedergegebenen Überlegungen sind aber eigentlich irgendwie zeitlos. Sie betreffen die Konstruktion eines interessanten Algorithmus, mit dessen Hilfe ein drängendes praktisches Problem dieser Vernetzung gelöst werden kann.

Nun sind zu der Zeit, über die wir hier berichten, die Telekommunikationsmöglich-
keiten noch nicht systematisch in einem Maße vorhanden, wie dies zu Beginn des
21. Jahrhunderts der Fall ist – Begriffe wie *Wireless Network* gehören zu dieser Zeit
noch einer fernen, Science-Fiction-umwölkten Zukunft an. Neue Leitungen werden
schlicht und einfach verbuddelt oder durch die Gänge und Räume der Hofburg ver-
legt. Dabei muß Rücksicht auf die vorhandene Bausubstanz genommen werden: So
ist ein Verlegen von Leitungen im Ballsaal ebensowenig denkbar wie Grabungs-
arbeiten auf dem Areal der Hofreitschule. Unsere Hofzwerge sind über die gesamte
Hofburg und anliegende Dienstgebäude verteilt, so daß die erforderlichen
Leitungen von unterschiedlicher Länge sind und insbesondere auch völlig unterschiedliche Kosten bei der Verlegung verursachen, Kosten, die betrachtenswert sein
können und einen wichtigen Faktor für die wirtschaftlichen Planungen darstellen.
Das große Problem des Hofkämmerers besteht nun darin, eine möglichst kosten-
günstige Vernetzung in Auftrag zu geben, die die Konnektivität zwischen den Hofzwergen so sicherstellt, daß jeder Hofzwerg mit jedem anderen – möglicherweise
über Zwischenstationen – telephonieren kann.

In einer Vorstudie haben die technischen Betriebe der Hofburg bereits eine grobe
Auswahl machbarer Verbindungen ermittelt, die zwischen den Büros von sieben
ausgewählten Hofzwergen möglich wären. Diese sind in einer Tabelle so zusammengefaßt worden (Abb. 1.1), daß jeweils zwei miteinander verbundene Hofzwerge
angegeben werden, denen die Kosten für das Verlegen einer Leitung zwischen ihnen
als Betrag (in Gulden) zugeordnet wird. So könnte etwa der Hofzwerg *Boromeus*
direkt mit dem Hofzwerg *Cyriakus* verbunden werden, die Herstellung dieser Verbindung würde dann 28 Gulden kosten. Wenn *Boromeus* mit *Cyriakus* verbunden
wäre, so wäre natürlich auch *Cyriakus* mit *Boromeus* verbunden, denn wie wir aus
dem täglichen Leben wissen, ist das Telephonieren keine Angelegenheit in Einbahn-
straßen: Die Kommunikation verläuft in beide Richtungen.

Leitung	Kosten		Leitung	Kosten
Adalbert – Boromeus	23		*Cyriakus – Gabriel*	25
Adalbert – Florian	20		*Dorian – Emanuel*	3
Adalbert – Gabriel	1		*Dorian – Gabriel*	16
Boromeus – Cyriakus	28		*Emanuel – Florian*	15
Boromeus – Gabriel	36		*Emanuel – Gabriel*	9
Cyriakus – Dorian	17		*Florian – Gabriel*	4

Abb. 1.1: Kosten möglicher Verbindungen zwischen den Hofzwergen

Sie sehen, daß nicht für jeden Hofzwerg mit jedem anderen eine *direkte* Verbindung
vorgesehen ist. So fehlt etwa zwischen *Dorian* und *Adalbert* eine unmittelbare
Leitung, da sich bereits in der Vorstudie gezeigt hat, daß eine solche Verbindung mit

vertretbarem Aufwand nicht hergestellt werden kann. Das macht überhaupt nichts, denn diese beiden Hofzwerge könnten ja beispielsweise über eine bei *Gabriel* verfügbare Station miteinander telephonieren.

Die Darstellung, die wir in der Tabelle gewählt haben, ist ein wenig umständlich, da wir nicht auf den ersten Blick erfassen können, welche Eigenschaften das Telephonnetz denn nun hat. Hier erweist es sich als nützlich und hilfreich, eine graphische Darstellung einzuführen. Wir malen die einzelnen Hofzwerge als kleine Kreise, in die wir ihre Namen schreiben (– in der Tat ist es ausreichend, die ersten Buchstaben in die Kreise zu zeichnen). Wenn zwei Hofzwerge durch eine direkte Leitung miteinander verbunden sind, so deuten wir das durch eine Linie zwischen den entsprechenden Kreisen an. Die Kosten für die einzelnen Leitungen schreiben wir direkt an die Linie. Damit ergibt sich die in Abb. 1.2 vorgestellte zeichnerische Darstellung unseres kleinen Telephonnetzes. Wir werden in späteren Kapiteln diese graphische Darstellung kurz als *(ungerichteten) Graphen* bezeichnen. Aber damit wollen wir uns im Augenblick noch nicht befassen, uns kommt es vielmehr darauf an, näher auf die Telephonleitungen einzugehen.

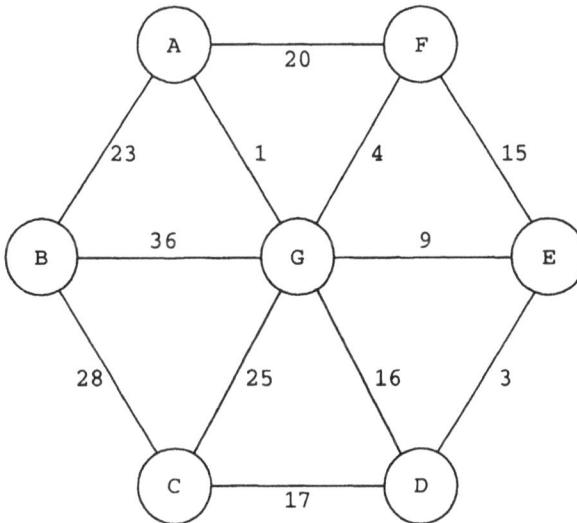

Abb. 1.2: *Graphische Darstellung des möglichen Telephonnetzes*

Wir sehen der graphischen Veranschaulichung der Ergebnisse der Vorstudie unmittelbar an, daß einige Leitungen entbehrlich sind: Verzichten wir auf das Verlegen einer Leitung zwischen *Boromeus* und *Gabriel*, so ist für das Telephonnetz das Fehlen dieser Leitung nicht so katastrophal. *Boromeus* könnte *Gabriel* immer noch erreichen, er müßte hierfür nur *Adalbert* als Zwischenstation nehmen oder, wenn ihm das nicht möglich sein sollte, *Cyriakus*. Die Konnektivität, also der Zusammenhang dieses Graphen, ist durch das Fehlen dieser Leitung nicht gestört. Wir können weitere

Leitungen entfernen, ohne die Konnektivität zu stören: Es ist z.B. möglich, die
Leitung zwischen *Cyriakus* und *Gabriel* zu entfernen. Das übriggebliebene Telephonnetz bliebe zusammenhängend.

Wir können jedoch nicht beliebig viele Leitungen entfernen. Da wir sieben Hofzwerge haben, die die Knoten unseres Graphen bilden, sind mindestens sechs ver-
bindende Leitungen erforderlich, um die Konnektivität des Netzes zu sichern. Und
es ist auch klar, daß es nicht sechs beliebige Verbindungen sein können, sondern daß
diese Verbindungen vielmehr mit Bedacht gewählt werden müssen. Wenn wir also
unser Netz möglichst kostengünstig realisieren wollen, bedeutet das, daß wir solche
Leitungen wählen sollten, die in ihrer Gesamtheit den Zusammenhang des dadurch
gebildeten Teilnetzes gewährleisten und zugleich bei der Addition ihrer Kosten den
die geringsten Gesamtbetrag ergeben. Damit haben wir zwei wichtige Bedingungen
für die Auswahl unseres Teilnetzes identifiziert.

Fassen wir also noch einmal kurz zusammen, was wir in dem durch die Vorstudie
gegebenen Telephonnetz der Hofzwerge suchen. Wir wollen ein Teilnetz konstruieren (also eine Menge von Verbindungen zwischen den einzelnen Hofzwergen), durch das gewährleistet wird, daß jeder Hofzwerg – möglicherweise über
Zwischenstationen – mit jedem anderen telephonieren kann. Davon mag es mehrere
geben, und wir suchen ein Teilnetz, das die geringsten Kosten verursacht.

1.2   Die Lösung von Joseph B. Kruskal

Das ist gut und schön: Wie aber finden wir dieses Teilnetz? Wir wollen im Folgenden
eine Lösung skizzieren, die auf Joseph B. Kruskal, einen amerikanischen Telephon-
ingenieur, zurückgeht; er hat eine Lösung für dieses Problem im Jahre 1956 in den
Proceedings of the American Mathematical Society [Kru56] vorgeschlagen. Dieser Vor-
schlag dient dann als Grundlage für einen wichtigen graphentheoretischen Algorithmus, den wir in Kapitel 10 näher diskutieren werden. Jetzt kommt es uns freilich
nur darauf an, Ihnen den Kruskalschen Algorithmus informell nahezubringen, die
technischen Details delegieren wir in das spätere Kapitel.

Auf geht´s: Lassen wir unsere Hofzwerge überlegen, was man tun kann. Zunächst
ist die Idee einleuchtend, daß die billigste Verbindung, die im Netz der Vorstudie
auftritt, im ausgewählten Teilnetz realisiert sein muß. Warum?

Nehmen wir an, wir hätten ein Teilnetz ausgewählt, welches alle Knoten miteinander verbindet, dabei aber die billigste Verbindung nicht berücksichtigt. Ein
Beispiel für ein solches Netz, in dem die billigste Verbindung von *Adalbert* zu *Gabriel*
(mit Kosten von einem Gulden) nicht enthalten ist, zeigt die Abb. 1.3. Würden wir
nun diese Verbindung in das Netz aufnehmen, so könnten wir im Gegenzug auf eine
derjenigen Kanten verzichten, die bisher die Konnektivität zwischen *Adalbert* und
Gabriel über die anderen Knoten des Netzes sicherstellen. In unserem Beispiel

gehören hierzu u.a. die Kanten von *Adalbert* zu *Florian* oder von *Gabriel* zu *Cyriakus*. Jede dieser Kanten muß zwangsläufig teurer sein als die neu eingeführte Kante von *Adalbert* nach *Gabriel*, da diese ja die billigste Verbindung in dem durch die Vorstudie vorgegebene Netz darstellt. Wir sehen an diesem Widerspruch, daß wir aus ökonomischen Gründen immer ein Teilnetz wählen werden, welches die billigste Verbindung enthält.

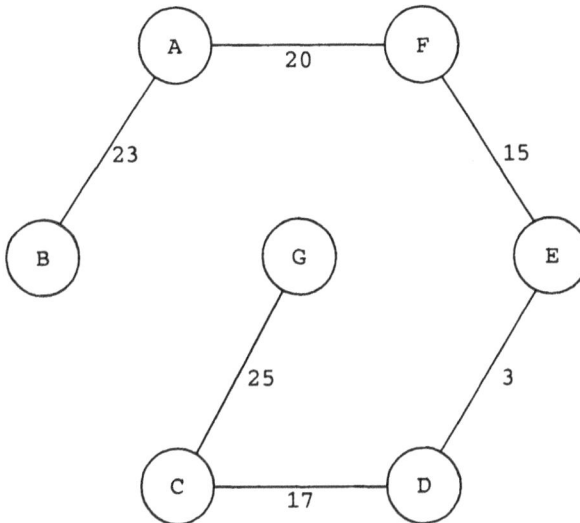

Abb. 1.3: Graphische Darstellung eines beliebigen Telephonnetzes

Die oben angeführte Argumentation gibt uns eine Anregung für die Konstruktion des billigsten Teilnetzes, das unseren Anforderungen entspricht. Wenn die billigste Leitung in diesem Netz enthalten sein muß, dann bietet es sich an, mit dieser Verbindung zu beginnen. Wir betrachten nun wieder das Ergebnis der Vorstudie (Abb. 1.2) und markieren in diesem zunächst die kürzeste Verbindung zwischen *Adalbert* und *Gabriel*, die auf jeden Fall zum Telephonnetz der Hofburg gehören wird.

Was ist mit der nächstgünstigen Verbindung? Das ist der Draht zwischen *Dorian* und *Emanuel*. Sowohl *Dorian* als auch *Emanuel* sollten analog wie *Adalbert* und *Gabriel* natürlich als Verbindungsstationen in unserem Netz vorhanden sein, so daß auch diese zweitbilligste Verbindung mit einem Argument ganz ähnlich zu dem, das wir oben für die billigste Kante angeführt haben, aufgenommen wird. Wir markieren also für spätere Verwendung die Leitung zwischen *Dorian* und *Emanuel* als die zweitbilligste Verbindung. Die nächstgünstige Verbindung besteht zwischen *Florian* und *Gabriel*, und mit der Argumentation, die wir nun schon kennen, nehmen wir auch diese Verbindung auf. Die nächstgünstige Verbindung liegt zwischen den

Hofzwergen *Gabriel* und *Emanuel*, sie wird ebenfalls aufgenommen. Wir können nun unser Zwischenergebnis, das aus einem Teilnetz mit vier Verbindungen zwischen fünf Hofzwergen besteht, in einer Tabelle festhalten:

Leitung	Kosten
Adalbert – Gabriel	1
Dorian – Emanuel	3
Florian – Gabriel	4
Emanuel – Gabriel	9

Die nächste Verbindung, die wir betrachten werden, wird sich als ein wenig tückisch erweisen: Es ist die Kante zwischen *Emanuel* und *Florian*. Würden wir diese Kante in unsere Auswahl aufnehmen, so hätten wir das folgende Problem: Beide Knoten besitzen bereits eine Verbindung zu *Gabriel*. Die direkte Verbindung von *Florian* zu *Emanuel* würde zusätzliche Kosten von 15 Gulden verursachen, während die indirekte Verbindung über *Gabriel* jedoch bereits ohne weitere Kosten verfügbar ist. Wir könnten bei Hinzunahme der direkten Verbindung auch keine teurere Verbindung aus dem bisher markierten Netz entfernen, da alle in diesem enthaltenen Verbindungen aufgrund unseres Vorgehens billiger als die zuletzt hinzugefügte Kante sind. Es bleibt daher nichts anderes übrig, als die Verbindung zwischen *Emanuel* und *Florian* nicht weiter zu berücksichtigen. In analoger Weise verwerfen wir auch die nächstgünstige Verbindung zwischen *Gabriel* und *Dorian*: Hier würde ebenfalls eine Situation entstehen, die unseren Zwecken widersprechen würde.

In den letzten beiden Schritten haben wir also zwei Verbindungen in Betracht gezogen, sie aber aus den genannten Gründen verworfen. Die nächstgünstige Verbindung zwischen *Cyriakus* und *Dorian* akzeptieren wir dagegen wieder, weil zwischen diesen Knoten in dem bisher geschaffenen Teilnetz noch keine Verbindung hergestellt werden kann.

Leitung	Kosten
Adalbert – Gabriel	1
Dorian – Emanuel	3
Florian – Gabriel	4
Emanuel – Gabriel	9
Cyriakus – Daniel	17

Jetzt fehlt uns eigentlich nur noch der Hofzwerg *Boromeus*, der bislang noch nicht die Möglichkeit hat, über ausgewählte Telephonleitungen mit seinen Kollegen zu telephonieren. Die Leitung, die wir für ihn auswählen, verbindet ihn mit *Adalbert*. Es ist die nächstbillige Verbindung. Wir kommen so zu dem in Abb. 1.4 dargestellten Telephonnetz an. Sie sehen unmittelbar, daß jeder Hofzwerg mit jedem anderen telephonieren kann, so daß wir die noch nicht betrachteten Verbindungen zwischen *Cyriakus* und *Gabriel*, zwischen *Boromeus* und *Cyriakus* und schließlich zwischen *Boromeus* und *Gabriel* gar nicht weiter zu betrachten brauchen, denn sie können die gefundene Lösung aufgrund ihrer hohen Kosten nicht verbessern.

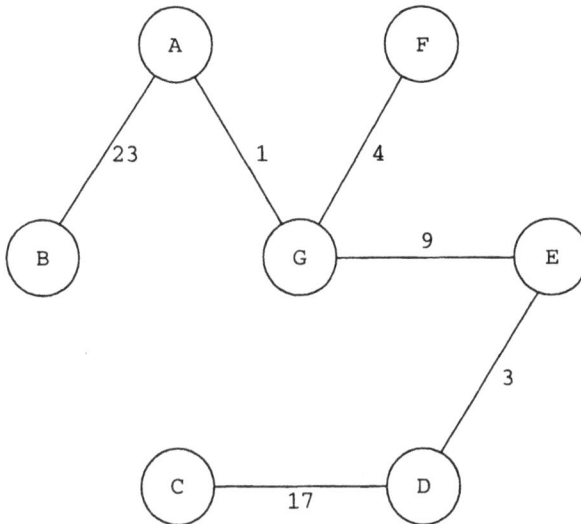

Abb. 1.4: Graphische Darstellung des kostengünstigsten Telephonnetzes

1.3 Überlegungen zum Vorgehen

An der Wiener Hofburg könnte jetzt ein Freudenfeuer angezündet werden, wir aber sollten uns überlegen, was wir eigentlich gemacht haben, um das Problem zu lösen.

Wir haben zunächst aus einer Problemstellung die Vorform eines mathematischen Modells abgeleitet. Die mathematischen Aspekte dieses Modells haben wir noch nicht voll ausformuliert, weil ihre Betrachtung an dieser Stelle nicht nötig ist (und vielleicht sogar ein wenig stören würde). Stattdessen konnten wir eine graphische Repräsentation unseres Modells gewinnen und daran das Problem, mit dem wir umgehen wollten, anschaulich studieren. Das Problem bestand darin, in dem in einer Vorstudie projektierten Telephonnetz eine Menge von Leitungen so zu identifizieren, daß der Zusammenhang aller Knoten bewahrt wird und gleichzeitig die Kosten des Teilnetzes minimal sind. Wir werden in Kapitel 10 eine solche Konstruktion als *minimales Gerüst* bezeichnen. Dieses minimale Gerüst haben wir dann mit Hilfe von Plausibilitätsbetrachtungen schrittweise konstruiert und nebenbei auch gezeigt, daß es für unser Problem wirklich eine Lösung gibt. Das ist nicht bei jedem Problem trivial und nicht bei jedem Problem unbedingt schon bei der Problemstellung einsichtig.

Wir werden in Kapitel 10 die Lösung dieses Problems als Java-Programm darstellen. Es wird sich zeigen, daß wir die Idee der Vorgehensweise, wie sie hier geschildert wurde (– also die *Heuristik*), übernehmen können, es gleichwohl aber einiger teilweise recht trickreicher Überlegungen bedarf, hierfür ein Programm zu formulieren, das das gegebene Problem für eine beliebige Anzahl von Knoten und Verbindungen allgemein löst. Das Ziel dieses Buches ist es, Sie mit solchen Überlegungen vertraut zu machen und Sie in die Lage zu versetzen, für eine solche, schon recht komplexe Aufgabenstellung selbständig einen Algorithmus zu entwerfen und diesen dann in die Programmiersprache Java umzusetzen.

Um jedoch zu dem in Kapitel 10 in der Programmiersprache Java formulierten Algorithmus von Kruskal vordringen zu können, ist ein gutes Verständnis einer Vielzahl von Konzepten dieser Programmiersprache erforderlich. Die folgenden Kapitel dienen dazu, dieses Verständnis anhand von zahlreichen Beispielen zu vermitteln. Dabei werden uns die Wiener Hofburg und die in ihr arbeitenden Hofzwerge an einigen Stellen wiederbegegnen und uns die Motivation dafür liefern, über ausgewählte Sachverhalte und Problemstellungen intensiver nachzudenken. Wo es uns geeignet scheint, werden wir auch andere Szenarien hinzuziehen und daraus Lernziele für unsere Darstellungen ableiten. Die ersten dieser Ziele werden noch recht einfach sein, um die Bestandteile und Konzepte der Sprache Java zu motivieren, in den später folgenden Kapiteln des Buches wird neben der Sprache Java zunehmend die algorithmische Bewältigung der betrachteten Probleme an Bedeutung gewinnen.

Kapitel 2
Erste Schritte mit Java

Dieses Kapitel behandelt die ersten Schritte in Java. Dazu ist es erforderlich, daß wir uns zunächst Gedanken über die elementaren Grundbausteine der Sprache machen, die in Java *Klassen* genannt werden. Jede Java-Applikation, d.h. ein ausführbares, in Java geschriebenes Programm, besteht aus mindestens einer Klasse. Wir führen also zunächst Klassen ein und zeigen, wie sie im einfachsten Fall gegliedert sind. Klassen dienen dazu, Bestandteile eines Programms strukturell zusammenzufassen und gemeinsam zu beschreiben. Danach stellen wir mit *Variablen* einen wesentlichen Bestandteil von Programmen vor, anhand dessen wir primitive Typen diskutieren. Hierbei beschreiben wir kurz die in Java vordefinierten Typen und zeigen, wie man mit diesen Typen umgeht.

Anschließend befassen wir uns mit elementaren Anweisungen. Hier wird zunächst die Zuweisung behandelt, dann werden elementare Kontrollstrukturen eingeführt, mit denen es möglich ist, die Ausführungsreihenfolge von Anweisungen zu ändern. Schließlich führen wir das Feld als einfache Datenstruktur ein und zeigen, welche Operationen auf Feldern definiert sind. Abschließend diskutieren wir als erstes Beispiel für ein einfaches algorithmisches Problem das *Sortieren durch Einfügen*.

2.1 Klassen – ein erstes Beispiel

Klassen sind die elementaren Grundbausteine von Java-Programmen. Innerhalb von Klassen erfolgt die Beschreibung von (komplexen) Daten und den auf diesen Daten arbeitenden Operationen, die als *Methoden* bezeichnet werden. Zugleich unterstützen Klassen die Strukturierung von Programmen durch die Bereitstellung von Techniken zur Hierarchisierung, Verallgemeinerung und Spezialisierung.

Unser erstes Beispiel bietet die traditionelle Form der Einführung in eine Programmiersprache. Märchen fangen gewöhnlich mit den Worten »*Es war einmal …*« an, der erste Kontakt zu einer Programmiersprache erfolgt häufig durch ein sogenanntes *Hello-World!-Programm*. Ein solches Programm zeigt, wie mit einfachen Mitteln der Programmiersprache ein sichtbares Ergebnis erzeugt werden kann, die Ausgabe des Textes »Hello World!« auf dem Bildschirm.

Da, wie bereits einleitend erwähnt, jede Java-Applikation aus mindestens einer Klasse bestehen muß, vereinbaren wir zur Lösung des *Hello-World!-Problems* eine Klasse mit dem Namen `EinfacheAusgabe`.

Beispiel:

```
class EinfacheAusgabe {
  public static void main(String args[]) {
    EA.println("Hello World!");
  }
}
```

Die Bestandteile dieses Beispiels haben folgende Bedeutungen:

- Das Schlüsselwort `class` zeigt den Beginn der Vereinbarung einer Klasse an, `EinfacheAusgabe` ist der Name der hier vereinbarten Klasse.

- Die Klammerung durch `{...}` wird als *Block* bezeichnet und faßt zusammengehörende Teile innerhalb des Programmiersprachentextes zusammen. Der Block, der unmittelbar hinter dem Namen `EinfacheAusgabe` beginnt, enthält die in dieser Klasse zusammengefaßten Bestandteile.

- `main` ist der Name einer *Methode*. Eine Methode faßt eine Folge von Aktionen zusammen, die unter einem Namen gemeinsam angesprochen und ausgeführt werden. Dem Namen folgt – wie aus der mathematischen Schreibweise von Funktionen bekannt – eine Liste von *formalen Parametern* in der Klammerung mit `(...)`, hier die Angabe eines Parameters `String args[]`.

- Der Name `main` ist besonders ausgezeichnet und kennzeichnet die Methode innerhalb eines Java-Programms, mit der dessen Ausführung begonnen wird. Ein ausführbares Programm wird auch als *(Java-)Applikation* bezeichnet. Um eine Klasse als Applikation ausführbar zu machen, muß daher in der Klasse eine Methode mit dem Namen `main` vereinbart werden. Die Angabe des Parameters `String args[]` ist für die Methode `main` obligatorisch, für das oben gezeigte Beispiel besitzt der Parameter jedoch keine Bedeutung.

- `public`, `static` und `void` sind sogenannte Schlüsselwörter, die Eigenschaften der Methode `main` charakterisieren. Auch diese Schlüsselwörter müssen unbedingt angegeben werden, eine Diskussion ihrer Bedeutung würde jedoch an dieser Stelle zu weit führen. Wir werden in Kapitel 3.3 darauf zurückkommen.

- Die Aktionen, die durch die Methode `main` ausgeführt werden, sind wiederum in einem Block durch `{...}` zusammengefaßt, der hinter der Vereinbarung des Methodenkopfes beginnt. Im Beispiel enthält dieser Block nur eine einzige Zeile Programmtext, die aus genau einer Anweisung besteht.

- `EA.println` ist der Aufruf einer vordefinierten Methode, die den ihr als aktuellen Parameter übergebenen Wert – die Zeichenkette `"Hello World!"` – auf dem Bildschirm ausgibt und anschließend einen Zeilenwechsel durchführt.

- Der Name EA.println setzt sich aus zwei Bestandteilen zusammen, die durch ».« voneinander getrennt werden. Der vordere Teil EA bestimmt den Ort, an dem die Methode bei der Programmausführung gefunden werden kann. Den hinteren Teil bildet der eigentliche Name der Methode: println. Dieses Konstruktions-prinzip wird in Kapitel 3.1 erklärt und dort an weiteren Beispielen verdeutlicht[1].

- Wird die nur aus der Klasse EinfacheAusgabe bestehende Applikation ausge-führt, so wird deren einzige Methode main aufgerufen, die wiederum die Aus-führung der vordefinierten Funktion EA.println bewirkt:
Der Text »Hello World!« erscheint auf dem Bildschirm.

In diesem Buch zeigen wir Ihnen sowohl Ausschnitte aus Programmtexten als auch ganze Klassen, sagen Ihnen jedoch nicht im Detail, wie man diese Klassen in aus-führbare Programme verwandelt. Hierzu sei auf die entsprechende Dokumentation des von Ihnen verwendeten Compilers[2] verwiesen. Es läßt sich allgemein feststellen, daß eine Java-Klasse in eine Umgebung eingebettet werden muß, die u.a. sagt, wo die verwendeten vordefinierten Klassen oder Methoden zu finden sind. Wir können diesen Aspekt hier nicht vertiefen, er wird in Kapitel 9 ausführlich diskutiert.

2.2 Variable

Eine *Variable* stellt einen Namen bereit, dem innerhalb eines Programms ein Wert zugeordnet werden kann, so daß über den Namen auf den Wert zugegriffen werden kann. Wie die Bezeichnung *Variable* ausdrückt, können die zugeordneten Werte im Verlauf der Programmausführung variieren, d.h. verändert werden. Einer Variablen können daher während der Ausführung eines Programms nacheinander unter-schiedliche Werte zugeordnet werden, die über den sich nicht ändernden Namen der Variablen angesprochen werden können. Variablen in Java besitzen einen *Typ*. Das bedeutet:

- Der Typ einer Variablen schränkt den Wertebereich ein, aus dem die möglichen Werte der Variablen ausgewählt werden können. Der Typ ist der Variablen fest zugeordnet und muß vor der Verwendung der Variablen vereinbart werden. Einige Typen sind in Java vordefiniert, weitere können vom Programmierer selbst definiert werden.

---

[1] Das Einlesen von Zahlen über die Tastatur und die Ausgabe von Zahlen und Texten auf dem Bild-schirm basiert in Java auf der Nutzung verschiedener Konzepte der Sprache, die an dieser Stelle nicht alle eingeführt werden können. Um die Handhabung für den Anfänger zu erleichtern, greifen wir daher auf die Methoden einer selbst erstellten Klasse EA zurück, deren Programmtext im Anhang A angegeben ist. Wird diese Klasse im gleichen Verzeichnis abgelegt wie die Klasse, in der ihre Methoden benutzt werden, kann auf die Methoden von EA durch das Voranstellen von »EA.« zugegriffen werden.

[2] Alle Implementierungen in diesem Buch wurden mit dem Java-Compiler des Java Development Kit JDK 1.3.1 der Firma SUN entwickelt und unter Windows 2000 getestet.

- Die Namen von Variablen, auch Bezeichner genannt, dürfen in Java aus einer Folge von Buchstaben, Ziffern oder dem Unterstrich »_« bestehen. Namen dürfen nicht mit einer Ziffer beginnen. Groß- und Kleinschreibung von Buchstaben wird unterschieden, auch deutsche Umlaute sind erlaubt.

- Einige Namen sind in der Sprache Java für Schlüsselwörter wie beispielsweise `class` vergeben und können nicht mit einer neuen Bedeutung belegt werden.

Das nachfolgende einfache Beispiel (Bsp. 2.1) zeigt den Einsatz von Variablen. Es werden drei ganze Zahlen eingelesen. Die eingelesenen Werte werden in drei Variablen abgelegt und nochmals ausgegeben. Aus den abgelegten Werten wird dann das Maximum bestimmt und ausgegeben.

```
class MaxAusDrei {                                          //  1
    public static void main (String args[]) {               //  2
        /* Liest drei Zahlen ein und bestimmt ihr Maximum */ //  3
        int zahl1, zahl2, zahl3, maximum;                    //  4
        EA.println("1. Zahl?"); zahl1 = EA.readInt();        //  5
        EA.println("2. Zahl?"); zahl2 = EA.readInt();        //  6
        EA.println("3. Zahl?"); zahl3 = EA.readInt();        //  7
        EA.println                                           //  8
            ("gelesene Zahlen: "+zahl1+", "+zahl2+", "+zahl3); //  9
        maximum = Math.max(zahl1, zahl2);                    // 10
        maximum = Math.max(maximum, zahl3);                  // 11
        EA.println("Maximum: " + maximum);                   // 12
    }                                                        // 13
}                                                            // 14
```

Bsp. 2.1: Die Klasse `MaxAusDrei`

Im folgenden erläutern wir Bsp. 2.1 anhand der Zeilenangaben.

- Kommentare: Die Angabe der Zeilennummern im Beispiel erfolgt als Kommentar am Ende jeder Zeile. Der Text, der auf `//` bis zum Zeilenende folgt, wird bei der Programmausführung ignoriert. Eine weitere Möglichkeit, Kommentare im Programmtext zu kennzeichnen, wird in *Zeile 3* vorgestellt. Die Klammerung mit `/*...*/` könnte sich auch über mehrere Zeilen erstrecken.

- Vereinbarung einer Klasse *(Zeile 1)*: Es wird auf die bereits bekannte Weise eine Klasse mit dem Namen `MaxAusDrei` vereinbart.

- Vereinbarung der Methode `main` *(Zeile 2)*: Die Vereinbarung der Methode `main` erfolgt in der bereits bekannten Form. Der Block `{...}`, der auch als *Rumpf* der Methode bezeichnet wird, enthält den für die Erledigung der geplanten Aufgabe notwendigen Programmtext. Man erkennt am Text des Methodenrumpfes, daß jede einzelne Anweisung durch ein Semikolon abgeschlossen wird.

- Vereinbarung von Variablen *(Zeile 4)*: Es werden vier Variablen deklariert. Der zulässige Wertebereich dieser Variablen umfaßt die ganzen Zahlen und wird durch das Schlüsselwort `int` angezeigt, das den Variablennamen `zahl1`, `zahl2`, `zahl3` und `maximum` vorangestellt wird.

- Einlesen der Werte *(Zeilen 5-7)*: Mit der Ausgabeanweisung `EA.println` werden Abfragen nach drei Zahlen auf dem Bildschirm ausgegeben. Mit der Methode `EA.readInt` werden danach die zugehörigen Zahlenwerte von der Tastatur eingelesen und als Ergebnis des Aufrufs der Methode geliefert. Dieses Ergebnis wird mit dem Zuweisungsoperator »=« jeweils den einzelnen Variablen zugewiesen. `zahl1=EA.readInt()` muß daher gelesen werden als: *»Setze den Wert der Variablen* `zahl1` *auf den Wert, den die Ausführung von* `EA.readInt` *liefert«.*

- Konkatenation von Texten *(Zeile 9)*: Das Zeichen »+« verknüpft die in "..." gefaßten Texte und die Werte der Variablen zu einem Text. Dieser Text wird dann der Methode `EA.println` als aktueller Parameter übergeben und von dieser auf dem Bildschirm ausgegeben.

- Vordefinierte Methoden *(Zeilen 10/11)*: `max` ist die vordefinierte Methode, die das Maximum zweier ganzer Zahlen berechnet. `Math` kann hier zunächst als eine Art Ortsangabe aufgefaßt werden, die angibt, wo die Deklaration von `max` erfolgt ist. Kapitel 3.1 wird diese Form der Strukturierung von Programmen näher erläutern. Die Ausführung von `max` bestimmt den größeren Wert aus den beiden als aktuelle Parameter übergebenen Variablen und gibt diesen Wert als Ergebnis zurück. Der Wert wird dann der Variablen `maximum` zugewiesen. Nach der Ausführung von `max` hat daher `maximum` den Wert von `zahl1`, falls gilt `zahl1≥zahl2`, oder den Wert von `zahl2`, falls `zahl1<zahl2`.

- Verwendung von Variablen *(Zeile 11)*: Die Variable `maximum` dient sowohl als Parameter der Methode `max` als auch als Ziel der Zuweisung. Dies führt nicht zu einem Konflikt, da zunächst die Werte der als Parameter übergebenen Variablen in der Methode `max` bearbeitet werden. Dabei wird der größere Wert bestimmt, der dann `maximum` zugewiesen wird.

Das Beispiel zeigt, daß die Zuweisung an eine Variable von der rechten zur linken Seite des Zuweisungsoperators »=« vorgenommen wird. Der Wertfluß der Zuweisung folgt damit in Java – wie auch in vielen anderen Programmiersprachen – nicht dem Lesefluß. Wir werden Zuweisungen in Kapitel 2.6.3 näher betrachten.

Die Vereinbarung *(Deklaration)* von Variablen wird in Bsp. 2.1 am Beginn des Methodenrumpfes vorgenommen. Dies ist notwendig, um den Namen einer Variablen innerhalb des Blocks, der den Rumpf bildet, bekannt zu machen. Die Verwendung einer Variablen ist nur dann zulässig, wenn zuvor ihre Deklaration erfolgt ist. Werden, wie im Beispiel, mehrere Variablen gleichen Typs gemeinsam definiert, so können die Namen durch Kommata getrennt werden. Auch eine solche gemeinsame Deklaration wird durch ein Semikolon abgeschlossen. Es ist aber ebenfalls erlaubt, mehrere unabhängige Deklarationen für den gleichen Typ vorzunehmen.

Beispiele für Deklarationen:

```
int anzahl, nummer;
float durchmesser;
int sitzplatz;
```

Es werden drei Variablen des bereits bekannten Typs `int` mit den Namen `anzahl`, `nummer` und `sitzplatz` sowie eine Variable des Typs `float` vereinbart, in der Werte aus einem Teilbereich der reellen Zahlen abgelegt werden können.

Technisch geschieht bei einer Deklaration folgendes: Für die deklarierte Variable wird der für die Werte des entsprechenden Typs benötigte Speicherplatz reserviert. Dieser Speicherplatz, dessen Inhalt änderbar ist, wird an den Namen der Variablen gebunden. Über den Namen kann dann der auf den Speicherplatz zugegriffen werden und der dort abgelegte Wert gesetzt oder abgerufen werden.

2.3   Primitive Datentypen

Java stellt ganze Zahlen, reelle Zahlen, die Booleschen Werte und einzelne Zeichen als vordefinierte primitive Datentypen zur Verfügung. Wir wollen in diesem Abschnitt diese Typen kurz in einer Art tabellarischer Auflistung diskutieren, wobei wir zunächst die Typnamen und die zulässigen Wertebereiche angeben, dann die Operationen aufführen, die auf diesen Typen vordefiniert sind, und diese – wo es nötig erscheint – erläutern. Da es sich hier um mehr oder minder kanonische Angaben handelt, belassen wir es im wesentlichen bei einer Aufzählung der entsprechenden Eigenschaften.

Es sei noch angemerkt, daß wir die Datentypen `float` und `double`, die in Java Teilbereiche der reellen Zahlen repräsentieren, hier nur sehr kurz behandeln werden. Im vorliegenden Buch werden überwiegend Algorithmen und Konzepte betrachtet, die sich mit der Organisation und Strukturierung von Programmtexten und den damit bearbeiteten Daten beschäftigen. Es tauchen dabei keine Fragestellungen auf, deren Lösungen numerische Berechnungen mit reellen Zahlen erfordern würden.

Java definiert vier primitive Datentypen, die jeweils einen Ausschnitt aus den ganzen Zahlen repräsentieren. Diese Datentypen unterscheiden sich durch die Wertebereiche, aus denen die Werte gewählt werden können, die in den für diese Typen deklarierten Variablen abgelegt werden können. Werte eines größeren Wertebereichs haben einen erhöhten Platzbedarf, woraus sich unmittelbar ergibt, daß die Variablen dieser Typen sich durch die Größe des für sie zu reservierenden Speicherplatzes unterscheiden. Der Programmierer muß für seine Problemstellung entscheiden, welche Werte die Daten annehmen können und welcher Datentyp daher für eine Problemlösung angemessen erscheint.

- Datentypen für ganze Zahlen

  Datentyp `byte`   mit dem Wertebereich: $-2^7 \ldots 0 \ldots +2^7-1$

  Datentyp `short`   mit dem Wertebereich: $-2^{15} \ldots 0 \ldots +2^{15}-1$

  Datentyp `int`   mit dem Wertebereich: $-2^{31} \ldots 0 \ldots +2^{31}-1$

  Datentyp `long`   mit dem Wertebereich: $-2^{63} \ldots 0 \ldots +2^{63}-1$

Operationen: `+, -, *, /, %`

Für zwei Variablen a und b, die einen dieser vier ganzzahligen Datentypen besitzen, stellt für b ≠ 0 der Ausdruck a/b den ganzzahligen Anteil der Division von a durch b dar, der Rest der Division wird durch a%b (*modulo*-Operator) berechnet und ist definiert durch die Berechnung `a-b*(a/b)`.

Vergleiche: `==, !=, >, >=, <, <=`

Hierbei führt der Operator `==` einen Test auf Gleichheit durch, `!=` einen Test auf Ungleichheit. Das einzelne Zeichen »=« kennzeichnet – wie bereits bekannt – die Zuweisung und kann nicht für Vergleiche eingesetzt werden.

vordefinierte Methoden: `Math.min`, `Math.max`, `Math.abs`[1]

Konstante: Ganze Zahlen werden in dezimaler Darstellung notiert, ein Vorzeichen ist erlaubt. Ganzzahlige Konstanten haben immer den Typ `int`, sofern nicht `L` oder `l` angehängt ist, das sie dann explizit dem Typ `long` zuordnet. Andere Zahlensysteme sind möglich, sollen hier aber nicht behandelt werden. Zusätzlich stehen die symbolischen, d.h. durch Namen bezeichneten, Konstanten `MAX_VALUE` und `MIN_VALUE` zur Verfügung. Diese bezeichnen den größten bzw. kleinsten Wert der Datentypen `int` und `long`. Der Datentyp wird durch eine Angabe vor der Konstanten bestimmt, wobei die Namen `Integer` und `Long` verwendet werden müssen. `Integer.MAX_VALUE` liefert also den größten Zahlenwert, der in Variablen des Typs `int` abgelegt werden kann.

Das Bsp. 2.2 zeigt die Berechnung eines einfachen arithmetischen Ausdrucks und den Umgang mit Variablen und Konstanten des Typs `int`. Der Wert für i wird auf die bereits bekannte Art eingelesen; dann wird das Minimum der aus dem Quadrat von i (`i*i`) und dem Zehnfachen von i (`10*i`) bestimmt, der Wert der Variablen j zugewiesen und ausgegeben. Anschließend wird mit dem *modulo*-Operator der Rest der Division von j durch 2 bestimmt und aufgrund des so berechneten Ergebnisses (0 oder 1) ausgegeben, ob j eine gerade Zahl ist.

---

[1]   Da Java Groß- und Kleinschreibung unterscheidet, ist die hier angegebene Schreibweise verbindlich.

```
class IntAusdruck {
  public static void main(String args[]) {
    int i, j, k;
    EA.println("Zahl?"); i = EA.readInt();
    j = Math.min(i*i, 10*i);
    EA.println("Wert von j ist: " + j);
    k = 1-j%2;
    EA.println("Wert von j ist gerade, wenn Ausgabe > 0: " + k);
  }
}
```

Bsp. 2.2: Berechnung arithmetischer Ausdrücke

- Datentypen für reelle Zahlen

  Datentyp `float` mit dem Wertebereich: *etwa* $-3.4 < 10^{38} \ldots +3.4 < 10^{38}$

  Datentyp `double` mit dem Wertebereich: *etwa* $-1.8 < 10^{308} \ldots +1.8 < 10^{308}$

  Operationen: `+`, `-`, `*`, `/`

  Vergleiche: `==`, `!=`, `>`, `>=`, `<`, `<=`

  vordefinierte Methoden: `min`, `max`, `abs`, `sin`, `cos`, `tan`, `exp`, `log`, `sqrt`, `pow` und weitere. Alle aufgeführten Methoden müssen mit der vorangestellten Angabe `Math` aufgerufen werden.

  Konstante: Reelle Zahlen werden als Fließkommazahlen in dezimaler Darstellung notiert, ein Vorzeichen ist erlaubt. Fließkommakonstanten haben immer den Typ `double`, sofern nicht ein `f` oder `F` angehängt ist, das sie dem Typ `float` zuordnet. Der Typ `double` kann durch `d` oder `D` gekennzeichnet werden. Ein Exponent wird durch `e` oder `E` eingeleitet.

  Für reelle Zahlen sind die symbolischen Konstanten `MAX_VALUE` und `MIN_VALUE` sowie `NEGATIVE_INFINITY` und `POSITIVE_INFINITY` verfügbar. Der Wertebereich, auf den sich die Konstante bezieht, wird durch die vorangestellte Angabe von `Float` oder `Double` wie bei `Float.MIN_VALUE` festgelegt. Zusätzlich repräsentieren die Konstanten `Float.NaN` und `Double.NaN`[1] jeweils einen Wert, der nicht innerhalb des zulässigen Wertebereichs liegt und von den verschiedenen arithmetischen Operationen nur dann erzeugt wird, wenn das Ergebnis ihrer Auswertung undefiniert ist. Das Ergebnis `NaN` wird beispielsweise erzeugt durch den Ausdruck `Float.NEGATIVE_INFINITY/Float.POSITIVE_INFINITY`.

---

[1] `NaN` steht für *not a number*.

Es gibt zwei Konstanten, die ausgezeichnete Werte des Typs `double` repräsentieren: `Math.E` (= 2,71...) und `Math.PI` (= 3.14...).

Beispiele: `0.345, .32, 46d, -45.4e8, 7e-3f, Math.PI`

Eine Fließkommakonstante muß immer durch einen ihrer Bestandteile von einer entsprechenden ganzzahligen Konstante unterschieden werden. Beispielsweise wird die Zahl `47` immer dem Typ `int` zugeordnet, hingegen werden `47d`, `47e1` oder `47.0` dem Typ `double` zugeordnet.

* Datentyp für Wahrheitswerte: `boolean`

Wertebereich und Konstanten: `true, false`

Operationen: `!` (Negation), `&` (Konjunktion), `|` (Disjunktion), `^` (exklusive Disjunktion), `&&` bzw. `||` (Konjunktion bzw. Disjunktion, bei der der rechte Operand nur dann ausgewertet wird, wenn das Ergebnis nicht schon durch die Auswertung des linken Operanden festliegt).

Durch die *shortcut*-Operatoren `&&` bzw. `||` können Ausdrücke formuliert werden, die bei vollständiger Auswertung Fehler erzeugen könnten. Während beispielsweise die Auswertung des Ausdrucks `(b!=0)&((a/b)==5)` eine Division durch `0` und damit einen Fehler bewirken könnte, wird die Division durch `0` bei dem Ausdruck `(b!=0)&&((a/b)==5)` vermieden, da `a/b` für den kritischen Fall `b==0` gar nicht ausgewertet wird.

Vergleiche: `==, !=`

* Datentyp für einzelne Zeichen: `char`

Wertebereich: Unicode-Zeichensatz[1]

Vergleiche: `==, !=, >, >=, <, <=`

vordefinierte Methoden: `Character.toLowerCase`, `Character.toUpperCase` und weitere.

Konstante: Ein Zeichen wird in einfache Hochkommata `'...'` eingeschlossen, beispielsweise als `'a'` oder `'A'`.

---

[1] Der Unicode-Zeichensatz umfaßt Ziffern, Buchstaben, Satz- und Sonderzeichen und ist geordnet, so daß jedes Zeichen eine feste Position einnimmt. Einige Anmerkungen zum Unicode-Zeichensatz finden sich im Anhang auf Seite 425.

2.4 Typanpassung

In dem vorangehenden Abschnitt sind die Typen `byte`, `short`, `int` und `long` vorgestellt worden, die in Java Teilmengen der ganzen Zahlen repräsentieren. Damit kann innerhalb eines Programms die Situation eintreten, daß beispielsweise die ganzzahligen Werte zweier Variablen mit den unterschiedlichen Typen `short` und `long` miteinander verglichen werden sollen. Java erlaubt diesen auch mathematisch unproblematischen Vergleich und paßt dabei automatisch den Wert des bereichsmäßig kleineren Typs `short` an den Typ `long` an. Auch die Zuweisung eines Werts eines Typs mit einem kleineren zu einem Typ mit größerem Wertebereich ist zulässig.

Bei diesen Konvertierungen können keine Probleme auftreten, da der Wertebereich des Zieltyps immer den gesamten Wertebereich des Ausgangstyps umfaßt. Java bezieht auch die Fließkommatypen `float` und `double` mit in die Konvertierungsregel ein, so daß die Konvertierungen von `long` nach `float` und von `float` nach `double` erlaubt sind, wobei jedoch Rundungsfehler auftreten können. Darüber hinaus kann der Typ `char` in den Typ `int` konvertiert werden. Die dann erzeugte Zahl entspricht der Position des konvertierten Zeichens im Unicode-Zeichensatz.

Beispiel:

```
byte b; int i; float f;            // 1
f = i = b = 5;                     // 2
f = f + i + 'a';                   // 3
```

In *Zeile 2* wird den ganzzahligen Variablen b und i die Konstante 5 zugewiesen. Die Variable f würde bei einer Ausgabe 5.0 ergeben. Die Addition in *Zeile 3* ist zulässig, da das Zeichen 'a' des Typs `char` implizit in den Wert 97 des Typs `int` konvertiert wird – die Position von 'a' im Unicode-Zeichensatz. Die Variable f erhält daher den Wert 107.0.

Bei der Umwandlung von einem Wert eines Typs mit größerem Wertebereich in einen Typ mit kleinerem Wertebereich kann hingegen nicht sichergestellt werden, daß der konvertierte Wert in den Zielbereich paßt. Solche Umwandlungen werden daher nicht automatisch vorgenommen, sondern müssen durch den Aufruf eines *Typanpassungsoperators* explizit erzwungen werden. Der Anpassungsoperator besteht für jeden Zieltyp aus seinem in Klammern eingeschlossenen Namen, der dem Wert oder der Variablen des Ausgangstyps vorangestellt wird.

Beispiel:

```
byte b; int i; char c;             // 1
i = 5;                             // 2
b = (byte)i;                       // 3
c = (char)100;                     // 4
i = (int)5.0E9;                    // 5
```

In *Zeile 3* wird der Wert der Variablen i in den Typ byte umgewandelt und der Variablen b zugewiesen. In *Zeile 4* erhält die Variable c das Zeichen 'd' zugewiesen, das die Position 100 im Unicode-Zeichensatz einnimmt. In *Zeile 5* wird die Fließkommazahl 5.0E9, d.h. fünf Milliarden, in einen Wert des Typs int umgewandelt. Da dieser Wert außerhalb des Wertebereichs von int liegt, erhält i den größten darstellbaren Wert des Typs int: 2 147 483 647. Diese letzte Konvertierung zeigt die Problematik der explizit erzwungenen Typanpassung. Die Typanpassung wird in Kapitel 7.5 erneut aufgegriffen.

2.5 Prioritäten

Wie stark binden die verschiedenen Operatoren? Dem Leser ist aus der Mathematik sicherlich die Regel »*Punktrechnung geht vor Strichrechnung*« geläufig, nach der der Ausdruck 6+3*7 eben 27 und nicht 63 ergibt. In Java wird die Bindung von Operatoren durch die Vergabe von Prioritäten an die einzelnen Operatoren geregelt, so daß ein Operator mit hoher Priorität stärker bindet als einer mit niedriger. Bei gleichrangigen Operatoren erfolgt die Auswertung von links nach rechts, wobei immer der linke Operand vollständig ausgewertet wird, bevor mit der Auswertung des rechten Operanden begonnen wird.

Durch Klammerung kann man – wie in der Mathematik üblich – die durch die Prioritäten gegebene Auswertungsreihenfolge beeinflussen, so daß beispielsweise (6+3)*7 dann doch 63 ergibt. Auch läßt sich durch Klammerung sicherstellen, daß ein Ausdruck der Form a==5==b==9 korrekt ausgewertet werden kann, wenn a und b vom Typ int vereinbart sind. Die Auswertung von links nach rechts für a==5 würde hier einen Wert des Typs boolean liefern, dessen Vergleich mit dem ganzzahligen Wert von b zu einem Fehler führen würde, da diese Typen nicht ineinander überführt werden können. Die folgende Klammerung führt dagegen zu einer legalen Auswertungsreihenfolge: (a==5)==(b==9).

Den bislang betrachteten Operatoren sind die in der folgenden Tabelle angegebenen Prioritäten zugeordnet, wobei ein höherer Prioritätswert stärker bindet. So besitzt beispielsweise der *modulo*-Operator % eine höhere Priorität als der Vergleichsoperator >.

Ein multiplikativer Operator bindet also stärker als ein relationaler, der wiederum stärker bindet als eine Zuweisung, so daß das folgende Programmfragment einer Booleschen Variablen b den Wert true zuweist:

```
boolean b;
b = 7 % 3 > 0
```

Art des Operators	Operator	Priorität
Zuweisung	=	0
Boolescher Operator	||	1
	&&	2
	|	3
	^	4
	&	5
relationaler Operator	==, !=	6
	>, >=, <, <=	7
additiver Operator	+, -	8
multiplikativer Operator	*, /, %	9
unärer Operator	!, -, +, (*Typ*)	10

2.6   Elementare Anweisungen

Bis jetzt haben wir den Aufbau von einfachen Klassen und Methoden betrachtet und dabei die primitiven Datentypen kennengelernt, die uns Java zur Verfügung stellt. In diesem Abschnitt diskutieren wir nun die Frage, wie diese Bestandteile eingesetzt werden, um Programme zu konstruieren, und stellen die elementaren Anweisungen der Programmiersprache Java vor. Nach einer kurzen Betrachtung von Blöcken und Vereinbarungen werden wir dann zunächst die Zuweisung behandeln, ein fundamentales Konzept, das den Austausch von Werten zwischen Variablen ermöglicht. Weiterhin werden wir betrachten, wie wir in Abhängigkeit von Werten den Kontrollfluß eines Programms steuern können, wie wir also beispielsweise Werte auf Gleichheit überprüfen und in Abhängigkeit vom Ergebnis dieser Überprüfung weitere Anweisungen ausführen können. Dies geschieht durch die bedingte oder die bewachte Anweisung. Danach zeigen wir, wie man eine Anweisung oder eine Anweisungsfolge mehrfach durchläuft. Dies kann im Prinzip auf zwei Arten geschehen, nämlich indem man den wiederholten Durchlauf von Bedingungen abhängig macht, oder indem man unmittelbar die Anzahl der Wiederholungen festlegt. Die erste Variante wird durch eine Bedingungsschleife realisiert, die zweite wird durch die Zählschleife ermöglicht. Wir werden dabei sehen, daß Zählschleifen in Java zugleich immer auch Bedingungsschleifen sein können. Zusätzlich werden wir Sprunganweisungen betrachten.

Anschließend werden wir das Feld als erste einfache Datenstruktur kennenlernen, zu deren Bearbeitung wir Schleifen und bedingte Anweisungen benötigen. Um Ihnen einen Eindruck von der Arbeitsweise mit den elementaren Anweisungen und Feldern zu geben, beschäftigen wir uns zum Abschluß des Kapitels mit einem sehr einfachen und recht ineffizienten Sortieralgorithmus, dem *Sortieren durch Einfügen*.

2.6.1 Blöcke

Ein *Block* faßt Anweisungen zusammen, die einzeln durch ein Semikolon abgeschlossen werden. Die Folge der Anweisungen innerhalb des Blocks bestimmt die
Reihenfolge, in der diese Anweisungen bei der Programmausführung abgearbeitet
werden. Ein Block stellt selbst wieder eine Anweisung dar; ein abschließendes Semikolon ist hinter einem Block allerdings nicht notwendig. Die Syntax eines Blocks hat
folgende Form, wobei Aw_1 bis Aw_n wieder Anweisungen sind:

```
{
    Aw₁ ;
    Aw₂ ;
    . . .
    Awₙ ;
}
```

Wir haben Blöcke bereits in den ersten Beispielen ohne besondere Erläuterung genutzt. Da Blöcke an vielen Stellen notwendig sind, um Programme geeignet zu
strukturieren, werden sie in den folgenden Programmbeispielen immer wieder eingesetzt. Wir verzichten daher an dieser Stelle auf weitere Beispiele.

2.6.2 Deklarationen

Auch die durch Beispiele der vorangehenden Kapitel bereits eingeführte *Deklaration*
von Variablen ist eine Anweisung, mit der ein Name innerhalb eines Programm-
abschnitts vereinbart wird. Deklarationen können somit an allen Stellen eines
Programms auftreten, an denen Anweisungen erlaubt sind. Deklarationen müssen
insbesondere nicht am Anfang eines Blocks erfolgen. Allerdings sind die vereinbarten Variablen auch erst ab der Position innerhalb des Programms bekannt, an der
die Deklaration vorgenommen wurde. Wir werden die Sichtbarkeit von Variablen
innerhalb des Programmtextes in Kapitel 2.7.1 erneut aufgreifen.

2.6.3 Zuweisungen

Die *Zuweisung* ist ein fundamentales Konzept, bei dem ein Wert an eine Variable
übertragen wird. Wir unterscheiden in Java verschiedene Formen der Zuweisung:
die einfache Zuweisung, die mehrfache Zuweisung, die Initialisierung, sowie
Zuweisungsoperatoren in der Form von Infix-, Präfix- und Postfixoperatoren.

- einfache Zuweisung

  Notation: a = b

  Bedeutung: Die Variable a erhält den Wert der Variablen b zugewiesen.

  weitere Beispiele:

  a = 5   a erhält den Wert der Konstanten 5 zugewiesen.

  a = 5+5   a erhält den Wert 10, das Ergebnis der Auswertung des Ausdrucks
  5+5. Die Auswertungsfolge richtet sich nach den in Abschnitt 2.5
  eingeführten Prioritäten, die Addition besitzt eine höhere Priorität
  als die Zuweisung.

  Anmerkung: Die Zuweisung ist nicht nur eine Anweisung, sondern zugleich
  auch ein Ausdruck. Sie liefert selbst den zugewiesenen Wert als Ergebnis, das
  weiterverwendet werden kann. Das folgende Beispiel demonstriert den Effekt:

      a = (b=5)+(c=10)

  b erhält den Wert 5, c den Wert 10 und a den Wert 15 zugewiesen, die Summe
  der von den Zuweisungen an b und c gelieferten Werte. Die Klammerung ist notwendig, da sonst die höhere Priorität der Addition zuerst die Berechnung von
  5+c erzwingen und daher b auf 15 gesetzt würde.

- mehrfache Zuweisung

  Notation: a = b = 33

  Bedeutung: Mehrfache Zuweisungen werden entgegen der üblichen Bearbei-
  tungsreihenfolge immer von rechts nach links ausgeführt. Daher erhält zunächst
  b den Wert 33 und anschließend a den Wert von b, so daß letztlich beide Variablen den Wert 33 annehmen.

- Initialisierung bei der Deklaration

  Notation: int a = 55

  Bedeutung: Die Variable a vom Typ int wird deklariert und direkt mit dem
  Wert 55 belegt. In Java muß Variablen bei ihrer Deklaration kein gültiger Wert
  ihres Typs zugewiesen werden, der Compiler verlangt jedoch eine Zuweisung
  vor der ersten Auswertung einer Variablen. Bei der Übersetzung wird überprüft,
  ob eine auszuwertende Variable auf jeden Fall zuvor durch das Programm einen
  Wert zugewiesen bekommt.

- Infix-Zuweisungsoperator

  Notation: a += 120

  Bedeutung: Der Wert der Variablen a wird um 120 erhöht, d.h. die Variable, an
  die die Zuweisung erfolgt, wird zugleich als erster Operand der Addition

betrachtet. Der Infix-Zuweisungsoperator ermöglicht somit lediglich eine abkürzende Schreibweise für   a = a+120.

Analog sind auch die Operatoren -=, *=, /=, %=, &=, |= und ^= definiert. Infix-
Zuweisungsoperatoren besitzen die gleiche Priorität wie die Zuweisung.

- Präfix-Zuweisungsoperator

  Notation: ++a

  Bedeutung: Der Wert der Variablen a wird inkrementiert, d.h. um 1 erhöht.
  ++a stellt daher eine abkürzende Schreibweise für a = a+1 dar. Analog wird
  durch --a die Variable a dekrementiert, d.h. um 1 vermindert. Wie einfache
  Zuweisungen liefern auch Präfixoperatoren als Ergebnis den Wert der in- bzw.
  dekrementierten Variablen. Präfixoperatoren besitzen die hohe Priorität unärer
  Operatoren.

Die nachfolgend vorgestellten Postfixoperatoren unterscheiden sich von den
anderen Formen der Zuweisung dadurch, daß als Ergebnis nicht der Wert *nach* der
Ausführung der Zuweisung geliefert wird, sondern der Wert der Variablen, den
diese *vor* der Zuweisung besessen hat. Dieses Verhalten führt dazu, daß eine durch
den Postfixoperator bewirkte Veränderung erst bei einem nachfolgenden Zugriff auf
die Variable sichtbar wird.

- Postfix-Zuweisungsoperator

  Notation: a++

  Bedeutung: Der Wert der Variablen a wird inkrementiert, d.h. um 1 erhöht.
  a++ stellt daher – wie auch ++a – eine abkürzende Schreibweise für a = a+1 dar.
  Im Gegensatz dazu liefert a++ jedoch den ursprünglichen Wert von a und nicht
  den inkrementierten Wert als Ergebnis der Zuweisung. Der Postfixoperator a++
  ermöglicht innerhalb eines komplexeren Ausdrucks ein Weiterarbeiten mit den
  alten Werten und zugleich ein verzögert wirksam werdendes Inkrementieren.
  Analog wird durch a-- die Variable a dekrementiert, d.h. um 1 vermindert. Postfixoperatoren besitzen die hohe Priorität unärer Operatoren.

  Beispiel:

```
int z1 = 1, z2 = 2;                        // 1
EA.println(z1++ + z2++);                   // 2
EA.println(z1 + z2);                       // 3
EA.println(++z1 + ++z2);                   // 4
```

Die Postfixoperatoren (*Zeile 2*) inkrementieren die Variablen z1 und z2, zurückgegeben und addiert werden jedoch deren ursprüngliche Werte 1 und 2, so daß
der Wert 3 ausgegeben wird. In *Zeile 3* werden z1 und z2, deren Werte in *Zeile 2*

auf 2 bzw. 3 erhöht wurden, erneut addiert, so daß nun der Wert 5 angezeigt wird. Die Präfixoperatoren *(Zeile 4)* inkrementieren anschließend z1 und z2 und liefern unmittelbar die jeweils um 1 erhöhten Werte an die Addition: Es wird der Wert 7 ausgegeben.

2.6.4 Bedingte Anweisungen

Die *bedingte Anweisung* dient zur Auswahl genau einer Anweisung aus zwei alternativen Anweisungen. Sie hat in Java die folgende syntaktische Form:

```
if ( Ad )
   Aw₁
else
   Aw₂
```

Für die bedingte Anweisung gilt:

- *Ad* muß ein Ausdruck sein, dessen Auswertung einen Wert des Typs boolean liefert. *Ad* wird immer in Klammern eingeschlossen.

- Aw_1 und Aw_2 sind Anweisungen. Da Blöcke ebenfalls Anweisungen sind, sind an diesen Stellen insbesondere auch Blöcke erlaubt.

- Die bedingte Anweisung beginnt mit dem Schlüsselwort if. Sie endet dort, wo die Anweisung Aw_2 endet. In den meisten Fällen wird dort ein Semikolon als Trennzeichen dienen, um die bedingte Anweisung von anderen, in einem Block folgenden Anweisungen zu trennen.

- Bei der Ausführung der bedingten Anweisung wird zunächst *Ad* ausgewertet. Ergibt die Auswertung den Wert true, so wird Aw_1 ausgeführt und die bedingte Anweisung verlassen, ohne daß Aw_2 ausgeführt wurde. Ergibt die Auswertung den Wert false, so wird Aw_1 übersprungen und Aw_2 ausgeführt. Anschließend wird die bedingte Anweisung verlassen.

- Der Teil else Aw_2 kann entfallen. Liefert *Ad* in diesem Fall den Wert false, so wird die bedingte Anweisung ohne weitere Ausführung verlassen.

Neue Schlüsselwörter: if, else

Beispiel:

```
if (EA.readInt() == 10)
   EA.println("Eine Zehn wurde eingegeben!");
else
   EA.println("Es wurde keine Zehn eingegeben!");
```

Eine ganze Zahl wird eingelesen und mit dem Wert 10 verglichen. Das Ergebnis dieses Vergleichs wird durch die Ausgabe einer entsprechenden Zeichenkette angezeigt.

Beispiel:

```
int zahl = EA.readInt();
if (zahl >= 0)
  if (zahl > 0)
    EA.println("Es wurde eine positive Zahl eingegeben!");
  else
    EA.println("Es wurde eine Null eingegeben!");
```

Werden bedingte Anweisungen ineinander geschachtelt, so wird jeder Teil der Form else Aw_2 immer dem am nächsten davor stehenden if zugeordnet. Im Beispiel wird daher der Text »Es wurde eine Null eingegeben!« nur dann ausgegeben, wenn zunächst der erste Ausdruck zahl >= 0 den Wert true liefert, so daß die innere bedingte Anweisung ausgeführt wird, und dabei die Auswertung der zugehörigen Bedingung zahl > 0 den Wert false ergibt.

Dieses Beispiel gibt uns die Gelegenheit, als weiteren Operator den Auswahloperator »?:« einzuführen, dessen Wirkungsweise an die bedingte Anweisung erinnert. Der Auswahloperator verbindet drei Operanden und unterscheidet sich damit von den bisher eingeführten Operatoren, die nur höchstens zwei Operanden miteinander verknüpfen.

Ad_1 ? Ad_2 : Ad_3 hat die folgende Wirkungsweise:

- Der Ausdruck Ad_1 muß einen Wert vom Typ boolean liefern.

- Ad_2 und Ad_3 sind zwei Ausdrücke, deren Auswertungen Ergebnisse des gleichen Typs ergeben.

- Ergibt Ad_1 den Wert true, so wird das Ergebnis der Auswertung von Ad_2 zum Ergebnis dieses Operators, ergibt Ad_1 den Wert false, so wird das Ergebnis von Ad_3 zurückgegeben.

Das zuletzt mit einer bedingten Anweisung formulierte Beispiel läßt sich mit dem Auswahloperator auch so formulieren:

```
if (zahl >= 0)
  EA.println(
    zahl > 0   ? "Es wurde eine positive Zahl eingegeben!"
               : "Es wurde eine Null eingegeben!"
  );
```

Funktional nicht völlig identisch, aber doch sehr ähnlich, ziemlich unübersichtlich
und daher nicht empfehlenswert ist die folgende Fassung:

```
EA.println(
  zahl >= 0  ?
    ( zahl > 0   ? "Es wurde eine positive Zahl eingegeben!"
                 : "Es wurde eine Null eingegeben!"
    )          :  ""
);
```

Ausgegeben wird in beiden Fassungen jeweils das Ergebnis der Auswertung des
Auswahloperators, d.h. ein vorgegebener Text. In der zweiten Fassung muß auch
für den Fall `zahl < 0` ein Text geliefert werden. Da keine Ausgabe erfolgen soll,
wird der durch `""` erzeugte »leere« Text als Wert an `EA.println` übergeben.

2.6.5 Bewachte Anweisungen

Die *bewachte Anweisung* dient zur Auswahl einer bestimmten Anweisungsfolge aus
einer Menge von alternativen Anweisungsfolgen. Sie hat in Java die folgende
syntaktische Form:

```
switch ( Ad ) {
  case K₁:    AL₁;
  case K₂:    AL₂;
  ...
  case Kₙ:    ALₙ;
  default:    AL_def
}
```

Hierbei gilt:

- Bei der Ausführung der bewachten Anweisung wird zunächst *Ad* ausgewertet.
  Stimmt der Wert von *Ad* mit der Konstanten K_i aus der Menge der $K_1 \dots K_n$ überein, so werden alle Anweisungen aus der Liste von Anweisungen AL_i und alle
  Anweisungen der nachfolgenden Anweisungslisten $AL_{i+1}, \dots ALn, AL_{def}$ ausgeführt. Stimmt der Wert von *Ad* mit keinem Wert K_i überein und ist die Angabe
  `default:` AL_{def} vorhanden, so werden die Anweisungen von AL_{def} ausgeführt,
  anschließend wird die bewachte Anweisung verlassen.

- *Ad* ist ein Ausdruck, dessen Auswertung einen Wert der Typen `byte`, `short`,
  `int` oder `char` liefert. *Ad* wird immer in Klammern eingeschlossen. Nach dem
  Ausdruck folgt immer ein Block.

- Die bewachte Anweisung beginnt mit dem Schlüsselwort `switch`. Sie endet mit
  dem zu ihr gehörenden Block.

- K_i sind unterschiedliche Konstanten desjenigen Typs, der von *Ad* geliefert wird.

- AL_i sind Listen von Anweisungen, bei denen die einzelnen Anweisungen jeweils durch ein Semikolon getrennt werden.

- Soll die Ausführung von nacheinander liegenden Anweisungenfolgen unterbrochen werden, so muß dies mit der Anweisung break explizit veranlaßt werden. Jedes break innerhalb der bewachten Anweisung verzweigt direkt zum Ende des Blocks der bewachten Anweisung.

- Der Teil default: AL_{def} darf entfallen. Liefert Ad in diesem Fall einen Wert, der mit keiner Konstanten K_i übereinstimmt, so wird die bewachte Anweisung verlassen, ohne daß eine Anweisung ausgeführt wird.

Das vorgestellte Konstrukt wird als *bewachte Anweisung* bezeichnet, da die Konstante K_i die Anweisungsliste AL_i *bewacht*.

Neue Schlüsselwörter: switch, case, default, break

Beispiel:
```
switch (EA.readInt()) {
  case 2:    EA.print("zwei, ");
  case 1:    EA.println("eins"); break;
  case 10:   EA.print("zehn und keine ");
  default:   EA.println("andere Zahl");
}
```

Der eingelesene Wert wird mit den Werten 1, 2 und 10 verglichen. Stimmt der eingelesene Wert mit keiner der Konstanten überein, so wird die Bemerkung »andere Zahl« ausgegeben. Stimmt der Wert überein,

- so wird für den Wert 2 die Zeichenfolge »zwei, eins« ausgegeben, da alle Anweisungen bis zum Auftreten des ersten break ausgeführt werden,

- beim Wert 1 wird nur »eins« gedruckt,

- für den Wert 10 wird »zehn und keine andere Zahl« gedruckt, da auf die Ausgabe von »zehn und keine « nicht die Anweisung break folgt, und

- für alle anderen Werte wird nur der der Text »andere Zahl« ausgegeben.

Da die bewachte Anweisung nicht den Typ boolean für das Ergebnis des Ausdrucks Ad zuläßt, kann eine bedingte Anweisung nicht direkt in eine bewachte Anweisung umgewandelt werden. Auch kann die bewachte Anweisung nicht unmittelbar als Schachtelung oder Folge bedingter Anweisungen formuliert werden. Das Verhalten der bewachten Anweisung, alle folgenden Anweisungen bis zur nächsten break-Anweisung auszuführen, würde in bedingten Anweisungen eine Ergänzung von zusätzlichen Variablen zur Steuerung des Ablaufs erfordern. Die bedingte Anweisung und die bewachte Anweisung stellen daher in Java orthogonale Konzepte dar.

2.6.6 Bedingungsschleifen

Die *Bedingungsschleife* dient zur Wiederholung einer Anweisung. Eine der beiden in Java möglichen syntaktischen Formen ist:

```
while ( Ad )
   Aw
```

Für die Bedingungsschleife gilt:

* *Ad* ist ein Ausdruck, der einen Wert vom Typ `boolean` liefert.

* Bei der Ausführung der Bedingungsschleife wird zuerst *Ad* ausgewertet. Ergibt die Auswertung den Wert `true`, so wird zunächst die Anweisung *Aw* ausgeführt und anschließend mit der erneuten Auswertung des Ausdrucks *Ad* fortgefahren. Ergibt die Auswertung von *Ad* den Wert `false`, so wird die Ausführung der Bedingungsschleife beendet. Die Ausführung der Anweisung *Aw* wird also solange wiederholt, bis der Ausdruck *Ad* den Wert `false` ergibt.

Neues Schlüsselwort: `while`

Beispiel:
```
EA.println("Bitte zwei natürliche Zahlen eingeben!");
int zahl1, zahl2;
zahl1 = EA.readInt();
zahl2 = EA.readInt();
if (zahl1>0 & zahl2>0) {
  EA.println("Berechnung des ggt von " + zahl1 + " und " + zahl2);
  while (zahl1 != zahl2)
    if (zahl1 > zahl2)
      zahl1 -= zahl2;
    else
      zahl2 -= zahl1;
  EA.println("ggt ist: " + zahl1);
} else
  EA.println("Bitte positive natürliche Zahlen eingeben!");
```

Durch diese Schleife wird der größte gemeinsame Teiler der in den Variablen `zahl1` und `zahl2` abgelegten Werte nach dem klassischen Algorithmus von *Euklid* für natürliche Zahlen berechnet. Bei jedem Durchlauf durch den Rumpf der Schleife wird der Wert der größeren der beiden Zahlen um den Wert der kleineren Zahl vermindert. Solange sich die Zahlen unterscheiden, ergibt `zahl1!=zahl2` den Wert `true`, so daß die Schleife erneut ausgeführt wird. Sind beide Zahlen gleich, bricht die Schleife ab, da die Auswertung des Vergleichs den Wert `false` liefert. Der größte gemeinsame Teiler steht dann in beiden Variablen `zahl1` und `zahl2`.

Man erkennt, daß bei Bedingungsschleifen sichergestellt werden muß, daß nach einer endlichen Zahl von Durchläufen das Ergebnis der Auswertung des Ausdrucks *Ad* den Wert `false` ergibt, damit die Schleife abbricht. Man spricht davon, daß die Schleife *terminiert*. Das Terminieren einer Schleife kann nur dann garantiert werden, wenn die Ausführung der Anweisung *Aw* oder auch die Auswertung des Ausdrucks *Ad* eine Änderung von den Werten bewirken, die Einfluß auf die Berechnung des Ergebnisses des Ausdrucks *Ad* nehmen.

Die zweite syntaktische Form der Bedingungsschleife hat das folgende Aussehen:

```
do
   Aw
while ( Ad )
```

Für diese Form der Bedingungsschleife gilt:

- *Ad* ist wiederum ein Ausdruck, der einen Wert vom Typ `boolean` liefert.

- Bei der Ausführung der Bedingungsschleife wird zuerst *Aw* ausgeführt. Der Ausdruck *Ad* wird erst im Anschluß ausgewertet, so daß die Anweisung *Aw* im Gegensatz zu der oben vorgestellten Form der Schleife auf jeden Fall mindestens einmal ausgeführt wird. Ergibt die Auswertung von *Ad* den Wert `true`, so wird die Anweisung *Aw* erneut ausgeführt und auch eine erneute Auswertung des Ausdrucks *Ad* angeschlossen. Ergibt die Auswertung von *Ad* den Wert `false`, so wird die Ausführung der Bedingungsschleife beendet.

Neues Schlüsselwort: do

Beispiel:

```
int zahl;
do {
  EA.println("Bitte eine positive natürliche Zahl eingeben!");
  zahl = EA.readInt();
} while (zahl <= 0);
```

Das Beispiel zeigt einen typischen Einsatz der Schleife mit `do ... while`. Der Benutzer des Programms wird im Anweisungsteil zur Eingabe einer Zahl aufgefordert, die einer bestimmten Bedingung – positiv und natürlich – genügen soll. Da die Bedingung erst nach dem Einlesen überprüft werden kann, folgt die Bedingung dem Anweisungsblock. So wird sichergestellt, daß vor dem ersten Auswerten der Bedingung in jedem Fall ein Wert gelesen wurde. Solange die eingegebene Zahl kleiner oder gleich Null ist, also der vorgegebenen Bedingung nicht genügt, wird der Nutzer erneut zur Eingabe aufgefordert.

2.6.7 Zählschleife

Die *Zählschleife* ermöglicht wie die Bedingungsschleife ein mehrfaches Wiederholen einer Anweisung oder einer in einem Block zusammengefaßten Folge von Anweisungen. Zählschleifen dienen grundsätzlich dazu, eine vorgegebene Anzahl von Durchläufen (*Iterationen*) auszuführen. Eine Zählschleife hat den folgenden syntaktischen Aufbau:

```
for ( InitL ; Ad ; AktL )
   Aw
```

Für die Zählschleife gilt:

- Die Initialisierungsliste *InitL* wird nur einmal zu Beginn der Ausführung der Schleife ausgeführt. Die konzeptionelle Idee der Initialisierungsliste ist, Zählervariablen zu vereinbaren und mit Werten zu belegen, anhand derer anschließend die Anzahl der Schleifendurchläufe kontrolliert wird.

  InitL ist eine durch Kommata getrennte Liste von Ausdrücken, die entweder zur Initialisierung bereits vereinbarter oder zur Deklaration neuer Variablen dient. Zur Initialisierung sind grundsätzlich Zuweisungen geeignet, wobei die Ergebnisse von Auswertungen ignoriert werden. Alternativ kann in der Initialisierungsliste die Deklaration neuer Variablen erfolgen, die dann jedoch alle den gleichen Typ besitzen müssen. Diese Variablen sind dann nur innerhalb der Schleifenkonstruktion bekannt und können auch nur dort benutzt werden.

- *Ad* ist ein Ausdruck, dessen Auswertung einen Wert des Typs `boolean` ergeben muß. Ist dieser Wert `true`, so wird die Anweisung *Aw* ausgeführt, ist der Wert `false`, so wird die Schleife beendet.

- *AktL* ist eine Liste von Ausdrücken, die immer nach der Ausführung der Anweisung *Aw* ausgeführt werden. Diese Ausdrücke sollen dazu dienen, die Werte von Zählervariablen zu aktualisieren. Im Anschluß an die Auswertung von *AktL* wird der Ausdruck *Ad* erneut ausgewertet.

- Jeder Bestandteil der Zählschleife innerhalb der Klammerung, d.h. *InitL*, *Ad* oder *AktL*, kann auch entfallen, falls keine Notwendigkeit gesehen wird, eine entsprechende Angabe zu machen.

- *Aw* ist eine Anweisung.

Neues Schlüsselwort: `for`

Beispiele:

```
int summe = 0;
for (int zähler = 1; zähler <= 12; zähler++)
  summe += EA.readInt();
EA.println(summe);
```

Die Variable summe wird als ganzzahlig deklariert und mit dem Wert 0 initialisiert. Die Zählschleife liest zwölf Zahlen ein und addiert sie auf, indem der eingelesene Wert jeweils zu der Variablen summe hinzugefügt und das Resultat wieder summe zugewiesen wird. Nach Beendigung der Schleife wird der Wert der Summe ausgedruckt.

Im nächsten Beispiel werden mit der bekannten Methode EA.readInt zwölf Zahlen eingelesen und mit dem Wert der Variablen grenze verglichen. Die Variablen kleiner und größer geben anschließend an, wie viele Zahlen (strikt) kleiner bzw. größer als der Wert von grenze sind.

```
int zahl, grenze = 4, größer = 0, kleiner = 0;
for (int i = 1; i <= 12; i++) {
   zahl = EA.readInt();
   if (zahl < grenze) kleiner++;
   if (zahl > grenze) größer++;
}
EA.println("größer/kleiner: " + größer + "/" + kleiner);
```

Leider wird in Java nicht erzwungen, daß die Anzahl der Durchläufe einer Zählschleife ausschließlich über den Wert eines Zählers gesteuert wird. Die für die Zählschleife geltenden Regeln stellen beispielsweise nicht sicher, daß in dem Ausdruck *Ad* tatsächlich eine Zählervariable als Abbruchkriterium abgefragt wird oder daß in *AktL* ausschließlich Zähler aktualisiert werden. Da *InitL* und *AktL* auch unbelegt bleiben können, läßt sich vielmehr jede Bedingungsschleife der Form

```
while ( Ad ) Aw
```

auch als Zählschleife schreiben:

```
for ( ; Ad ; ) Aw
```

Sofern die Anweisung *Aw* selbst nur aus einer Folge von Zuweisungen besteht, können diese auch in *AktL* aufgenommen werden, so daß die Anweisung *Aw* der Schleife leer bleibt. Der folgende Programmtext zeigt das entsprechend veränderte Beispiel des Einlesens von zwölf ganzen Zahlen mit dem anschließenden Ausgeben ihrer Summe. Das Beispiel zeigt, daß der übersichtliche und verständliche Einsatz der Zählschleife in Java weitgehend dem Programmierer überlassen wird.

```
int summe = 0;
for (int zähler = 1; zähler<=12; summe += EA.readInt(), zähler++)
   /* Der leere Anweisungsteil der Schleife */  ;
EA.println(summe);
```

2.6.8 Markierte Anweisungen und Sprünge

Markierte Anweisungen sind beliebige Anweisungen, die einen Namen als *Marke* (engl. *label*) tragen. Die Ausführung einer so ausgezeichneten Anweisung kann dann zusätzlich durch die beiden Anweisungen break und continue kontrolliert werden. Syntaktisch haben markierte Anweisungen die Form m:*Aw*. Ist die Anweisung *Aw* aus verschiedenen syntaktischen Bestandteilen zusammengesetzt, beispielsweise also ein Block oder eine bedingte Anweisung, so gilt:

- Enthält sie die Anweisung break m; und wird diese ausgeführt, so wird mit der Anweisung fortgefahren, die unmittelbar auf die markierte Anweisung folgt.

- Enthält eine Schleife die Anweisung continue m; und wird diese ausgeführt, so wird an das Ende des Rumpfes der markierten Schleife gesprungen. Bei for-Schleifen wird zunächst die Aktualisierung von Zählern vorgenommen, anschließend wird bei allen Arten von Schleifen mit der Auswertung der Abbruchbedingung fortgefahren.

Neues Schlüsselwort: continue

Beispiele:

Es werden solange ganze Zahlen eingelesen, wie diese größer als der Wert 0 sind. Ist eine eingelesene Zahl größer oder gleich dem Wert 10, so wird die markierte Schleife sofort erneut durchlaufen, ohne die Ausgabe zu erzeugen.

```
int eingabe = 0;
schleife:
  while ((eingabe = EA.readInt()) > 0) {
    if (eingabe >= 10)
      continue schleife;
    EA.println(eingabe + " ist kleiner als 10");
  }
```

Im nachfolgenden Beispiel werden maximal zwölf Zahlen gelesen und aufsummiert. Sobald die Summe summe jedoch größer als 19 ist, wird die Schleife auch dann schon verlassen, wenn noch nicht zwölf Zahlen eingelesen wurden. Die durch den Zähler kontrollierte Wiederholung wird vorzeitig beendet.

```
int summe = 0;
test19:
  for (int i = 1; i <= 12; i++) {
    summe += EA.readInt();
    if (summe > 19)
      break test19;
  }
```

Anmerkungen:

- `break` und `continue` werden auch als Spranganweisungen bezeichnet, da bei
  ihrem Auftreten ein *Sprung* zum Ende oder erneut zum Anfang der markierten
  Anweisung erfolgt.

- In Bedingungs- und Zählschleifen können Spranganweisungen auch ohne eine
  explizite Markierung der Schleife eingesetzt werden. Der Aufruf der Sprunganweisung erfolgt dann ohne Angabe eines Namens und bezieht sich immer auf
  die Schleife, die den Aufruf direkt umschließt. Das bereits bekannte Beispiel zur
  Bildung einer Summe von zwölf Zahlen bis zur Grenze 19 kann daher auch ohne
  Marke formuliert werden:

```java
int summe = 0;
for (int i = 1; i <= 12; i++) {
  summe += EA.readInt();
  if (summe > 19)
    break;
}
```

- Die Marke der markierten Anweisung ist ein Bezeichner, der nicht innerhalb der
  Anweisung als Variablenname deklariert werden darf.

- Die Marke ist nur innerhalb der markierten Anweisung sichtbar, außerhalb ist sie
  nicht deklariert. Das bedeutet insbesondere, daß eine Markierung nicht von
  außen angesprungen werden kann.

Der Einsatz von Sprüngen ist in der Programmierung umstritten, da der Ablauf
eines Programms dadurch sehr leicht unübersichtlich wird. Die von Java angebotene
Form mit den Sprunganweisungen `break` und `continue` erlaubt allerdings ausschließlich Sprünge zu zwei definierten Stellen, an den Anfang oder an das Ende der
Anweisung, die gerade ausgeführt wird. Dadurch bleibt die größtmögliche Weite
eines Sprungs glücklicherweise beschränkt.

Trotzdem sollten Sprünge auch in Java so eingesetzt werden, daß die Lesbarkeit von
Programmen erhalten bleibt. Gebräuchlich ist in Java das Verlassen von Schleifen
durch `break`, wenn eine besondere Bedingung eintritt. Marken sollten nur eingesetzt
werden, um ineinander verschachtelte Anweisungen direkt aus einer tieferen
Schachtelungsebene zu verlassen. Ein solcher Fall ist beispielsweise dann gegeben,
wenn aus einer Schleife heraus unmittelbar an das Ende einer umgebenden Schleife
gesprungen werden soll. Eine einfache Anweisung `break;` würde hier nur zum
Ende der inneren Schleife und nicht zum Ende der äußeren Schleife führen.

Grundsätzlich lassen sich Sprunganweisungen immer durch eine geeignete Schachtelung von bedingten und bewachten Anweisungen vermeiden. Die Schachtelungstiefe der Konstrukte wird dadurch möglicherweise größer, dafür kann jedoch
anhand der Schachtelung – bei einer entsprechenden Formatierung des Programmtextes – die Programmkonstruktion unmittelbar erfaßt werden.

2.7   Sichtbarkeit von Namen

Ein Programm wird durch die geeignete Schachtelung von Blöcken, bedingten Anweisungen oder Schleifen strukturiert. Die entstehende Struktur legt auch die Sichtbarkeit der Namen von Variablen und Marken fest. Nur dort, wo ein Name sichtbar ist, kann er benutzt werden, d.h. der Wert einer Variablen gesetzt oder gelesen oder eine Marke angesprungen werden.

2.7.1 Sichtbarkeit von Variablen

Variablen werden dem Programm durch ihre Deklarationen bekannt gemacht. Sie können in dem Block, in dem sie vereinbart werden, ab der Position ihrer Vereinbarung genutzt werden. Sie sind auch in allen Anweisungen sichtbar, die nach ihrer Deklaration in den Block der Deklaration geschachtelt sind. Wir haben diese Regelung in den vorangehenden Programmen bereits implizit genutzt, da ansonsten beispielsweise in Schleifen ermittelte Werte nicht außerhalb der Schleife weitergenutzt werden könnten.

Variable dürfen keine Namen erhalten, die bereits in einem umgebenden Block vergeben sind. Das Verdecken einer Variablen eines äußeren Blocks durch eine gleichlautende Deklaration in einem inneren Block ist damit nicht möglich, alle in äußeren Blöcken vereinbarten Variablen sind damit auch immer in allen inneren Blöcken sichtbar. Der nachfolgende Programmtext ist daher unzulässig.

```
int i, j;
for (int i = 0; i < 100; i++) {      // i ist bereits deklariert
  char j = 'a';                       // j ist bereits deklariert
  // ...
}
```

Die Sichtbarkeit von Variablen kann durch ein Konturmodell veranschaulicht werden: Konturen visualisieren graphisch die Bereiche, in denen die Namen sichtbar sind. Abb. 2.1 macht dies für ein Beispiel deutlich.

2.7.2 Sichtbarkeit von Marken

Die Namen von Marken sind ausschließlich innerhalb der Anweisung sichtbar, die sie markieren. Wie Variablen können auch Marken nicht durch Deklarationen oder weitere Markierungen in geschachtelten Anweisungen verdeckt werden.

Im Gegensatz zu Variablen sind Marken in dem Block, in dem sie deklariert werden (– in dem also die markierte Anweisung liegt), überhaupt nicht bekannt. Dadurch ist es unmöglich, eine Marke aus ihrer Umgebung heraus anzuspringen.

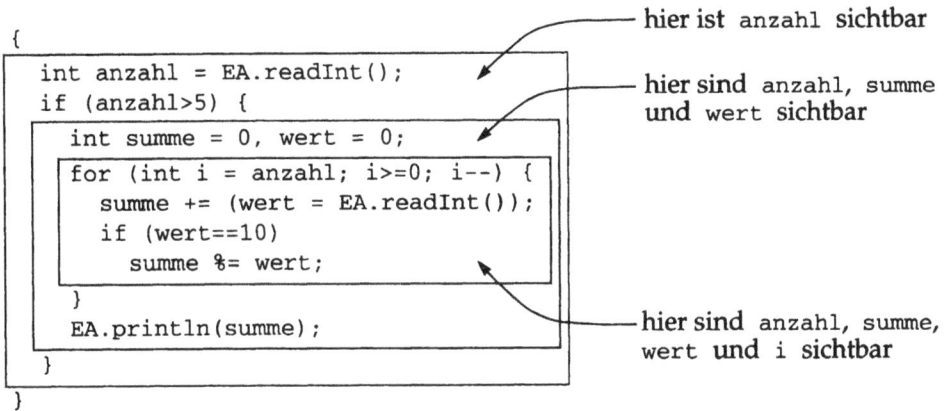

```
{
    int anzahl = EA.readInt();
    if (anzahl>5) {
        int summe = 0, wert = 0;
        for (int i = anzahl; i>=0; i--) {
            summe += (wert = EA.readInt());
            if (wert==10)
                summe %= wert;
        }
        EA.println(summe);
    }
}
```

hier ist `anzahl` sichtbar

hier sind `anzahl`, `summe` und `wert` sichtbar

hier sind `anzahl`, `summe`, `wert` und `i` sichtbar

Abb. 2.1: Sichtbarkeit von Variablen

Ein Konturmodell kann auch dazu benutzt werden, die Sichtbarkeit von Marken zu verdeutlichen (siehe Abb. 2.2).

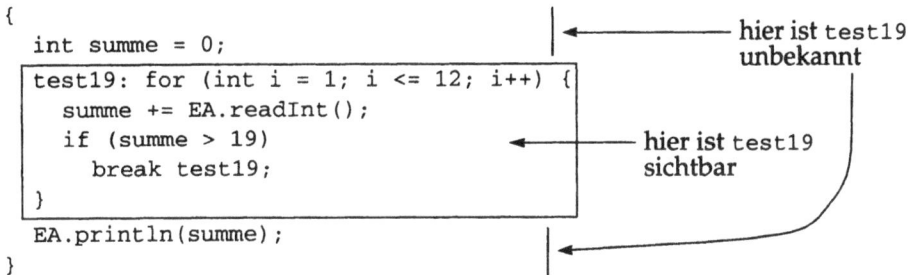

```
{
    int summe = 0;
    test19: for (int i = 1; i <= 12; i++) {
        summe += EA.readInt();
        if (summe > 19)
            break test19;
    }
    EA.println(summe);
}
```

hier ist `test19` unbekannt

hier ist `test19` sichtbar

Abb. 2.2: Sichtbarkeit von Marken

2.8   Das Feld als einfache Datenstruktur

Die Deklaration `int[] a` deklariert eine Folge von ganzen Zahlen, die als *Feld* bezeichnet wird und den Namen `a` erhält. Es entsteht so eine Folge von Elementen, in denen Zahlen des Typs `int` abgelegt werden können. Die Elemente des Feldes können über `a[0], a[1], a[2], ...` angesprochen werden.

Allgemeiner gilt:

Grundtyp`[]` *Name*

deklariert ein Feld mit dem Namen *Name* und einer zunächst noch unbestimmten
Anzahl *k* von Werten *Name*`[0]`, ..., *Name*`[k-1]`, deren Typ durch den *Grundtyp* gegeben ist, den alle Elemente des Feldes besitzen.

Die Anzahl *k* der Elemente ist ein ganzzahliger Wert, die Menge {0, ..., *k*–1} heißt
Indexbereich des Feldes.

Der Wert *k*, die *Länge* des Feldes, kann durch den vordefinierten Namen `length`
ermittelt werden, der beim Aufruf an den Namen des Feldes angehängt wird:
Name`.length`. Beim Zugriff auf *Name*`[j]` muß also immer gelten:

$0 \leq j \leq$ *Name*`.length-1`

2.8.1 Operationen auf Feldern

Wir erläutern die wichtigsten Operationen auf Feldern an einem Beispiel. Sei hierzu
`int[] feld1` deklariert. Diese Deklaration legt lediglich den Namen des Feldes fest,
erzeugt aber weder seine Elemente noch bestimmt sie die Länge des Feldes.

- Die Elemente eines Feldes werden mit dem Operator `new` allokiert. Der Aufruf
  `new int[5]` erzeugt fünf neue Elemente des Grundtyps `int`, die gemeinsam ein
  Feld bilden. Durch eine Zuweisung `feld1=new int[5]` wird dieses Feld dem
  Namen `feld1` zugeordnet, dessen Elemente als `feld1[0]`, ..., `feld1[4]` angesprochen werden können. Die Anzahl der Elemente kann beim Ausführen von
  `new` auch durch einen Ausdruck bestimmt werden.

- Das Allokieren der Elemente kann auch unmittelbar im Rahmen der Deklaration
  als Initialisierung erfolgen: `int[] feld2 = new int[5];`

- Alternativ kann die Initialisierung eines Feldes in der Deklaration (und nur dort)
  auch durch eine *Feldkonstante* erfolgen, die alle Werte des Feldes auflistet. Die
  Länge des Feldes ergibt sich in diesem Fall implizit aus der Zahl der angegebenen
  Konstanten:

  ```
  int[] feld2 = {10, 12, 14, 16, 18};
  ```

- Felder und einfache Variable des gleichen Grundtyps können auch gemeinsam
  deklariert werden, wobei Felder dann einzeln explizit durch »`[]`« ausgezeichnet
  werden müssen:

  ```
  int feld3[], var1, var2, feld4[];
  ```

- Seien zwei Felder deklariert: `int[] feld3, feld4 = {1, 2};`
  Dann führt die Zuweisung `feld3 = feld4` *nicht* zu einer Kopie des Feldes `feld4`
  in der Variablen `feld3`. Um eine solche Kopie zu erhalten, müssen vielmehr alle

Elemente einzeln kopiert werden. Dabei muß die Länge des zugewiesenen Feldes berücksichtigt werden. Zudem muß beachtet werden, daß die Indizierung mit 0 beginnt und das letzte Element des Feldes mit dem Index `feld4.length-1` erreicht wird.

```
feld3 = new int[feld4.length];
for (int i = 0; i < feld4.length; i++)
    feld3[i] = feld4[i];
```

- Die Ein- und Ausgabe von Feldern erfolgt immer durch den komponentenweisen Zugriff über einen Indexwert auf die einzelnen Elemente. Zur Realisierung bietet sich auch hier die Zählschleife an.

Wir haben bisher nur Felder betrachtet, deren Elemente aus Werten einfacher Typen bestanden. Wir werden später sehen, daß Felder auch aus Elementen komplexer Typen bestehen können (vgl. Kapitel 4.4).

2.8.2 Mehrdimensionale Felder

Die in Kapitel 2.8.1 eingeführten Felder präsentierten sich als eindimensionale Folgen von Elementen eines Grundtyps. Es ist jedoch auch möglich, Felder anzulegen, deren Elemente sich in mehrere Dimensionen ausdehnen. Die Ausdehnung eines solchen Feldes wird durch die Zahl der Klammern »[]« in der Deklaration bestimmt. Mehrdimensionale Felder von ganzen Zahlen werden beispielsweise deklariert und initialisiert durch:

```
int[][] fläche = {{10,11},{5,7}};
int[][] dreieck = {{1},{2,3},{4,5,6}};
int[][][] würfel = new int[3][3][3];
```

- Die Deklaration der Felder `fläche`, `dreieck` und `würfel` erfolgt analog zu der bereits besprochenen Deklaration von eindimensionalen Feldern.

- Die Initialisierung mit Feldkonstanten ist nun etwas umständlicher als bei eindimensionalen Feldern, da die Angabe der Werte linearisiert und zeilenweise geschachtelt erfolgen muß. Die Felder `fläche` und `dreieck` besitzen nach ihrer Initialisierung folgende Wertebelegung:

10	11
5	7

fläche

1		
2	3	
4	5	6

dreieck

```
fläche[0][1]    ist 11
dreieck[1][0]   ist 2
dreieck[2][1]   ist 5
```

- Der Zugriff auf die Elemente des Feldes erfolgt derart, daß für jede Dimension ein Indexwert angegeben werden muß, wie dies schon im vorangehenden Beispiel geschehen ist: `dreieck[2][1]` bezeichnet dann den Wert in der dritten Zeile der zweiten Spalte.

- Die Wertebelegung des Feldes `dreieck` zeigt, daß auch unregelmäßige Felder möglich sind; diese können jedoch ausschließlich über eine Initialisierung in der vorgestellten Form erzeugt werden. Ihre Handhabung im Programm wird sehr leicht unübersichtlich, sie wird allerdings unterstützt durch die Anwendbarkeit von `length` auf die einzelnen Zeilen eines unregelmäßigen Feldes. Durch `dreieck.length` wird die Ausdehnung der ersten Dimension ermittelt, die Anzahl der Zeilen, die hier 3 ergibt. `dreieck[1].length` liefert dann die Ausdehnung der zweiten Dimension in Abhängigkeit von der ersten Dimension, d.h. hier die Zahl 2, die Anzahl der Spalten der zweiten Zeile.

2.8.3 Beispiel: Sortieren durch Einfügen

Zum Abschluß dieses ersten Kapitels wollen wir eine einfache Problemstellung lösen und dazu die Datenstruktur Feld einsetzen. Wir werden das Problem zunächst analysieren, eine Lösungsidee vorschlagen, daraus einen Algorithmus erarbeiten und diesen anschließend durch ein Java-Programm realisieren.

Problem: Eine unsortierte Folge von Zahlen soll geordnet werden. Dazu sollen die Zahlen zunächst in einem Feld `int[] zahlen` abgelegt werden, das anschließend aufsteigend sortiert werden soll.

Idee: Sind für einen Indexwert i bereits die Elemente `zahlen[0]`, ..., `zahlen[i-1]` aufsteigend sortiert, so suche man im bereits sortierten Bereich die Position k, an der `zahlen[i]` eingefügt werden kann, verschiebe `zahlen[k]`, ..., `zahlen[i-1]` um genau eine Position weiter auf die Elemente `zahlen[k+1]`, ..., `zahlen[i]` und setze `zahlen[k]=zahlen[i]`.

- Bei der Bestimmung von `k` sind die folgenden Fälle zu berücksichtigen:

  a) Wenn alle Werte im sortierten Bereich kleiner als der einzusortierende Wert sind, d.h. es gilt `zahlen[i-1]<=zahlen[i]`, dann wird `k = i` gesetzt.

  b) In allen anderen Fällen wird `k` auf den kleinsten Index t, $t \in \{1, ..., i-1\}$, gesetzt, für den gilt: `zahlen[i]<=zahlen[t]`.

  Dann gilt also: `zahlen[i]<zahlen[k]` und `zahlen[i]>=zahlen[k-1]`, da k maximal ist. Falls `zahlen[i]` kleiner als jeder bereits einsortierte Wert ist, also `zahlen[i]<zahlen[0]` gilt, wird `k = 0` gesetzt.

- Code für die Bestimmung von `k`:

```
k = 0;
while ((k < i) & (zahlen[i] >= zahlen[k]))
    k++;
```

- Die Verschiebung erfolgt in folgender Weise:

```
merker = zahlen[i];
zahlen[i]   = zahlen[i-1];
zahlen[i-1] = zahlen[i-2];
// ...
zahlen[k+1] = zahlen[k];
zahlen[k]   = merker;
```

Zunächst wird der Wert von `zahlen[i]` in der Variablen `merker` gerettet, sodann erfolgen die Zuweisungen ausgehend vom Index `i`, der Position des nächsten einzuordnenden Wertes, zum kleineren Index `k`, der Position der Einfügung. Beachten Sie die Reihenfolge, die sicherstellt, daß kein Wert überschrieben wird, der anschließend noch verschoben werden müßte.

- Code für die Verschiebung:

```
for (int j = i; j > k; j--)
    zahlen[j] = zahlen[j-1];
```

Der Algorithmus *Sortieren durch Einfügen* wird in Bsp. 2.3 dargestellt. Die Analyse dieses Algorithmus zeigt, daß für das Element `zahlen[i]` der Test zur Bestimmung der Position des Einfügens, `(k<i)&(zahlen[i]>=zahlen[k])`, im ungünstigsten Fall $i-1$-mal durchgeführt wird. Dieser Fall liegt dann vor, wenn das einzufügende Element an das Ende des sortierten Bereichs plaziert wird. Für die gesamte Zahlenfolge ist der ungünstigste Fall daher dann gegeben, wenn eine bereits sortierte Folge vorliegt. Für n Elemente werden dann insgesamt

$$1 + 2 + \ldots + (n-1) = n*(n-1)/2$$

Tests durchgeführt. Für eine lange Zahlenfolge mit beispielsweise 10000 Elementen könnte daher der Fall eintreten, daß bis zu 50 Millionen Vergleiche ausgewertet werden müssen. Es gibt deutlich schnellere Sortierverfahren wie beispielsweise den Algorithmus *Heapsort*, den wir in Kapitel 4.3 vorstellen und diskutieren werden.

Auch wenn wir gerade festgestellt haben, wie ineffizient sich das *Sortieren durch Einfügen* verhält, wollen wir kurz zeigen, daß es uns dieser Algorithmus bereits ermöglicht, eine Teilaufgabe des Algorithmus von Kruskal (siehe Kapitel 1) als Programmtext in Java zu realisieren. Wie Sie sich erinnern, baut der Algorithmus das kostenminimale Verbindungsnetz ausgehend von den Verbindungen mit den geringsten Kosten auf, alle Verbindungen müssen also zunächst anhand ihrer Kosten sortiert werden. Bsp. 2.4 zeigt die entsprechende Erweiterung des Bsp. 2.3.

```
int[] zahlen;
int merker = 0, k = 0;
EA.println("Anzahl der Zahlen?");                     // Eingabe
zahlen = new int[EA.readInt()];
for (int z1 = 0; z1 < zahlen.length; z1++)
  zahlen[z1] = EA.readInt();
for (int i = 0; i < zahlen.length; i++) {    // Sortieren
  k = 0;
  while ((k < i) & (zahlen[i] >= zahlen[k]))
    k++;
  if (k != i) {                                       // nicht Fall a)
    merker = zahlen[i];                               // also Fall b)
    for (int j = i; j > k; j--)
      zahlen[j] = zahlen[j-1];
    zahlen[k] = merker;
  }
}
EA.println("Ausgabe der Sortierung:");                // Ausgabe
for (int z2 = 0; z2 < zahlen.length; z2++)
  EA.print(zahlen[z2] + ", ");
```

Bsp. 2.3: Sortieren durch Einfügen

Wenn wir die im Feld aufgelisteten Werte als Kosten der Verbindungen innerhalb des Graphen betrachten, so können wir diese Verbindungen aufgrund ihrer Kosten durch Einfügen sortieren. Allerdings müssen nicht nur die Kosten sortiert werden, sondern auch die ihnen zugeordneten Kanten. Wir benötigen daher zwei korrespondierende Felder, in denen wir die Bezeichnungen der Start- und die Zielknoten ablegen, also die ersten Buchstaben der Namen unserer Hofzwerge. Wird nun der Kostenwert für eine Verbindung einsortiert, so muß für die zugehörigen Start- und Zielknoten mit dem gleichen Index die gleiche Einsortierung vorgenommen werden. Die Namen der Felder sind in Bsp. 2.4 geeignet benannt worden und das Verschieben (Fall b) ist so formuliert, daß alle drei Felder gleich behandelt werden.

Die in Bsp. 2.4 gewählte Umsetzung ist mit den bisher bekannten Sprachkonstrukten möglich, dafür aber in seiner Handhabung ein wenig umständlich, da wir immer darauf achten müssen, daß alle drei Felder (startknoten, zielknoten und kosten) gleichartig manipuliert werden. Wir werden im folgenden Kapitel 3 lernen, wie wir alle drei Angaben so zusammenfassen können, daß wir sie gemeinsam in einem Feld bearbeiten können.

```
char[] startknoten, zielknoten;
int[] kosten;
char merkerStart, merkerZiel;
int merkerKosten, k;
merkerStart = merkerZiel = ' ';
merkerKosten = k = 0;
EA.println("Anzahl der Verbindungen?");            // Eingabe
kosten = new int[EA.readInt()];
startknoten = new char[kosten.length];
zielknoten = new char[kosten.length];
for (int z1 = 0; z1 < kosten.length; z1++) {
  EA.println("Startknoten der " + (z1+1) + ". Verbindung: ");
  startknoten[z1] = EA.readChar();
  EA.println("Zielknoten der " + (z1+1) + ". Verbindung: ");
  zielknoten[z1] = EA.readChar();
  EA.println("Kosten der " + (z1+1) + ". Verbindung: ");
  kosten[z1] = EA.readInt();
}
for (int i = 0; i < kosten.length; i++) {          // Sortieren
  k = 0;
  while ((k < i) & (kosten[i] >= kosten[k]))
    k++;
  if (k != i) {                                    // nicht Fall a)
    merkerKosten = kosten[i];                       // also Fall b)
    merkerStart = startknoten[i];
    merkerZiel = zielknoten[i];
    for (int j = i; j > k; j--) {
      kosten[j] = kosten[j-1];
      startknoten[j] = startknoten[j-1];
      zielknoten[j] = zielknoten[j-1];
    }
    kosten[k] = merkerKosten;
    startknoten[k] = merkerStart;
    zielknoten[k] = merkerZiel;
  }
}
EA.println("Ausgabe der ausgewählten Verbindungen"); // Ausgabe
  for (int z2 = 0; z2 < kosten.length; z2++)
EA.println(startknoten[z2] + " - " + zielknoten[z2] + " : " +
        kosten[z2]);
```

Bsp. 2.4: Sortieren von Verbindungen aufgrund ihrer Kosten

2.9 Übungen

Aufgabe 1

Schreiben Sie jeweils eine Java-Applikation, die

- eine ganze Zahl einliest und deren dritte Potenz ausgibt,
- fünf ganze Zahlen einliest und sie aufsteigend sortiert wieder ausgibt, wobei nur die Funktionen `Math.min` und `Math.max` verwendet werden sollen.

Aufgabe 2

Entwickeln Sie eine Applikation, die ein ganzzahliges Feld beliebiger Größe einliest. Dazu wird erst die Größe des Feldes erfragt, dann das Feld erzeugt, und anschließend werden die Werte eingelesen.

- Erweitern Sie die Applikation so, daß das eingelesene Feld durch das Sortier-verfahren *Bubblesort* sortiert wird. Die Idee von *Bubblesort* ist folgende:

  Man vergleiche zwei benachbarte Einträge in einem Feld. Falls der Eintrag für den kleineren Index größer ist als der Eintrag für den größeren Index, werden beide vertauscht. Wenn es in dem Feld keine zwei benachbarten Werte mehr gibt, die zu vertauschen wären, ist es sortiert.

- Erweitern Sie die Applikation so, daß nach dem Sortieren alle Einträge des Feldes ausgegeben werden.

Aufgabe 3

In englischsprachigen Ländern wird die Temperatur gelegentlich noch in *Grad Fahrenheit* ($F°$) gemessen. Diese Skala setzt den Gefrierpunkt des Wasser bei 32 $F°$, seinen Siedepunkt bei 212 $F°$ an. Die Umrechnung von Celsius in Fahrenheit und umgekehrt ergibt sich aus den Formeln

$$F° = (9 * C°) / 5 + 32$$
$$C° = (5 * (F° - 32)) / 9.$$

Lesen Sie eine Zahl g vom Typ `int` ein. Interpretieren Sie g als Grad-Angabe in Fahrenheit und drucken Sie die Temperatur in Celsius, und konvertieren Sie umge-kehrt die Grad-Angabe g in Celsius in eine in Fahrenheit.

Aufgabe 4

Lesen Sie eine bis zu neun Ziffern lange positive ganze Zahl ein und drucken Sie sie so aus, daß Sie nach der Stelle für die Hunderter und die Hunderttausender ein Leerzeichen drucken.

Aufgabe 5

Entwerfen und drucken Sie einen Briefbogen für sich. Der Briefkopf sollte in der ersten Zeile linksbündig Ihren Namen, rechtsbündig Straße und Hausnummer, darunter in der zweiten Zeile ebenfalls rechtsbündig Postleitzahl und Ort enthalten. In der letzten Zeile sollte zentriert Ihre Telephonnummer stehen. Hierzu müssen Sie wohl ein wenig experimentieren, um die Anzahl der Zeilen für eine Seite herauszufinden und die Breite des Bogens richtig einzuschätzen.

Aufgabe 6

Die *Pisano-Zahlen* zur Basis k ergeben sich so:
Man fängt mit k an, weiter geht es mit $k + 3$, und jede folgende Zahl ist die Summe der beiden vorhergehenden (also $2k + 3 = k + (k + 3)$, weiter $3k + 6 = (2k + 3) + (k + 3)$ usw.). Lesen Sie eine ganze Zahl als Basis ein und drucken Sie die ersten sechs Pisano-Zahlen zu dieser Basis aus.

Aufgabe 7

Lesen Sie drei ganze Zahlen ein und drucken Sie Summe, Durchschnitt und Produkt dieser Zahlen aus.

Aufgabe 8

Manche Hofzwerge sind ein wenig exzentrisch. Das zeigt sich in ihrer Zeitmessung: sie haben Uhren, die nur die Sekunden des Tages angeben. Das ist offensichtlich bei Verabredungen nur dann nützlich, wenn beide Partner dasselbe Zeitsystem haben. Rechnen Sie die Zeitangaben ineinander um:

- Gegeben ist eine Uhrzeit in der Form *hh:mm:ss*, berechnen Sie die Sekunden.

- Gegeben ist eine Anzahl Sekunden, berechnen Sie die Uhrzeit in der obigen Form.

Aufgabe 9

Gelegentlich möchte man den Preis einer Ware ohne die Mehrwertsteuer von gegenwärtig 16 % kennen. Entwickeln Sie ein Programm, das für einen Betrag die Werte *Euro* und *Eurocent* einliest und einen Betrag der Form *Euro,Eurocent* ausgibt; der eingegebene Betrag ist der Preis mit, der ausgegebene der ohne Mehrwertsteuer.

Aufgabe 10

Lesen Sie eine positive ganze Zahl ein und geben die die Häufigkeit des Vorkommens jeder Ziffer aus.

Aufgabe 11

Lesen Sie eine höchstens neunstellige positive ganze Zahl ein und bestimmen Sie, ob sie teilbar ist durch

- 2 (dann ist die letzte Ziffer durch zwei teilbar),
- 3 (dann ist die Quersumme durch drei teilbar),
- 9 (dann ist die Quersumme durch neun teilbar),
- 11 (dann ist die Differenz der Summe der Ziffern an geraden Positionen und der Summe der Ziffern an ungeraden Positionen durch elf teilbar: 135784 ist durch elf teilbar, da $(8 + 5 + 1) - (4 + 7 + 3) = 0$)

Aufgabe 12

Die *Kleingruppe* organisierter Hofzwerge *KleinHof e.V.* bestimmt ihren Vorstandsvorsitzenden wie folgt: Der Vorstand stellt sich im Kreis auf, und jedes zweite Mitglied setzt sich hin, wobei zirkulär vom alten Vorsitzenden aus gezählt wird. Wer als letzter noch steht, bekommt den Vorsitz. Zum Beispiel würde bei zehn Mitgliedern und der Nr. 1 als altem Vorsitzenden die Nr. 5 neuer Vorsitzender, da sich die Vorstandsmitglieder in der Reihenfolge 2, 4, 6, 8, 10, 3, 7, 1, 9 setzen würden. Implementieren Sie diesen Wahlmodus von *KleinHof e.V.*

Vereinbaren Sie ein Feld `int Vorstand [k]`, falls der Vorstand k Personen enthält. Ein stehender Vorstand hat den Wert 1, ein sitzender den Wert 0. Vorstandsmitglied i sitzt im Kreis unmittelbar vor Mitglied j, wenn gilt: `(i+1)%k == j`.

In der Kombinatorik ist dies als friedliche Variante des *Josephus*-Problems bekannt.

Aufgabe 13

Die niederländische Nationalflagge besteht aus den Farben *rot (R)*, *weiß (W)* und *blau (B)* in dieser Reihenfolge. Nehmen Sie an, wir haben ein Feld von k Kugeln in diesen drei Farben gegeben, die allerdings in einer beliebigen Reihenfolge durcheinander liegen. Implementieren Sie ein Programm, das die Folge der Kugeln in Ordnung bringt, diese also nach ihren Farben sortiert. Hierbei dürfen Sie lediglich die Farbe von Kugeln identifizieren und gegebenenfalls zwei Kugeln miteinander vertauschen. Eine Lösung, die einfach die Zahl der entsprechend farbigen Kugeln abzählt, alle Kugeln abräumt und das Feld damit neu belegt ist also nicht akzeptabel.

Vereinbaren Sie die Konstanten R, B und W irgendwie und lesen Sie·das Feld ein. Iterieren Sie von unten, d.h. bei 0 beginnend aufwärts, und von oben, d.h. bei k-1 beginnend abwärts, über das Feld.

Dies ist eine vereinfachte Variante des *Dutch National Flag*-Problems.

Aufgabe 14

Gegeben sind die ersten tausend positiven Zahlen 1, ..., 1000. Streichen Sie alle Vielfachen von 2, 3, 5, 7, ..., 31, so bleiben 1 und alle Primzahlen zwischen 2 und 1000 übrig.

- Implementieren Sie dieses Vorgehen.

  Vereinbaren Sie ein Feld int AlleZahlen [1001] und initialisieren Sie jedes Feldelement mit 1. Das Streichen der Zahl k entspricht dann der Zuweisung AlleZahlen[k]=0.

- Lesen Sie eine Zahl k mit $0 \leq k \leq 1000000$ ein und drucken Sie die Primfaktoren von k aus.

  Ist t eine positive ganze Zahl und s die größte ganze Zahl mit $s * s \leq t$, so gilt folgendes: falls t keine Primzahl ist, dann hat t einen Primfaktor f mit $f \leq s$. Könnte man nämlich t schreiben als Produkt $t = m * n$ mit $m > s$ und $n > s$, so müßte $t > s * s$ sein, was aber mit der Wahl von s im Widerspruch steht. Daher braucht man nur Faktoren bis zur Wurzel einer Zahl zu testen, woraus sich die Zahlen 31 und 1000000 von oben erklären.

Aufgabe 15

Die Binärdarstellung einer positiven ganzen Zahl besteht bekanntlich aus einer Folge von 0 und 1 und läßt läßt sich durch fortgesetztes Halbieren feststellen: Sie teilen die Zahl solange durch 2, bis die Zahl 0 erreicht ist. Die Binärdarstellung ergibt sich als umgekehrte Folge der bei der Division durch 2 auftretenden Reste, wie das Beispiel der Zahl 23 zeigt, deren Binärdarstellung 10111 ergibt:

23	=	2 * 11 + 1	→	1
11	=	2 * 5 + 1	→	1
5	=	2 * 2 + 1	→	1
2	=	2 * 1 + 0	→	0
1	=	2 * 0 + 1	→	1

Die Aufgabe besteht nun darin,

- die Zahl k einzulesen,

- die Anzahl b der Bits zu berechnen,

- ein ganzzahliges Feld mit b Komponenten zu vereinbaren und

- darin die Binärdarstellung von k abzuspeichern.

Kapitel 3
Klassen und Objekte

Wir haben im vorangehenden Kapitel bereits einfache Beispiele für Klassen kennengelernt. Dieses Kapitel zeigt zunächst, wie Klassen syntaktisch aufgebaut sind. Die
Struktur von Klassen wird nun genauer beschrieben und kommentiert. Weiterhin
führen wir den wichtigen Begriff *Objekt* als Instanz einer Klasse ein.

3.1   Deklaration von Klassen

Wir führen die Deklaration einer Klasse wieder an einem Beispiel ein. Hierzu wird
der anschauliche Begriff des Punktes in der Ebene herangezogen. Wir wissen aus der
elementaren Geometrie, daß Punkte in der Ebene durch zwei Koordinaten
beschrieben werden können – Sie sollten sich klarmachen, daß es sich hierbei bereits
um eine Abstraktion handelt. Weiterhin wollen wir in unserer Beschreibung von
Punkten die Möglichkeit haben, einen Punkt zu verschieben: Hierzu geben wir für
die beiden Koordinaten jeweils die Distanzen dx und dy an, um die verschoben
werden soll. Bezeichnet also x die x-Koordinate und y die y-Koordinate eines
Punktes, so soll die Verschiebung so vonstatten gehen, daß wir die x-Koordinate um
den Wert dx, die y-Koordinate um dy verschieben. Die neuen Koordinaten sind dann
x+dx bzw. y+dy. Diese Abstraktion wird durch die in Bsp. 3.1 vorgestellte Klasse
Punkt beschrieben, die die beiden Koordinaten x und y und eine lokale Methode
verschiebe enthält, die bei Eingabe der Größen, um die verschoben werden soll, die
neuen Koordinatenwerte berechnet und x und y zuweist.

Damit können Variablen vom Typ Punkt deklariert werden:

```
Punkt p = new Punkt(13, 47)
```

Es wird eine Variable p vom Typ Punkt deklariert, für die durch new Speicherplatz
für einen Punkt allokiert wird. Dabei werden auch initiale Werte für die Koordinaten
des Punktes angegeben. Wir werden uns gleich mit dieser Initialisierung befassen.
Das durch new erzeugte Exemplar einer Klasse wird als *Objekt* bezeichnet.

Nach dieser Deklaration sind verfügbar: p.x und p.y als Attribute von p und
p.verschiebe(...) als Methode. Ein *Attribut* kennzeichnet eine Eigenschaft eines
Objekts, eine *Methode* ist eine Funktion, die an das Objekt gebunden ist, so daß wir

```
class Punkt {
  int x, y;
  Punkt(int xInit, int yInit) {
    x = xInit;
    y = yInit;
  }
  void verschiebe(int dx, int dy) {
    x = x + dx;
    y = y + dy;
  }
}
```

Bsp. 3.1: Die Klasse Punkt

von der verschiebe-Methode des Punktes p sprechen können. Da eine Methode
funktional ist, hat sie Parameter und einen Rückgabewert. In unserem Fall hat die
Methode verschiebe zwei ganzzahlige Parameter, es soll jedoch kein Wert als
Resultat zurückgegeben, daher ist void als Typ für das Resultat von verschiebe
notiert. Auch das werden wir gleich diskutieren. Die in der Klasse Demo (Bsp. 3.2)
implementierte Applikation nutzt die Klasse Punkt.

```
class Demo {
  public static void main(String args []) {
    Punkt p = new Punkt(3, 65);
    EA.println("Vorher: x = " + p.x + " y = " + p.y);
    p.verschiebe(16, 3);
    EA.println("Nachher: x = " + p.x + " y = " + p.y);
  }
}
```

Bsp. 3.2: Anwendung der Klasse Punkt

Der mit dem Namen p bezeichnete Punkt wird so initialisiert, daß p.x==3 und
p.y==65 gilt. Diese Werte werden ausgegeben, dann wird der Punkt (3,65) um
(16,3) verschoben, so daß für die Koordinaten des Punktes p nun p.x==19 und
p.y==68 gilt.

Klassendeklarationen werden uns sehr häufig begegnen, so daß anhand von Bsp. 3.1
und Bsp. 3.2 auf einige Merkmale hingewiesen werden soll:

• Eine Klassendeklaration ist nach dem schon in Kapitel 2.1 vorgestellten Muster
  aufgebaut: hinter dem Schlüsselwort class findet sich der Name der Klasse, also
  hier Punkt. Dann folgt ein Block, in dem Attribute und Methoden definiert
  werden. Attribute, die für die gesamte Klasse sichtbar und benutzbar sein sollen,
  werden innerhalb der Klasse, aber außerhalb der Methoden der Klasse ver-

einbart. Die innerhalb einer Methode vereinbarten Namen sind nur lokal in dieser Methode sichtbar und gültig.

- Attribute haben Namen und Werte. Die Werte werden durch die Typisierung charakterisiert: Indem der Name für jedes Attribut mit einem Typ versehen wird, werden der Wertebereich und die möglichen Operationen auf diesem Attribut charakterisiert; also sagt z.B. `int x`, daß `x` ganzzahlige Werte annimmt und daß die Operationen, die für ganze Zahlen definiert sind, auf `x` angewandt werden können. Die Vereinbarung kann mit der Initialisierung eines Anfangswertes verbunden sein.

- Attribute werden im Gegensatz zu den aus Kapitel 2.2 eingeführten lokalen Variablen, die in Methoden vereinbart werden, mit Standardwerten vorbelegt, wenn keine explizite Initialisierung durch den Programmierer vorgenommen wird. Dieser Standardwert ist für die Zahlentypen der Wert `0` bzw. `0.0` und für den Typ `boolean` der Wert `false`.

- Die Anfangsbelegung der Attribute eines Objekts wird durch einen Konstruktor hergestellt, der folgendermaßen aufgebaut ist:

  - Ein Konstruktor trägt immer den Namen der Klasse, dessen Objekte er erzeugt, also für die Klasse `Punkt` ebenfalls den Namen `Punkt`.

  - Ein Konstruktor wird in der Definition der Klasse vereinbart. Seine Vereinbarung sieht wie die Vereinbarung einer Methode aus, weist aber keinen Typ für einen Rückgabewert auf.

    Ist in einer Klassendefinition überhaupt kein expliziter Konstruktor definiert, so wird von Java implizit ein Standardkonstruktor mit minimaler Funktionalität bereitgestellt. Dieser Konstruktor stellt lediglich den für Objekte benötigten Speicherplatz bereit, führt aber keine Initialisierungen oder dergleichen durch und besitzt dementsprechend auch keine Parameter.

  - Einem Konstruktor können Werte als Parameter übergeben werden.

  Wir werden sehen, daß eine Klasse mehrere Konstruktoren haben kann. Der Aufruf eines Konstruktors kann bei der Deklaration des Namens eines Objekts erfolgen, er muß vor dem ersten Versuch einer Benutzung erfolgt sein. Syntaktisch wird er durch das Schlüsselwort `new` eingeleitet.

- Auf Attribute und Methoden wird durch *Qualifikation* zugegriffen: `p.x` ist der *x*-Wert, der zum Punkt `p` gehört, analog ist `p.verschiebe` die Methode zur Translation, die zu `p` gehört. Wenn Attribute und Methoden nicht ausdrücklich als zur Klasse gehörig gekennzeichnet werden (vgl. Kapitel 3.4), besitzt jedes Objekt eigene Attribute und Methoden: für zwei Punkte `p1`, `p2` existieren `p1.x`, `p1.y` und `p1.verschiebe` unabhängig von `p2.x`, `p2.y` und `p2.verschiebe`. In der Tat hat `p1=new Punkt(1, 2)` u.a. den Effekt, eigenen Speicherplatz für die Attribute `x` und `y` und für den Code der Methoden – hier `verschiebe` – für den Punkt `p1` zu beschaffen.

- `verschiebe` bekommt zwei ganzzahlige Parameter, gibt aber keinen Wert zurück, sondern modifiziert vielmehr die Attribute `x` und `y`.

- Die Attribute `p.x` und `p.y` legen den lokalen Zustand des Objekts `p` fest.

- Die Definition von Methoden ist syntaktisch ein Block, der auch lokale Variablen enthalten kann. Das allgemeine Strickmuster sieht so aus:

  RTyp Name (*ParL*) {
     Block
  }

RTyp bezeichnet den Typ des *Rückgabewertes* und ist entweder das Schlüsselwort `void` oder besteht aus der Angabe eines einfachen Typs oder eines Klassennamens. Die *Parameterliste ParL* enthält eine Aufzählung formaler Parameter, die jeweils durch eine Typangabe eingeleitet werden. Diese Liste kann auch leer sein, die Klammern dürfen aber nicht fortgelassen werden. Beim Aufruf müssen die Typen der aktuellen Parameter zu denen der formalen Parameter in der angegebenen Reihenfolge passen, ebenfalls muß der Ergebnistyp mit dem Typ der Variablen übereinstimmen, der das Ergebnis zugewiesen wird. Die Kombination der Angaben aus dem Namen, den Parametertypen und dem Typ des Rückgabewertes wird gern als *Signatur* der Methode bezeichnet.

Fassen wir zusammen:

- `Punkt` ist eine Klasse, `new Punkt(5,7)` erzeugt ein Objekt der Klasse `Punkt`, `p` ist ein Name für dieses Objekt.

- `p` hat die Attribute `p.x` und `p.y`, die durch den Konstruktor der Klasse `Punkt` initialisiert werden.

- Der lokale Zustand von `p` ist durch die Belegung seiner Attribute `x` und `y` mit Werten gegeben.

- `p.verschiebe` ist eine Methode in der Instanz `p` der Klasse `Punkt`.

In der Klasse `Punkt` sind nun verschiedene Namen deklariert, z.B. `x`, `verschiebe` und `dx`. Die Frage erhebt sich, an welcher Stelle in dieser Klasse welche Namen *sichtbar* sind. Die Sichtbarkeit von Namen wird, wie bereits in Kapitel 2.7 eingeführt, durch Konturen veranschaulicht. Es soll am Beispiel unserer Klasse `Punkt` erläutert werden, welche Namen an welcher Stelle sichtbar sind. Die Abb. 3.1 zeigt die zugehörigen Konturen.

- In der Klasse `Punkt` sind sichtbar: `x`, `y`, `verschiebe`, `Punkt`, `Punkt()`

- In der Klasse `Punkt` sind nicht sichtbar: `dx`, `dy` (lokal in `verschiebe`)

- Die Methode `verschiebe` sieht: `x`, `y`, `dx`, `dy`, `verschiebe`, `Punkt`, `Punkt()`

```
class Punkt {
    int x, y;
    Punkt(int xInit, int yInit) {
      x = xInit;
      y = yInit;
    }

    void verschiebe(int dx, int dy) {
      x = x + dx;
      y = y + dy;
    }
}
```

sichtbar sind:
  x, y, Punkt, verschiebe(),
  Punkt()

nicht sichtbar sind:
  xInit, yInit,
  dx, dy

sichtbar sind:
  x, y, xInit,
  yInit, Punkt,
  verschiebe(), Punkt()

nicht sichtbar sind:
  dx, dy

sichtbar sind:
  x, y, dx, dy, Punkt,
  verschiebe(), Punkt()

nicht sichtbar sind:
  xInit, yInit

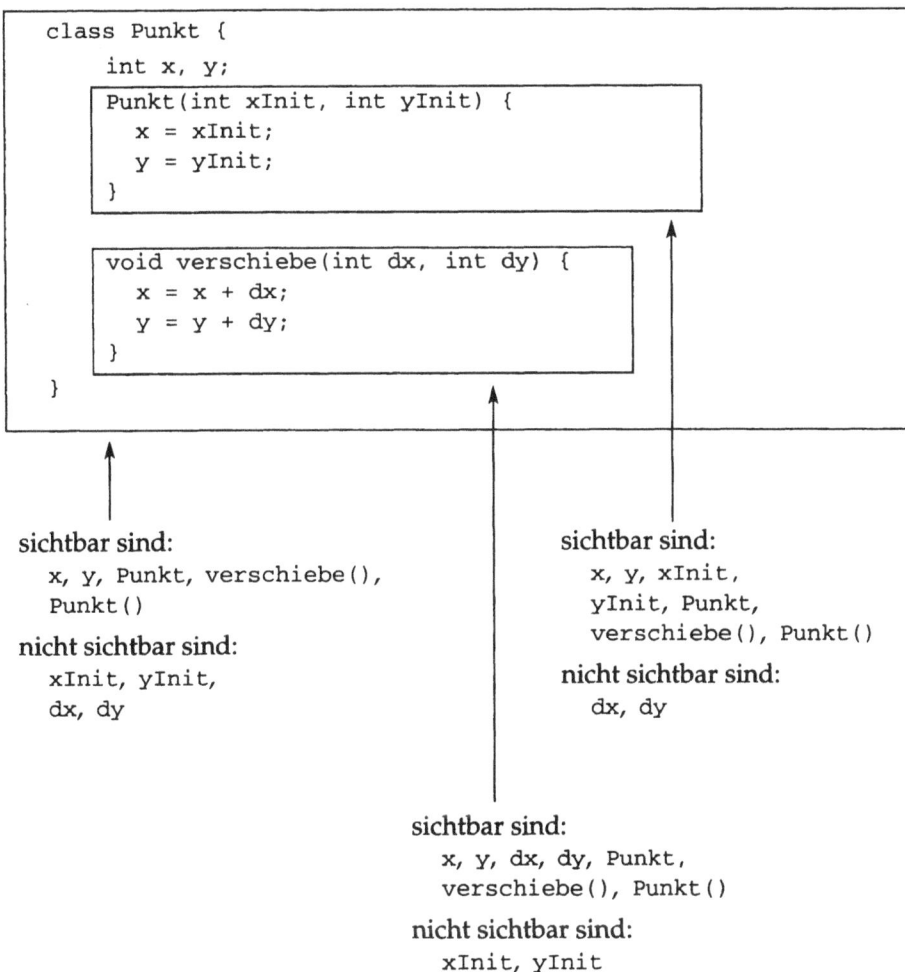

Abb. 3.1: Konturmodell für die Klasse Punkt

Für unsere weiteren Überlegungen ist als konzeptionell wichtig festzuhalten, daß jedes Objekt Zustände hat – nämlich gerade die Werte seiner Attribute – und daß jedes Objekt weiß, welche Methoden auf seine Attribute wirken und damit seinen Zustand manipulieren. Da wir Objekte innerhalb von Programmen zur Modellbildung, also zur modellhaften Darstellung komplexer Zusammenhänge, benutzen wollen, merken wir an, daß ein Objekt durch seine Zustände und seine Methoden charakterisiert wird.

Im folgenden erweitern wir die Klasse `Punkt` um einige Methoden:

- Die Methode `drucke` schreibt die Koordinaten des Punkts aus und beginnt dann eine neue Zeile:

```
void drucke() {
   EA.println("x = " + x + "y = " + y);
}
```

- Die Methode `gleich` vergleicht die Koordinaten des vorliegenden Punktes mit denen eines vorgelegten und gibt den entsprechenden Booleschen Wert zurück:

```
boolean gleich(Punkt p) {
   return (x==p.x && y==p.y);
}
```

- Die Methode `quadAbstand` gibt das Quadrat der euklidischen Entfernung zwischen dem vorliegenden Punkt und einem als Parameter übergebenen Punkt zurück:

```
int quadAbstand(Punkt p) {
   int qX, qY;
   qX = (x - p.x) * (x - p.x);
   qY = (y - p.y) * (y - p.y);
   return qX + qY;
}
```

Diese Konstruktionen sollen kurz kommentiert werden:

- Ist `p` als `Punkt` deklariert, so druckt der Aufruf `p.drucke()` die Koordinaten von `p` aus. Der Block, der die Methodendefinition ausmacht, besteht lediglich aus dem Aufruf einer anderen Methode. Dies ist anders als die Vorgehensweise in den beiden folgenden Methoden: hier wird jeweils ein Wert berechnet und als Resultat zurückgegeben. Beachten Sie, daß `void` als der Typ des Rückgabewertes in der Signatur vor dem Namen `drucke` angegeben wird.

- In der Methode `quadAbstand` werden zwei lokale Variablen deklariert, nämlich die ganzzahligen Variablen `qX` und `qY`, die Zwischenresultate aufnehmen, aus denen dann das Endergebnis zusammengesetzt wird. Diese Variablen sind in der Tat lokal: außerhalb des Blocks, in dem sie stehen, sind sie nicht sichtbar. Und jetzt wird's witzig: die Deklaration gilt nicht im gesamten Block, sondern nur in dem darauf folgenden Teil des Blocks. Nach dem Verlassen des Blocks ist z wieder unbekannt. Wir werden gleich den Gültigkeitsbereich von Namen ein wenig genauer untersuchen. Nehmen wir also an, daß der Name z noch nicht belegt ist, so ergibt sich folgendes Bild:

```
{      .            hier ist x unbekannt
   ...
   ...
   int z;        ab hier gilt die Deklaration von z
   ...
   ...
}
```

- Die Methode `gleich` vergleicht den Punkt, für den sie aufgerufen wird, mit einem als Parameter übergebenen zweiten Punkt. Seien also z.B. deklariert:

```
Punkt p1 = new Punkt(3,4),
      p2 = new Punkt(4,17);
```

Dann gilt:

```
p1.gleich(p2) == false
```

Verschiebt man den Punkt `p1` ein wenig um `(1,13)`, führt also

```
p1.verschiebe(1,13);
```

aus, so gilt:

```
p1.gleich(p2) == true
```

Genauso könnte der Vergleich auch aus Sicht des Punktes `p2` erfolgen:

```
p2.gleich(p1) == true
```

Jeder Punkt ist also in gewisser Hinsicht basisdemokratisch, weil er seinen eigenen Gleichheitsbegriff mit sich herumträgt.

Wieso kann man, werden Sie fragen, eigentlich nicht die Gleichheit zweier Punkte wie in der Mathematik abfragen, indem z.B. `p1==p2` ausgerechnet wird? Diese Frage kann nur beantwortet werden, wenn man sich ein Objekt, z.B. `p1`, genauer ansieht. Wir arbeiten nämlich nicht mit dem Objekt selbst, sondern vielmehr mit einem Verweis darauf, der auch als *Referenz* bezeichnet wird. Mit dem Aufruf des Konstruktors wird Speicherplatz allokiert, also zur Verfügung gestellt, und der Code des Konstruktors ausgeführt. Als Resultat wird eine Referenz auf den allokierten Speicherplatz zurückgegeben. Dies geschieht z.B. bei

```
p1 = new Punkt(3,14);
```

Vereinbart man zunächst mit `Punkt q;` nur einen Punkt als solchen, so wird hiermit lediglich eine Referenz auf Objekte der Klasse `Punkt` bereitgestellt; es ist jedoch noch kein Speicherplatz angelegt, und die Referenz verweist noch nicht auf ein Objekt. Betrachten wir nun den folgenden Programmausschnitt:

```
Punkt p2 = new Punkt(1,17);
Punkt q;
q = p2;
q.y = 19;
EA.println(p2.y)
```

Die Abfolge dieser Anweisungen hat der Reihe nach folgende Effekte:

- Es wird Speicherplatz für den Punkt p2 allokiert, der Abszissen- und der Ordinatenwert von p2 werden auf 1 bzw. 17 gesetzt; der Name p2 führt zu diesem Speicherplatz, er verweist auf das entsprechende Objekt.

- q wird als Punkt deklariert. Damit steht der Typ von q fest, an q ist jedoch noch kein Speicherplatz, also auch kein Objekt gebunden.

- Mit q=p2 wird die Referenz q auf das Objekt gesetzt, auf das p2 verweist, mit der Konsequenz, daß q auf genau das Objekt zeigt, auf das auch p2 verweist. Das nachfolgende Bild verdeutlicht diese Situation:

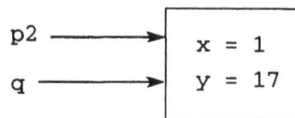

```
p2  ──────────▶ ┌──────────┐
                │ x = 1    │
q   ──────────▶ │ y = 17   │
                └──────────┘
```

- Der Wert von q.y wird auf 19 geändert:

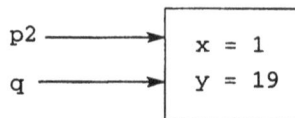

```
p2  ──────────▶ ┌──────────┐
                │ x = 1    │
q   ──────────▶ │ y = 19   │
                └──────────┘
```

- Der Druckbefehl produziert die Ausgabe des Textes »19«, da ja p2 auf das gleiche Objekt wie q verweist.

Damit ist klar, was die Abfrage

```
p1 == p2
```

bewirken würde: Es würde lediglich gefragt, ob die Referenzen für p1 und p2 gleich sind, ob also die beiden Referenzen auf dasselbe Objekt verweisen. Das ist meist ein zu starker Identitätsbegriff, zumindest nicht der, den wir uns intuitiv vorstellen und der von der Gleichheit der Werte von Attributen ausgeht.

Die Erweiterungen von Punkt und eine beispielhafte Anwendung in der Klasse Demo sind in Bsp. 3.3 zusammengefaßt.

```
class Punkt {
   int x, y;
   Punkt(int xInit, int yInit) {
      x = xInit;
      y = yInit;
   }
   boolean gleich(Punkt p) {
      return (x == p.x && y == p.y);
   }
   void drucke() {
      EA.println("x = " + x + ", y = " + y);
   }
   void verschiebe(int dx, int dy) {
      x = x + dx;
      y = y + dy;
   }
   int quadAbstand(Punkt p) {
      int qX, qY;
      qX = (x - p.x) * (x - p.x);
      qY = (y - p.y) * (y - p.y);
      return qX + qY;
   }
}

class Demo {
   public static void main(String args []) {
      Punkt p = new Punkt(3, 65),
            q = new Punkt(19, 68);
      p.drucke();
      EA.println("Sind p und q gleich? " + p.gleich(q));
      EA.println("Quad. Abstand von p und q: " + p.quadAbstand(q));
      p.verschiebe(16, 3);
      p.drucke();
      EA.println("Sind p und q gleich? " + p.gleich(q));
   }
}
```

Bsp. 3.3: *Die erweiterten Klassen* Punkt *und* Demo

Ausgedruckt wird bei der Ausführung von Bsp. 3.3:

```
x = 3, y = 65
Sind p und q gleich? false
Quad. Abstand von p und q: 265
x = 19, y = 68
Sind p und q gleich? true
```

3.2   Sichtbarkeit von Namen in Klassen

Namen werden in den Blöcken von Klassen und Methoden vereinbart. Da diese
Blöcke ineinander geschachtelt sind, können sich Namenskonflikte ergeben. Ein
solcher Konflikt liegt dann vor, wenn in einem inneren Block einer Methode derselbe
Name vereinbart wird wie im Block der umgebenden Klasse. Der Konflikt wird
gelöst, indem festgelegt wird, daß sich die Verwendung eines Namens stets auf die
am weitesten innen liegende Vereinbarung bezieht. Wird also ein Name verwendet,
so sucht man seine Vereinbarung zunächst in dem Block, in dem sich das Vorkommen befindet, dann betrachtet man im Falle einer vergeblichen Suche den
umgebenden Block usw. und schließlich die umgebende Klasse. Betrachten Sie zur
Illustration dieser Situation das Bsp. 3.4 mit der Klasse `FarbPunkt`.

```
class FarbPunkt {
    int x, y;
    char f;                     // Farbe des Punktes
    FarbPunkt(int xInit, int yInit, char fInit){
        x = xInit;
        y = yInit;
        f = fInit;
    }
    void druckeFarbe() {
        EA.println("x = " + x + " , y = " + y + " , Farbe = " + f);
    }
    boolean istIdentität() {
        boolean f = (x - y == 0);
        return f;
    }
    void ändereFarbe(char f) {
        this.f = f;
    }
}
```

Bsp. 3.4: Die Klasse `FarbPunkt`

In den Methoden `istIdentität` und `ändereFarbe` treten der Namenskonflikt im
Hinblick auf die Zuordnung des Namens `f` zu der entsprechenden Vereinbarung in
der Klasse `FarbPunkt` auf.

Sind wir im definierenden Block der Methode `druckeFarbe`, so ist in diesem keine
Variable mit dem Namen `f` vereinbart, es wird daher Bezug auf das Attribut `f` im
Block der Klasse `FarbPunkt` genommen. In der Methode `istIdentität`, die fest-
stellt, ob ein Punkt auf der Diagonalen liegt, wird dagegen eine Boolesche Variable
mit dem Namen `f` angelegt, die das gleichnamige Attribut der Klasse im Rumpf der

Methode verdeckt. Es ist damit eindeutig, daß der Rückgabewert aus der lokalen Variablen `boolean f` bestimmt wird und nicht aus dem Attribut `char f`. Die Methode `ändereFarbe` besitzt einen Parameter mit dem Namen `f`, der ebenfalls das Attribut `f` verdeckt. Allerdings sehen wir im Rumpf dieser Methode, auf welche Weise auf verdeckte Attribute zugegriffen werden kann: `this` ist eine vorgegebene Referenz auf das Objekt, zu dem die Methode `ändereFarbe` gehört. `this` ist für jedes Objekt implizit definiert. Wir nutzen diese Referenz, um aus dem Block der Methode explizit in dessen Umgebung, den Block der Klasse, zu gelangen; dort nutzen wir dann über `this.f` das Attribut `f` und weisen diesem den Wert des Parameters `f` zu.

Zeichnen wir die Blöcke der Methoden als Konturen, so ergibt sich:

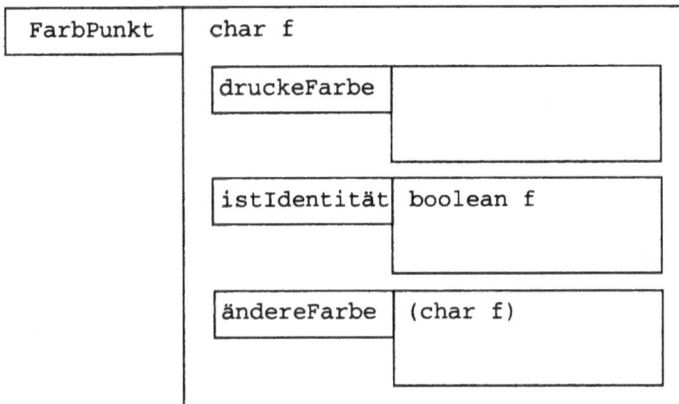

Das Konturmodell gibt eine anschauliche Darstellung dieses Sachverhalts. Gleichwohl ist die Geometrie sorgfältig zu interpretieren: Deklarationen gelten erst ab der Position ihres Auftretens und nicht im gesamten Block. Dies verdeutlicht die folgende Methode der Klasse `FarbPunkt`, die als Spielerei für alle farbigen Punkte den Punkt *(1,1)* erzeugt und druckt und für alle schwarzen (`'s'`) Punkte nichts tut:

```
void punktSpiel() {
  if (f != 's') {
    Punkt f = new Punkt(1,1);
    f.drucke();
  }
}
```

Auch hier hilft das Konturmodell weiter: die Kontur zu `punktSpiel` enthält die Kontur zum Block der bedingten Anweisung, so daß auch hier die Zuordnung des Vorkommens des Namens `f` zur innersten Vereinbarung (im Sinne umgebender Konturen, nicht deutscher Innerlichkeit) leicht durchzuführen ist. Das Vorkommen von `f` in der Bedingung bezieht sich auf das Attribut `char f`, das Drucken jedoch auf das durch `Punkt f` erreichbare Objekt der Klasse `Punkt`.

Mehrfaches Vorkommen von Vereinbarungen und die Notwendigkeit, wie in einer Zwiebelschale die zugehörige Vereinbarung zu finden, können die Übersichtlichkeit und die Verständlichkeit des Codes behindern. Dies ist bei der Namenswahl abzuwägen gegenüber dem plausiblen Wunsch nach anschaulichen Namen. Zudem stellt das Konturmodell auch einen Schutzmechanismus dar: nach innen, denn lokal vereinbarte Namen bleiben lokal, nach außen, denn lokal vereinbarte Namen schützen vor dem unbeabsichtigten Zugriff auf weiter außen vereinbarte Namen. Durch die bereits in Kapitel 2.7 diskutierten Einschränkungen bei der Vereinbarung von Namen in Java ist die Gefahr der Unübersichtlichkeit freilich nicht so groß wie bei manchen anderen blockorientierten Programmiersprachen.

3.3   Zugriffsspezifikationen

Kehren wir zu unserer Klasse `Punkt` zurück, denn wir wollen einen weiteren Schutzmechanismus erläutern. Nach der Vereinbarung einer Referenz auf Punkte durch `Punkt p` und dem Erzeugen eines daran gebundenen Objekts kann auf dessen Koordinaten `x` und `y` von außen zugegriffen werden, also aus der Umgebung, in der `p` vereinbart wurde. `p.x` und `p.y` können dabei nicht nur gelesen, sondern auch geschrieben und damit verändert werden. Das ist in vielen Fällen unerwünscht, wenn wir Änderungen von Attributwerten durch Methodenaufrufe kontrollieren wollen.

Java stellt *Zugriffsspezifikationen* zur Verfügung, mit deren Hilfe der Zugriff auf die Attribute eingeschränkt werden kann. Obgleich wir diese Spezifikationen an dieser Stelle nicht erschöpfend behandeln können, wollen wir doch hier erste Schritte dazu tun, weitere werden später folgen. Wird eine Komponente einer Klasse als `private` gekennzeichnet, so ist die Komponente nur innerhalb der Klasse bekannt, außerhalb der Klasse kann nicht darauf zugegriffen werden. Wird die Komponente als `public` gekennzeichnet, so kann jeder Benutzer darauf zugreifen. Für ein Attribut bedeutet *Zugriff* das Lesen oder das Setzen seines Wertes, für eine Methode ihre Ausführung. Zur Verdeutlichung modifizieren wir die Klasse `Punkt`:

```
class Punkt {
  private int x, y;
  // ...
}
```

Für den `Punkt p` gilt nun die Erwähnung seiner Koordinaten `p.x` und `p.y` als recht unschicklich, wenn dies nicht innerhalb der Vereinbarung der Klasse `Punkt` geschieht (– was gleich erläutert wird). Das offensichtliche Problem besteht nun aber darin, die Koordinaten zu setzen, und zwar so, daß dies ein Benutzer nachvollziehen kann. Eine Möglichkeit hierzu ist der Aufruf des Konstruktors. Möchte man einen bereits vorhandenen und vielleicht sogar in geometrischen Argumenten bewährten Punkt mit neuen Koordinaten versehen, so bleiben hierfür lediglich Methoden übrig:

```
class Punkt {
  private int x, y;
  public Punkt(int xInit, int yInit) {
    x = xInit;
    y = yInit;
  }
  public int gibX() { return x; }
  public int gibY() { return y; }
  void setzeX(int xWert) { x = xWert; }
  void setzeY(int yWert) { y = yWert; }
  // ...
}
```

Für das durch Punkt p=new Punkt(17,4) erzeugte Objekt der Klasse Punkt kann die
Abszisse p.x dann mit p.setzeX(19) auf 19 gesetzt werden. p.gibY() gibt die Or-
dinate p.y als Wert zurück: Beachten Sie, daß p.x und p.y nun außerhalb ihres Objekts nicht mehr direkt verfügbar sind. Durch die Methoden gibX, gibY, setzeX und
setzeY wird also der Zugriff auf die Attribute kontrolliert.

Die Zugriffsspezifikationen für den Konstruktor und die beiden Methoden gibX
und gibY sind explizit als public definiert: sie können auch außerhalb des Objekts
der Klasse Punkt aufgerufen werden. Wird keine explizite Zugriffsspezifikation
(private, public) angegeben wie bei den Methoden setzeX und setzeY, so ist
implizit das Zugriffsrecht *package* definiert: der Name ist im gesamten *Paket* sichtbar,
in dem sich die zugehörige Klasse Punkt befindet. Pakete sind Übersetzungseinheiten, die in Kapitel 9 besprochen werden und die zur Strukturierung von
Programmen dienen. Für einfache Programme genügt die Feststellung, daß wir auf
die Angabe eines Paketnamens verzichten können und dann in einem *anonymen
Paket* arbeiten. Befinden sich alle miteinander arbeitenden Klassen im gleichen
Verzeichnis, gehören sie auch alle zu dem gleichen anonymen Paket.

Vervollständigen wir unsere Definition:

```
class Punkt {
  private int x, y;
  public Punkt(...) {...}
  public int gibX() {...}
  public int gibY() {...}
  void setzeX(...) {...}
  void setzeY(...) {...}
  public boolean gleich(Punkt p) {
    return (x == p.x && y == p.y);
  }
  // ...
}
```

In der bereits bekannten Definition der Methode `gleich` wird auf `p.x` und `p.y` für den Parameter `Punkt p` zugegriffen, obgleich die beiden Attribute `x` und `y` als `private` vereinbart sind. Dies ist möglich, da ein Punkt vor einem anderen kein Geheimnis hat: die durch `private` gegebenen Beschränkungen gelten nicht innerhalb der Definition einer Klasse. Eine Methode kann daher immer unabhängig von den möglicherweise vergebenen Zugriffsrechten auf alle Attribute und Methoden ihrer eigenen Klasse zugreifen.

Die Klasse `Waehrung`, die wir jetzt einführen wollen, werden wir anschließend zur Modellierung eines Kontos einsetzen. `Waehrung` verfügt über die beiden Attribute `euro` und `euroCent`, beide Komponenten sind `private` und ganzzahlig. Der Konstruktor ist ziemlich trivial. Wir geben eine Methode `drucke` an, die uns gestattet, die Währungsbeträge auszudrucken. Es kann beim Ausdrucken ein erläuternder Text hinzugefügt werden (– wir versagen uns den Kalauer, daß wir Geld drucken können), wie Bsp. 3.5 zeigt.

```
class Waehrung {
  private int euro, euroCent;
  public Waehrung(int eu, int c) {
    euro = eu;
    euroCent = c;
  }
  public void drucke(String txt) {
    EA.println
      (txt + " Euro = " + euro + ", Cent = " + euroCent);
  }
  public void erhöhe(Waehrung w) {
    euro += w.euro;
    euroCent += w.euroCent;
  }
  public void vermindere(Waehrung w) {
    euro -= w.euro;
    euroCent -= w.euroCent;;
  }
}
```

Bsp. 3.5: Die Klasse `Waehrung`

Eine abschließende Anmerkung zur Klasse `Waehrung` muß noch gemacht werden: Die Finanzarithmetik ist noch unbefriedigend, sollte doch ein Centbetrag stets im Intervall [0, 99] liegen. Das läßt sich leicht ändern und kann zu zusätzlichen Methoden in der Klasse `Waehrung` führen (vgl. dazu auch Aufgabe 1 der Übungen).

Soweit haben wir also eine Modellierung für Währungsbeträge geschaffen. Die Klasse Konto soll Geld aufbewahren, und zwar so, daß der Zugriff nicht öffentlich geschehen kann. Zudem soll jedes Konto eine Geheimnummer haben. Die Bank möchte Kontogebühren berechnen und registriert dazu alle durchgeführten Kontobewegungen. Weiterhin sollen fortlaufende Kontonummern vorhanden sein, damit eine Verwechslung von Konten nicht möglich ist. Damit hat die Klasse Konto die folgenden Attribute, die sämtlich als privat gekennzeichnet werden:

```
private Waehrung betrag;
private int geheimnummer;
private int kontonummer;
private int kontobewegungen;
static private int kontozähler = 25679;
```

Es ist einsichtig, daß alle diese Attribute als private gekennzeichnet werden, da sie von außen nicht manipuliert werden sollen. kontozähler ist zudem als static gekennzeichnet. Dies hat den Effekt, daß sich alle Instanzen der Klasse Konto eine einzige Instanz des Attributs kontozähler teilen. Während z.B. jede Instanz von Konto eigene Exemplare der Attribute kontobewegungen oder betrag hat, führt der Zugriff auf kontozähler immer zu dem gleichen Speicherplatz. kontozähler existiert also nur einmal für die Klasse Konto, man nennt ein solches Attribut auch *Klassenattribut*. Im vorliegenden Fall dient das Klassenattribut kontozähler dazu, beim Anlegen eines Kontos über einen Konstruktoraufruf dafür zu sorgen, daß das Attribut kontonummer mit einem eindeutigen Wert belegt wird.

Wir definieren zwei Konstruktoren für die Klasse Konto: der erste gibt den Währungsbetrag in Euro und Cent und eine ganze Zahl an, die dem Attribut geheimnummer zugewiesen wird, der zweite Konstruktor gibt den Betrag als Instanz von Waehrung und dazu die Geheimnummer an (Bsp. 3.6). Beachten Sie hierbei:

- Der erste Konstruktor hat die Signatur int int int, der zweite die Signatur Waehrung int. Beim Aufruf kann auf diese Weise unterschieden werden, welcher Konstruktor gemeint ist. Zwei Konstruktoren mit der identischen Signatur Waehrung int könnten vom Compiler nicht unterschieden werden und würden zu einem fehlerhaften, nicht-übersetzbaren Programm führen.

- Der Bezeichner geheimnummer bezieht sich auf den formalen Parameter der jeweiligen Version des Konstruktors und auf das gleichnamige Attribut der Klasse. Auch hier muß eine Zweideutigkeit aufgelöst werden, in diesem Fall mit der vordefinierten Referenz this. Diese verweist, wie bereits bekannt, immer auf die Instanz, deren Methode angewandt wird. this.geheimnummer bestimmt daher das Attribut geheimnummer in der umgebenden Instanz der Klasse Konto, so daß die Zuweisung this.geheimnummer=geheimnummer eindeutig ist: Dem Attribut wird der Wert des Parameters zugewiesen. Da diese Namensgleichheit häufig verwirrend wirkt, sollte diese Art der Konstruktion besser vermieden werden.

```
class Konto {
  private Waehrung betrag;
  private int geheimnummer;
  private int kontonummer;
  private int kontobewegungen;
  static private int kontozähler = 25679;
  public Konto(int euro, int euroCent, int geheimnummer) {
    initKonto();
    betrag = new Waehrung(euro, euroCent);
    this.geheimnummer = geheimnummer;
  }
  public Konto(Waehrung initBetrag, int geheimnummer) {
    initKonto();
    betrag = initBetrag;
    this.geheimnummer = geheimnummer;
  }
}
```

Bsp. 3.6: Konstruktoren und Attribute der Klasse Konto

Beide Konstruktoren rufen die Methode initKonto auf, die kontonummer den Wert der statischen Variablen kontozähler zuweist, diesen Wert um 1 erhöht und schließlich das Attribut kontobewegungen zu 0 initialisiert:

```
private void initKonto() {
  kontonummer = kontozähler++;
  kontobewegungen = 0;
}
```

initKonto ist als private Methode gekennzeichnet, so daß ein Aufruf außerhalb des Objekts nicht möglich ist. Da initKonto lediglich die Gemeinsamkeiten der beiden Konstruktoren zusammenfaßt, um redundanten Programmcode zu vermeiden, wird auf diese Weise der irrtümliche Aufruf außerhalb des Objekts verhindert. initKonto ist eine *verborgene Methode*.

Alle von außen zugreifbaren Methoden, die ein Konto, d.h. eine Instanz der Klasse Konto, manipulieren, erhöhen das Attribut kontobewegungen um den Wert 1. Es ist eine Methode vorhanden, die den Wert des privaten Attributs kontobewegungen als Wert zurückgibt, um später möglicherweise die Höhe der Kontoführungsgebühren zu rechtfertigen. Diese Methode ist hier mit dem gleichen Namen wie das Attribut bezeichnet.

```
public int kontobewegungen() {
  int anzahl = kontobewegungen;
  kontobewegungen = 0;
  return anzahl;
}
```

Die Methode kontobewegungen liefert die Anzahl der erfaßten Kontobewegungen und setzt das Attribut kontobewegungen für den nächsten Abrechnungszeitraum zurück. Zwischen dem Zugriff auf das Attribut und dem Aufruf der Methode kann syntaktisch immer aufgrund der notwendigen Angabe der – leeren – Parameterliste für die Methode unterschieden werden: k.kontobewegungen ist für das Konto k der illegale Zugriff auf das private Attribut, k.kontobewegungen() ist der legale Aufruf der Methode.

Die Methode kontoauszug prüft die als zweiten Parameter übergebene Zahl auf ihre Übereinstimmung mit dem Attribut geheimnummer und handelt entsprechend:

```
public void kontoauszug(String text, int versuch) {
  EA.print("Konto " + kontonummer + ": ");
  if (versuch == geheimnummer) {
    kontobewegungen++;
    betrag.drucke(text);
  } else
    EA.println(text + " unbefugter Zugriff");
}
```

Die Methoden zur Manipulation eines Kontos verrichten neben der Änderung des Kontobetrags auch noch Buchhaltungsarbeit. Da die Attribute der Klasse Waehrung privat sind, müssen die beiden öffentlichen Methoden vermindere und erhöhe für die Realisierung der Kontoänderungen eingesetzt werden. Buchhaltungsarbeit bedeutet beispielsweise die Erhöhung des Zählers für Kontobewegungen, sie könnte aber durchaus umfangreicher ausfallen:

```
public Waehrung zahleAus(Waehrung w) {
  kontobewegungen++;
  betrag.vermindere(w);
  return w;
}
public void zahleEin(Waehrung w) {
  kontobewegungen++;
  betrag.erhöhe(w);
}
```

Wir implementieren nun eine Applikation mit zwei Nummern-Konten. Das erste Konto (mit der Geheimnummer 170848) wird mit 1000 *Euro* und 12 *Cent* initialisiert, das zweite (260144) mit 1456 und 44. Auf das erste zahlen wir *Euro* 174,50 ein, vom zweiten heben wir *Euro* 1876,47 ab, lassen uns anschließend die Kontobewegungen ausdrucken und testen noch die Sicherheit der Methode kontoauszug mit einer falschen Kennung. Das Bsp. 3.7 zeigt die entsprechende Klasse Bank.

```
class Bank {
  public static void main (String args []) {
    Konto k1 = new Konto(1000, 12, 170848);
    Konto k2 = new Konto(new Waehrung(1456,44), 260144);
    Waehrung w = new Waehrung(174, 50);
    k1.kontoauszug(", am Anfang:", 170848);
    k1.zahleEin(w);
    k1.kontoauszug("nach Einzahlung:", 170848);
    w = k2.zahleAus(new Waehrung(1876,47));
    k2.kontoauszug("nach Auszahlung:", 260144);
    EA.println("Kontobewegungen k1:" + k1.kontobewegungen());
    EA.println("Kontobewegungen k2:" + k2.kontobewegungen());
    k1.kontoauszug("geht das?", 160855);
  }
}
```

Bsp. 3.7: Die Klasse Bank

Die in Bsp. 3.7 vorgestellte Applikation erzeugt die folgende Druckausgabe, die ein wenig spartanisch ist – aber darauf kommt es hier ja nicht an:

```
Konto 25679: am Anfang: Euro = 1000, Cent = 12
Konto 25679: nach Einzahlung: Euro = 1174, Cent = 62
Konto 25680: nach Auszahlung: Euro = -420, Cent = -3
Kontobewegungen k1: 3
Kontobewegungen k2: 2
Konto 25679: geht das? unbefugter Zugriff
```

3.4 Klassenattribute und -methoden

Um eine einwandfreie Abwicklung von Bankgeschäften zu ermöglichen, muß insbesondere das Attribut kontonummer eindeutig sein. Wir haben diese Bedingung in Bsp. 3.6 durch das statische Attribut kontozähler sichergestellt, das bei der Erzeugung eines Kontos jeweils um 1 erhöht wurde. Nachfolgend soll kurz eine Alternative diskutiert werden. Wir definieren eine Klasse NummernGenerator, die ein zu 0 initialisiertes privates statisches Attribut zähler enthält. Der Wert von zähler ist von außen nur über eine entsprechende Methode zugreifbar, jeder Zugriff erhöht zähler um 1:

```
class NummernGenerator {
  private static int zähler = 0;
  public static int generiere() {
    return zähler++;
  }
}
```

Damit greift jede Instanz von `NummernGenerator` auf dieselbe Instanz von `zähler` zu. Die Methode `generiere` ist ebenfalls als `static` gekennzeichnet, existiert also nicht separat für jede Instanz, sondern nur einmal für die Klasse.

Statische Komponenten sind nicht an Objekte, also Instanzen einer Klasse, sondern unmittelbar an die Klasse gebunden. Es ist daher beim Aufruf einer statischen Methode – oder beim Zugriff auf ein statisches Attribut mit entsprechenden Zugriffsrechten – nicht nötig, ein Objekt einer solchen Klasse zu instanziieren und dann auf die entsprechende Komponente der erzeugten Instanz zuzugreifen. Praktischerweise kann der Zugriff direkt über den Klassennamen erfolgen, also z.B. auf `NummernGenerator.generiere()`. Das hat unmittelbar zur Folge, daß statische Methoden nur – lesend wie schreibend – auf statische Attribute einer Klasse zugreifen dürfen, da die Existenz nicht-statischer Bestandteile sonst nicht sichergestellt wäre. Das gilt auch dann, wenn statische und nicht-statische Bestandteile gemeinsam nebeneinander in einer Klasse existieren.

Die folgende Schleife würde also zehn aufeinanderfolgende Zahlen ausdrucken:

```
for (int j = 1; j <= 10; j++)
    EA.println(NummernGenerator.generiere());
```

Beachten Sie, daß auf das Attribut `zähler` nicht von außen zugegriffen werden kann, so daß die Manipulation des Attributs wirklich eine Privatangelegenheit der Klasse `NummerGenerator` bleibt. Die Klasse `NummernGenerator` erlaubt es nicht, den Wert von `zähler` zurückzusetzen. Dies garantiert (bis zum Erreichen der größten Zahl des Typs `int`) die Eindeutigkeit der Nummern.

Kehren wir zur Klasse `Konto` zurück, so sehen wir, daß wir bei Benutzung der Klasse `NummernGenerator` in der Methode `initKonto` hätten schreiben können:

```
kontonummer = NummernGenerator.generiere()
```

Wir hätten so auf das Attribut `kontozähler` in der Klasse `Konto` vollständig verzichten können. Dieser Verzicht ist aus der Sicht der Modellierung eines Kontos sicher sinnvoll, denn ein Konto besitzt ja nicht unbedingt die Aufgabe, einen geheimen Zähler bereitzustellen, der dem nächsten erzeugten Konto zugute kommt. Die Lösung mit einer speziellen Klasse `NummernGenerator` erscheint angemessener.

Insgesamt war die Modellierung der Kontoführung in den Kapiteln 3.3 und 3.4 recht instruktiv:

- Wir haben gesehen, daß Konstruktoren überladen werden können, daß also zu einem Konstruktor mehrere Versionen gehören können. Diese Versionen werden durch ihre Signaturen unterschieden.

- Wir haben private und öffentliche Bestandteile einer Klasse kennengelernt und gesehen, wie sich private Komponenten in öffentlichen Komponenten ansprechen und hinter diesen verbergen lassen.

- Wir haben statische Bestandteile einer Klasse kennengelernt, die nur einmal für eine Klasse existieren, der Klasse selbst den Charakter eines Objekts verleihen und auch von allen Objekten der Klasse aus zugreifbar sind.

- Wir haben am Beispiel der Methode kontobewegungen() und des gleichnamigen Attributs kontobewegungen diskutiert, daß Attribute und Methoden gleiche Namen besitzen können und daß die Art der Benutzung die Unterscheidung ermöglicht. Wir werden darauf in Kapitel 3.7 nochmals eingehen.

3.5 Übergabe von Parametern an Methoden

Abschließend wollen wir kurz auf die Parameterübergabe eingehen. Betrachten Sie die sehr einfach aufgebaute Klasse BspKlasse1:

```
class BspKlasse1 {
  void plusEins(int x) {
    x++;
  }
}
```

In der einzigen Methode dieser Klasse, die auch sonst frugal daherkommt, wird der Wert des Parameters um 1 erhöht, das war's. Benutzt man nun die Klasse BspKlasse1, so stellt man fest, daß die Änderung im Block der Methode plusEins keine sichtbare Wirkung hat. Im folgenden Beispiel wird von beiden Aufrufen der Methode println der Wert 3 ausgedruckt:

```
BspKlasse1 b = new BspKlasse1();
int y = 3;
EA.println("vorher " + y);
b.plusEins(y);
EA.println("nachher " + y);
```

Zufall oder Absicht?

Bevor wir diese in der Tat schwerwiegende Frage beantworten, werfen wir einen Blick hinter die Kulissen. Beim Aufruf b.plusEins(y) wird der Wert von y (also 3) in die lokale Variable x kopiert, den *formalen Parameter* der Methode. x wird um 1 erhöht; da aber zwischen y und x keine Verbindung mehr besteht, bleibt diese Änderung wirkungslos, sobald der Kontrollfluß die Methode verlassen hat, so daß also für die Variable y deren alter Wert 3 ausgedruckt wird. Man nennt diese Art der Parameterübergabe *call by value*, da nur die Werte, nicht aber ein Zugriff auf die Variablen selbst übergeben werden.

Die gerade gegebene Erklärung scheint im Widerspruch zum Verhalten der folgenden Klasse BspKlasse2 zu stehen, in der die Klasse Waehrung *verbatim* aus Bsp. 3.5 übernommen ist:

```
class BspKlasse2 {
  void plusEins(Waehrung w) {
    Waehrung eins = new Waehrung(1,0);
    w.erhöhe(eins);
  }
}
```

Die Methode plusEins hat nun eine Referenz w auf ein Objekt der Klasse Waehrung als Parameter, der entsprechende euro-Betrag wird um 1 erhöht, dann wird die Methode verlassen. Wir benutzen die Klasse BspKlasse2 in einer Applikation:

```
class TesteBspKlasse2{
  public static void main(String args []) {
    Waehrung ww = new Waehrung(17, 24);
    BspKlasse2 bw = new BspKlasse2();
    ww.drucke("vorher ");
    bw.plusEins(ww);
    ww.drucke("nachher ");
  }
}
```

Vor dem Aufruf von bw.plusEins wird ein Betrag von *Euro* 17,24 ausgedruckt, nachher ein Betrag von *Euro* 18,24. Wie bereits angekündigt: ein *Widerspruch* zu dem zuvor für die Parameter *primitiver* Typen festgestellten Verhalten!

Ein *Widerspruch?*

Vielleicht doch nicht. Der beim Aufruf bw.plusEins(ww) übergebene Wert ww ist ja nicht eine Instanz von Waehrung, sondern eine *Referenz* auf eine solche Instanz, also die Adresse eines Speicherplatzes. Über diese Adresse sind die Attribute erreichbar. Die Adresse wird beim Aufruf von plusEins als Wert übergeben, d.h. in die durch den formalen Parameter w gegebene lokale Variable kopiert, dann wird über die Kopie der Adresse das zugehörige Objekt und damit das euro-Attribut erreicht und verändert, und schließlich wird beim Verlassen der Methode die Kopie der Adresse ins Vergessen entlassen, also:

vor dem Eintritt in plusEins:

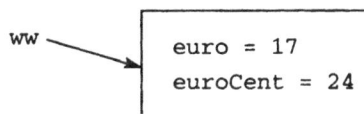

ww ⟶ euro = 17
euroCent = 24

beim Eintritt (erhält w Kopie der Adresse ww):

```
ww
                    ┌─────────────────────┐
                    │   euro = 17         │
                    │                     │
 w                  │   euroCent = 24     │
                    └─────────────────────┘
```

in plusEins (w greift auf das Attribut euro zu und verändert es):

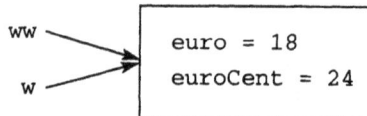

```
ww
                    ┌─────────────────────┐
                    │   euro = 18         │
                    │                     │
 w                  │   euroCent = 24     │
                    └─────────────────────┘
```

beim Verlassen wird w entlassen:

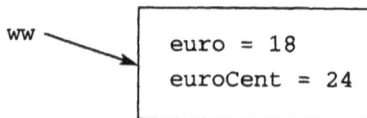

```
ww
                    ┌─────────────────────┐
                    │   euro = 18         │
                    │                     │
                    │   euroCent = 24     │
                    └─────────────────────┘
```

Wir stellen fest, daß durch das Kopieren der Adresse die Referenz ww unverändert bleibt (*call by value* für die Referenz). Die Werte des referenzierten Objekts können jedoch geändert werden, da die in w kopierte Adresse auf das gleiche Objekt verweist wie die in ww abgelegte Adresse. Es kann so ein dem *call by reference* in der Programmiersprache Pascal vergleichbarer Effekt erzielt werden.

3.6 Einhüllende Klassen

Die *primitiven Typen* boolean, char, int usw. sind nicht durch Klassen dargestellt, sie existieren vielmehr unabhängig von den Klassen, die das System oder der Benutzer bereitstellen. Das ist aus Gründen der Effizienz vertretbar, eine strikte Systematik, in der Objekte als Instanzen von Klassen im Vordergrund stehen, wird jedoch durch diesen Dualismus verletzt. Begreift man die objektorientierte Programmierung als Ansatz, Phänomene der realen Welt zu modellieren, so konzentriert man sich recht bald auf Klassen und auf Objekte als die Instanzen von Klassen. Damit läßt sich die einfache Zahl 5, die ersichtlich nicht die Ausprägung einer Klasse darstellt, nur mit Mühe in Einklang bringen. Weiterhin werden wir in späteren Kapiteln sehen, daß manche Methoden Objekte als Parameter verlangen können, ohne allzu spezifisch im Hinblick auf den Typ der Objekte zu sein. Auch hier passen die primitiven Typen nicht hinein.

Abhilfe schaffen die von Java bereitgestellten einhüllenden Klassen (engl. *wrapper classes*), mit denen es möglich wird, Instanzen der primitiven Typen als Klassen darzustellen. Hierbei handelt es sich um die Klassen

- `Boolean`,
- `Character`,
- `Integer`,
- `Long`,
- `Float` und
- `Double`.

Im Gegensatz zu der recht einfachen Deklarationen einer ganzen Zahl mit

```
int i = 5;
```

müssen wir für einhüllende Klassen den bekannten Mechanismus der Erzeugung eines Objekts durchlaufen, also beispielsweise

```
Integer intObjekt = new Integer(5);
```

Einige der Attribute und Methoden von einhüllenden Klassen sollen i.f. dargestellt werden, wobei wir uns auf die Klasse `Integer` konzentrieren. Die Darstellung ist nicht vollständig und ignoriert an einigen Stellen Ausnahmen, die aktiviert werden können. Dies geschieht, um dem Leser einen raschen Überblick zu geben, der auf Vollständigkeit bedachte Leser sei auf die Spezifikation der Sprache Java verwiesen.

Die Klasse `Integer` enthält zunächst die bereits aus Kapitel 2.3 bekannten statischen Konstanten `MIN_VALUE` und `MAX_VALUE` als extreme Enden des durch diesen Typ darstellbaren Intervalls. Objekte der Klasse werden mit den Konstruktoren `Integer(int Value)` und `Integer(String s)` erzeugt, wobei die Zeichenkette s der Dezimalrepräsentation einer ganzen Zahl in dem vorgegebenen Intervall entsprechen muß, da sonst eine Ausnahme (vgl. Kapitel 11) ausgelöst wird. Die Methode `toString` ist gewissermaßen konvers dazu: sie gibt den in einem `Integer`-Objekt abgelegten Wert als Zeichenkette mit einer Dezimaldarstellung der Zahl aus, wobei das Vorzeichen ebenfalls ausgegeben wird. Die Methode `equals` testet ein zweites Objekt auf Gleichheit, die Methoden `intValue`, `longValue`, `doubleValue` geben den Wert als entsprechend getypten primitiven Wert zurück.

Als interessante Methode sei schließlich noch genannt:

```
public static int parseInt(String s)
    throws NumberFormatException;
```

Diese Methode konvertiert eine Zeichenkette, die der dezimalen Repräsentation einer ganzen Zahl entspricht, in eine (primitive) ganze Zahl. Falls die Darstellung der Zeichenkette nicht einer ganzen Zahl entspricht, wird eine Ausnahme ausgelöst (vgl. Kapitel 11). Beachten Sie, daß es sich hier um eine Klassenmethode handelt, denn sie ist als `static` deklariert[1]. Wir hätten die Methode `parseInt` mit den in der Klasse `Integer` bereitgestellten Methoden auch leicht selbst schreiben können. Weiterhin erlaubt die Klasse `Integer` auch die Darstellung von Zahlen in anderen als dem dezimalen Zahlensystem.

Die anderen einhüllenden Klassen arbeiten in analoger Weise.

3.7 Überladene Namen

Der Konstruktor für die Klasse `Integer` ist überladen, weil er gleich zweimal auftaucht – mit einer ganzen Zahl oder mit einer Zeichenkette als Parameter. Das ist, wie wir wissen, in der Tat korrekter Java-Code: Konstruktoren und Methoden können überladen werden, können also auf Argumente verschiedener Typen und möglicherweise auf verschiedene Anzahlen von Parametern auf unterschiedliche Art und Weise reagieren. Beim Aufruf eines Konstruktors oder einer Methode muß dann vom Übersetzer oder vom Laufzeitsystem entschieden werden, welche der vorliegenden Varianten ausgeführt werden soll. Die Regeln hierfür sind recht komplex und können das Herz eines Compilerbauers erfreuen, wir bescheiden uns mit einigen einfachen Hinweisen, die der Programmierpraxis in fast allen Fällen genügen, um korrekte Konstruktoren zu vereinbaren.

Das Problem besteht also darin, bei Aufruf eines Konstruktors oder einer Methode die richtige Zuordnung zum vereinbarten Code zu finden. Zunächst schaut man sich die Anzahl der Argumente an und prüft, ob ein Konstruktor oder eine Methode mit dieser Anzahl von Argumenten zugänglich ist. Anschließend sieht man sich die Typen der Argumente an, aus denen sich dann die korrekte Variante erschließt.

Seien die folgenden Methoden und Variablen vereinbart:

```
public rechteck(Punkt untenLinks, Punkt obenRechts) {};
public rechteck() {};
public rechteck(int x1, int x2, int y1, int y2) {};
Punkt p1; p2;
int a, b, c, d;
```

Mit den angegebenen Regeln können die folgenden Aufrufe stets einer entsprechenden Vereinbarung zugeordnet werden:

```
rechteck();
rechteck(a, b, c, d);
rechteck(p1, p2);
```

---

[1] Wir nutzen `parseInt` u.a. auch in der Klasse EA zur Realisierung der Methode `readInt`.

Dagegen findet man für die folgenden beiden Aufrufe keine angemessene Entsprechung unter den Vereinbarungen:

```
rechteck(a, b);
rechteck(p1, c, d);
```

Im Prinzip könnte man den Typ des Rückgabewertes ebenfalls zur Identifikation heranziehen; das ist in beschränktem Umfang möglich, technisch jedoch komplex und soll daher hier nicht ausdiskutiert werden. Ein schwerwiegendes Problem ist offensichtlich: Wir sind bei Methoden nie gezwungen, zurückgegebene Ergebnisse überhaupt zu beachten und einer Variablen zuzuweisen. Wir haben diese Möglichkeit bereits bei den Operatoren kennengelernt: ++i liefert den inkrementierten Wert von i zurück. Das Ergebnis der Ausführung des Operators muß nicht unmittelbar einer Variablen zugewiesen werden, da wir ja auch später den Wert von i abfragen können. Ohne eine Typbestimmung aus dem Ziel könnten wir den Rückgabetyp aber nicht zur Unterscheidung und Auswahl von Methoden nutzen.

3.8 Übungen

Aufgabe 1

Großbritannien hatte vor der Dezimalisierung seiner Währung sein *Pfund Sterling* wie folgt eingeteilt: Ein *Pfund* bestand aus zwölf *Schillingen*, ein *Schilling* bestand aus zwanzig *Pence*.

Schreiben Sie eine Klasse `Sterling`, dessen Objekte einen Geldbetrag modellieren. Sie soll erlauben, Geldbeträge zu addieren, zu subtrahieren und mit einer festen Konstanten zu multiplizieren, weiterhin soll der Zinsertrag nach einer gegebenen Zahl von Jahren zu einem gegebenen Zinssatz berechnet werden können.

Aufgabe 2

Verwandeln Sie eine Zeitangabe (24-Stunden-Modus) in die übliche Sprechweise für Zeitangaben. Zeiten sollten dabei vierstellig angegeben sein (also sollte z.B. `0015` ausgegeben werden als `viertel nach zwölf`, `1215` ebenfalls und `1735` sollte dann zu `fünf nach halb sechs` führen).

Aufgabe 3

Eine *Mini-Maschine (MM)* liest positive ganze Zahlen nacheinander ein und gibt als Ergebnis ihrer Arbeit jeweils auch wieder positive ganze Zahlen aus, deren Werte sich aus der Eingabe und einem inneren Zustand der *MM* berechnen. Dieser Zustand ist ebenfalls durch eine positive ganze Zahl gegeben. Die Maschine stoppt, wenn sie einen Zustand ein zweites Mal annimmt. Die bereits erreichten Zustände werden dazu in einem Feld gespeichert. Die *MM* vollzieht folgende Arbeitsschritte:

- Ausgabe des aktuellen Zustands,
- Einlesen der nächsten Eingabe `x` im Zustand `z`,
- Berechnen des neuen Zustands der *MM* als `(z+x)%11`,
- Berechnen der Ausgabe als `x+z`,
- Überprüfung des Stop-Kriteriums und eventueller Abbruch.

Realisieren Sie die *MM* als Klasse, die mit einem Startzustand initialisiert wird und so lange eine Eingabe fordert, bis die Maschine stoppt. Die bereits angenommenen Zustände werden dabei in einem Feld gespeichert.

Aufgabe 4

Der größte gemeinsame Teiler `ggT(a,b)` zweier positiver ganzer Zahlen `a` und `b` ist die größte ganze Zahl `c`, die `a` und `b` ohne Rest teilt. Entwickeln Sie aus der Beziehung `ggT(a,b)==ggT(a%b,a)` (für `a>b`) eine Methode zur Berechnung des größten gemeinsamen Teilers.

Aufgabe 5

Ein Bruch kann als Paar positiver ganzer Zahlen `zähler` und `nenner` dargestellt werden. Entwerfen Sie ein Programm, das einen solchen Bruch kürzt, das also `zähler` und `Nenner` teilerfremd macht, etwa 48/256 = 3/16, 3 und 16 sind teilerfremd).

Eine ganze Zahl `k` ist ein gemeinsamer Teiler von `zähler` und `nenner`, falls gilt:
```
zähler % k == 0
nenner % k == 0
```

Wenn Sie einen gemeinsamen Teiler `k` gefunden haben, ersetzen Sie `zähler` durch `zähler/k` und `nenner` durch `nenner/k`.

Aufgabe 6

Caesars Chiffre bestand bei der Verschlüsselung eines Textes darin, jeden Buchstaben durch seinen dritten Nachfolger zu ersetzen (also etwa `'a'` durch `'d'`, `'b'` durch `'e'`, ..., `'w'` durch `'z'`, `'x'` durch `'a'`, `'z'` durch `'c'`).

Hätte Caesar Umlaute und Sonderzeichen gekannt, so hätte er sie nicht durch andere verschlüsselt. Schreiben Sie Funktionen `verschl` und `entschl` mit den Signaturen `char verschl(char)` und `char entschl(char)` zur Ver- und zur Entschlüsselung von Nachrichten mit Caesars Chiffre.

Testen Sie Ihre Methoden mit »`veni vidi vici`«.

Aufgabe 7

Die Addition zweier Matrizen A und B gleicher Größe zu einer Matrix C ist wie folgt definiert:

$$c_{ij} := a_{ij} + b_{ij}$$

Die Multiplikation einer $m \times n$-Matrix A mit einer $m' \times n'$-Matrix B ist nur für $n = m'$ definiert. Das Resultat ist eine $m \times n'$-Matrix C, die wie folgt berechnet wird:

$$c_{ij} := \sum_{k=1...n} a_{ik} * b_{kj} \quad (i = 1 \ldots m, j = 1 \ldots n')$$

Implementieren Sie die Klasse `Matrix` mit den Methoden `summe` und `produkt` mit den Signaturen

```
void summe(int[] a, int[] b);
void produkt(int[] a, int[] b);
```

die ihr Ergebnis jeweils in dem Objekt ablegen, für das sie aufgerufen werden. Ergänzen Sie einen geeigneten Konstruktor und eine Methode `drucke` zur Ausgabe einer Matrix.

Aufgabe 8

In dieser Aufgabe sollen Sie die *Vigenére Chiffre* implementieren, die auf einer Tabelle (Abb. 3.2) basiert. Jede Zeile dieser Tabelle entsteht aus der vorherigen durch eine zyklische Verschiebung um einen Buchstaben und kann daher zur Verschlüsselung dienen, wie wir es bei Caesars Chiffre (Aufgabe 6) gesehen haben. Nehmen wir an, daß wir das Wort *schwer* als Schlüssel haben (wir betrachten nur kleine Buchstaben), dann gibt die linke Spalte der Tabelle (Abb. 3.2) die Zeilen an, die zur Verschlüsselung herangezogen werden:

Schlüssel	*s*	*c*	*h*	*w*	*e*	*r*
Zeile	18	2	7	22	4	17

Wenn wir nun einen Satz verschlüsseln wollen, so nehmen wir den ersten Schlüssel aus Zeile 18, den zweiten aus Zeile 2, den dritten aus Zeile 7, usw., bis wir den Schlüssel erschöpft haben. Dann fangen wir das Spiel wieder von vorn an, nehmen also den nächsten Schlüssel aus Zeile 18, den nächsten aus Zeile 2 usw. Also würden wir den Text *eine aufgabe* wie folgt verschlüsseln, wobei wir Leerzeichen ignorieren:

Schlüssel	*s*	*c*	*h*	*w*	*e*	*r*	*s*	*c*	*h*	*w*	*e*
Text	e	i	n	e	a	u	f	g	a	b	e
Nachricht	w	k	u	a	e	l	z	i	h	x	i

Das liegt daran, daß der Buchstabe »e« mit dem Schlüssel aus Zeile 18 als »w« verschlüsselt wird, der Buchstabe »i« mit dem Schlüssel aus Zeile 2 als »k« usw. Die Entschlüsselung geht (bei Kenntnis des Schlüssels) völlig analog vor sich. Implementieren Sie dieses Verfahren.

	a	b	c	d	e	f	g	h	i	j	k	l	m	n	o	p	q	r	s	t	u	v	w	x	y	z
1	b	c	d	e	f	g	h	i	j	k	l	m	n	o	p	q	r	s	t	u	v	w	x	y	z	a
2	c	d	e	f	g	h	i	j	k	l	m	n	o	p	q	r	s	t	u	v	w	x	y	z	a	b
3	d	e	f	g	h	i	j	k	l	m	n	o	p	q	r	s	t	u	v	w	x	y	z	a	b	c
4	e	f	g	h	i	j	k	l	m	n	o	p	q	r	s	t	u	v	w	x	y	z	a	b	c	d
5	f	g	h	i	j	k	l	m	n	o	p	q	r	s	t	u	v	w	x	y	z	a	b	c	d	e
6	g	h	i	j	k	l	m	n	o	p	q	r	s	t	u	v	w	x	y	z	a	b	c	d	e	f
7	h	i	j	k	l	m	n	o	p	q	r	s	t	u	v	w	x	y	z	a	b	c	d	e	f	g
8	i	j	k	l	m	n	o	p	q	r	s	t	u	v	w	x	y	z	a	b	c	d	e	f	g	h
9	j	k	l	m	n	o	p	q	r	s	t	u	v	w	x	y	z	a	b	c	d	e	f	g	h	i
10	k	l	m	n	o	p	q	r	s	t	u	v	w	x	y	z	a	b	c	d	e	f	g	h	i	j
11	l	m	n	o	p	q	r	s	t	u	v	w	x	y	z	a	b	c	d	e	f	g	h	i	j	k
12	m	n	o	p	q	r	s	t	u	v	w	x	y	z	a	b	c	d	e	f	g	h	i	j	k	l
13	n	o	p	q	r	s	t	u	v	w	x	y	z	a	b	c	d	e	f	g	h	i	j	k	l	m
14	o	p	q	r	s	t	u	v	w	x	y	z	a	b	c	d	e	f	g	h	i	j	k	l	m	n
15	p	q	r	s	t	u	v	w	x	y	z	a	b	c	d	e	f	g	h	i	j	k	l	m	n	o
16	q	r	s	t	u	v	w	x	y	z	a	b	c	d	e	f	g	h	i	j	k	l	m	n	o	p
17	r	s	t	u	v	w	x	y	z	a	b	c	d	e	f	g	h	i	j	k	l	m	n	o	p	q
18	s	t	u	v	w	x	y	z	a	b	c	d	e	f	g	h	i	j	k	l	m	n	o	p	q	r
19	t	u	v	w	x	y	z	a	b	c	d	e	f	g	h	i	j	k	l	m	n	o	p	q	r	s
20	u	v	w	x	y	z	a	b	c	d	e	f	g	h	i	j	k	l	m	n	o	p	q	r	s	t
21	v	w	x	y	z	a	b	c	d	e	f	g	h	i	j	k	l	m	n	o	p	q	r	s	t	u
22	w	x	y	z	a	b	c	d	e	f	g	h	i	j	k	l	m	n	o	p	q	r	s	t	u	v
23	x	y	z	a	b	c	d	e	f	g	h	i	j	k	l	m	n	o	p	q	r	s	t	u	v	w
24	y	z	a	b	c	d	e	f	g	h	i	j	k	l	m	n	o	p	q	r	s	t	u	v	w	x
25	z	a	b	c	d	e	f	g	h	i	j	k	l	m	n	o	p	q	r	s	t	u	v	w	x	y
26	a	b	c	d	e	f	g	h	i	j	k	l	m	n	o	p	q	r	s	t	u	v	w	x	y	z

Abb. 3.2: Tabelle für Vigenére-Chiffre

Aufgabe 9

Entwickeln Sie eine Klasse GeheimerText wie folgt: Wir haben zwei Komponenten, eine Zeichenkette dieKette und ein Schlüsselbuchstabe theKey. Außerdem können wir die Zeichenkette ausgeben: Dazu geben wir einen Buchstaben an; stimmt er mit theKey überein, so wird dieKette ausgegeben, sonst geben wir nur einen Hinweis darauf aus, daß wir nichts ausgeben, also z.B. den Text »War nix!«.

Entwickeln Sie die Klasse, achten Sie hierbei auf geeignete Zugriffsspezifikationen und implementieren Sie diese Klasse.

Aufgabe 10

Entwerfen und implementieren Sie eine Klasse Bruch zur Bruchrechnung.

- Zähler und Nenner sind ganzzahlig,

- der Konstruktor soll den Bruch initialisieren, die interne Darstellung des Bruchs soll Zähler und Nenner als teilerfremde Zahlen darstellen,

- die Klasse soll Methoden zur Realisierung der Grundrechenarten (Addition, Subtraktion, Multiplikation, Division) enthalten,

- die Methode gleich soll die Gleichheit des Bruchs mit einem als Parameter übergebenen zweiten Bruch entscheiden, wobei $a/b = c/d$ genau dann gilt, wenn $a*d = b*c$, und

- es soll eine Methode drucke zum Ausgeben des Bruchs vorhanden sein.

Aufgabe 11

Ein *Termin* besteht aus einem Datum, einer Uhrzeit, einer Dauer und einer Zeichenkette. Entwerfen Sie eine Klasse zur Darstellung eines Termins. Berücksichtigen Sie dabei das Überprüfen, das Vereinbaren und das Löschen von Terminen. Hierzu sollten Sie das *Datum* und die *Uhrzeit* durch eigene Klassen realisieren. Diese Typen sollten mit eigenen Funktionen zum Überprüfen, Setzen und Löschen versehen werden.

Aufgabe 12

Eine Sardinendose hat eine Aufschrift mit höchstens zwanzig Zeichen, einen Preis in *Euro* und *Eurocent*, ein Gewicht in Gramm und eine Anzahl von Sardinen. Entwerfen und implementieren Sie eine Klasse Sardinendose, die zusätzlich einen Konstruktor und eine Methode zum Druck aller Attribute enthält. Der Konstruktor soll als Parameter die Zeichenkette haben, die als Aufschrift dient.

Aufgabe 13

Entwerfen und implementieren Sie eine Klasse `Brief`, die auf dem Briefkopf von Aufgabe 5 (Kapitel 2) eine Nachricht schreibt. Eine Nachricht besteht dabei aus höchstens zwanzig Zeilen zu je maximal 65 Anschlägen. Die Klasse soll die Angaben zum Briefkopf als statische, private Komponenten enthalten, die Nachricht von der Tastatur lesen, sie speichern und mit der Methode `SchreibMalWieder` ausdrucken.

Aufgabe 14

Entwerfen und implementieren Sie eine Klasse `Primzahlen`. Diese Klasse berechnet und speichert alle Primzahlen, die nicht größer als `maxPrim` sind. Die Folge der Aufrufe der parameterlosen Methode `nächstePrimzahl` produziert die Folge der Primzahlen bis `maxPrim`. Ist diese Folge erschöpft, so wird 0 ausgegeben.

Verwenden Sie zur Berechnung der Primzahlen den in Aufgabe 14 (Kapitel 2) vorgeschlagenen Algorithmus, `maxPrim` sollte vom Konstruktor benutzt werden, um ein angemessen großes Feld zu allokieren. Die Methode `nächstePrimzahl` sollte auf eine statische Variable der Klasse zugreifen.

Kapitel 4
Rekursion

Die Rekursion ist ein wichtiges Hilfsmittel zur *Strukturierung des Kontrollflusses* von Algorithmen und zur Beschreibung von Datenstrukturen. Wir werden in diesem Kapitel zunächst rekursive Methoden kennenlernen und diskutieren, dann werden wir Bäume als rekursiv definierte Datenstrukturen behandeln, *Heapsort* als wichtigen Algorithmus zum Sortieren vorstellen und uns schließlich damit befassen, wie einfache Spezialfälle rekursiver Methoden systematisch in äquivalente iterative Methoden transformiert werden können.

4.1 Rekursive Methoden

Wir beginnen mit einem einfachen Beispiel. Man definiere für ≥ 0 :

$$n! := \left\{ \begin{array}{ll} 1, & n = 0 \\ n * (n-1)!, & n > 0 \end{array} \right.$$

Die Fakultätsfunktion läßt sich unmittelbar in eine Methode übertragen, deren Programmcode in Bsp. 4.1 wiedergegeben wird.

```
int fakultät(int n) {
  if (n == 0)
    return 1;
  else if (n > 0)
    return n * fakultät(n-1);
  else
    return -1;
}
```

Bsp. 4.1: Die Fakultätsfunktion

Die *rekursive Methode* fakultät hat den ganzzahligen Parameter n als Eingabe. Die Konstruktion folgt der mathematischen Definition der Fakultätsfunktion: Eine ganze Zahl wird übergeben, es wird überprüft, ob die Eingabe gleich 0 ist oder ob sie positiv ist. Im ersten Fall wird 1 zurückgegeben, im zweiten Fall wird n um 1 vermindert und der so berechnete Wert an den erneuten Aufruf der Methode fakultät übergeben, der hieraus berechnete Wert wird mit n multipliziert und zurückgegeben. Dieser Zweig der bedingten Anweisung beinhaltet den *rekursiven Aufruf* der Methode `fakultät`, d.h. den erneuten Aufruf dieser Methode innerhalb ihrer eigenen Ausführung.

Beachten Sie, daß die Methode `fakultät` den Wert -1 ausgibt, falls ein negativer Wert an den Parameter n übergeben wird. Diese Erweiterung ist gegenüber der mathematischen Definition der Fakultätsfunktion notwendig, da der Definitionsbereich des Parameters in Java nicht eingeschränkt werden kann und von `fakultät` in jedem Fall die Rückgabe eines Wertes erwartet wird.

Was geschieht hinter den Kulissen?

- Jeder Aufruf hat seine eigene lokale Variable für den formalen Parameter.

- Jeder Aufruf für n>0 greift auf den Aufruf für n-1 zurück.

- Der Aufruf für n==0 liefert einen Wert, der nicht auf einen weiteren Aufruf von `fakultät` zurückgreift.

- Der Aufruf für n<0 liefert den Wert -1, der ebenfalls nicht auf einen weiteren Aufruf von `fakultät` zurückgreift.

Dieser Blick hinter die Kulissen wird in Abb. 4.1 für den Fall n==4 noch einmal veranschaulicht: Es wird deutlich, wie jeweils der um 1 verminderte Wert des Arguments *nach unten* zum nächsten Aufruf von `fakultät` weitergereicht wird, und es ist zu sehen, wie der *darunterliegende* Aufruf sein Ergebnis jeweils *nach oben* zurückreicht.

Rekursive Methoden sind also Methoden, die sich – direkt oder auch indirekt – selbst aufrufen. Für die Definition einer rekursiven Methode werden benötigt:

- Eine Beschreibung, wie sich das Ergebnis für einen *größeren* Parameterwert aus den Ergebnissen für *kleinere* Parameterwerte ergibt.

- Eine *Terminierungsbedingung*, bei deren Erfüllung sich ein Ergebnis ohne Rückgriff auf einen rekursiven Aufruf der Methode berechnen läßt.

  Jeder Aufruf einer rekursiven Methode muß im Verlauf der Auswertung direkt oder indirekt die Terminierungsbedingung erreichen, da sonst die Berechnung nicht endet.

Wir haben in diesem einführenden Beispiel die Fakultätsfunktion rekursiv berechnet, um das Prinzip der Rekursion an einem einfachen und sehr geläufigen Beispiel zu demonstrieren. Dieses Beispiel hat überdies den Vorteil, daß sich die mathematische Definition der Fakultätsfunktion unmittelbar in Code übertragen läßt. Es soll jedoch angemerkt werden, daß die Fakultätsfunktion für wachsendes *n* sehr schnell ansteigt und damit den Bereich der in Java darstellbaren ganzen Zahlen recht schnell verläßt. Die Einsatzmöglichkeiten der vorgestellten Methode sind dadurch sehr eingeschränkt. Dieses Beispiel ist daher nur zur Illustration gedacht.

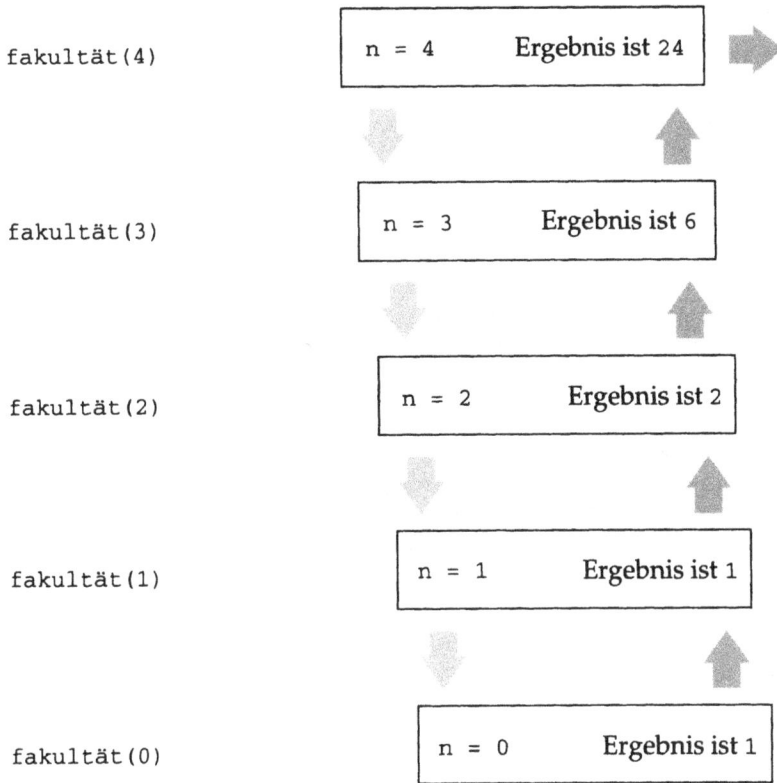

Abb. 4.1: Aufruf der Fakultätsfunktion

4.2 Binäre Bäume und Heaps

Rekursion kann auch bei der Darstellung von Datenstrukturen ein wichtiges Hilfs-mittel sein. Dieser Aspekt soll nun durch die Einführung *binärer Bäume* näher beleuchtet werden. Allgemein besteht ein *Baum* (in der Informatik) aus *Knoten*, die Informationen tragen. Die Strukturierung der Informationen wird in Bäumen in hierarchischer Weise durch *Kanten* vorgenommen, die Knoten miteinander ver-binden.

Wir haben bereits in Kapitel 1 bei der Vernetzung der Wiener Hofburg kennen-gelernt, daß sich komplexere Strukturen durch gerichtete und ungerichtete Graphen herstellen lassen, die ebenfalls aus Knoten und sie verbindenden Kanten aufgebaut sind. Die nun betrachteten binären Bäume besitzen jedoch eine sehr viel leichter zu überschauende Struktur, da die Kanten durch die Hierarchie implizit gerichtet sind und zu jedem Knoten höchstens eine eingehende und zwei ausgehende Kanten existieren können.

Definition:

Ein *binärer Baum B* ist entweder *leer* oder er hat die Form

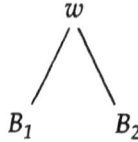

$$w$$
$$\diagup \diagdown$$
$$B_1 \qquad B_2$$

mit B_1 und B_2 als binären Bäumen. B hat nur endlich viele Knoten[1].

Der Knoten w, mit dem B_1 und B_2 oben verbunden sind, heißt die *Wurzel* von B, B_1 und B_2 heißen *linker* bzw. *rechter Unterbaum* der Wurzel w. Falls vorhanden, heißen die Wurzeln von B_1 und B_2 *linker* bzw. *rechter Sohn* der Wurzel von B. Besitzt ein Knoten weder einen linken noch einen rechten Sohn, so wird er als *Blatt* bezeichnet.

Abb. 4.2 und Abb. 4.3 zeigen zwei Beispiele für binäre Bäume. Die Wurzel dieser Bäume sind schwarz, innere Knoten sind grau und Blätter sind weiß dargestellt.

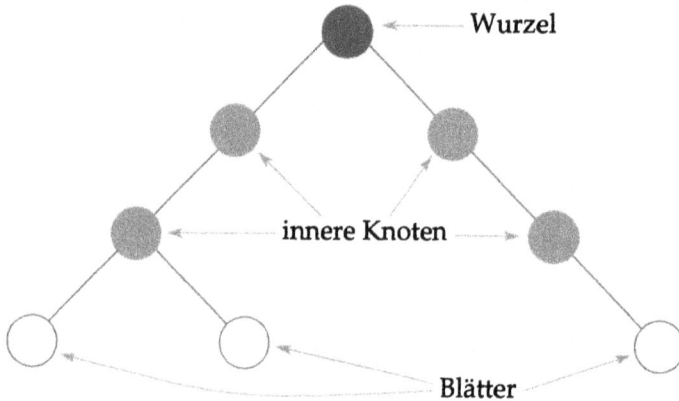

Abb. 4.2: Binärer Baum – Beispiel und Terminologie

---

[1] Die mathematische Formulierung binärer Bäume ist ein wenig umständlich. In der Literatur finden sich einige Varianten, von denen wir die einfachste aus Gründen der Vollständigkeit angeben. Der leere Baum wird durch die leere Menge $\emptyset$ dargestellt, seine Knotenmenge ist leer, also

$$Knoten\,(\emptyset) \; := \; \emptyset.$$

Seien B_1 und B_2 binäre Bäume, so daß ihre Knotenmengen disjunkt sind, es gilt also

$$Knoten\,(B_1) \; \cap \; Knoten\,(B_2) \; = \; \emptyset.$$

Sei weiterhin w ein Knoten mit $w \notin Knoten\,(B_1) \cup Knoten\,(B_2)$, dann heißt

$$B \; := \; (w, \; B_1, \; B_2)$$

ein binärer Baum mit der Knotenmenge

$$Knoten\,(B) \; := \; \{w\} \; \cup \; Knoten\,(B_1) \; \cup \; Knoten\,(B_2),$$

der Wurzel w, linkem Unterbaum B_1 und rechtem Unterbaum B_2. Innere Knoten und Blätter lassen sich in dieser Formulierung ebenfalls mathematisch präzise beschreiben. Darauf verzichten wir aber aus Platzgründen.

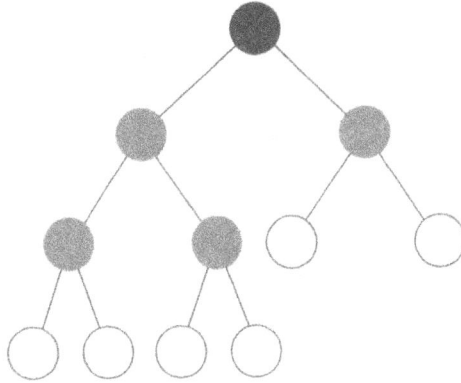

Abb. 4.3: Binärer Baum – Beispiel

Vergleicht man die Bäume, so sieht man im ersten Baum (Abb. 4.2) innere Knoten mit höchstens zwei Unterbäumen, während im zweiten Baum (Abb. 4.3) jeder Knoten entweder zwei Unterbäume oder keinen hat. Ein *Blatt* ist dadurch ausgezeichnet, daß der linke und der rechte Unterbaum leer sind. Ein *innerer Knoten* hat die Eigenschaft, daß der rechte oder der linke Unterbaum nicht leer ist und daß es sich nicht um die Wurzel handelt. Die *Wurzel* ist dadurch charakterisiert, daß sie nicht der Sohn eines anderen Knotens ist.

Wir werden nun einen einfachen Zusammenhang zwischen Feldern und binären Bäumen herstellen, wodurch sich ein recht natürlicher Zugang zu dem Sortieralgorithmus *Heapsort* ergibt. Es wird sich herausstellen, daß dieser Sortieralgorithmus rekursiv formuliert werden kann.

Wir verwenden die Zahlen $1 \ldots n$ zur Numerierung der Knoten eines binären Baums, dessen innere Knoten mit höchstens einer Ausnahme über zwei Söhne verfügen: 1 bildet die Wurzel, und der Knoten $i>1$ hat den Knoten $i/2$ als Vater, so daß der linke Sohn eines Knotens eine gerade Nummer und der rechte Sohn eines Knotens eine ungerade Nummer besitzt, sofern der Knoten diese Söhne hat.

Damit können wir ein Feld ebenfalls als die Darstellung eines Baums auffassen:

Ist das Feld f mit n Komponenten gegeben, so beschriften wir den *Knoten i* mit dem Wert des Feldelements f[i]. Abb. 4.4 stellt ein Feld mit den Elementen $7, 12, 0, 5, 9, 1, 3, 8, 13, 10, 15$ als binären Baum dar. Der *Knoten i* trägt als Beschriftung jeweils den Wert f[i].

f | 7 | 12 | 0 | 5 | 9 | 1 | 3 | 8 | 13 | 10 | 15 |

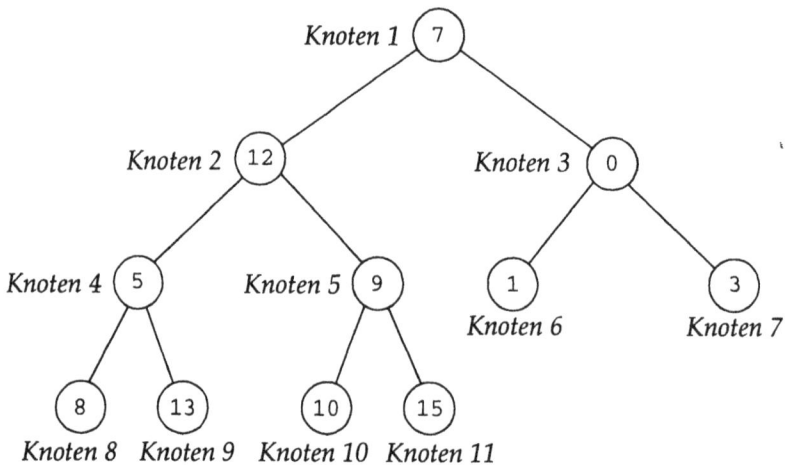

Abb. 4.4: Ein Feld als binärer Baum

4.3 Heapsort

Wir setzen im folgenden das Feld mit seiner Baumdarstellung gleich, d.h. wir betrachten die Komponenten des Feldes als Knoten eines binären Baums. Ein Feld genügt dann der *Heap-Bedingung* im *Knoten i*, falls im Unterbaum mit der Wurzel *i* jeder Knoten eine kleinere Beschriftung als seine Söhne trägt.

Sehen Sie sich den in Abb. 4.5 dargestellten Baum an. Die Heap-Bedingung ist in den *Knoten 3, 4, 5, 6, 7, 8, 9, 10, 11* erfüllt, nicht jedoch im *Knoten 2*, da für f[2]==12, f[4]==5 und f[5]==9 die Ungleichungen 12>=5 und 12>=9 gelten, und auch nicht im *Knoten 1*, da dort f[3]==0 und 7>=0 gelten.

Die Heap-Bedingung kann jedoch im *Knoten 2* wie folgt hergestellt werden:

Wir vertauschen die Beschriftung des *Knoten 2* mit der Beschriftung desjenigen Sohnes, der die kleinere Beschriftung trägt. In diesem Fall handelt es sich um den *Knoten 4*. Wir nehmen hierzu die kleinere der Beschriftungen der Söhne, damit im *Knoten 2* die Heap-Bedingung *lokal* erfüllt ist: Die Beschriftung des *Knotens 2* ist dann kleiner als die Beschriftungen seiner Söhne. Die so entstandene Situation ist in Abb. 4.6 dargestellt.

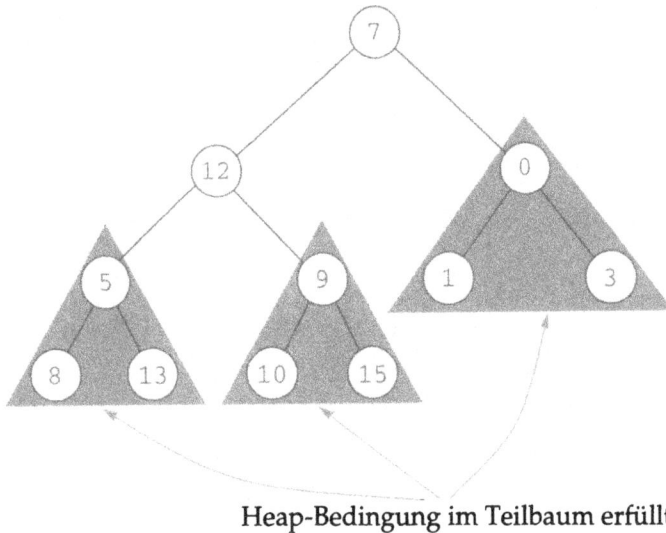

Heap-Bedingung im Teilbaum erfüllt

Abb. 4.5: lokale Gültigkeit der Heap-Bedingung

Wenn Sie die Abbildung ansehen, so werden Sie feststellen, daß wir zwar die lokale Heap-Bedingung im *Knoten 2* hergestellt haben, daß als Folge nun aber die Bedingung für *Knoten 4* verletzt ist! Die Idee, nämlich das Vertauschen der Beschriftung eines Knotens mit der kleineren der Beschriftungen seiner Söhne, läßt sich an dieser Stelle wiederholen, so daß die Beschriftung 12 in ein Blatt, den *Knoten 8*, wandert. Trivialerweise ist die Heap-Bedingung für ein Blatt erfüllt, so daß wir durch das beschriebene Vorgehen schrittweise dafür gesorgt haben, daß die Heap-Bedingung im *Knoten 2* hergestellt wurde (vgl. Abb. 4.6 und Abb. 4.7). Die Heap-Bedingung gilt aber immer noch nicht für den *Knoten 1*, da die Beschriftungen beider Söhne, der *Knoten 2* und der *Knoten 3*, kleiner sind als die Beschriftung der Wurzel des Baums.

Das Feld f[1], ..., f[n] heißt *Heap* (dt. *Haufen*), falls die Heap-Bedingung im *Knoten 1* erfüllt ist. Hieraus ergibt sich unmittelbar als Konsequenz, daß das kleinste Element in einem Heap immer in der Wurzel, d.h. in f[1], steht.

Die gerade gemachten Beobachtungen lassen sich jetzt anwenden, um den Sortieralgorithmus *Heapsort* zu beschreiben. Dieser Algorithmus arbeitet in zwei Phasen, wenn ein Feld f mit n Elementen gegeben ist:

- In der ersten Phase wird dieses Feld in einen Heap umgestaltet, d.h. es wird dafür gesorgt, daß der entsprechende binäre Baum die Heap-Bedingung im *Knoten 1* erfüllt.

- In der zweiten Phase wird aus dem zuvor aufgebauten Heap systematisch ein geordnetes Feld erzeugt.

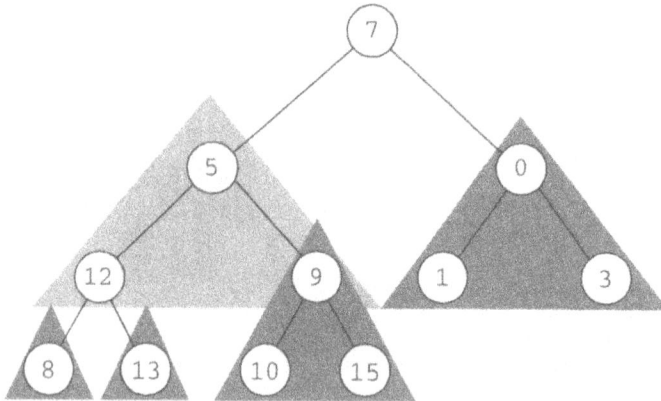

Abb. 4.6: Herstellung der lokalen Heap-Bedingung im Knoten 2

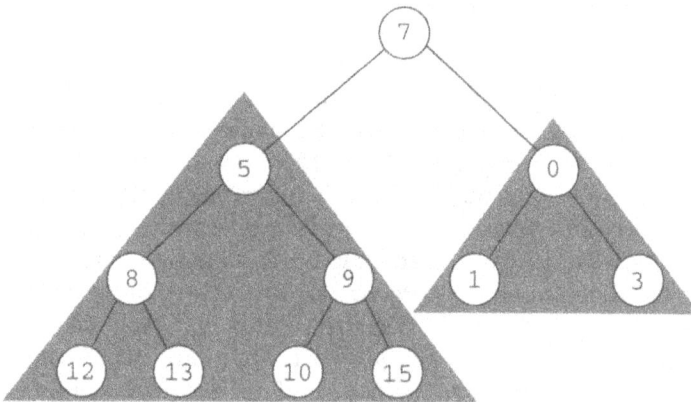

Abb. 4.7: Herstellung der Heap-Bedingung im Knoten 2

Wir befassen uns zunächst mit dem Aufbau eines Heaps. Dem liegt die bereits bekannte Idee zugrunde: Sei an der Position i die Heap-Bedingung nicht erfüllt (i ist also kein Blatt), wohl aber in allen Söhnen von i. Dann werden die folgenden Vertauschungen vorgenommen:

- Falls `2*i<=n, 2*i+1>n` gilt: vertausche `f[i]` mit `f[2*i]`.
  Für i existiert nur ein linker Sohn, der auch ein Blatt sein muß, so daß mit der Vertauschung die Heap-Bedingung in diesem Knoten erfüllt.

- Falls `2*i<=n, 2*i+1<=n` gilt: suche den Sohn k, k ∈ {2i, 2i+1},
  so daß gilt: `f[k]=`*min*`{f[2*i], f[2*i+1]}`, anschließend vertausche `f[i]` mit `f[k]` und wende diese Idee rekursiv auf k an.

Die geschilderte Vorgehensweise sorgt dafür, daß die Heap-Bedingung in einem Knoten *i* erfüllt wird, indem der Unterbaum mit dem Knoten *i* als Wurzel durchlaufen wird. Dies führt zum Algorithmus heapify, der rückwärtsgehend für jeden Knoten $k = n/2, \ldots, 1$ die Heap-Bedingung sicherstellt. Es ist einleuchtend, daß wir hier rückwärts vorgehen müssen, denn der Algorithmus sorgt dafür, daß aus kleineren Heaps größere aufgebaut werden: Wenn wir in einem Knoten sind, dessen Unterbäume beide die Heap-Bedingung erfüllen, so wird durch das Vertauschen des Knotenelements ja lediglich einer der Unterbäume modifiziert, während der andere Unterbaum in diesem Durchlauf unverändert bleibt.

Der Code für die Methode heapify ist in Bsp. 4.2 dargestellt. Die Methode bekommt als Eingaben einen Knoten derKnoten und die Zahl heapGröße, die die Anzahl der Elemente des Feldes angibt, die einen Heap bilden sollen. Wir werden diesen Parameter später für das Sortieren des Feldes nutzen. Es wird angenommen, daß das Feld f als Attribut in der umgebenden Klasse vereinbart ist.

```
void heapify(int derKnoten, int heapGröße) {
  int links = 2 * derKnoten,
      rechts = links + 1,
      derSohn;
  if (links <= heapGröße && rechts > heapGröße) {
    if (f[derKnoten] > f[links])
      tausche(derKnoten, links);
  }
  else if (rechts <= heapGröße) {
    derSohn = (f[links] < f[rechts] ? links : rechts);
    if (f[derSohn] < f[derKnoten]) {
      tausche(derKnoten, derSohn);
      heapify(derSohn, heapGröße);
    }
  }
}
```

Bsp. 4.2: Aufbau eines Heaps durch die Methode heapify

Im ersten Schritt werden zunächst der linke und der rechte Sohn bestimmt. Danach findet eine Fallunterscheidung statt. Dabei wird untersucht, ob der linke Knoten noch im Feld und der rechte Knoten nicht mehr im Feld liegt: In diesem Fall muß lediglich getestet werden, ob die Beschriftung des Knotens größer ist als die Beschriftung seines einzigen Sohnes. Der zweite Fall besteht darin, daß auch der rechte Knoten noch im Feld liegt: In diesem Fall muß der Knoten mit der kleineren Beschriftung herausgesucht werden und die Beschriftung dieses Knotens mit der Beschriftung des ausgewählten Knotens verglichen werden. Falls sich hierbei herausstellt, daß die Heap-Bedingung verletzt ist, wird mit Hilfe der elementaren Methode tausche der Inhalt des Knotens mit dem seines Sohnes vertauscht und heapify rekursiv für den Sohn und mit unveränderter Heapgröße erneut aufgerufen. Beachten Sie, daß diese Methode die direkte Umsetzung der obigen Idee ist.

Nachdem `heapify` in der beschriebenen Art aufgerufen worden ist, stellt das Feld `f`
einen Heap dar, der jetzt dazu herangezogen werden kann, das Feld zu sortieren.
Wir hatten gerade festgestellt, daß das kleinste Element in der Wurzel liegt. Also vertauschen wir zunächst `f[1]` mit `f[n]`. Damit haben wir bereits ein Element des
Feldes, das kleinste, an die richtige Position, die letzte, in `f` sortiert. Um das zweit-
kleinste Element zu bestimmen, sorgen wir dafür, daß die restlichen n-1 Elemente
wieder einen Heap bilden. Anschließend vertauschen wir dessen Wurzel `f[1]` und
`f[n-1]` miteinander und haben bereits zwei Elemente des Feldes sortiert, und so
geht es weiter, bis alle Elemente sortiert sind.

In Abb. 4.8 wird dieser erste Sortierschritt an einem Beispiel gezeigt. Abb. 4.9 und
Abb. 4.10 demonstrieren dann die nächsten beiden Sortierschritte, nach deren Ausführung bereits die drei kleinsten Elemente des Feldes korrekt einsortiert sind, so
daß nun nur noch n-3 Elemente betrachtet werden müssen. Es sollte klar sein, wie
es weitergeht. Das Feld ist vollständig sortiert, wenn der im nächsten Sortierschritt
noch zu betrachtende Heap nur noch aus der Wurzel besteht.

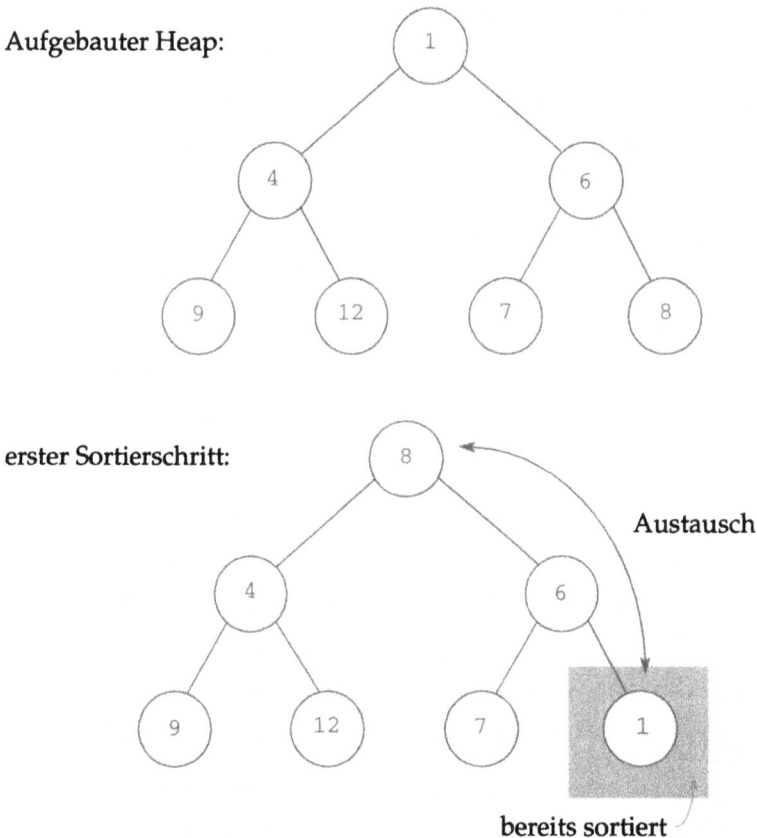

Abb. 4.8: Sortieren mit einem Heap – erster Sortierschritt

Reorganisation des Heaps:

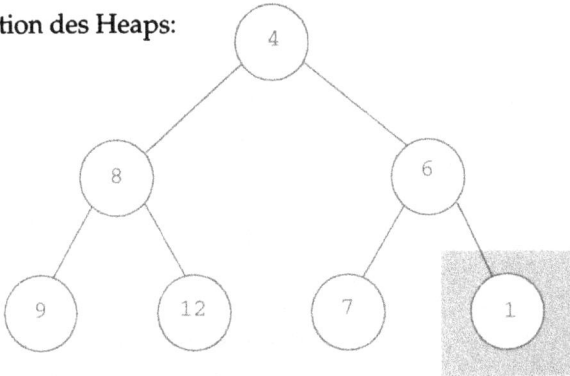

zweiter Sortierschritt:

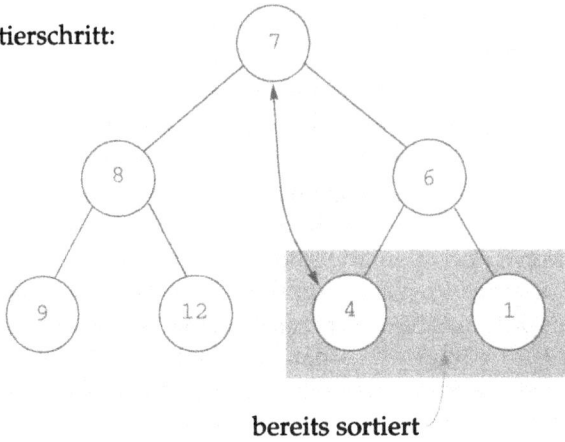

bereits sortiert

Reorganisation des Heaps:

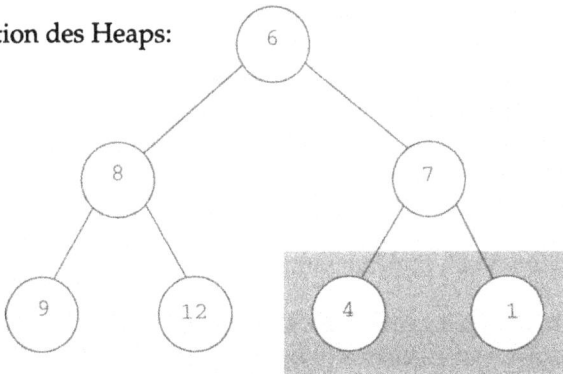

Abb. 4.9: Sortieren mit einem Heap – Reorganisation und zweiter Sortierschritt

dritter Sortierschritt:

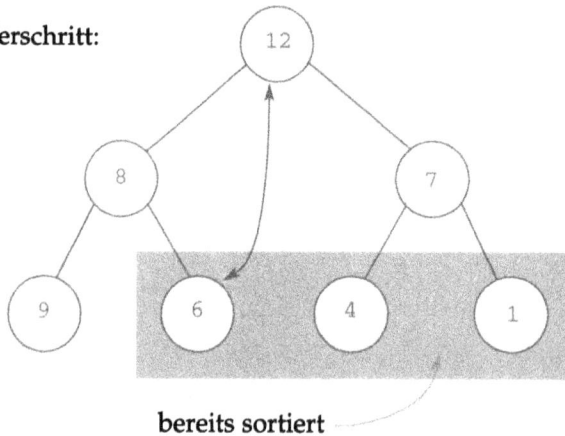

bereits sortiert

Abb. 4.10: Sortieren mit einem Heap – dritter Sortierschritt

Der Code für die Klasse Heap wird in Bsp. 4.3 dargestellt. Über die bereits gemachten Bemerkungen hinaus ist anzumerken, daß der Konstruktor das Feld f allokiert, auf dem gearbeitet wird. Da das Element f[0] nicht benutzt wird, benötigen wir ein Feld mit k+1 Elementen, um k Zahlen zu speichern. Die Initialisierung von f bleibt dem Benutzer vorbehalten, hierfür steht die Methode setze zur Verfügung. Neben der bereits bekannten, privaten Methode heapify werden die parameterlosen Methoden baueHeap und sortiere implementiert, deren aufeinander folgendes Anwenden den Algorithmus *Heapsort* realisiert. Der Aufbau eines ersten Heaps aus einem gegebenen Feld erfolgt durch den Aufruf der Methode baueHeap: Da jedes Blatt des Baums für sich bereits trivialerweise einen Heap bildet, beginnen wir in der Mitte des Feldes für den letzten inneren Knoten mit dem Aufruf von heapify und bauen so immer größere Heaps auf. Anschließend führt die Methode sortiere das bereits vorgestellte Vorgehen mit Vertauschen und Reorganisieren durch. Das Auslesen eines sortierten Feldes kann durch die mehrfache Ausführung der Methode gib erfolgen.

Der Sortieralgorithmus *Heapsort* ist wesentlich komplexer als das in Kapitel 2.8 gezeigte *Sortieren durch Einfügen* und auch nicht so einfach zu analysieren. Gegenwärtig sind einige schwierige Fragen offen, die das durchschnittliche Laufzeitverhalten und das Verhalten im schlechtesten Falle betreffen. Es kann jedoch gesagt werden, daß die Arbeit des Algorithmus für *n* Elemente proportional zu *n* * *log n* ist, wenn man die Anzahl der Vergleiche und der Tauschoperationen zugrunde legt.

Es ist anzumerken, daß gelegentlich nicht der volle Algorithmus benutzt wird. Für manche Anwendungen ist es ausreichend, lediglich den Heap aufzubauen, um auf das kleinste Element zugreifen zu können. Um auch solche Anwendungen zu unterstützen, haben wir die Methode baueHeap öffentlich vereinbart. Diese Art der Datenorganisation wird dann *Prioritätswarteschlange* genannt. Wir werden hierauf in Kapitel 5 eingehen.

```
class Heap {
  private int[] f;
  public Heap(int k) {
    f = new int[k+1];
  }
  public void setze(int i, int x) { f[i] = x; }
  public int gib(int i) { return f[i]; }
  private void tausche(int eins, int zwei) {
    int t = f[eins];
    f[eins] = f[zwei];
    f[zwei] = t;
  }
  private void heapify(int derKnoten, int heapGröße) {
    // wie aus Bsp. 4.2 bekannt
  }
  public void baueHeap() {
    for (int i = f.length/2; i >= 1; i--)
      heapify(i, f.length-1);
  }
  public void sortiere() {
    baueHeap();
    for (int i = f.length-1; i > 1; i--) {
      tausche(1, i);
      heapify(1, i-1);
    }
  }
}
```

Bsp. 4.3: *Sortieren mit Heapsort in der Klasse* Heap

4.4 Heapsort für die Verbindungen der Hofburg

Da der Heapsort-Algorithmus ebenso wie das aus Kapitel 2.8 bekannte *Sortieren durch Einfügen* auf der Datenstruktur Feld arbeitet, ließe sich das dort vorgeschlagene Vorgehen zum Sortieren von Verbindungen anhand ihrer Kosten auch unmittelbar auf Heapsort übertragen. Wir würden dann wieder mit drei Feldern arbeiten, auf denen alle notwendigen Vertauschungsoperationen gleichförmig vollzogen werden müßten.

Das in Kapitel 3 eingeführte Konstrukt der Klasse bietet uns jedoch einen eleganteren Weg, mit einer Kostenbewertung versehene Verbindungen jeweils als Objekte zusammenzufassen und zu sortieren. Hierzu legen wir eine Klasse Verbindung an, die die interessierenden Eigenschaften einer Verbindung in den Attributen start,

ziel und kosten abspeichern kann (Bsp. 4.4). Hinzu kommen ein Konstruktor, der
diese Attribute mit Werten versieht, und entsprechende Methoden zum Lesen dieser
Attribute. Letztlich ermöglicht die Methode kleiner den Vergleich von zwei
Objekten der Klasse Verbindung. Diese Methode liefert ein Ergebnis des Typs
boolean in Abhängigkeit von den Größenverhältnissen der Kosten der beiden
beteiligten Operanden. .

```
class Verbindung {
   private char start, ziel;
   private int kosten;
   public Verbindung(char s, char z, int k) {
      start = s;
      ziel = z;
      kosten = k;
   }
   char gibStart() { return start; }
   char gibZiel() { return ziel; }
   int gibKosten() { return kosten; }
   public boolean kleiner(Verbindung operand) {
       return kosten<operand.kosten;
   }
}
```

Bsp. 4.4: Ablage von Verbindungsdaten in der Klasse Verbindung

Für das Sortieren von Verbindungen legen wir nun die Klasse Verbindungsheap
(Bsp. 4.5) an , die das Sortieren von Objekten der Klasse Verbindung ermöglicht. Wir
müssen lediglich ein Feld mit der Klasse Verbindung als Grundtyp anlegen und in
einem Teil der Methoden aus der Klasse Heap den Typ int durch die neu hinzugefügte Klasse Verbindung ersetzen. Die Methode heapify kann weitgehend unverändert übernommen werden, es müssen lediglich die Vergleiche der Knoten des
Heaps mit der Methode kleiner der Klasse Verbindung durchgeführt werden. Die
Methoden baueHeap und sortiere bleiben völlig unverändert, da sie auf die Inhalte
des Feldes f nur über die beiden in der Klasse Verbindungsheap angepaßten
Methoden tausche und heapify zugreifen..

Die Klasse Verbindungsheap gibt uns einen Vorgeschmack auf die erfolgreiche
Anwendung objektorientierter Techniken bei der Entwicklung von Software:
Werden Abläufe zu geeigneten Methoden zusammengefaßt, so bleiben bei einer
Anpassung des Programms die dadurch notwendig werdenden Änderungen auf
einzelne, klar erkennbare und abgrenzbare Bereiche beschränkt. Die Wiederver-
wendung bereits entwickelter und getesteter Software wird so erheblich vereinfacht.

```
class Verbindungsheap {
  private Verbindung[] f;
  public Verbindungsheap(int k) {
    f = new Verbindung[k+1];
  }
  public void setze(int i, Verbindung v) { f[i] = v; }
  public Verbindung gib(int i) { return f[i]; }
  private void tausche(int eins, int zwei) {
    Verbindung t = f[eins];
    f[eins] = f[zwei];
    f[zwei] = t;
  }
  private void heapify(int derKnoten, int heapGröße) {
    int links = 2 * derKnoten,
        rechts = links + 1,
        derSohn;
    if (links <= heapGröße && rechts > heapGröße) {
      if (f[links].kleiner(f[derKnoten]))
        tausche(derKnoten, links);
    }
    else if (rechts <= heapGröße) {
      derSohn = (f[links].kleiner(f[rechts]) ? links : rechts);
      if (f[derSohn].kleiner(f[derKnoten])) {
        tausche(derKnoten, derSohn);
        heapify(derSohn, heapGröße);
      }
    }
  }


// unverändert übernommen aus der Klasse Heap
  public void baueHeap() {                        // unverändert
    for (int i = f.length/2; i >= 1; i--)
      heapify(i, f.length-1);
  }
  public void sortiere() {                        // unverändert
    baueHeap();
    for (int i = f.length-1; i > 1; i--) {
      tausche(1, i);
      heapify(1, i-1);
    }
  }
}
```

Bsp. 4.5: Verbindungsheap *für die Klasse* Verbindung

4.5   Zur Klassifikation rekursiver Methoden

Eine rekursive Methode kann sich, wie wir sehen werden, in vielfältiger Weise selbst aufrufen. Wir werden im folgenden eine Menge einfacher rekursiver Methoden charakterisieren und zeigen, wie sich systematisch aus einer rekursiven Methode eine äquivalente Methode ohne Rekursion gewinnen läßt. Gelegentlich stellt sich beim Programmentwurf heraus, daß durch systematische Transformationen aus einem komplexen Programm ein einfacheres gewonnen werden kann, so daß diese Überlegungen auch den Anstoß dazu geben sollen, nach möglichst einfachen algorithmischen Lösungen zu suchen.

Der zweite Grund für die Behandlung deutet ein tieferliegendes Anliegen der Wissenschaft Informatik an: Wir werden ein Programm in ein äquivalentes transformieren und dabei beweisen, daß diese Transformation korrekt ist. Das zugrunde-liegende Thema, das in diesem Zusammenhang nicht weiter vertieft werden kann, ist der Korrektheitsbeweis für Programme. Es soll deutlich gemacht werden, daß die Korrektheit eines Programms nicht allein aus der guten Absicht des Programm-entwicklers folgt, sondern mit rigorosen Hilfsmitteln bewiesen werden muß.

Wir werden also zunächst die rekursiven Methoden klassifizieren, die wir trans-formieren wollen, dann an einem Beispiel eine entsprechende Transformation durchführen, schließlich das allgemeine Transformationsschema angegeben und seine Korrektheit beweisen.

Definition:

> Eine rekursive Methode heißt *linear*, wenn in den einzelnen Zweigen der beding-ten Anweisung, die die rekursiven Aufrufe steuert, jeweils höchstens ein Aufruf der Methode vorkommt.

Beispiele:

- Die Methode `fakultät` ist linear.
- Die Methode `heapify` ist linear.
- Die Methode, die die Definition der Fibonacci-Zahlen direkt umsetzt, ist nicht linear. Hierbei ist die n^{te} Fibonacci-Zahl F_n für $n > 0$ definiert durch:

$$F_n := \begin{cases} 1, & n \leq 2 \\ F_{n-1} + F_{n-2}, & n > 2 \end{cases}$$

Definition:

> Eine lineare rekursive Methode heißt *schlicht*, wenn lediglich der Wert eines früheren Aufrufs übertragen eingeht.

Beispiele:

- Definiere[1] f: $\mathbf{N}_0 \times \mathbf{N}_0 \to \mathbf{N}_0$ durch

$$f(x, y) := \begin{cases} x, & \text{falls } y = 0 \\ f(x*y, y-1), & \text{falls } y > 0 \end{cases}$$

  f läßt sich in eine schlichte Methode F übersetzen:

```
int F(int x, int y)) {
  int t = 0;
  if (y == 0)
    t = x;
  else if (y > 0)
    t = F(x * y, y - 1);
  return t;
}
```

- Die Methode fakultät ist wegen der Multiplikation mit n in
  return n*fakultät(n-1) nicht schlicht.

Eine systematische Transformation einer schlichten rekursiven Methode in eine
iterative, nicht-rekursive Methode ist auf einfache Weise möglich. Wir erläutern dies
zunächst an einem Beispiel.

Beispiel:

Sei f gegeben wie oben definiert. Wir berechnen $f(a, 3)$ schrittweise:

$$\begin{aligned} f(a, 3) &= f(a*3, 2) \\ &= f(a*3*2, 1) \\ &= f(a*3*2*1, 0) \\ &= a*3*2*1 \end{aligned}$$

Behauptung:

Für alle $n \geq 0$ gilt: $f(x, n) = x * n!$

Beweis (durch vollständige Induktion):

a) Induktionsverankerung $n = 0$: $f(x, 0) = x = x * 0!$

b) Induktionsschritt: Induktionsvoraussetzung ist, daß $f(x, n) = x * n!$ für alle
   $x \in \mathbf{N}_0$ gezeigt ist, und wir wollen $f(x, n+1) = x*(n+1)!$ für alle x zeigen.

$$\begin{aligned} f(x, n+1) &= f(x*(n+1), n) \\ &= x*(n+1)* n! \quad \text{(Induktionsvoraussetzung)} \\ &= x*(n+1)! \end{aligned}$$

---

[1] $\mathbf{N}_0 := \mathbf{N} \cup \{0\}$, wobei $\mathbf{N}$ die natürlichen Zahlen $\{1, 2, 3, \dots\}$ sind.

Sie sehen an der Formulierung der Methode F, daß das erste Argument als eine Art von Akkumulator eingesetzt wird: Die Resultate werden im ersten Argument so lange angesammelt, bis y den Wert 0 erreicht hat. Dann werden sie ausgegeben. Dies führt zu einer nicht-rekursiven Lösung.

Lösung:

```
int iterativF (int x, int y) {
    int x1 = x, y1 = y, tx, ty;
    while (y1 > 0) {
        tx = x1 * y1;
        ty = y1 - 1;
        x1 = tx;
        y1 = ty;
    }
    return x1;
}
```

Betrachten wir diese iterative Lösung iterativF: Nach Eingabe von x und y werden die Eingabewerte zunächst auf die lokalen Variablen x1 bzw. y1 umgespeichert. Dies geschieht, um zu verdeutlichen, daß bei dieser iterativen Lösung die Werte der Eingabeparameter modifiziert werden. Die while-Schleife überprüft zunächst, ob die Variable y1 positiv ist. Ist dies nicht der Fall, so wird x1 als Wert zurückgegeben, sonst zeigt ein Blick auf die Definition von F, was dann zu geschehen hat: F ist aufzurufen mit dem Produkt der beiden ursprünglichen Parameterwerte als erstem Argument und dem um 1 verminderten zweiten Parameter als zweitem Argument. Um diesen Aufruf zu simulieren, werden Zuweisungen im Block der while-Schleife durchgeführt.

Dann wird mit veränderten Werten x1 und y1 die Bedingung erneut überprüft. Die angegebene Umspeicherung auf die temporären Variablen tx und ty ist an dieser Stelle eigentlich unnötig, wir führen sie trotzdem durch, weil sie gelegentlich bei mehr als zwei Argumenten erforderlich ist.

Es erhebt sich unmittelbar die Frage, ob die rekursive und die iterative Lösung die gleiche Wirkung haben, ob also – wenn wir die Formulierung von F von oben übernehmen – gilt:

```
F(x,y)==iterativF(x,y)
```

Diese Gleichwertigkeit soll nun bewiesen werden.

Behauptung:

Wird k berechnet durch k=iterativF(x, y), so gilt $k = f(x, y)$.

Beweis (durch vollständige Induktion nach y):

a) Induktionsverankerung: Für y=0 gilt k = x1 = x = $f(x, 0)$.

b) Induktionsschritt: Die Behauptung gelte für alle $y \in N_0$. Wir müssen ihre Gültigkeit für y+1 nachweisen. Es muß also gezeigt werden, daß nach

```
x1 = x;
y1 = y+1;
while (y1>0) {...}
```

k den Wert $f(x, y+1)$ hat. Die Schleife kann, da y+1>0, umformuliert werden:

```
tx = x1 * y1; ty = y1-1        // 1
x1 = tx; y1 = ty;              // 2
while (y1>0) {...}
```

In // 1 gilt: `x1 = x; y1 = y+1;`

also: `tx = x*(y+1); ty = y;`

Daraus erhält man in // 2:   `x1 = x*(y+1); y1 = y;`

Mit diesen Anfangswerten wird die Bedingungsschleife betreten, nach Induktionsvoraussetzung hat bei ihrem Verlassen k den Wert

$$f(x * (y+1), y) = f(x, y+1),$$

was zu zeigen war.

Wir haben in dem Beweis von einer Umformulierung der Schleife Gebrauch gemacht, die im folgenden noch einmal explizit formuliert werden soll:

Ist P(x) eine Aussage über x und sind $I_1(x), I_2(x)$ Anweisungen, so daß $I_2(x)$ den Wert von x ändert, so sind die beiden in a) und b) angegebenen Code-Fragmente gleichwertig.

```
a) while (P(x)) {
      I₂(x);
   }
   I₁(x);
```

```
b) if(P(x)) {
      I₂(x);
   }
   while (P(x)) {
      I₂(x);
   }
   I₁(x);
```

Intuitiv macht man sich die Gleichwertigkeit wie folgt klar:

Die Schleife wird so lange durchgeführt, bis P(x) falsch ist. Ist dies gleich zu Beginn der Fall, so wird in a) weder die Anweisung I_2(x) ausgeführt, noch in b) die beiden angegebenen Instanzen der Anweisung I_2(x).

Ist P(x) dagegen wahr, so wird die Anweisung I_2(x) unter a) mindestens einmal durchgeführt, dann wird überprüft, ob P(x) immer noch wahr ist, und die Anweisung I_2(x) wird eventuell erneut durchgeführt. In b) wird genauso vorgegangen: Es wird zunächst der einzige Zweig der bedingten Anweisung durchgeführt, dann erfolgt wie in a) der Test, ob P(x) wahr ist und die while-Schleife wird ausgeführt. In jedem Fall wird I_1(x) erst dann ausgeführt, wenn P(x) falsch ist.

Daraus ergibt sich, daß die beiden Code-Fragmente in ihrer Wirkung gleichwertig sind. Dieses Vorgehen läßt sich nun verallgemeinern. Gegeben sei die schlichte rekursive Methode:

```
int F(int x, int y) {
  // ...
  // Deklarationen ausgelassen
  return (y>0 ? F(m(x, y), y-1) : p(x));
}
```

Hier hängen die Funktionen π und μ weder direkt noch indirekt von F ab. Die Methode F wird analog zum vorhergehenden Beispiel transformiert in:

```
int iterativF (int x, int y) {
  // ohne Deklarationen
  x1 = x; y1 = y;
  while (y1>0) {
     tx = m(x1, y1); ty = y1-1;
     x1 = tx; y1 = ty;
  }
  return p(x1);
}
```

Derselbe Beweis, den wir gerade für die Fakultätsfunktion durchgeführt haben, zeigt, daß die rekursive Methode F und die iterative Methode iterativF äquivalent in dem oben besprochenen Sinne sind. Wir merken abschließend an, daß die Verallgemeinerung auf mehr als zwei Argumente leicht möglich ist.

4.6 Übungen

Aufgabe 1

Schreiben Sie jeweils eine Methode, die

- für zwei natürliche Zahlen m und n das *kleinste gemeinsame Vielfache (kgV)* ermittelt,

- für zwei natürliche Zahlen m und n den *größten gemeinsamen Teiler (ggT)* ermittelt.

  Hinweis:
  Seien m, n zwei natürliche Zahlen und $m>n$, so ist $ggT(m,n) = ggT(m-n,n)$.

Aufgabe 2

Der italienische Mathematiker Fibonacci hat sich im 13. Jahrhundert mit dem auch heute noch aktuellen Thema der Bevölkerungsexplosion beschäftigt. Er versuchte, das Wachstum einer Kaninchenpopulation aus einem einzigen Kaninchenpaar vorherzusagen. Dabei ging er davon aus, daß die Tragezeit bei Kaninchen einen Monat dauert und daß Kaninchen in einem Alter von einem Monat geschlechtsreif und zugleich auch trächtig werden. Weiterhin nahm er an, daß jedes Kaninchenpaar je ein weibliches und ein männliches Kind bekommt. Die Population F_m, d.h. die Anzahl der Kaninchenpaare zu einem bestimmten Monat m, ergibt sich dann *rekursiv* als die Summe aus der Population F_{m-1} des Vormonats und den aktuellen Geburten, die genau der Population F_{m-2} entsprechen, da die Geburten des Vormonats erst zum Zeitpunkt m ihre Geschlechtsreife erlangen.

Die Zahlen F_m heißen *Fibonacci-Zahlen* (vgl. Seite 104). F_1 und F_2 sind jeweils 1, da die Stammeltern der Population erst zu Eltern heranreifen müssen.

- Schreiben Sie eine rekursive Methode `rekursivFib`, die für eine Eingabe m die Fibonacci-Zahl F_m zurückgibt.

- Schreiben Sie eine zweite Methode `iterativFib` mit der gleichen Funktionalität, die ohne Rekursion auskommt.

- Die Funktion f: $N_0 \times N_0 \times N_0 \to N_0$ sei definiert durch

$$f(n, a, b) := \begin{cases} a, & \text{falls } n = 0 \\ f(n-1, a+b, a), & \text{falls } n > 0 \end{cases}$$

  Zeigen Sie durch vollständige Induktion nach m, daß gilt:

  $$f(m, a, b) = a * F_{m-1} + b * F_{m-2}$$

- Leiten Sie aus f eine Implementierung für die Fibonacci-Zahlen durch eine schlicht rekursive Methode ab, und transformieren Sie diese Methode nach dem am Beispiel erläuterten Vorgehen in eine iterative Methode.

Aufgabe 3

Bei dieser Aufgabe geht es darum, auf einem $n \times n$-Schachbrett n Damen so zu plazieren, daß sie sich gegenseitig nicht schlagen können. Bekanntlich kann eine Dame eine andere Figur schlagen, wenn sie dieselbe horizontale oder vertikale Position hat oder wenn sie in denselben Diagonalen steht.

Das Schachbrett kann durch die Menge $S := \{(i, j);\ 1 \le i, j \le n\}$ beschrieben werden. Sind $(i, j), (k, l) \in S$, so stehen sie in derselben

- horizontalen Position, falls $j = l$ gilt,

- vertikalen Position, falls $i = k$ gilt,

- Hauptdiagonalen, falls $i + j = k + l$ gilt,

- Nebendiagonalen, falls $i - j = k - l$ gilt.

Ein Lösungsansatz, den N. Wirth vorschlägt, beruht auf einer Technik, die *Backtracking* genannt wird. Hierbei handelt es sich um rekursive Algorithmen, die nach Lösungen suchen, indem sie Kandidaten nach einer Strategie erzeugen, testen und, falls sie keine geeigneten Kandidaten finden können, zu einem früheren Zustand der Berechnung zurückkehren, um dort weitere Kandidaten zu erzeugen und zu testen.

Beim n-Damen-Problem geht man also für $k<n$ so vor, daß die Position der $(k+1)^{ten}$ Dame betrachtet wird, falls schon k Damen korrekt plaziert sind. Existiert keine geeignete Position für die $(k+1)^{te}$ Dame, so muß die Position der k^{ten} Dame neu bedacht werden. Implementieren Sie die beschriebene Vorgehensweise.

Aufgabe 4

Gegeben sei ein Heap $a_1, ..., a_n$ ganzer Zahlen. Ein neues Element b kann in diesen Heap durch folgendes Verfahren von Williams (1962) eingefügt werden:

- Man erzeuge einen neuen Knoten a_{n+1} und setze a_{n+1} auf b. Der neue Knoten wird als der *aktuelle Knoten* ausgezeichnet.

- Ist die Heap-Bedingung im aktuellen Knoten verletzt (d.h. trägt der aktuelle Knoten einen kleineren Wert als sein Vater), so vertauscht man die Inhalte und fährt entsprechend mit dem Vater als aktuellem Knoten fort. Dies geschieht so lange, bis entweder die Heap-Bedingung nicht mehr verletzt ist oder der aktuelle Knoten die Wurzel des Heaps ist.

Damit wird das neue Element b korrekt im Heap positioniert. Mit diesem Verfahren kann ein Heap aufgebaut werden, indem schrittweise neue Elemente in einen anfangs leeren Heap eingefügt werden.

- Implementieren Sie die Konstruktion eines Heaps mit diesem iterativen Verfahren.

- Überlegen Sie sich einen Algorithmus zum Sortieren mit einem Heap, der zunächst einen Heap konstruiert und dann die Zahlen sortiert aus dem Heap ausliest, wobei nach jedem Auslesen der kleinsten Zahl der Heap zu rekonstruieren ist. Dazu soll ebenfalls das Verfahren von Williams verwendet werden (und nicht die vorgestellte Methode `heapify`).

Hinweis:
Wenn man die Wurzel aus einem Heap a der Größe n+1 entfernt, so entsteht ein Loch an der Wurzel des Heaps. Einer der beiden Söhne der Wurzel wird in dieses Loch kopiert, so daß das Loch nun in dem betreffenden Sohn sitzt. Wiederholt man das Verfahren, so wird das Loch nach unten weitergereicht, bis es an einem Blatt angelangt ist. In dieses Loch setze man nun den Wert aus a_{n+1} ein und verwende den obigen Algorithmus von Williams zur korrekten Positionierung dieses Wertes im Heap.

Aufgabe 5

Man setze[1]:

$$ f(n) := \begin{cases} 1, & \textit{falls } n = 1 \\ f(n/2), & \textit{falls } n > 1 \textit{ und gerade} \\ f((n-1)/2) + f((n+1)/2), & \textit{falls } n > 1 \textit{ und ungerade} \end{cases} $$

- Zeigen Sie, daß $f(n) = P(n, 1, 0)$ gilt, wobei P definiert ist durch

$$ P(n, a, b) := \begin{cases} a + b, & \textit{falls } n = 1 \\ P((n/2), a+b, b), & \textit{falls } n > 1 \textit{ und gerade} \\ P((n-1)/2, a, a+b), & \textit{falls } n > 1 \textit{ und ungerade} \end{cases} $$

- Geben Sie eine Transformation an für schlichte rekursive Methoden der Form:

```
int schlicht (int x, int y, int z) {
    return (x <=1 ? a(y,z) : schlicht(f(x), b(y,z), g(y,z)));
}
```

Hierbei sind a, b, g mathematische Funktionen, hängen also nicht von schlicht ab, und f ist eine monoton fallende Funktion f: $N \to N$ mit der Eigenschaft x > f(x), falls x > 1.

- Geben Sie eine iterative Methode zur Berechnung von f an.

Hinweis:
Verwenden Sie die Ergebnisse aus den ersten beiden Teilaufgaben.

---

[1] *f(n)* wird auch als de Rham's Funktion bezeichnet.

Kapitel 5
Abstraktionen

Beim Programmentwurf ist man gelegentlich zunächst nicht an der Implementierung von Klassen interessiert – diese wird dann zu einem späteren Zeitpunkt ergänzt – sondern nur daran, welche Funktionalität eine Klasse ihren Benutzern anbietet. Diese Funktionalität wird beschrieben durch die Methoden, die die Instanzen einer Klasse zur Verfügung stellen. Wir werden in diesem Kapitel das Konzept der *Abstraktion* einführen und diskutieren, um zu zeigen, wie sich dieses Konzept in Java durch das Konstrukt `interface` realisieren läßt.

Hierzu definieren wir zuerst Abstraktionen und stellen dann den Bezug zu Klassen her, durch die die Abstraktionen implementiert werden. Die allgegenwärtigen Heaps werden dazu benutzt, die Abstraktion *Prioritätswarteschlange* zu realisieren. Wir zeigen danach, wie eine Abstraktion eine oder mehrere andere verfeinert und diskutieren kurz die Behandlung von möglichen Namenskonflikten. Schließlich zeigen wir, daß Abstraktionen auch dazu verwendet werden können, gezielt eine konkrete Implementierung zu verbergen.

5.1 Einführendes Beispiel

Als Beispiel betrachten wir Aufträge, die vor einer Arbeitseinheit warten und die mit Prioritäten versehen sind, so daß der Auftrag mit der höchsten Dringlichkeit zuerst bearbeitet wird. Die Anzahl der Aufträge ist durch eine feste Schranke nach oben begrenzt. In näheren Einzelheiten wird wie folgt gearbeitet:

- Der Auftrag mit der höchsten Dringlichkeit wird herausgesucht, aus der Menge der Wartenden entfernt und bearbeitet.

- Ein neu hinzukommender Auftrag wird in diese Menge der Wartenden aufgenommen, sofern dort noch Platz ist; sonst verfällt der Auftrag.

Beispiele für eine solche Situation finden sich für den Drucker in einem Netzwerk, der mit Prioritäten versehene Druckaufträge erhält, oder in der Notaufnahmestation einer Klinik, wobei die Aufträge die Versorgung von Verletzten darstellen und die Dringlichkeit von medizinischen Notwendigkeiten diktiert wird. Beachten Sie, daß in beiden Fällen die jeweiligen Arbeitseinheiten ihre Arbeit an einem Auftrag vollständig beenden, bevor der nächste Auftrag bearbeitet wird.

Die Dringlichkeit eines Auftrages läßt sich durch eine ganze Zahl angeben, die wir die *Priorität* des Auftrags nennen wollen; je niedriger die Priorität, desto höher die Dringlichkeit. Folgende Operationen sind auf der Warteschlange durchzuführen:

- Initialisierung von M, der Menge der Wartenden,
- Überprüfung, ob M schon voll ist,
- Einfügen eines Auftrags in M, falls in M noch Platz verfügbar ist,
- Entfernen des Auftrags mit der höchsten Dringlichkeit aus M, wenn M nicht leer ist,
- Inspektion der Warteschlange und Rückgabe des Auftrags mit der höchsten Dringlichkeit in M.

In Java können wir mit diesen Angaben schon arbeiten, indem wir eine Abstraktion `PrioritaetsWarteschlange` definieren:

```
interface PrioritaetsWarteschlange {
    int MAXAUFTRÄGE = 100;
    void initialisiere();
    boolean voll();
    boolean fügeEin(int auftrag);
    void entferne();
    int inspiziere();
}
```

Wir erkennen hier eine ziemliche Ähnlichkeit zu der Deklaration einer Klasse: das Attribut `MAXAUFTRÄGE` ist eine ganze Zahl und wird zu `100` initialisiert. In der Tat sind die Attribute in einer `interface`-Deklaration immer Konstanten, weiterhin tragen sie implizit die Zugriffsspezifikation `public` und sie sind statisch, so daß die Deklaration der maximalen Anzahl von Aufträgen explizit geschrieben werden müßte als:

```
public final static int MAXAUFTRÄGE = 100;
```

Diese Vereinbarung wäre in der Deklaration einer Abstraktion zwar möglich, da die Angabe des Schlüsselworts `interface` dies aber bereits vorgibt, erscheint es vernünftig, die drei näheren Angaben wegzulassen. Die Angabe des Schlüsselwortes `final` legt dabei fest, daß `MAXAUFTRÄGE` eine Konstante ist, d.h. ein Name, dem bereits bei der Vereinbarung durch die Initialisierung ein *endgültiger (finaler)* und nicht änderbarer Wert zugewiesen wird.

Die auf `MAXAUFTRÄGE` folgenden Zeilen erscheinen wie die bereits aus Kapitel 3.1 bekannten Signaturen von Methoden – bei der Vereinbarung von Methoden würde jedoch statt des Semikolons der definierende Block folgen. Wir nennen die in einer Abstraktion vereinbarten Methoden *abstrakt*, weil sie zwar eine Signatur besitzen, also ihr Aufruf geregelt ist, sie selbst aber nicht vollständig definiert sind. Implizit sind Methoden in Abstraktionen mit der Zugriffsspezifikation `public` versehen, die aber zur Vermeidung von Redundanzen ebenfalls nicht explizit angegeben werden sollte. Abstrakte Methoden werden uns auch in Kapitel 7.7 im Zusammenhang mit Klassen wiederbegegnen.

Wir können nun eine Abstraktion charakterisieren als Kollektion aus Konstanten und abstrakten Methoden, also Signaturen, die mit einem Namen versehen sind. Eine derartige Vereinbarung wird durch das einleitende Schlüsselwort `interface` als Abstraktion gekennzeichnet.

Die Arbeitsweise einer Prioritätswarteschlange wird freilich durch diese Abstraktion noch nicht beschrieben, es wird lediglich der Umgang mit den verfügbar gemachten Methoden syntaktisch spezifiziert. Um die Arbeitsweise vollständig zu beschreiben, ohne die Implementierung angeben zu müssen, müßte die Abstraktion um semantische Komponenten angereichert werden. Informell könnte dies sicher im Rahmen der Vereinbarung der Abstraktion durch geeignete Kommentare geschehen, also z.B. durch:

```
boolean fügeEin(int auftrag);
   /*  falls noch Platz in der Menge M der Wartenden ist, wird
       der entsprechende Auftrag eingefügt und true als
       Ergebnis zurückgegeben, sonst wird false zurückgegeben
   */
```

Die Angabe der Semantik einer Methode geschieht sicherlich zunächst stets informell so oder ähnlich, ist aber – u.a. wegen der Mehrdeutigkeit der natürlichen Sprache – nicht besonders zufriedenstellend. Formal könnte man das Verhalten z.B. durch Angabe geeigneter logischer Aussagen beschreiben. Das führt zu algebraischen Spezifikationen und kann hier nicht weiter verfolgt werden.

Eine Abstraktion muß implementiert werden, um zu Objekten zu führen. Dies geschieht durch eine Klasse mit einem Hinweis auf die durch sie implementierten Abstraktionen – eine Klasse kann dabei mehr als eine Abstraktion implementieren. Bevor dies am Beispiel der Abstraktion `PrioritaetsWarteschlange` näher beleuchtet werden kann, wollen wir uns Gedanken zur Realisierung einer solchen Warteschlange machen. Da die maximale Anzahl von Aufträgen für eine solche Struktur festgelegt ist, liegt der Gedanke nahe, die Menge M als ein Feld von Aufträgen zu realisieren, die durch ihre Auftragsnummer (`int`) repräsentiert werden. Um nun nicht stets in diesem Feld zeitraubend nach dem kleinsten Element suchen zu müssen, sollte dieses Element schnell verfügbar sein. Als Datenstruktur hierfür haben wir bereits den Heap kennengelernt (vgl. Kapitel 4.2). Ist das Feld `f` als Heap organisiert, der k Elemente enthält, so sind die folgenden Beobachtungen für das weitere Verständnis hilfreich:

- Das kleinste Element steht in der Wurzel, also in `f[1]`.

- Das Entfernen des kleinsten Elements bedeutet das Entfernen der Wurzel mit einer Reorganisation des Heaps und dem Vermindern von `k` um `1`.

- Das Einfügen eines Elements bedeutet die Positionierung des neuen Elements im Heap und Erhöhung von `k` um `1`.

Die letzte Operation ist bei der Betrachtung von Heaps noch nicht diskutiert worden, sie ergibt sich jedoch aus der am Ende von Kapitel 4 gestellten Aufgabe 4. In Bsp. 5.1 geben wir eine Implementierung einer entsprechenden Klasse `HeapPWS` an, soweit sie nicht aus der Klasse `Heap` ersichtlich ist.

```
class HeapPWS implements PrioritaetsWarteschlange {
   private int[] dieSchlange;
   private int anzahlAufträge;
   public HeapPWS() { initialisiere(); }
   public initialisiere() {
      dieSchlange = new int[MAXAUFTRÄGE + 1];
      anzahlAufträge = 0;
   }
   public boolean voll() { return anzahlAufträge == MAXAUFTRÄGE; }
   public boolean fügeEin(int auftrag) {
      boolean gingNoch = !voll();
      if (gingNoch) {
         dieSchlange[++anzahlAufträge] = auftrag;
         heapFügeEin(anzahlAufträge);
      }
      return gingNoch;
   }
   private void heapFügeEin(int knoten) {
      // ... (siehe Aufgabe 4 in Kapitel 4)
   }
   public void entferne() {
      dieSchlange[1] = dieSchlange[anzahlAufträge--];
      heapify(1, anzahlAufträge);
   }
   public int inspiziere() { return dieSchlange[1]; }
   private void tausche(int eins, int zwei) {
      // ... (siehe Bsp. 4.3 in Kapitel 4)
   }
   private void heapify(int dieserKnoten, int heapGroesse) {
      // ... (siehe Bsp. 4.3 in Kapitel 4)
   }
}
```

Bsp. 5.1: Realisierung der Abstraktion `PrioritaetsWarteschlange`

Anmerkungen:

- Die in der Abstraktion `PrioritaetsWarteschlange` angegebenen Methoden sind hier gemäß der Vorgabe als `public` implementiert. In einer Klasse, die eine Abstraktion implementiert, muß dies explizit angegeben werden.

- Die Konstante `MAXAUFTRÄGE` wird nicht erneut vereinbart (– wozu auch? –), es kommen zahlreiche weitere Komponenten (Attribute, Methoden) dazu. Sie sind, da sie helfende Funktion haben oder da sie nicht nach außen sichtbar sein sollen, wie z.B. `tausche` oder `dieSchlange`, als `private` deklariert.

- Der Konstruktor allokiert gleich die maximale Anzahl von Elementen und hat daher im Gegensatz zur Klasse `Heap` keinen Parameter; zudem initialisiert er die Warteschlange.

Es ist offensichtlich, daß die Abstraktion `PrioritaetsWarteschlange` auch durch eine andere Klasse implementiert werden könnte, etwa durch eine Klasse, die ein geordnetes Feld manipuliert (vgl. Aufgabe 1 der Übungen).

Unmittelbar aus einer Abstraktion können keine Objekte erzeugt werden. Dies ist nur auf dem Umweg über eine die Abstraktion implementierende Klasse möglich. Trotzdem können Abstraktionen verwendet werden, um als Typangaben für Parameter von Methoden oder auch bei der Vereinbarung von Referenzen zu dienen.

Sei in einem Programm die Abstraktion `PrioritaetsWarteschlange` sichtbar und eine Methode `druckeKleinstes` definiert, die eine Prioritätswarteschlange als Parameter besitzt.

```
void druckeKleinstes(PrioritaetsWarteschlange q) {
    EA.print(q.inspiziere());
}
```

Die Methode `druckeKleinstes` gibt dann das Element einer Prioritätswarteschlange aus, das die niedrigste Priorität besitzt. Ist nun `AnderePWS` eine zweite Klasse neben `HeapPWS`, die die Abstraktion `PrioritaetsWarteschlange` implementiert, so kann die Methode `druckeKleinstes` für jede Instanz von `AnderePWS` oder `HeapPWS` aufgerufen werden. Damit binden wir den Methodenaufruf nicht an eine Klasse, sondern an eine Abstraktion, was uns beträchtlichen Spielraum bei der späteren Realisierung und Benutzung läßt:

```
HeapPWS heapSchlange = new HeapPWS();
AnderePWS andereSchlange = new AnderePWS();
druckeKleinstes(heapSchlange);
druckeKleinstes(andereSchlange);
```

Die beiden dargestellten Aufrufe sind möglich, da jede Implementierung der Abstraktion `PrioritaetsWarteschlange` die Methode `inspiziere` bereitstellen muß – und mehr Angaben werden für den Aufruf der Methode `druckeKleinstes` nicht benötigt.

5.2 Erweiterung von Abstraktionen

Gelegentlich ist es bei der Modellierung komplexer Sachverhalte sinnvoll, zunächst einen recht allgemeinen Fall zu betrachten, daraus eine Abstraktion zu gewinnen und diese Abstraktion weiter zu verfeinern, um auf diese Art zu angemesseneren Abstraktionen zu kommen. Hierbei kann es sogar sinnvoll sein, gleichzeitig eine gemeinsame Verfeinerung mehrerer Abstraktionen vorzunehmen. Um dieses Vorgehen zu erläutern, betrachten wir ein Beispiel mit zwei sehr einfachen Abstraktionen, die nur Konstanten zur Verfügung stellen:

```
interface DunkleFarbe {
  int BRAUN = 1;
  int BLAU = 2;
}
interface HelleFarbe {
  int WEISS = 17;
  int GELB = 19;
}
```

Die Abstraktion `Farbe` faßt nun die Vereinbarungen aus den beiden Abstraktionen `DunkleFarbe` und `HelleFarbe` zusammen und erweitert sie zugleich noch um die Konstante `GRÜN` und die Signatur der Methode `druckeFarbe`. `Farbe` kennt nun die fünf Konstanten `BRAUN`, `BLAU`, `WEISS`, `GELB` und `GRÜN` und die abstrakte Methode `druckeFarbe`.

```
interface Farbe extends DunkleFarbe, HelleFarbe {
  int GRÜN = 4;
  void druckeFarbe(int k);
}
```

Die Klasse `AlleFarben` implementiert die Abstraktion `Farbe`, indem die Methode `druckeFarbe` realisiert wird. Insbesondere implementiert die Klasse `AlleFarben` somit auch die Abstraktionen `DunkleFarbe` und `HelleFarbe`, so daß beispielsweise ein formaler Parameter vom Typ `HelleFarbe` immer auch durch einen aktuellen Parameter vom Typ `AlleFarben` ersetzt werden kann. Hierbei können keine Probleme auftreten, da der aktuelle Parameter lediglich die beiden Konstanten `WEISS` und `GELB` bereitstellen muß, um den Anforderungen des Typs `HelleFarbe` gerecht zu werden. Dies ist bei Objekten der Klasse `AlleFarben` immer gewährleistet.

```
class AlleFarben implements Farbe {
  public void druckeFarbe (int k) {
    String welcheFarbe;
    switch(k) {
      case BRAUN: welcheFarbe = "braun"; break;
      case BLAU: welcheFarbe = "blau"; break;
      case WEISS: welcheFarbe = "weiß"; break;
      case GELB: welcheFarbe = "gelb"; break;
      case GRÜN: welcheFarbe = "grün"; break;
      default: welcheFarbe = "weiß nicht"; break;
    }
    EA.println("Die Farbe ist " + welcheFarbe);
  }
}
```

Wir definieren nun eine Methode `dieFarbe` und vereinbaren eine entsprechende Referenz `josephsRock`:

```
void dieFarbe(HelleFarbe y, int k) {
    if (y.GELB==k)
      EA.println("Helle Farbe: Gelb");
    else
      EA.println("Helle Farbe: ?");
}

AlleFarben josephsRock = new AlleFarben();
```

Dann ist der folgende Aufruf legal:

```
dieFarbe(josephsRock,19);
```

Wie das Beispiel bereits gezeigt hat, kann eine Abstraktion mehrere andere verfeinern. Wir wollen die dafür geltenden Regeln etwas formaler fassen. Für die Abstraktionen $A_0, ..., A_k$ sei vereinbart:

```
interface A₀ extends A₁, ..., Aₖ { ... };
```

Dann setzt man A_0 mit $A_1,...,A_k$ in Relation: es gilt A_0 *ext* A_i, $1 \le i \le k$. Aus *ext* kann man die transitive Hülle *ext*$^+$ bilden; und es darf für keine Abstraktion A gelten A *ext*$^+$ A, d.h. keine Abstraktion darf sich also direkt oder indirekt selbst verfeinern. Dies wird vom Compiler überprüft.

5.3 Verschattung von Namen und Namenskonflikte

Bei der Verfeinerung von Abstraktionen kann es vorkommen, daß derselbe Name in verschiedenen Abstraktionen vorkommt, so daß der Zugriff auf einen Namen mehrdeutig werden kann. Wir können annehmen, daß die Menge der Attribute und die Menge der Methoden disjunkt sind: der Zugriff auf eine Methode ist syntaktisch immer vom Zugriff auf ein Attribut unterscheidbar, daher kann hier keine Mehrdeutigkeit entstehen. Zunächst können Namen verschattet werden: das Vorkommen eines Namens in der Abstraktion A verdeckt das Vorkommen desselben Namens in jeder Abstraktion B mit A ext^+ B. Die Vereinbarung aus B ist nicht sichtbar in A und in jeder weiteren Abstraktion C mit C ext^+ A. Wir demonstrieren die dadurch auftretenden Effekte an einem Beispiel.

Beispiel:

Es seien Abstraktionen Eins, Zwei, Drei so definiert, daß Drei die Vereinbarungen von Eins und Zwei zusammenfaßt und zugleich so erweitert, daß die Konstante DEMO aus diesen Abstraktionen verschattet wird:

```
interface Eins {
   int DEMO = 1;
}
interface Zwei {
   int DEMO = 2;
}
interface Drei extends Eins, Zwei {
   int DEMO = 3;
}
```

Die Klasse Vier implementiert die Abstraktion Drei:

```
class Vier implements Drei {
   static void drucke() {
     EA.println(DEMO);
   }
}
```

Der Aufruf Vier.Drucke() druckt dann ohne zu murren den Wert 3, da DEMO in der Abstraktion Drei die Vorkommen des Namens DEMO in Eins und Zwei verschattet. Definieren wir dagegen dieselbe Methode in einer Klasse Fuenf, die unmittelbar die beiden Abstraktionen Eins und Zwei implementiert, so ist der Compiler nicht fähig, die Zweideutigkeit aufzulösen und meldet einen Fehler:

```
class Fuenf implements Eins, Zwei {
   static void drucke() {
     EA.println (DEMO);
   }
}
```

Oh!

Verfolgen wir also den Namen eines Attributs entlang aller möglichen ext^+-Kanten von der Benutzung zurück bis zur gültigen Definition, so müssen wir stets auf dieselbe Definition stoßen, sonst kann der Namenskonflikt nicht aufgelöst werden. Dieselbe Regel gilt *mutatis mutandis* auch für Methoden: haben zwei Methoden verschiedene Signaturen, so tritt auch bei Namensgleichheit der Methoden kein Konflikt auf. Haben dagegen zwei Methoden denselben Namen und dieselbe Signatur, so versuche man, ob durch Verfolgen der ext^+-Kanten eine einzige gültige Definition gefunden werden kann, die dann den Konflikt auflöst. Ist das nicht möglich, so bleibt der Konflikt bestehen und der Compiler weist die Klassendefinition zurück.

5.4 Abstraktionen als opake Gefäße

Wir hatten oben angedeutet, daß Abstraktionen auch im Typsystem repräsentiert werden können, da Referenzen entsprechende Typen annehmen und dann auf Objekte der zugehörigen Implementierungen verweisen können. Dies nutzen wir jetzt aus, um Algorithmen in Java zu formulieren, die ausschließlich mit Abstraktionen arbeiten. Wenn wir dann für eine Abstraktion verschiedene Implementierungen zur Verfügung stellen, können diese beliebig verwendet und ausgetauscht werden, ohne daß der sie nutzende Algorithmus verändert werden muß. Bei einem geeigneten Aufbau unseres Programms erfährt dieser Algorithmus nicht einmal, mit welcher Implementierung er arbeitet. Damit diese Ideen nicht zu sehr durch technische Details verdunkelt werden, betrachten wir eine einfache Abstraktion:

```
interface Gefaess {
    int summe();
    int produkt();
}
```

Diese Abstraktion stellt also zwei Methoden zur Verfügung, die beide parameterlos sind und beide den Ergebnistyp `int` liefern. Weder `summe` noch `produkt` sind mit Einschränkungen versehen, wie die Implementierung aussehen kann oder soll – aber das ist ja gerade der Sinn von Abstraktionen.

Die erste Implementierung `InhaltEins` realisiert die Abstraktion durch die Implementierung als Summe bzw. Produkt zweier Zahlen von Typ `int`. Die Klasse `InhaltEins` wird in Bsp. 5.2 dargestellt.

Analog sollen `summe` und `produkt` durch die entsprechenden Operationen für ein Feld realisiert werden. Dies geschieht in der Klasse `InhaltZwei`, die ebenfalls unsere Abstraktion implementiert (Bsp. 5.3).

```
class InhaltEins implements Gefaess {
  private int a, b;
  public InhaltEins() {
    a = 14;
    b = 18;
  }
  public int summe() { return a+b; }
  public int produkt() { return a*b; }
}
```

Bsp. 5.2: Realisierung der Abstraktion Gefaess

```
class InhaltZwei implements Gefaess {
  private int a[];
  public InhaltZwei() {
    a = new int[5];
    for (int i = 0; i<5; i++)
      a[i] = i + 1;
  }
  public int summe() {
    int sum = 0;
    for (int i = 0; i<5; i++)
      sum += a[i];
    return sum;
  }
  public int produkt() {
    int prod = 1;
    for (int i = 0; i<5; i++)
      prod *= a[i];
    return prod;
  }
}
```

Bsp. 5.3: Eine weitere Realisierung der Abstraktion Gefaess

In der Klasse Anwendung verwenden wir nun die Klasse Gefaess auf die folgende Art: Die Objekte g und h sind als Gefaess vereinbart, sie verweisen jedoch auf verschiedene Inhalte. g verweist auf ein Objekt der Klasse InhaltEins, h auf ein Objekt der Klasse InhaltZwei. In diesem Sinne sind die Gefäße *opak*: sie erlauben keinen Blick auf die jeweiligen Inhalte, sondern lassen sie nur halbtransparent durchscheinen. Zur Erzeugung der Objekte benötigen wir einen Konstruktor, auf die Inhalte wird aber ausschließlich über die in der Abstraktion angegebenen Methoden zugegriffen. Die Ausdrucke ergeben die entsprechenden Summen und Produkte.

```
class Anwendung {
  public static void main(String[] args) {
    Gefaess g = new InhaltEins();
    Gefaess h = new InhaltZwei();
    EA.println("InhaltEins: ");
    EA.print("Summe: " + g.summe());
    EA.println(", Produkt: " + g.produkt());
    EA.println("InhaltZwei: ");
    EA.print("Summe: " + h.summe());
    EA.println(", Produkt: " + h.produkt());
  }
}
```

Bsp. 5.4: Umgang mit den Realisierungen von Gefaess

Nun definieren wir eine weitere Klasse Gefaesserzeuger (Bsp. 5.5), die lediglich
eine statische Methode erzeuge bereitstellt, die als Ergebnis ein Objekt der Klassen
InhaltEins und InhaltZwei im Wechsel liefert. Da erzeuge als Rückgabetyp die
Abstraktion Gefaess besitzt, bleibt in der veränderten Anwendung (Bsp. 5.6)
unsichtbar, welchen Typ die Objekte besitzen, deren Summe bzw. Produkt
berechnet wird.

```
class Gefaesserzeuger {
  private static boolean wechsel = false;
  public static Gefaess erzeuge() {
    wechsel = !wechsel;
    if (wechsel)
      return new InhaltEins();
    else
      return new InhaltZwei();
  }
}
```

Bsp. 5.5: Klasse Gefaesserzeuger

```
class Anwendung2 {
  public static void main(String[] args) {
    for (int i = 0; i<10; i++) {
      Gefaess g = Gefaesserzeuger.erzeuge();
      EA.print("Summe: " + g.summe());
      EA.println(", Produkt: " + g.produkt());
    }
  }
}
```

Bsp. 5.6: Umgang mit unbekannten Objekten

Diese Technik kann in Verbindung mit Paketen (siehe auch Kapitel 9) dazu dienen, die Implementierung einer Klasse zu verbergen: der Benutzer muß lediglich die durch die Objekte erfüllte Abstraktion und diejenige Klasse kennen, die die Objekte der opak gehaltenen Klasse liefert. Die opake Klasse selbst tritt in der Anwendung nicht in Erscheinung.

5.5   Flexible Implementierung eines Heaps

Abstraktionen geben uns jetzt auch die Möglichkeit, die aus Kapitel 4.2 bekannte Klasse Heap flexibel für den Einsatz mit fast beliebigen Elementen umzugestalten. Den Ausgangspunkt hierfür bilden die Erfahrungen, die wir bei der Gestaltung der Klasse Verbindungsheap in Kapitel 4.4 gesammelt haben. Hierbei ersetzte die Klasse Verbindung den Typ int, die Methode kleiner den entsprechenden Operator < des Typs int.

Wir schaffen zunächst die Abstraktion Ordnungselement, die von den sie realisierenden Klassen die Implementierung der Methode kleiner erzwingt.

```
interface Ordnungselement {
   boolean kleiner(Ordnungselement operand);
}
```

Ersetzen wir nun in der Klasse Verbindungsheap (Bsp. 4.5) alle Vorkommen von Verbindung durch Ordnungselement, so entsteht ein Heap, der Objekte jeder Klasse sortieren kann, die ihrerseits die Abstraktion Ordnungselement implementiert. Allerdings haben wir uns noch ein kleines Problem eingehandelt, dessen Lösung wir hier nur andeuten wollen: Da der Heap nun mit jedem Objekt zusammenarbeitet, das Instanz einer Ordnungselement implementierenden Klasse ist, können mit der Methode setze auch Objekte unterschiedlicher Klassen in dem Feld des Heaps abgelegt werden, für die dann aber der Vergleich mit der Methode kleiner scheitert. Hier bleibt dann nur die Möglichkeit, explizit beim Eintragen von Elementen mit der Methode setze zu prüfen, ob alle eingetragenen Elemente Instanzen der gleichen Klasse sind. Hierzu würden wir uns die Klasse des ersten eingetragenen Objekts in einem speziellen Attribut merken und alle weiteren Objekte mit diesem Eintrag abgleichen. Die hierzu notwendigen Methoden, um die Klasse eines Objekts bestimmen können, werden wir in Kapitel 7.4 einführen. In diesem Kapitel werden wir auch das Konzept der Vererbung kennenlernen, das uns weitere Möglichkeiten zur flexiblen Programmgestaltung einräumt. Wir belassen es daher hier bei diesen ersten Anmerkungen.

5.6 Übungen

Aufgabe 1

Implementieren Sie die Abstraktion `PrioritaetsWarteschlange` mit Hilfe eines aufsteigend geordneten Feldes.

Aufgabe 2

Ein *Termin* besteht aus einem Datum, seiner Anfangszeit, der Dauer und einem Text. Entwerfen Sie eine Abstraktion `Terminkalender`, in der mindestens die folgenden Operationen berücksichtigt sind:

- Eintragen eines Termins (der Zeitraum darf noch nicht belegt sein),
- Löschen eines eingetragenen Termins (der Zeitraum wird freigegeben),
- Suchen eines freien Eintrags an einem bestimmten Tag.

Kapitel 6
Dynamische Datenstrukturen

In Kapitel 3.1 haben wir uns mit der Deklaration von Klassen auseinandergesetzt und dabei festgestellt, daß Objekte durch den Aufruf des Operators new mit Konstruktoren dynamisch erzeugt werden müssen. Wir haben auch festgestellt, daß eine Variable eines komplexen Typs, d.h. einer Klasse, nicht direkt ein Objekt bezeichnet, sondern lediglich eine Referenz auf ein Objekt darstellt. Bei der Zuweisung von Objekten zu Variablen und bei der Übergabe von Parametern mußte diese Eigenschaft beachtet werden, um unerwünschte Seiteneffekte zu vermeiden. Gleichzeitig ist jedoch an einigen Beispielen deutlich geworden, daß Seiteneffekte auch Vorteile bieten können, beispielsweise bei der Übergabe von Referenzen als Parameter. Referenzen erlauben dann während der Ausführung einer Methode die Manipulation von Objekten, die außerhalb der Methode existieren.

In diesem Kapitel wollen wir nun Möglichkeiten zur Strukturierung von Daten betrachten, die sich aus der dynamischen Erzeugung von Objekten und dem Zugriff über Referenzen ergeben. Diese Konzepte werden uns die Gelegenheit geben, verkettete Datenstrukturen einzuführen, in denen Daten dynamisch miteinander verbunden werden. Wir werden dadurch in die Lage versetzt, flexibel und problemangepaßt auf solche Datenmengen reagieren zu können, deren Größe wir nicht im vorhinein kennen. Das uns bisher zur Speicherung großer Datenmengen bekannte Feld kann demgegenüber in seiner Struktur, der Sequenz von gleichartigen Elementen, nicht beliebig vergrößert oder verkleinert werden.

In dem vorliegenden Kapitel werden wir mehrere für die Informatik äußerst wichtige Datenstrukturen kennenlernen, nämlich *lineare Listen, binäre Suchbäume, gerichtete Graphen* und *Kellerspeicher*. Für jede dieser Strukturen werden wir uns überlegen, wie eine Instanz der Struktur initialisiert wird und wie Daten eingefügt oder entfernt werden. Darüber hinaus werden wir uns dafür interessieren, wie in diesen Strukturen navigiert werden kann. Wir werden untersuchen, wie ein einzelner Wert in einer Struktur wiedergefunden werden kann und wie alle in einer Struktur abgelegten Werte nacheinander besucht werden können.

6.1   Dynamische Referenzen

Bevor wir uns näher mit dynamischen Datenstrukturen befassen, wollen wir noch
einmal einige Eigenschaften von Referenzen zusammenfassen. Zur Verdeutlichung
benutzen wir das bereits bekannte Beispiel der Klasse Waehrung aus Kapitel 3.1 (vgl.
auch Bsp. 3.5). Durch die Deklaration

```
Waehrung betrag;
```

wird die Variable betrag vereinbart, die als Referenz auf Objekte der Klasse
Waehrung verweisen kann. Unmittelbar nach der Vereinbarung zeigt die Variable
noch nicht auf ein Objekt. Soll die Referenz auf kein Objekt verweisen, so kann ihr
der Wert null zugewiesen werden. Dieser Wert ist für alle Referenzen definiert und
zeigt an, daß aktuell kein Objekt erreicht werden kann. Die entsprechende Überprüfung einer Referenz kann mit Vergleichsoperatoren erfolgen:

```
if (betrag != null)
   betrag.drucke();
else
   betrag = new Waehrung(10,25);
```

Es wird überprüft, ob betrag auf ein Objekt der Klasse Waehrung verweist. Ist dies
der Fall, so wird betrag über die Methode drucke ausgegeben, ansonsten wird ein
Objekt mit den Attributbelegungen 10 für euro und 25 für euroCent erzeugt.

Der Wert null für Referenzen ermöglicht es nun auch, ein Objekt explizit von einer
Referenz zu lösen, ohne der Referenz gleich ein neues Objekt zuweisen zu müssen.

```
Waehrung preis;
preis = new Waehrung(48,98);
```

Die Referenz preis verweist nun auf ein Objekt der Klasse Waehrung. Durch die
unten stehende Zuweisung wird der Referenz der Wert null zugewiesen und damit
der Verweis auf das Objekt mit den Werten 48 und 98 vernichtet. Da keine weitere
Referenz auf dieses Objekt verweist, kann es nun nicht mehr erreicht und auch nicht
innerhalb des Programms genutzt werden:

```
preis = null;
```

Der aufmerksame Leser wird sich jetzt die Frage stellen, was denn mit dem Speicherplatz geschieht, den ein Objekt belegt, das nicht mehr erreicht werden kann. Aus
Symmetriegründen könnte man annehmen, daß der expliziten Allokation von
Speicherplatz durch new auch eine explizite Deallokation von Speicher entsprechen
würde. In Java wird diese Situation jedoch unsymmetrisch behandelt: Der Speicher-
zuweisung entspricht zwar eine *Speicherbereinigung*, in der nicht mehr nutzbarer
Speicher freigegeben und so wieder für die dynamische Erzeugung weiterer Objekte
verfügbar gemacht wird. Diese Speicherbereinigung braucht jedoch nicht explizit

vom Programmierer angestoßen zu werden, sie wird vielmehr automatisch vom Laufzeitsystem durchgeführt. Dieser Vorgang wird liebevoll als *garbage collection*, also als Müllbeseitigung, bezeichnet. Dies bedeutet für die Verwendung von dynamischen Referenzen in Java, daß sich der Programmierer nicht um die Freigabe und Wiederverwendung von nicht mehr erreichbaren Speicherbereichen zu kümmern braucht. Wird der Programmbereich verlassen, in dem eine Referenz deklariert ist, so wird damit auch diese Referenz vernichtet. Ist das Objekt, auf das die Referenz verwiesen hat, nicht noch über andere Referenzen erreichbar, so wird es bei der nächsten *garbage collection* erkannt und freigegeben.

In manchen Fällen muß allerdings der Programmierer dafür sorgen, daß die *garbage collection* den nicht mehr benötigten Speicherbereich auch erkennen kann. Wird ein Objekt nicht mehr benötigt, so müssen alle Referenzen, die auf dieses Objekt verweisen, von ihm gelöst werden, damit es unerreichbar und damit für die Garbage Collection erkennbar wird. Hier ist das Zuweisen von `null` hilfreich.

6.2   Lineare Listen

In diesem Kapitel werden wir nun die Eigenschaften von dynamisch erzeugten Objekten und den auf sie verweisenden Referenzen ausnutzen, um in ihrem Umfang flexible Datenstrukturen ohne eine vorgegebene Beschränkung ihrer Größe zu schaffen. Sollen zusätzliche Daten aufgenommen werden, so wird eine solche Struktur einfach erweitert. Werden Daten entfernt, so schrumpft die Struktur zusammen.

Die Grundlage für den Aufbau von dynamischen Datenstrukturen ist die Eigenschaft von Klassen, auch solche Attribute zu enthalten, die Referenzen auf Objekte der eigenen Klasse darstellen. Mit einem solchen Attribut stellt das Objekt einer Klasse nicht nur Speicherplatz für die abzulegenden Daten bereit, sondern schafft zugleich auch die Möglichkeit, an eine solche Referenz ein weiteres Objekt der eigenen Art zu binden und damit Speicherplatz für weitere Daten bereitzustellen. Die einzelnen Objekte sind so in der Lage, gemeinsam eine komplexe Struktur durch aufeinander verweisende Referenzen zu bilden.

Als erste dynamische Datenstruktur werden wir uns mit der *linearen Liste* beschäftigen. Eine solche Liste besteht aus einer sequentiellen Aneinanderreihung von einzelnen Elementen, die wiederum die zu speichernden Werte beinhalten. Soll ein zusätzlicher Wert in die Liste aufgenommen werden, so wird einfach ein neues Element erzeugt und angefügt, das diesen Wert aufnimmt. Soll ein in der Liste abgelegter Wert entfernt werden, so kann auch das entsprechende Element entfernt und so die Liste verkürzt werden. Um die Implementierung zunächst einfach zu halten, werden wir als Inhalte nur ganze Zahlen des primitiven Typs `int` betrachten.

Implementierung:

Wir deklarieren eine Klasse `Element`, die zwei private Attribute und einen Konstruktor enthält. Ein Objekt vom Typ `Element` enthält als Attribute eine ganze Zahl und einen Zeiger auf ein weiteres Objekt des Typs `Element`.

```
class Element {
  public Element(int i) { wert = i; weiter = null; }
  private int wert;
  private Element weiter;
}
```

Da jedes Objekt vom Typ `Element` eine Referenz auf ein weiteres Element besitzt, können wir Objekte des Typs `Element` miteinander verketten. Eine lineare Liste kann auf verschiedene Arten konstruiert werden, z.B. indem man ein neues Element an den Anfang, in die Mitte oder an das Ende einer bereits bestehenden Liste hängt. Der Zugriff auf die Liste wird dabei durch eine Referenz realisiert, die auf das erste Element der Liste zeigt. Enthält eine Liste keine Elemente, so zeigt diese Referenz auf `null`. Soll ein Element innerhalb der Liste besucht werden, so muß über die Referenzen von Element zu Element »gehangelt« werden. Die Abb. 6.1 veranschaulicht eine solche Liste mit zweigeteilten Elementen, deren Abschnitte die beiden Attribute `wert` und `weiter` symbolisieren.

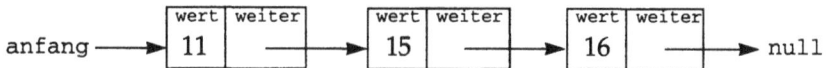

Abb. 6.1: Visualisierung einer einfach verketteten Liste

Die Klasse `Element` wird nun um Methoden erweitert, die die Attribute der Elemente geeignet manipulieren, um auf diese Weise die Listenstruktur aufzubauen und zu erhalten. Die Methoden werden immer auf das erste Element der Liste angewandt. Sie können daher nur dann aufgerufen werden, wenn die Liste mindestens ein Element enthält, das den Aufruf ermöglicht. Auf die durch einen Verweis auf `null` gekennzeichnete *leere Liste* können keine Methoden angewandt werden.

Das Bsp. 6.1 zeigt die Methode `fügeAn`, die die Klasse `Element` ergänzt. `fügeAn` hängt ein neues Element am Ende einer Liste an, die bereits aus mindestens einem Element besteht. Dazu wird die Liste solange mit der lokalen Referenz `lauf` von Element zu Element durchlaufen, bis die Referenz `weiter` auf den Wert `null` verweist. Dort wird nun die Referenz `weiter` auf das neu erzeugte Objekt der Klasse `Element` gesetzt. Allerdings können wir nicht einfach solange der Komponente `weiter` folgen, bis wir die »leere« Referenz `null` erkennen, da wir dann bereits das letzte Element der Liste verloren und somit keine Anknüpfungsmöglichkeit mehr hätten; wir müssen daher immer vorausschauen, um bereits vom letzten Element aus das Ende der Liste zu erkennen. Die Referenz this (siehe auch Kapitel 3.3) verweist immer auf das Objekt, für welches die Methode stelleVoran aufgerufen wurde. this kann daher nie auf null verweisen.

```
public void fügeAn(int neuerWert) {
  Element lauf = this;
  while (lauf.weiter != null)
    lauf = lauf.weiter;
  lauf.weiter = new Element(neuerWert);
}
```

Bsp. 6.1: Einfügen am Ende einer linearen Liste

Eine Liste wird dadurch angelegt, daß mit dem Konstruktor von Element ein erstes Objekt geschaffen wird; alle weiteren Listenelemente werden durch Aufrufe von fügeAn für das erste Element angefügt. Die Abb. 6.2 veranschaulicht die Listenstruktur nach der Ausführung der folgenden Anweisungen:

```
Element kopf;
kopf = new Element(25);
kopf.fügeAn(22);
kopf.fügeAn(28);
```

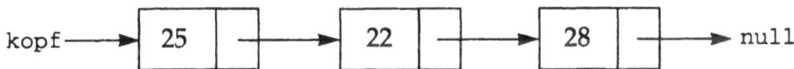

Abb. 6.2: Visualisierung der aufgebauten Liste

Die Methode fügeAn wird für das erste Element der Liste aufgerufen, von dem aus über die lokale Variable lauf die gesamte Liste bearbeitet wird. Wird statt dessen das Anfügen als rekursive Methode (vgl. Kapitel 4) implementiert, so ist jedes Element nur für sich selbst verantwortlich. Ist es nicht das letzte Element, so überträgt es die Verantwortung für das Anfügen des als Parameter übergebenen Wertes an seinen Nachfolger.

Das Bsp. 6.2 stellt die Methode rekFügeAn vor, die ein rekursives Vorgehen umsetzt. Diese Fassung wirkt eleganter als die zuvor vorgestellte iterative Form des Anfügens; dem Leser sollte aber bewußt sein, das die Ausführung der rekursiven Methode rekFügeAn sehr viel aufwendiger ist: alle Aufrufe von rekFügeAn – und das können bei einer langen Liste sehr viele sein – sind ineinander geschachtelt und werden erst dann beendet, wenn das neue Element angefügt ist. Während der Ausführung müssen also intern sehr viel mehr Informationen über den Zustand des Programms verwaltet werden.

```
public void rekFügeAn(int neuerWert) {
   if (weiter != null)
      weiter.rekFügeAn(neuerWert);
   else
      weiter = new Element(neuerWert);
}
```

Bsp. 6.2: Einfügen auf der Basis eines rekursiven Vorgehens

Wir betrachten nun das Einfügen am Anfang der linearen Liste. Da hierbei die Liste nicht erst mühsam durchlaufen werden muß, um zu ihrem Ende zu gelangen, scheint die Lösung dieser Aufgabe einfach. Es muß jedoch beachtet werden, daß eine Liste über eine Referenz auf das erste Element erreicht wird. Soll nun ein neues erstes Element hinzugefügt werden, so müßte die Referenz auf dieses erste Element umgesetzt werden – allerdings aus dem Innern des nun zweiten Elementes heraus, das damit den Zugriff auf sich selbst abtreten müßte. Dies ist nicht möglich! Es bleibt nur der umständliche Weg, ein neues Element an der zweiten Position einzufügen, diesem den Wert des ersten Elementes zuzuweisen und schließlich den neu einzutragenden Wert im ersten Element einzutragen.

Die Abb. 6.3 zeigt die Schritte, die bei Ausführung von `kopf.stelleVoran(17)` der in Bsp. 6.3 dargestellten Methode `stelleVoran` für die aus Abb. 6.2 bekannte Liste durchzuführen sind.

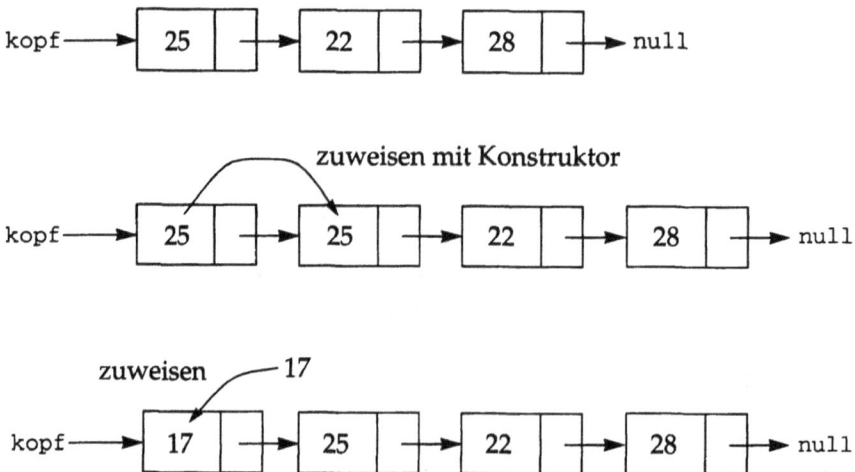

Abb. 6.3: Einfügen am Anfang einer Liste

```
public void stelleVoran(int neuerWert) {
  Element neuesElement = new Element(wert);
  neuesElement.weiter = weiter;
  weiter = neuesElement;
  wert = neuerWert;
}
```

Bsp. 6.3: Methode stelleVoran

Analysieren wir nun noch einmal unseren ersten Versuch, mit der Klasse Element
und den darin vereinbarten Methoden fügeAn und stelleVoran lineare Listen in
Java umzusetzen, so können wir in unserer Implementierung drei problematische
Bereiche identifizieren, denen wir unsere Aufmerksamkeit zuwenden müssen und
die wir nun einzeln betrachten wollen, um unsere Implementierung zu verbessern.

- *Aufbau einer Liste aus einer leeren Liste:*

  Da die Methoden fügeAn und stelleVoran Bestandteile der Objekte der Klasse
  Element sind, können sie nur dann aufgerufen werden, wenn auch ein solches
  Objekt besteht. Daher muß das erste Element einer Liste immer über den Aufruf
  eines Konstruktors der Klasse Element erzeugt werden, alle weiteren können
  dann über die Aufrufe von Methoden für dieses erste Element hinzugefügt
  werden. Innerhalb eines Programms muß also vor jedem Aufruf von fügeAn
  oder stelleVoran überprüft werden, ob die Referenz auf die Liste auf null verweist. Übersichtlicher wäre sicherlich, wenn in allen Situationen Elemente durch
  die Methoden fügeAn und stelleVoran hinzugefügt werden könnten.

- *Änderung des ersten Elementes:*

  Die Implementierung der Methode stelleVoran hat gezeigt, daß das Hinzu-
  fügen eines neuen Objekts am Anfang der Liste nicht möglich ist; hierfür muß auf
  eine Kopieroperation zurückgegriffen werden. Ebenso problematisch ist das
  Löschen des ersten Elements einer Liste. Besitzt eine Liste nur ein einziges
  Element, so läßt sich dieses überhaupt nicht durch eine Methode der Klasse
  Element entfernen.

- *Effizienz der Methode fügeAn:*

  Die Methode fügeAn erfordert bei jedem Aufruf ein vollständiges Durchlaufen
  der Liste. Eine sehr viel effizientere Realisierung dieser Listenoperation wäre
  möglich, wenn neben dem ersten Element auch das letzte Element der Liste
  unmittelbar über eine spezielle Referenz erreichbar wäre.

Die vorangehende Untersuchung hat gezeigt, daß unsere erste Implementierung
linearer Listen einige Mängel aufweist. Die realisierte Idee, eine Liste mit einer Referenz auf ihr erstes Element gleichzusetzen, ist zwar intuitiv einsichtig, wird aber
dem Umgang mit der entstehenden Datenstruktur nicht gerecht. Der Wertebereich
einer Klasse, die lineare Listen implementiert, sollte auch die leere Liste beinhalten

und für diese eine korrekte Anwendung der Methoden garantieren. Die effiziente Ausführung von Methoden sollte durch zusätzliche Referenzen auf ausgewählte Elemente der Liste – beispielsweise auf ihr letztes Element – unterstützt werden.

Wir entwickeln daher nun auf der Grundlage der Klasse Element die Klasse Liste, die den gestellten Anforderungen besser gerecht wird. Die Klasse Liste enthält zwei Attribute kopf und fuß, die als Referenzen auf Objekte der Klasse Element den Anfang und das Ende der Liste kennzeichnen. Da die Klasse Liste auf die Attribute der Klasse Element zugreifen muß, vereinbaren wir für die Klasse Element die Methoden setzeWert(), gibWert(), setzeWeiter() und gibWeiter(), die innerhalb von Liste genutzt werden, um eine Liste aufzubauen und zu manipulieren. Die Klasse Element steht auch außerhalb eines Objekts der Klasse Liste zur Verfügung, da jedoch die Referenzen kopf und fuß private Attribute darstellen, kann auch bei Kenntnis der Klasse Element die Liste nur über die Methoden der Klasse Liste manipuliert werden.

Das Bsp. 6.4 zeigt die modifizierte Klasse Element, das folgende Bsp. 6.5 die Klasse Liste, die hier zunächst zwei Konstruktoren zur Initialisierung der Referenzen kopf und fuß und die beiden Methoden fügeAn und stelleVoran enthält. Diese Methoden können nun auch für eine leere Liste aufgerufen werden, da das Objekt der Klasse Liste auch ohne Elemente existiert. fügeAn nutzt zudem effizient die Referenz fuß, stelleVoran setzt das neu erzeugte Objekt an den Anfang der Liste und läßt dabei die bereits existierende Verkettung von Elementen unverändert. Wir werden auf der hier vorgestellten Grundlage die Klasse Liste noch um andere Methoden erweitern.

```
class Element {
  private int wert;
  private Element weiter;
  public Element(int i) {
    wert = i;
    weiter = null;
  }
  public Element(int i, Element e) {
    wert = i;
    weiter = e;
  }
  public void setzeWert(int i) { wert = i; }
  public int gibWert() { return wert; }
  public void setzeWeiter(Element e) { weiter = e; }
  public Element gibWeiter() { return weiter; }
}
```

Bsp. 6.4: Die Klasse Element

```
class Liste {
  private Element kopf, fuß;
  public Liste() {
    kopf = fuß = null;
  }
  public Liste(int w) {
    kopf = fuß = new Element(w);
  }
  public void fügeAn(int an) {
    Element neu = new Element(an);
    if (fuß != null) {
      fuß.setzeWeiter(neu);
      fuß = neu;
    }
    else
      kopf = fuß = neu;
  }
  public void stelleVoran(int ein) {
    kopf = new Element(ein, kopf);
    if (fuß == null)
      fuß = kopf;
  }
}
```

Bsp. 6.5: Die Klasse Liste

Die Abb. 6.4 visualisiert die Veränderungen der Attribute der Liste eineListe, die durch die folgenden Anweisungen bewirkt werden:

```
Liste eineListe = new Liste();
eineListe.fügeAn(15);
eineListe.fügeAn(52);
eineListe.stelleVoran(34);
```

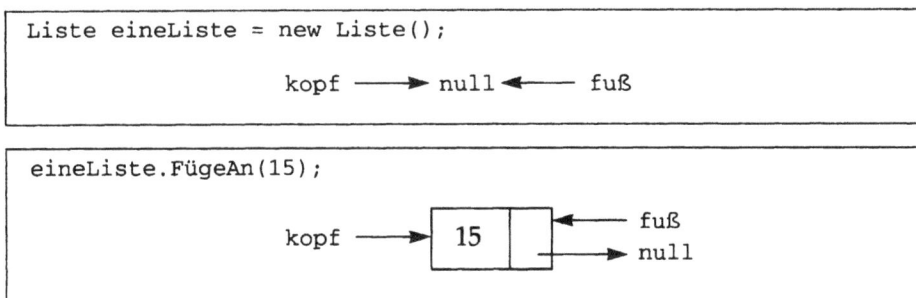

Abb. 6.4: Referenzen und Objekte der Klasse Liste *(Teil 1; Fortsetzung Teil 2)*

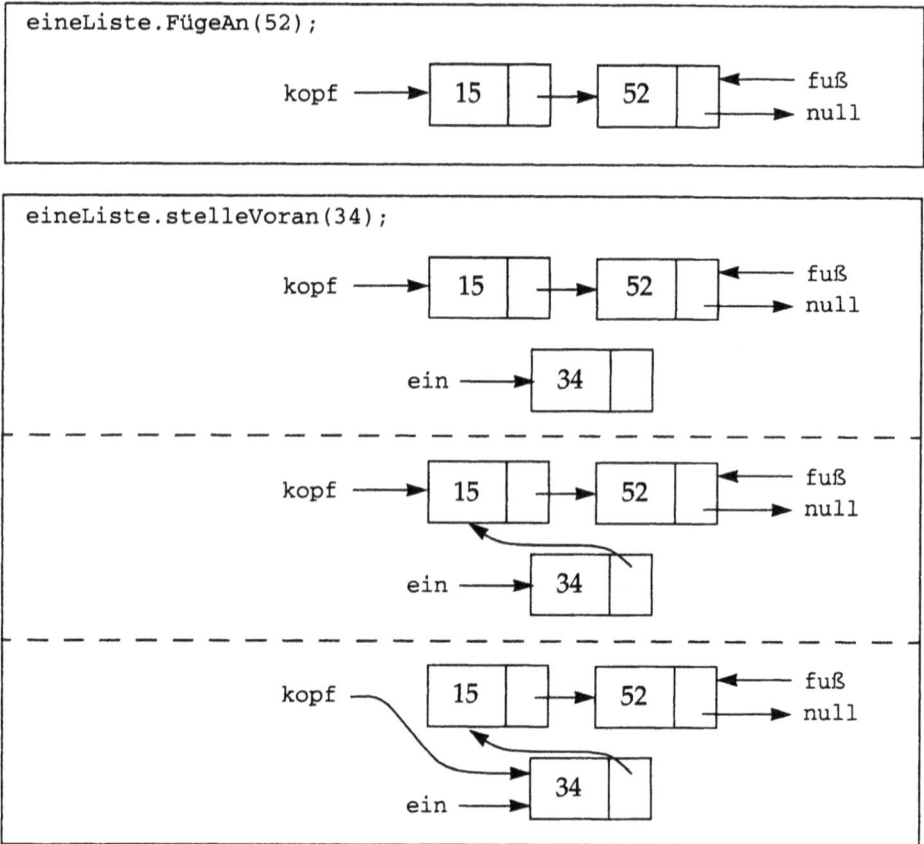

Abb. 6.4: Referenzen und Objekte der Klasse `Liste` *(Teil 2)*

Als weiteres Beispiel für den Umgang mit verketteten Listen diskutieren wir das Einordnen eines Wertes in eine bereits aufsteigend geordnete Liste, wobei wir annehmen, daß in dieser Liste keine zwei Elemente mit identischer Belegung des Attributs `wert` vorkommen. Der vorgestellte Algorithmus ist auf natürliche Weise rekursiv. Er beruht auf der folgenden Idee:

> Ist eine ganze Zahl x gegeben, so daß x kleiner als das erste Element der Liste ist, so füge man x am Anfang der Liste ein. Muß x in der Mitte der Liste eingefügt werden, so suche man die entsprechende Position, spalte dort die Liste in einen Anfangs- und einen Endteil auf und füge x am Anfang des Listenrestes ein. Schließlich verbinde man das Ende des Anfangsteils der Liste mit der so entstandenen neuen Liste. Ist endlich x größer als das letzte Element der Liste, so bildet das neue Element allein den neuen Rest: x wird angefügt.

Wir werden diesen Algorithmus jetzt präzisieren.

Es sind die folgenden Fälle möglich:

- `kopf==null`:
  Einen Sonderfall bildet die Situation, daß die Liste leer ist, also noch kein Element enthält. Es muß ein erstes Element angelegt werden, das dann trivialerweise eine geordnete, einelementige Liste bildet.

- `kopf!=null`:
  Wir definieren eine private Methode `positioniere`, die als Parameter den einzuordnenden Wert und eine Referenz auf den Anfang einer Teilliste übergeben bekommt. Als Ergebnis gibt `positioniere` eine Referenz auf `Element` zurück, die auf die Teilliste verweist, in die x einsortiert ist.

  Sei `anfang` die an `positioniere` übergebene Teilliste und gelte:

  - `x<anfang.wert`:
    Erzeuge ein neues Element und füge es am Anfang der bei `anfang` beginnenden Teilliste ein.
  - `x>anfang.wert`:
    Füge x in die mit `anfang.weiter` beginnenden Restliste ein, indem hierfür `positioniere` mit den entsprechenden Parametern erneut aufgerufen wird.

Beachten Sie, daß wir an dieser Stelle nichts tun, falls x mit `aktuell.wert` übereinstimmt, da wir in der Liste ja keine doppelten Einträge zulassen wollten. Weiterhin müssen wir darauf achten, daß die Referenz `fuß` auch nach dem Einsortieren auf das letzte Element verweist. Genau dann, wenn `positioniere` die leere Referenz `null` als Wert für den Parameter `anfang` übergeben bekommt, muß `fuß` korrigiert und auf das neu eingeordnete letzte Objekt gesetzt werden.

In Bsp. 6.6 benutzen wir die private Methode `positioniere`, um den skizzierten Algorithmus durch die öffentliche Methode `ordneEin` zu realisieren. Dies ist notwendig, da `ordneEin` keine Referenz auf die Klasse Element benötigt – und sinnvoll auch gar nicht anbieten kann, da `Element` außerhalb von `Liste` nicht benutzt werden soll. `kopf` wird als Parameter an `positioniere` übergeben und die, um den neuen Wert erweiterte, geordnete Liste wird an `kopf` zurückgegeben, wodurch auch ein Einfügen als erstes Element der Liste berücksichtigt wird.

Diese Form der Konstruktion einer Klasse ist typisch für den Einsatz rekursiver Methoden, die einen oder mehrere Parameter des ersten Aufrufs aus den Attributwerten ihres Objekts ableiten. Da diese Attribute privat und damit außerhalb des Objekts nicht bekannt sind und auch nicht bekannt gemacht werden sollen, wird eine öffentliche nicht-rekursive Methode (hier: `ordneEin`) vereinbart, die lediglich den ersten Aufruf der rekursiven Methode (hier: `positioniere`) einkapselt. Die rekursive Methode kann dann auch privat gehalten werden.

```
class Liste {
  // Deklarationen aus Bsp. 6.5
  // ...
  public void ordneEin(int i) {
    kopf = positioniere(kopf, i);
  }
  private Element positioniere(Element anfang, int i) {
    if (anfang == null)
      fuß = anfang = new Element(i);
    else {
      if (i < anfang.gibWert())
        anfang = new Element(i, anfang);
      if (i > anfang.gibWert())
        anfang.setzeWeiter(positioniere(anfang.gibWeiter(), i));
    }
    return anfang;
  }
  // ...
}
```

Bsp. 6.6: *Einordnen in eine geordnete Liste*

6.3 Durchlaufen einer Liste

In vielen Anwendungen, die mit linearen Listen arbeiten, ergibt sich die Notwendigkeit, jedes Element der Liste genau einmal zu besuchen. Wir wollen den Durchlauf
durch eine Liste in der »richtigen« Reihenfolge nur kurz diskutieren, da die hierfür
zu beachtenden Aspekte bereits bei der ersten Version der Methode fügeAn (siehe
Bsp. 6.1) erwähnt worden sind. Anschließend überlegen wir, wie wir eine Liste vom
Ende zum Anfang, also in umgekehrter Reihenfolge, traversieren.

Zunächst also zum Durchlaufen der Liste vom Anfang zum Ende. Hier bieten sich
die bekannten Formen an, der rekursive und der iterative Durchlauf, die beide das
aktuelle Listenelement untersuchen: Ist es nicht leer, so wird der Inhalt gedruckt und
mit dem nächsten Listenelement weitergearbeitet. Die rekursive Version ruft sich
selbst wieder auf, die iterative Version kehrt an den Anfang der Schleife zurück.

Sie sehen die rekursive Methode rekDrucke in Bsp. 6.7. Der rekursive Aufruf erfordert die Übergabe einer Referenz auf die noch zu bearbeitende Restliste als Parameter. Um die komplette Liste auszugeben, muß diesem Parameter die Referenz
kopf übergeben werden. Um diese erste Parameterübergabe nach außen zu verbergen, ruft die parameterlose Methode rekDrucke – wie schon aus der Methode
ordneEin bekannt – eine private Methode auf, die einen Parameter besitzt. Um

einerseits die enge Verbindung zwischen beiden Methoden deutlich zu machen und andererseits die Zahl der verwendeten Methodennamen zu beschränken, nennen wir auch die private Methode `rekDrucke`. Die beiden Methoden werden dann anhand ihrer Signatur unterschieden, wie wir es bereits in Kapitel 3.7 diskutiert haben. Sie sehen am Programmtext von `rekDrucke`, daß zunächst gedruckt wird und danach der rekursive Aufruf erfolgt.

```
class Liste {
  // ...
  public void rekDrucke() {
    rekDrucke(kopf);
  }
  private void rekDrucke(Element aktuell) {
    if (aktuell != null) {
      EA.println(aktuell.gibWert());
      rekDrucke(aktuell.gibWeiter());
    }
  }
  // ...
}
```

Bsp. 6.7: Rekursive Methode zum Drucken einer verketteten Liste

Das Bsp. 6.8 zeigt den selbsterklärenden Code der iterativen Methode `iterDrucke`. Für die iterative Form wird keine zweite Methode benötigt.

```
public void iterDrucke() {
  Element aktuell = kopf;
  while (aktuell != null) {
    EA.println(aktuell.gibWert());
    aktuell = aktuell.gibWeiter();
  }
}
```

Bsp. 6.8: Iterative Methode zum Drucken einer verketteten Liste

Der Durchlauf durch eine Liste in umgekehrter Reihenfolge erfordert für die uns zur Verfügung stehende einfach verkettete Liste ein rekursives Vorgehen. Die Referenz `fuß` verweist zwar auf das Element am Ende der Liste, es gibt jedoch keine Möglichkeit, von dort auf einfache Weise zum vorletzten Element zu gelangen. Für eine umgekehrte Ausgabe müssen daher alle Listenelemente »gemerkt« werden, während die Liste vom Anfang zum Ende durchlaufen wird. Der Druck kann erst dann erfolgen, wenn das Ende der Liste erreicht ist und beginnt mit dem letzten so bestimmten Element. Der Code besteht aus der öffentlichen parameterlosen Methode reversivDrucke, die den Aufruf der privaten Methode reversivDrucke mit der privaten Referenz kopf einkapselt (Bsp. 6.9). Beachten Sie, daß zunächst der Aufruf der rekursiven Methode erfolgt. Erst nachdem dieser Aufruf und damit auch alle darin geschachtelten Aufrufe abgeschlossen sind, wird der Wert des entsprechenden Elements der Liste gedruckt. Die Arbeitsweise der Methode kann man sich mit einer Zeichnung analog zu Abb. 6.4 verdeutlichen. Die beiden rekursiven Methoden zur Ausgabe, rekDrucke und reversivDrucke, unterscheiden sich lediglich in der Reihenfolge von rekursivem Aufrufs und Ausgabe mit EA.println.

```
public void  reversivDrucke() {
   reversivDrucke(kopf);
}

private void reversivDrucke(Element aktuell) {
   if (aktuell != null) {
      reversivDrucke(aktuell.gibWeiter());
      EA.println(aktuell.gibWert());
   }
}
```

Bsp. 6.9: Ausgabe einer Liste in umgekehrter Reihenfolge

Welche Art des Durchlaufs gewählt wird, hängt von der Problemstellung ab. Ist der Durchlauf vom Ende zum Anfang eine häufig genutzte Operation, so kann sie durch eine einfache strukturelle Erweiterung unterstützt werden: Die Klasse Element erhält eine zweite Referenz voran, die genau entgegengesetzt zu weiter gerichtet ist und somit für jedes Element innerhalb der Liste auf seinen direkten Vorgänger verweist. Diese Datenstruktur wird als *doppelt verkettete* Liste bezeichnet.

Doppelt verkettete Listen erlauben beliebiges Navigieren in beide Richtungen der Liste und sind besonders geeignet, um komplexe Operationen auf der Liste wirksam zu unterstützen. Die Algorithmen der Methoden sind etwas aufwendiger, da beim Einfügen oder Löschen von Elementen immer die in beide Richtungen verweisenden Referenzen berücksichtigt werden müssen. Das Bsp. 6.10 zeigt die Klasse DListe und stellt drei der bereits bekannten Methoden in ihrer Fassung für doppelt verkettete Listen vor. DListe nutzt die Klasse DElement:

```
class DElement {
   private DElement voran, weiter;
   // ...
   // die bekannten Methoden der einfach verketteten Liste
   void setzeVoran(DElement e) { voran = e; }
   DElement gibVoran() { return voran; }
}
```

```
class DListe {

  // ...
  // die bekannten Vereinbarungen der einfach verketteten Liste

  public void fügeAn(int an) {
    DElement neu = new DElement(an);
    if (fuß != null) {
      fuß.setzeWeiter(neu);
      neu.setzeVoran(fuß);
      fuß = neu;
    } else
      kopf = fuß = neu;
  }
  public void ordneEin(int i) {
    kopf = positioniere(kopf, i);
  }
  private DElement positioniere(DElement anfang, int i) {
    if (anfang == null) {
      anfang = new DElement(i);
      anfang.setzeVoran(fuß);
      fuß = anfang;
    } else {
      if (i < anfang.gibWert()) {
        DElement neu = new DElement(i, anfang);
        neu.setzeVoran(anfang.gibVoran());
        anfang.setzeVoran(neu);
        if (neu.gibVoran() != null)
          neu.gibVoran().setzeWeiter(neu);
        anfang = neu;
      }
      if (i > anfang.gibWert())
        anfang.setzeWeiter(positioniere(anfang.gibWeiter(), i));
    }
    return anfang;
  }
  public void reversivDrucke() {
    DElement aktuell = fuß;
    while (aktuell != null) {
      EA.println(aktuell.gibWert());
      aktuell = aktuell.gibVoran();
    }
  }
}
```

Bsp. 6.10: Ausschnitte aus den Klassen DListe

6.4   Binäre Suchbäume

Als weitere Anwendung verketteter Strukturen betrachten wir jetzt nicht-lineare verkettete Strukturen. Die erste dieser Strukturen stellt der *binäre Suchbaum* dar, eine einfache Suchstruktur. Die Idee des binären Suchbaums ist von der *binären Suche* abgeleitet: Wenn ein vorgelegtes Element x in einer geordneten Menge gesucht wird, so kann man rekursiv wie folgt vorgehen:

> Man beschaffe sich das mittlere Element der geordneten Menge und vergleiche es mit dem vorgelegten Element x. Stimmt das mittlere Element mit x überein, so ist man fertig; ist x kleiner, so wende man diese Idee auf alle Elemente an, die kleiner als das mittlere Element sind; ist x größer, wende man die Idee auf alle Elemente an, die größer als das mittlere Element sind.

> So kommt man durch fortgesetztes Halbieren sehr schnell zu der Entscheidung, ob x in der vorgegebenen Menge liegt oder nicht.

Definition:

> Sei B ein binärer Baum, dessen Knoten mit ganzen Zahlen beschriftet sind.
> B heißt *binärer Suchbaum*, falls gilt:

> B ist leer oder

> a) der linke und der rechte Unterbaum von B sind jeweils ein binärer Suchbaum,

> b) ist w die Beschriftung der Wurzel, so sind alle Elemente im linken Unterbaum kleiner als w, alle Elemente im rechten Unterbaum größer als w.

Die Abb. 6.5 veranschaulicht ein Beispiel für einen binären Suchbaum.

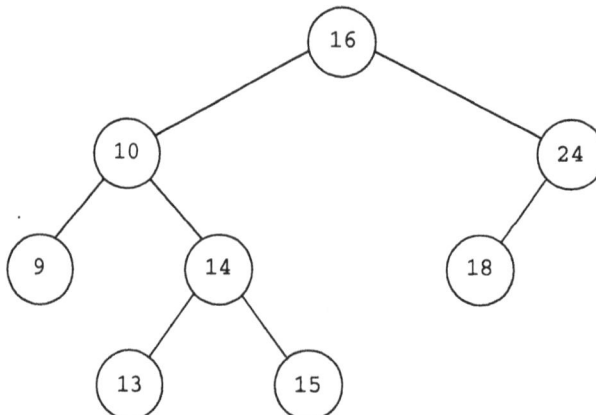

Abb. 6.5: Beispiel für einen binären Suchbaum

Der Aufbau eines binären Suchbaums erfolgt durch wiederholtes Einfügen in einen leeren Baum. Die Reihenfolge der Werte, die in einen binären Suchbaum eingefügt werden, bestimmt die Gestalt des Baums. Eine Menge von Werten kann bei unterschiedlicher Reihenfolge der Eingabe zu verschiedenen Repräsentationen als Baum führen, wie das folgende Beispiel zeigt.

- Die Eingabefolge »1 2 3« liefert den Baum:

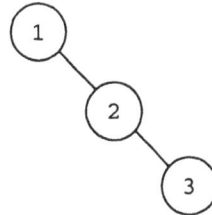

- Die Eingabefolge »3 2 1« liefert den Baum:

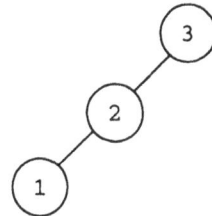

- Die Eingabefolgen »2 3 1« oder »2 1 3« liefern:

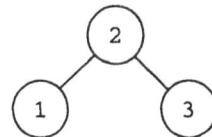

- Die Eingabefolge »3 1 2« liefert den Baum:

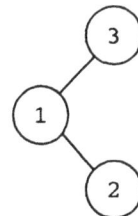

Wir implementieren binäre Suchbäume durch die Klassen Knoten und BST (*Binary Search Tree*) analog zu der in Kapitel 6.2 vorgestellten Listenkonstruktion. Bsp. 6.11 zeigt die einfache Klasse Knoten, während wir die Klasse BST in den folgenden Unterkapiteln schrittweise konstruieren werden. Einziges Attribut der Klasse BST ist eine Referenz auf die Wurzel des Baums:

```
class BST {

  private Knoten wurzel;

}
```

```
class Knoten {
  private int wert;
  private Knoten links, rechts;
  public Knoten(int i) { wert = i; links = rechts = null; }
  public void setzeWert(int i) { wert = i; }
  public int gibWert() { return wert; }
  public void setzeLinks(Knoten k) { links = k; }
  public Knoten gibLinks() { return links; }
  public void setzeRechts(Knoten k) { rechts = k; }
  public Knoten gibRechts() { return rechts; }
};
```

Bsp. 6.11: Die Klasse Knoten

6.4.1 Einfügen, Suchen und Entfernen von Knoten

Algorithmus für das Einfügen

Gegeben seien ein binärer Suchbaum *B* und eine ganze Zahl *k*, die in *B* eingefügt werden soll. Es können vier Fälle auftreten:

1. *B* ist leer:
       Erzeuge einen neuen Knoten, weise ihn *B* zu und setze *B.wert* auf *k*.
2. *B* ist nicht leer und *B.wert* = *k*:
       Dann ist nichts zu tun, da keine Werte doppelt eingetragen werden.
3. *B* ist nicht leer und *B.wert* < *k*:
       Füge *k* in den rechten Unterbaum von *B* ein.
4. *B* ist nicht leer und *B.wert* > *k*:
       Füge *k* in den linken Unterbaum von *B* ein.

Der Code für diese Einfügeoperation ist in Bsp. 6.12 angegeben. Beachten Sie, daß die Methode fügeEin als Eingabe den einzufügenden Wert erhält. Da der Algorithmus – wie nicht anders zu erwarten war – rekursiv arbeitet, verbergen wir den rekursiven Aufruf mit der Übergabe des aktuellen Teilbaums und der Rückgabe des geänderten Baums in der öffentlichen Methode fügeEin. Sie sollten bemerken, daß z.B. dann, wenn das eingegebene Element *k* kleiner als die gerade betrachtete Beschriftung *B.wert* ist, die Einfügeoperation mit einem Zeiger auf den linken Unterbaum und *k* aufgerufen und das Resultat dieser Einfügung der Referenz links auf den linken Unterbaum zugewiesen wird. Auf diese Weise wird sichergestellt, daß der linke Unterbaum wieder richtig in den Baum eingefügt wird.

```
class BST {
  private Knoten wurzel;
  public BST() { wurzel = null; }
  public void fügeEin(int i) {
    wurzel = fügeEin(wurzel, i);
  }
  private Knoten fügeEin(Knoten aktuell, int i) {
    if (aktuell == null)
      aktuell = new Knoten(i);
    else {
      if (i < aktuell.gibWert())
        aktuell.setzeLinks(fügeEin(aktuell.gibLinks(), i));
      if (i > aktuell.gibWert())
        aktuell.setzeRechts(fügeEin(aktuell.gibRechts(), i));
    }
    return aktuell;
  }
}
```

Bsp. 6.12: Einfügen in einen binären Suchbaum

Algorithmus für die Suche

Der am Beginn dieses Kapitels skizzierte Algorithmus für das binäre Suchen läßt sich nun auf der durch die Methode fügeEin aufgebauten Datenstruktur recht einfach realisieren.

Gegeben sind ein binärer Suchbaum *B* und eine Zahl *k*, die in dem Baum *B* gesucht werden soll:

1. *B* ist leer:
   k kann nicht im Baum sein.
2. *B* ist nicht leer, so betrachtet man die Fälle:
   - *B.wert* = *k*: *k* ist gefunden, d.h. bereits im Baum *B* vorhanden.
   - *B.wert* < *k*: Suche im rechten Unterbaum von *B*.
   - *B.wert* > *k*: Suche im linken Unterbaum von *B*.

Der Code für diesen Suchalgorithmus ist in Bsp. 6.13 zu finden. Er ist eine direkte
Übertragung dieser Überlegungen. Bemerkenswert ist lediglich die Einführung
einer Booleschen Variablen gefunden, die das Ergebnis der Suche festhält und durch
die rekursive Aufrufhierarchie zum ersten Aufruf zurück propagiert.

```
class BST {
  // ...
  public boolean suche(int i) {
    return suche(wurzel, i);
  }
  private boolean suche(Knoten aktuell, int i) {
    boolean gefunden = false;
    if (aktuell != null) {
      gefunden = (aktuell.gibWert() == i) ;
      if (aktuell.gibWert() < i)
        gefunden = suche(aktuell.gibRechts(), i);
      if (aktuell.gibWert() > i)
        gefunden = suche(aktuell.gibLinks(), i);
    }
    return gefunden;
  }
  // ...
}
```

Bsp. 6.13: Suchen in einem binären Suchbaum

Wir wollen uns kurz mit der Effizienz dieses Suchalgorithmus befassen und eine
grobe Abschätzung des Verhaltens dieses Algorithmus vornehmen. Betrachtet man
den Algorithmus, so stellt man fest, daß der größte Suchaufwand dann vorliegt,
wenn man den längsten Pfad von der Wurzel zu einem Blatt durchlaufen muß. Dies
führt zu der folgenden Definition.

Definition:

Ist B ein binärer Baum, so definiert man die *Höhe* $h(B)$ von B rekursiv durch:

$$h(B):= \begin{cases} 0, & \textit{falls B leer ist} \\ 1 + max \{h(B_1), h(B_2)\}, & \textit{falls } B_1 \textit{ und } B_2 \textit{ linker bzw. rechter} \\ & \textit{Unterbaum von B sind} \end{cases}$$

Sei B ein binärer Suchbaum mit $h(B)=n$: Dann enthält B mindestens n und höchstens
2^n-1 Knoten, nämlich n, wenn der Baum zur Liste *degeneriert* ist, und 2^n-1, wenn
jeder von $2^{n-1}-1$ inneren Knoten genau zwei Söhne und jedes von 2^{n-1} Blättern keine
Söhne hat.

Der Aufwand für die Suche wird im wesentlichen durch die Anzahl der Vergleiche bestimmt. Eine Analyse des Algorithmus zeigt, daß man höchstens $h(B)$ Vergleiche für eine erfolglose Suche in B benötigt.

Das sieht man leicht durch *vollständige Induktion* nach dem Aufbau von B:

Ist B leer, also $h(B)=0$, so ist kein Vergleich nötig; hat B die Unterbäume B_1 und B_2, so ergibt sich mit der Induktionsvoraussetzung für B für die Anzahl der erfolglosen Vergleiche höchstens $1 + max \{h(B_1), h(B_2)\} = h(B)$.

Aus diesen Überlegungen folgt, daß für eine erfolglose Suche mindestens *log n* und höchstens *n* Vergleiche notwendig sind, wenn der Baum *n* Elemente enthält.

Die Form des obigen Induktionsbeweises soll noch einmal kurz aufgegriffen werden. Wir wollen eine Aussage für alle binären Suchbäume durch vollständige Induktion beweisen. Dabei gehen wir wie folgt vor:

Wir zeigen, daß die Aussage für den leeren Baum gilt. Dies ist der Induktionsanfang. Nehmen wir nun an, daß unsere Aussage für alle binären Suchbäume der Größe *n* gilt und daß wir einen binären Suchbaum der Größe *n+1* vor uns haben. Der rechte und der linke Unterbaum haben dann höchstens *n* Elemente, so daß die Induktionsvoraussetzung für die beiden Unterbäume gilt. Daraus beweisen wir dann die Gültigkeit für den vorgelegten Baum.

Nach diesem Schema arbeitet der oben angegebene Beweis, so daß wir uns im Induktionsschritt bei der Induktionsvoraussetzung auf die Annahme beschränken können, daß die Aussage für den linken und den rechten Unterbaum gilt. Daraus beweisen wir dann ihre Gültigkeit für den Baum.

Algorithmus für das Entfernen

Nach dem Einfügen und der Suche wollen wir zunächst kurz das Entfernen der Wurzel aus einem binären Suchbaum erklären. Das Entfernen der Wurzel soll natürlich den Effekt haben, daß ein neuer binärer Suchbaum konstruiert wird – sonst würde der vorgegebene Suchbaum ja in zwei disjunkte Bäume zerfallen.

Wir müssen also einen Knoten finden, der an die Stelle der Wurzel gesetzt wird, und zwar so, daß die Kriterien für einen binären Suchbaum wieder erfüllt sind. Insbesondere muß dieser Knoten also die Eigenschaft haben, daß er größer als die Wurzel des linken Unterbaums und kleiner als die Wurzel des rechten Unterbaums ist. Wir suchen hierzu den Knoten mit der größten Beschriftung im linken Unterbaum, entfernen diesen Knoten aus seiner bisherigen Position und setzen ihn als Wurzel ein; man macht sich leicht klar, daß der gesuchte Knoten der am weitesten rechts stehende Knoten im linken Unterbaum sein muß. Da dieser Knoten keinen rechten

Nachfolger besitzt, kann er leicht entfernt und durch seinen linken Nachfolger ersetzt werden. Ist der linke Unterbaum der Wurzel leer, so verfahre man im rechten Unterbaum völlig analog: Man suche das kleinste Element im rechten Unterbaum, streiche es an seiner bisherigen Position und setze es als neue Wurzel ein. Dieses kleinste Element findet man als den am weitesten links stehenden Knoten im rechten Unterbaum.

Allerdings kann im letzten Fall auch auf eine Umgestaltung des Baums verzichtet werden: Ist ein Unterbaum der Wurzel leer und wird die Wurzel entfernt, so bildet der verbleibende Unterbaum nach der Definition ja wieder einen binären Baum. Die Vorgehensweise wird in Abb. 6.6 illustriert.

Bei diesen Überlegungen haben wir uns auf den Spezialfall konzentriert, daß wir die Wurzel des binären Suchbaums entfernen wollen. Wenn wir dagegen einen inneren Knoten aus dem binären Suchbaum entfernen wollen, gehen wir völlig analog vor, indem wir diesen Knoten als Wurzel eines Unterbaums betrachten und für diesen Unterbaum die Wurzel entfernen.

Abschließend ist noch der Fall zu diskutieren, daß ein Blatt entfernt werden soll: Dieser Fall ist jedoch trivial, da das Blatt keine Unterbäume besitzt und durch den leeren Unterbaum ersetzt werden kann. Die Formulierung des oben beschriebenen Algorithmus in Java wird als Übung (Aufgabe 9) gestellt, daher wird der Code hier nicht angegeben.

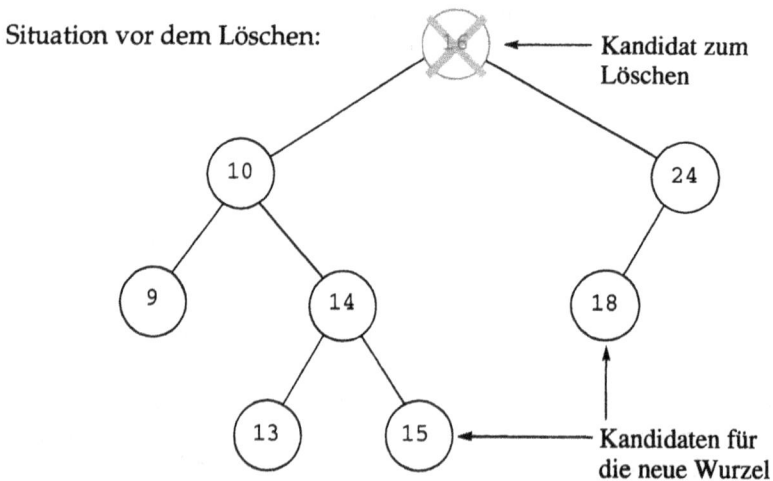

Abb. 6.6: Löschen der Wurzel eines Baums (Teil 1; Fortsetzung Teil 2)

Situation nach dem Löschen:

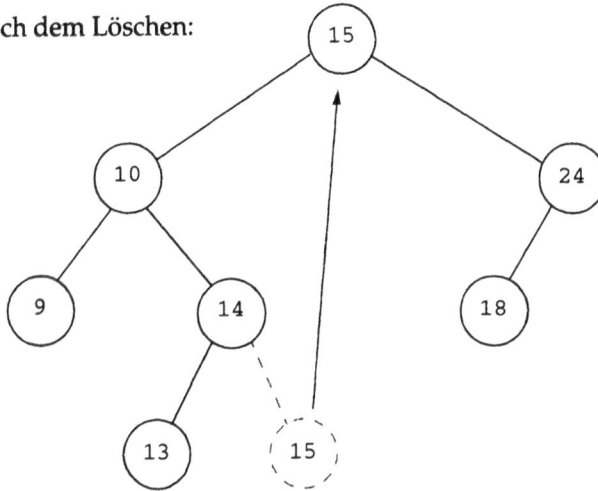

Abb. 6.6: Löschen der Wurzel eines Baums (Teil 2)

6.4.2 Durchlaufstrategien

Gelegentlich soll eine Baumstruktur systematisch durchlaufen werden, um beispielsweise die Knotenbeschriftungen auszugeben oder die Summe aller Inhaltswerte zu bilden. Dies erfordert eine Strategie zum Durchlauf, bei der jeder Knoten des Baums genau einmal besucht wird. Der Einfachheit halber werden wir annehmen, daß der Besuch lediglich im Ausgeben des Knoteninhalts besteht. Wir wollen im folgenden die wichtigsten Strategien für den Durchlauf einführen und kurz diskutieren. Dies geschieht hier für binäre Suchbäume. Es wird offensichtlich sein, daß sich die Formulierungen für allgemeine binäre Bäume nicht ändern würden. Zunächst werden wir uns über die Vorgehensweise klar:

Ein Baum kann im *Tiefen-* oder *Breitendurchlauf* knotenweise besucht werden. Der Tiefendurchlauf geht von einem Knoten in die Tiefe, indem einer seiner Söhne besucht wird, dann einer von dessen Söhnen usw. Der Breitendurchlauf geht von der Beobachtung aus, daß man alle Knoten eines Baums besuchen kann, indem man mit einem Knoten auch alle seine Nachbarn besucht. Für den Tiefendurchlauf lassen sich die Varianten *Preorder-*, *Inorder-* und *Postorder*-Durchlauf formulieren, die sich in der Reihenfolge unterscheiden, in der die Wurzel, ihr linker und ihr rechter Unterbaum besucht werden.

Preorder:

Bei dieser Strategie wird zunächst die Wurzel besucht, dann wird der linke Unterbaum in *Preorder* besucht und anschließend der rechte Unterbaum ebenfalls in *Preorder*. Es ist klar, daß nichts zu tun ist, wenn der Baum leer ist. Die Abb. 6.7 zeigt das Resultat eines Durchlaufs, das Bsp. 6.14 den zugehörigen Code.

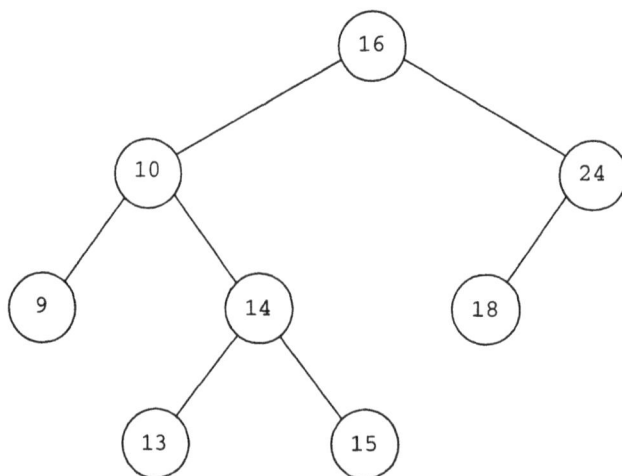

Reihenfolge der besuchten Knoten: 16, 10, 9, 14, 13, 15, 24, 18

Abb. 6.7: Preorder-Durchlauf durch einen binären Suchbaum

```
public void preOrder() {
  preOrder(wurzel);
}
private void preOrder(Knoten aktuell) {
  if (aktuell != null) {
    EA.println(aktuell.gibWert());
    preOrder(aktuell.gibLinks());
    preOrder(aktuell.gibRechts());
  }
}
```

Bsp. 6.14: Preorder-Durchlauf

Inorder:

Hier wird die Wurzel nach dem *Inorder*-Durchlauf für den linken Unterbaum
und vor dem *Inorder*-Durchlauf für den rechten Unterbaum besucht. Bsp. 6.15
zeigt den Code für diese Durchlaufstrategie. Für den aus Abb. 6.7 bekannten
Baum ergibt sich als Reihenfolge der besuchten Knoten:

    9, 10, 13, 14, 15, 16, 18, 24

Man beachte, daß ein Inorder-Durchlauf die Knotenbeschriftungen immer in auf-
steigender Reihenfolge ausgibt.

```
public void inOrder() {
  inOrder(wurzel);
}
private void inOrder(Knoten aktuell) {
  if (aktuell != null) {
    inOrder(aktuell.gibLinks());
    EA.println(aktuell.gibWert());
    inOrder(aktuell.gibRechts());
  }
}
```

Bsp. 6.15: Inorder-Durchlauf

Postorder:

Hier wird zunächst *Postorder* für den linken Unterbaum, dann *Postorder* für den rechten Unterbaum aufgerufen, bevor die Wurzel besucht wird. Das Bsp. 6.16 gibt den Code für den Postorder-Durchlauf an. Diese Durchlaufstrategie ergibt für den Baum aus Abb. 6.7 folgende Ausgabe:

  9, 13, 15, 14, 10, 18, 24, 16

```
public void postOrder() {
  postOrder(wurzel);
}
private void postOrder(Knoten aktuell) {
  if (aktuell != null) {
    postOrder(aktuell.gibLinks());
    postOrder(aktuell.gibRechts());
    EA.println(aktuell.gibWert());
  }
}
```

Bsp. 6.16: Postorder-Durchlauf

Breitendurchlauf:

Bei dieser Strategie wird der Baum ausgehend von der Wurzel »schichtenweise« abgetragen, also zunächst die Wurzel selbst, dann alle ihre direkten Nachfolger, dann alle deren Nachfolger und so fort. Die Besuchsreihenfolge und das Ergebnis eines solchen Durchlaufs werden in Abb. 6.8 wiedergegeben. Für die Darstellung der Ausgabe sind die Schichten, in denen die entsprechenden Knoten abgetragen werden, durch waagerechte Markierungen angedeutet.

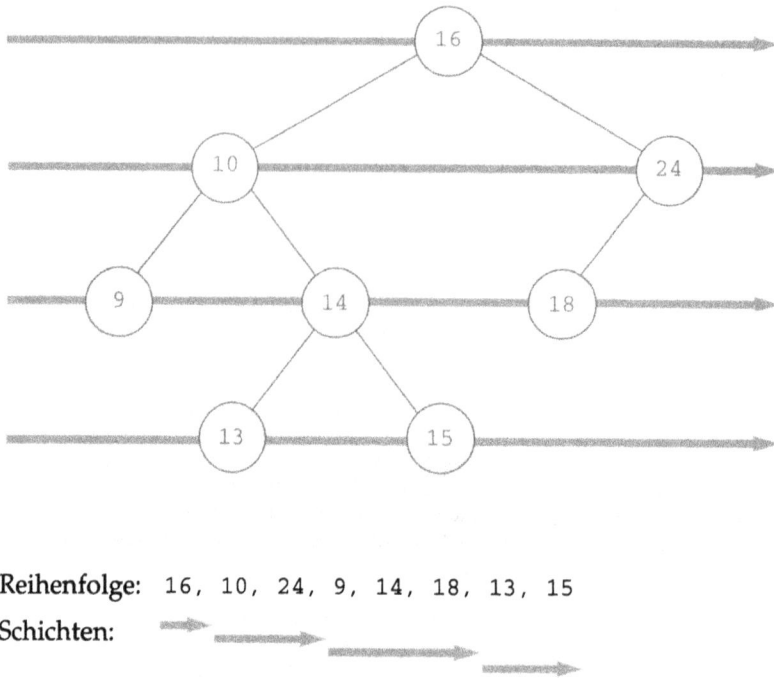

Reihenfolge: 16, 10, 24, 9, 14, 18, 13, 15

Schichten:

Abb. 6.8: Breitendurchlauf für einen binären Suchbaum

Die Idee zur Realisierung des Breitendurchlaufs ist wie folgt:

> Noch nicht besuchte Knoten werden in einer verketteten Liste gespeichert, so daß der Knoten, der als nächster besucht wird, am Anfang der Liste steht. Wird ein Knoten besucht, so wird er aus der Liste entfernt und sein linker und sein rechter Sohn werden, falls vorhanden, in dieser Reihenfolge ans Ende der Liste angefügt. Dies geschieht solange, bis die Liste leer ist. Die Liste wird mit der Wurzel des Baums initialisiert. Insgesamt wird also durch die Liste eine *Warteschlange* von Knoten aufgebaut: Der Knoten am Anfang der Warteschlange wird als nächster ausgedruckt, der Knoten am Ende der Warteschlange ist als letzter hinzugefügt worden.

Die Abb. 6.9 zeigt zunächst die Warteschlange ws nach dem Besuch der Wurzel und vor dem Besuch des Knotens mit der Beschriftung 10. Sie enthält Referenzen auf die Söhne der Wurzel des Baums, d.h. die Knoten mit den Inhalten 10 und 24. Die Abbildung zeigt dann die Warteschlange mit den hinzugefügten Referenzen nach dem Besuch des Knotens mit dem Inhalt 10. Dieser Knoten ist aus der Liste entfernt worden, seine beiden Söhne sind an das Ende angefügt worden, so daß die Liste nun aus Referenzen auf die Knoten mit den Beschriftungen 24, 9, 15 besteht.

vor Besuch des Knotens 10:

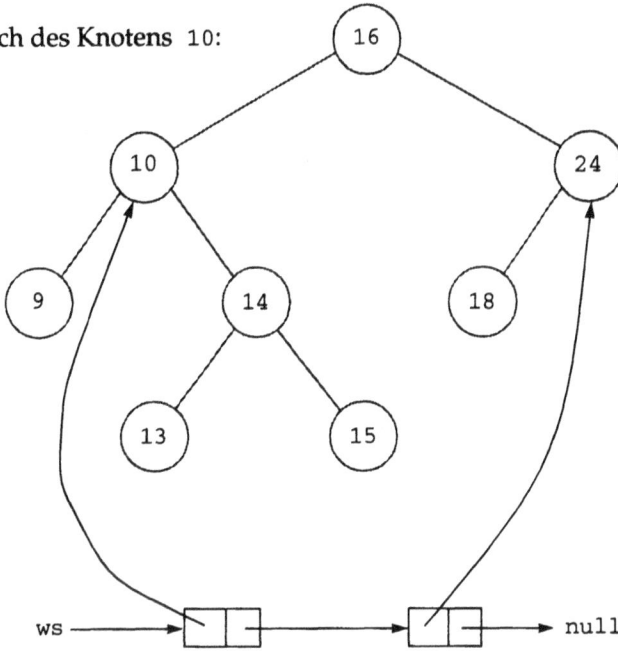

nach Besuch des Knotens 10:

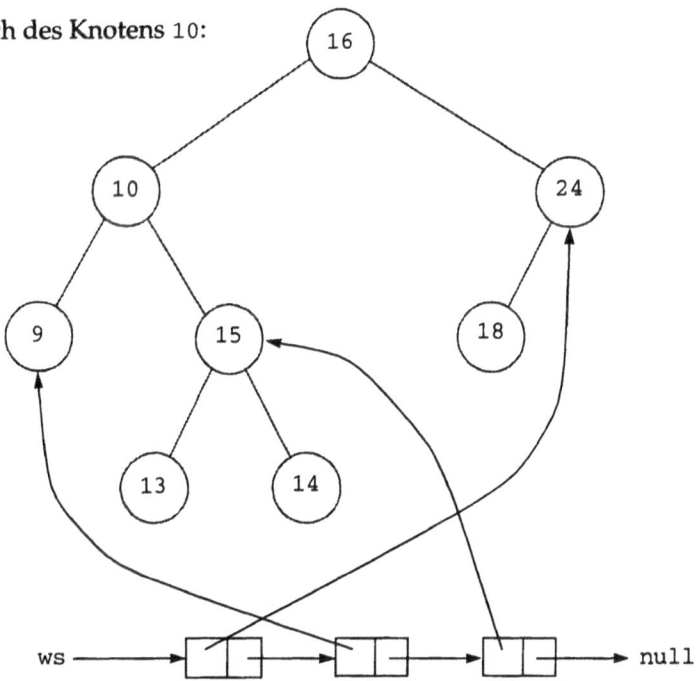

Abb. 6.9: Warteschlange für den Breitendurchlauf

Um diese Idee in einem Programm zu formulieren, müssen wir uns zunächst über die Form der verketteten Liste (also unserer Warteschlange von Knoten) klarwerden. Da wir nicht die Knoten selbst benötigen, sondern vielmehr Informationen darüber, welche Knoten sich in der Warteschlange befinden, realisieren wir die Warteschlange als verkettete Liste, deren Elemente aus Referenzen auf Knoten des Baums bestehen. Die beiden notwendigen Operationen auf dieser Warteschlange sind einfach: Wir müssen in der Lage sein, das erste Element der Liste zu entfernen und ein neues Elemente an das Ende der Liste anzufügen.

Das Bsp. 6.17 enthält den Code für die Methode `breitendurchlauf`. Sie erkennen, daß es im wesentlichen eine Zusammenfassung der obigen Diskussion auf der Basis der geeigneten Listenoperationen darstellt. Da wir an dieser Stelle nur die für die Breitensuche notwendigen Operationen betrachten wollen, definieren wir eine Klasse `SohnListe`, deren Instanz bei der Breitensuche die noch nicht besuchten Söhne als Beschriftungen der Elemente enthält. `SohnListe` baut auf der Klasse `SohnElem` auf, die Elemente mit einem Verweis auf Objekte der Klasse `Knoten`, d.h. auf die Knoten des Baums, bereitstellt. Das Bsp. 6.18 zeigt, daß die Listenkonstruktion der bereits aus Kapitel 6.3 bekannten Klasse `DListe` entspricht.

```
class BST {
  // ...
  void breitendurchlauf() {
    SohnListe ws = new SohnListe();
    Knoten aktuell;
    ws.fügeAn(wurzel);
    while ((aktuell = ws.entferne()) != null) {
      EA.println(aktuell.gibWert());
      if (aktuell.gibLinks() != null)
        ws.fügeAn(aktuell.gibLinks());
      if (aktuell.gibRechts() != null)
        ws.fügeAn(aktuell.gibRechts());
    }
  }
  // ...
}
```

Bsp. 6.17: Breitendurchlauf durch einen binären Suchbaum

Wir bemerken an diesem Beispiel, daß wir die Klasse `DListe` in Form der Klasse `SohnListe` an die einzutragenden Objekte der Klasse `Knoten` anpassen mußten, obwohl die Operationen aus der Klasse `DListe` in ihrem Ablauf nicht verändert werden mußten. Dies ist unbefriedigend, da es eine Wiederholung eigentlich identischer Programmteile erfordert. Einen ersten Ansatz, um dieses Problem zu beheben, haben wir in Kapitel 5 in Form der Abstraktion kennengelernt. Allerdings ist die damit denkbare Lösung auch nicht befriedigend: Hätten wir eine Abstraktion `interface Eintrag` angelegt und auf dessen Grundlage die Klasse `DListe` formuliert, so hätten wäre insbesondere ein Problem mit dem Typ der Rückgabe der Methode `entferne` aufgetreten: Hier würde die Listenvereinbarung dann lediglich den Typ `Eintrag` zusichern, tatsächlich geliefert würde aber ein Objekt der Klasse `Knoten`. Um auf die spezifischen Eigenschaften der Klasse `Knoten` zurückgreifen zu können, müßte der Nutzer der Liste eine explizite Typumwandlung in die Klasse `Knoten` vornehmen. In Kapitel 7 werden wir mit Vererbung ein weiteres Konzept der Sprache Java kennenlernen, welches uns erlaubt, auch diese explizite Typumwandlung nach außen zu verbergen. Wir werden daher hier nicht näher auf eine Implementierung mit Abstraktionen eingehen.

```
class SohnElem {
  private Knoten wert;
  private SohnElem weiter;
  public SohnElem(Knoten k) { wert = k; weiter = null; }
  public void setzeWert(Knoten k) { wert = k; }
  public Knoten gibWert() { return wert; }
  public void setzeWeiter(SohnElem s) { weiter = s; }
  public SohnElem gibWeiter() { return weiter; }
}

class SohnListe {

  private SohnElem kopf, fuß;

  public SohnListe() { kopf = fuß = null; }

  public void fügeAn(Knoten an) {
    SohnElem neu = new SohnElem(an);
    if (fuß != null) {
      fuß.setzeWeiter(neu);
      fuß = neu;
    } else
      kopf = fuß = neu;
  }

  public Knoten entferne() {
    Knoten erster = null;
    if (kopf != null) {
      erster = kopf.gibWert();
      kopf = kopf.gibWeiter();
      if (kopf == null)
        fuß = null;
    }
    return erster;
  }
}
```

Bsp. 6.18: Die Klassen `SohnElem` *und* `SohnListe`

6.5   Gerichtete Graphen

Listen stellen eindimensionale Verkettungen von Informationen dar: Jedes Element
einer Liste hat entweder einen oder keinen Nachfolger. Binäre Bäume stellen eine
zweidimensionale Form der Verkettung dar: Jeder Knoten ist mit höchstens zwei
Söhnen verbunden. Abstrahieren wir von diesen Gegebenheiten ein wenig, so
benötigen wir für eine allgemeinere Darstellung zunächst wieder Knoten. Dann
müssen wir für jeden Knoten sagen, mit welchen anderen Knoten er in gerichteter
Weise verbunden ist. Dies führt zum Begriff des *gerichteten Graphen*, den wir nun als
eine der wichtigsten Datenstrukturen der Informatik diskutieren wollen. Die Bedeutung von Graphstrukturen haben wir ja schon im einleitenden Kapitel dieses Buches
kennengelernt, als wir für das Problem der kostengünstigen Telefonverkabelung der
Wiener Hofburg eine abstrakte Beschreibung und eine Lösung anhand eines *ungerichteten* Graphen gefunden haben. Wir werden uns hier zunächst allgemein mit der
Realisierung von Graphen auseinandersetzen und in Kapitel 10 – nach weiteren Vorarbeiten – speziell auf die Umsetzung des Algorithmus von Kruskal eingehen. Wir
werden nun zunächst einige Begriffe aus dem Bereich der Graphen formaler fassen.

Definition:

$G = (V, E)$ heißt *gerichteter Graph* mit *Knotenmenge V* und *Kantenmenge E*,
falls gilt:

- *V* ist eine endliche Menge und
- $E \subseteq V \times V$

Ist $(a,b) \in E$, so liegt eine *gerichtete Kante* von a nach b vor – es muß jedoch keine
gerichtete Kante von b nach a vorhanden sein, da $(a,b) \neq (b,a)$.

Die Abb. 6.10 zeigt ein Beispiel für einen gerichteten Graphen[1]. Die dort dargestellten Kanten kann man nun Schritt für Schritt durchlaufen. Dies führt zum
Begriff des Pfades zwischen zwei Knoten.

---

[1]   Grundsätzlich ist jeder binäre Baum ein gerichteter Graph: Jeder Knoten ist mit seinen beiden
Söhnen durch je eine gerichtete Kante verbunden. Formal kann man das wie folgt beschreiben:
Jedem binären Baum B wird ein Graph $DirGraph(B)$ zugeordnet. Ist B der leere Baum $\emptyset$, so ordnet
man B den leeren Graphen zu, also $DirGraph(\emptyset) := (\emptyset, \emptyset)$.
Ist nun $B = (w, B_1, B_2)$ ein binärer Baum (vgl. Fußnote in Kapitel 4.2) mit Wurzel w und linkem und
rechtem Unterbaum B_1 bzw. B_2, und sind den Unterbäumen bereits die gerichteten Graphen
$$DirGraph(B_1) := (Knoten(B_1), E_1), \quad DirGraph(B_2) := (Knoten(B_2), E_2),$$
zugeordnet, so setzt man für den Fall, daß keiner der beiden Unterbäume der leere Baum ist
$$DirGraph(B) := (Knoten(B), E_1 \cup E_2 \cup \{(w, w_1), (w, w_2)\}),$$
wobei w_1 die Wurzel des linken Unterbaums B_1 und w_2 die Wurzel des rechten Unterbaums B_2
bezeichnet. Falls einer der beiden Unterbäume leer ist, so muß man die Definition entsprechend
justieren und kann die entsprechende gerichtete Kante nicht in die Menge der Kanten von
$DirGraph(B)$ aufnehmen.

Definition:

Sei $G = (V, E)$ ein gerichteter Graph, so besteht ein *Pfad* aus Knoten $(p_0, p_1, ..., p_k)$ von p_0 nach p_k für $k > 0$ aus Knoten $p_0, ..., p_k \in V$, so daß jedes Paar aufeinanderfolgender Knoten (p_i, p_{i+1}) eine Kante bildet. Dies gilt für $0 \leq i \leq k-1$.

Ein *Zyklus* ist ein Pfad von einem Knoten zu sich selbst.

Betrachten Sie unseren Beispielgraphen:

In Abb. 6.10 finden Sie einige Pfade und Zyklen. Beispielsweise haben wir den Pfad $(9, 6, 4, 2, 3)$ von 9 nach 3 oder den Zyklus $(5, 2, 1, 5)$.

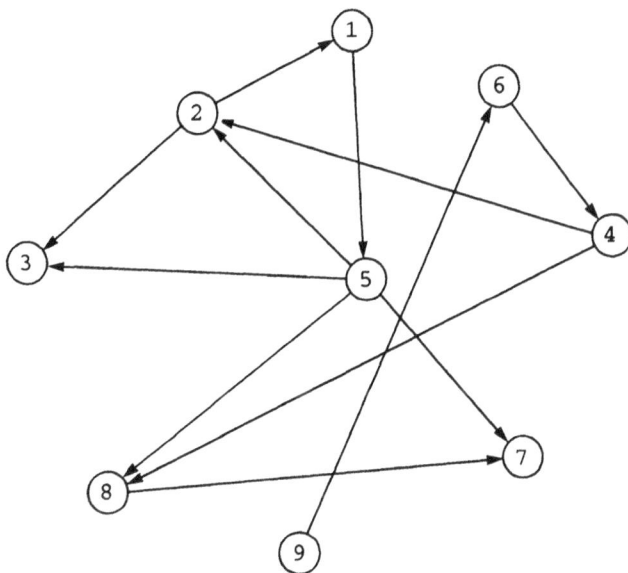

Abb. 6.10: Beispiel für einen gerichteten Graphen

Da wir gerichtete Graphen mit Programmen bearbeiten wollen, stellt sich unmittelbar die Frage nach ihrer Darstellung. Die erste Idee besteht darin, für jeden Knoten zu sagen, welches seine unmittelbaren Nachbarn sind. Dies führt zu der folgenden Definition.

Definition:

Ist $n \in V$ ein Knoten im gerichteten Graphen (V, E), so heißt $\{p \in V; (n, p) \in E\}$ die *Adjazenzliste*[1] zum Knoten n.

---

[1] Strenggenommen wird bei der Adjazenzliste keine Liste, sondern lediglich eine Menge definiert.

Die Adjazenzliste eines Knotens enthält also alle unmittelbaren Nachbarn eines Knotens. Betrachten wir unseren Beispielgraphen aus Abb. 6.10, so sehen wir in der Abb. 6.11 diese Listen für alle Knoten als Einträge in einer Tabelle angegeben.

Knoten	Adjazenzliste
1	5
2	1, 3
3	(leer)
4	2, 8
5	2, 3, 7, 8
6	4
7	(leer)
8	7
9	6

Abb. 6.11: Adjazenzliste zum Beispiel aus Abb. 6.10

Eine Alternative zu dieser Darstellung ist die Darstellung über Boolesche Matrizen: Man definiere eine Matrix $(a_{k,l})_{k,l \in V}$ und setze:

$$a_{k,l} := ((k, l) \in E)$$

Also hat $a_{k,l}$ den Wert true genau dann, wenn $(k, l) \in E$ gilt. Man kann dann die Operationen auf Graphen zum größten Teil algebraisieren, also mit diesen Matrizen so umgehen, wie es in der linearen Algebra üblich ist. Wir werden diese Möglichkeit jedoch nicht weiter verfolgen, da sie ganz offensichtlich speicherintensiver als die zuvor angegebene Lösung mit Adjazenzlisten ist.

Knoten werden wir der Einfachheit halber wieder mit ganzen Zahlen bezeichnen. Wir definieren zunächst die Klassen Knoten, KnotenListe, KnotenElem und Graph, zeigen deren Attribute (Bsp. 6.19) und erläutern danach die Implementierung.

Ein Knoten besteht dabei aus seinem Namen und einer Referenz auf seine Adjazenzliste. Es wird sich als sinnvoll erweisen, alle Knoten zusätzlich noch in einer verketteten Liste abzulegten. Eine weitere Referenz nächster auf die Klasse Knoten dient dazu, den Graph insgesamt »zusammenzuhalten«. Jeder Knoten hat dann auch einen Zeiger auf einen Nachfolger; dieser Zeiger dient aber lediglich dazu, die Verwaltung der Knoten zu unterstützen, er hat mit der eigentlichen Struktur des Graphen nichts zu tun.

```
class Knoten {
  private int name;
  private KnotenListe adjazenz;
  private Knoten nächster;
  // ...
}
class KnotenListe {
  private KnotenElem kopf, fuß;
  // ...
}
class KnotenElem {
  private Knoten verweis;
  private KnotenElem weiter;
  // ...
}
class Graph {
  private Knoten erster;
  // ...
}
```

Bsp. 6.19: Definitionen für Graphen

Die Adjazenzliste – auf die die Referenz `adjazenz` der Klasse `Knoten` verweist – ist eine verkettete Liste, die Verweise auf andere Knoten enthält. Diese Liste ist durch die Struktur des Graphen vorgegeben. Auf diese Weise können wir einen Knoten und seine Adjazenzliste auf recht natürliche Weise gemeinsam darstellen, nehmen dafür aber eine relativ komplexe Struktur in Kauf, die wir in Abb. 6.12 für unser Beispiel angegeben haben. Zur Verdeutlichung ihrer Aufgaben sind dort Klassen und Referenzen unterschiedlich visualisiert: Referenzen aus Adjazenzlisten auf Knoten und die Knoten sind schwarz eingefärbt, Referenzen und Objekte der Adjazenzlisten sind grau gezeichnet und die der Verwaltung dienende Verkettung aller Knoten ist als Strichellinie ausgeführt. Betrachten wir etwa den Knoten 2, so ist der nächste Knoten auf der verketteten Liste aller Knoten der Knoten 1. Der Zeiger für die Adjazenzliste zeigt auf eine Liste, die wiederum auf die Knoten 1 und 3 zeigt.

Bevor wir uns weiter mit der Implementierung des Graphen beschäftigen, tragen wir zunächst einmal einige der Operationen zusammen, die auf einem Graphen durchgeführt werden sollen. Wir geben hier nur einen Grundvorrat an, der für besondere Problemstellungen natürlich entsprechend erweitert werden muß. Die Liste der Operationen auf einem Graphen umfaßt

- das Erzeugen eines neuen Graphen,
- das Einfügen oder Löschen eines Knotens,
- das Einfügen oder Löschen einer Kante,
- den Test, ob ein Knoten vorhanden ist, und
- den Test, ob eine Kante vorhanden ist.

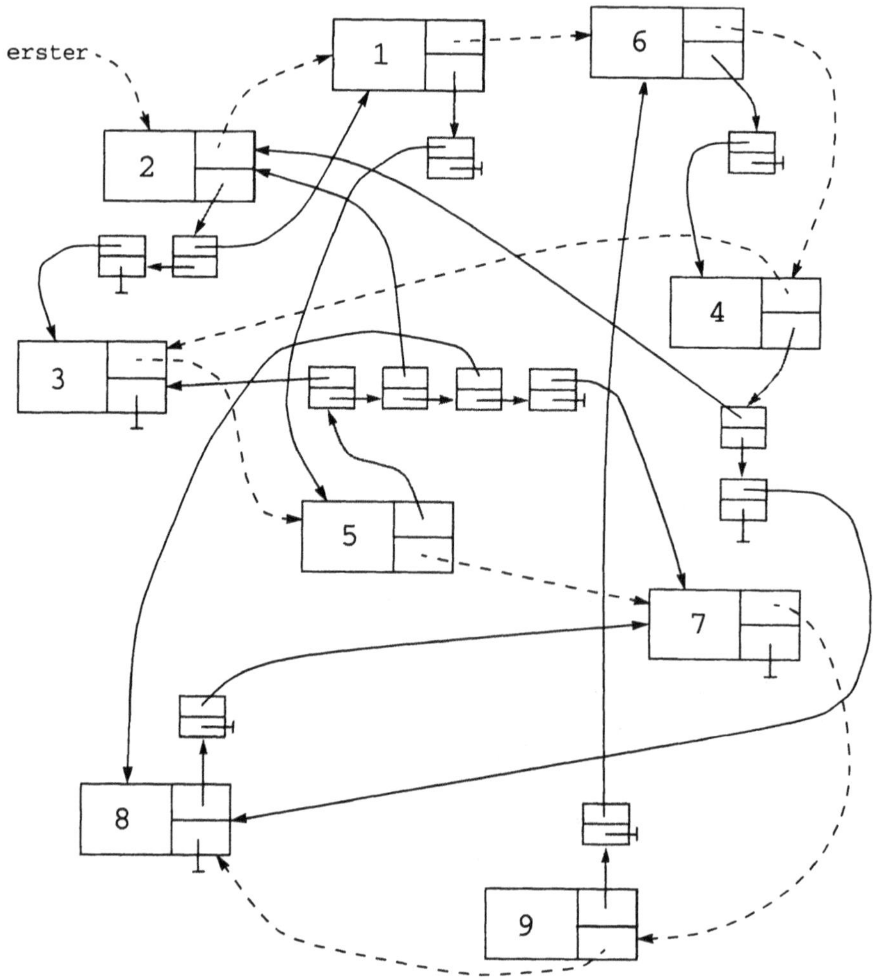

Abb. 6.12: Gerichtete Graphen – Listendarstellung

Zusammengefaßt ist für die Implementierung des Graphen also notwendig:

- die Realisierung der Knoten,
- die Realisierung der Kanten und
- die Realisierung der obigen Operationen.

Wir erweitern nun unsere Definition der Klasse Graph um die angeführten Operationen. Wir gehen dabei davon aus, daß uns auf den Klassen Knoten und KnotenElem Konstruktoren und die aus den vorangehenden Programmbeispielen hinlänglich bekannten Methoden gib... und setze... zur Verfügung stehen. Ebenso seien für die Klasse KnotenListe die Methoden fügeAn und stelleVoran – ebenfalls in der bekannten Form – vereinbart.

Wir können nun die Operationen auf dem Graphen durch Listenoperationen realisieren. Dies bedeutet für die einzelnen Operationen folgendes:

- Das Erzeugen eines neuen Graphen erfolgt durch den Aufruf eines Konstruktors.

- Das Hinzufügen eines Knotens ist eine Listenoperation auf der Liste der Knoten.

- Das Entfernen eines Knotens ist eine Operation auf der Liste der Knoten und auf den Adjazenzlisten, die einen Zeiger auf den zu entfernenden Knoten besitzen.

- Das Hinzufügen einer Kante ist eine Operation auf den Adjazenzlisten.

- Der Test, ob ein Knoten vorhanden ist, stellt eine Operation auf der Liste aller Knoten dar.

- Der Test, ob eine Kante vorhanden ist, stellt zunächst eine Operation auf der Liste aller Knoten – Ausgangsknoten der Kante finden – und anschließend auf der zugehörigen Adjazenzliste dar.

Das nachfolgende Gerüst der Klasse `Graph` zeigt die Methoden dieser Klasse und faßt die vorangehenden Überlegungen noch einmal zusammen. Damit ist jeder Graph ein Objekt, das einen lokalen Zustand hat, der durch seine Knoten und Kanten gegeben ist, und das weiß, wie dieser lokale Zustand durch geeignete Methodenaufrufe verändert werden kann.

```
class Graph {
    private Knoten erster;
    public void Graph() { ... }
    public void fügeKnotenEin(int ktn) { ... }
    public void entferneKnoten(int ktn) { ... }
    public void fügeKanteEin(int start, int ende) { ... }
    public boolean istKnotenDa(int ktn) { ... }
    public boolean istKanteDa(int start, int ende) { ... }
}
```

Analog zu binären Bäumen möchte man einen Graphen gerne so durchlaufen, daß man jeden Knoten genau einmal besucht. Dies soll im folgenden betrachtet werden. Der Besuch eines Knotens soll für die Zwecke unserer Diskussion wieder lediglich darin bestehen, daß wir den Namen des Knotens ausdrucken. Im Gegensatz zu der recht regulären Struktur des binären Baums kann der Durchlauf durch einen Graphen nicht ausschließlich durch die Durchlaufstrategie kontrolliert werden. Zyklen im Graphen, d.h. Pfade von einem Knoten zu sich selbst, führen dazu, daß mit der bisherigen Struktur der Klasse `Knoten` nicht sichergestellt werden kann, daß Knoten auch nur genau einmal besucht und ausgegeben werden. Wir erweitern daher die Klasse `Knoten` um ein Attribut `boolean warDa`, das dann als Markierung gesetzt wird, wenn der Knoten besucht wird. Als Ergänzung der Klasse `Knoten` vereinbaren wir daher:

```
class Knoten {
  private boolean warDa;
  public void setzeWarDa(boolean wd) { warDa = wd; }
  public boolean gibWarDa() { return warDa; }
  // ...
}
```

Die Nutzung des Attributs warDa ist nicht unproblematisch: Nachdem wir alle Knoten eines Graphen besucht haben, besitzt jeder dieser Knoten für dieses Attribut den Wert true. Ein erneuter Durchlauf durch den Graphen würde scheitern, da unmittelbar kein »unbesuchter« Knoten gefunden werden könnte. Diese Situation könnte dadurch gelöst werden, daß vor jedem Durchlauf alle warDa-Attribute wieder auf false gesetzt werden. Leider wird dafür auch ein kompletter Durchlauf durch den Graphen benötigt, was uns als wenig elegante Lösung erscheint.

Sofern wir sicher sein können, daß immer alle warDa-Attribute vor der Ausführung der Durchlaufmethode den gleichen Wert besitzen, bietet es sich daher an, den Wert des Attributs warDa während des Durchlaufs jeweils einfach umzukehren und so wechselweise auf true oder auf false zu setzen. Wir müssen dazu jedoch darauf achten, daß auch die Methode fügeKnotenEin das Attribut mit der aktuellen Belegung der schon existierenden Knoten des Graphen besetzt.

Analog zu Bäumen müssen wir uns eine Besuchsstrategie ausdenken, die sich an der Struktur des Graphen orientiert und gewährleistet, daß wir tatsächlich *jeden* Knoten nur *genau einmal* besuchen. Die einfachste Idee hierzu wäre ein Verfolgen der Verzeigerung durch die Referenz nächster, da wir so alle Knoten entlang der dadurch aufgebauten Liste erreichen würden. Das Attribut warDa würde gar nicht benötigt. Allerdings gibt diese Ausgabe keinerlei Aufschluß über die Struktur des Graphen, die ja durch die Kanten des Graphen festgelegt wird.

Statt dessen wählen wir eine Durchlaufstrategie, die zusammenhängende Teilgraphen auch zusammen ausgibt. Erst wenn in einem Teilgraph keine Kante mehr gefunden wird, die zu einem noch nicht besuchten Knoten führt, versuchen wir, über die Referenz nächster einen weiteren Teilgraphen zu finden. Das dazu benutzte Prinzip bei der Implementierung wird als *Backtracking* (vgl. Aufgabe 3 in Kapitel 4.6) bezeichnet: Wir versuchen – ähnlich der Tiefensuche bei Bäumen – ausgehend von einem Knoten eine Kante zu einem noch nicht besuchten Knoten zu finden und fahren dann mit diesem so fort. Können wir von einem Knoten nur noch bereits besuchte Knoten erreichen, so kehren wir zu seinem Vorgänger in der Durchlaufreihenfolge zurück und versuchen dort erneut unser Glück – wir folgen also unserer Spur wieder zurück, und zwar solange, bis wir beim Ausgangsknoten angelangt sind. Das sich ergebende Verfahren, den *Tiefendurchlauf durch Graphen*, ist natürlicherweise rekursiv.

Die Besuchstrategie besteht aus zwei Methoden, die einander ergänzen: Die Methode `tiefendurchlauf` durchläuft die Knoten des Graphen anhand der Referenz `nächster` und wählt solche Knoten aus, die noch nicht besucht worden sind. Diese Knoten werden der rekursiven Methode `besucheTeilbaum` als Parameter übergeben, die alle von diesem Knoten erreichbaren Knoten ausgibt. Als erste Aktion wird jeder besuchte Knoten in `besucheTeilbaum` entsprechend markiert.

Wir vollziehen diese Besuchsstrategie am Beispiel der Abb. 6.12 nach:

Wir beginnen mit dem »ersten« Knoten des Graphen, dem Knoten 2. In seiner Adjazenzliste findet sich ein Verweis auf den Knoten 1, von dessen Adjazenzliste gelangen wir zu Knoten 5 und von dort zu 3. Die Adjazenzliste von 3 ist leer, so daß wir zu 5 zurückkehren, dort zunächst den Knoten 2 testen, der aber bereits besucht ist. Wir finden anschließend den Knoten 8 und von diesem den Knoten 7. Die Adjazenzliste von 7 ist leer, wir kehren zurück zu 8 (Adjazenzliste abgearbeitet) und zu 5, in dessen Adjazenzliste noch der Knoten 7 steht, der aber bereits besucht wurde. Von dort geht es zurück zu Knoten 1 und dann zu 2 – beide Knoten enthalten in ihren Adjazenzlisten nur Verweise auf bereits besuchte Knoten.

Mit dem Testen des letzten Elements der Adjazenzliste von 2 ist der erste zusammenhängende Teilgraph ermittelt und wir folgen dem Zeiger `nächster` zum Knoten 1, der schon besucht wurde, und weiter zum Knoten 6. Dieser wurde noch nicht besucht, so daß wir mit der Ausgabe eines zweiten Teilgraphen beginnen. Dieser enthält noch den Knoten 4, während der Knoten 9 allein einen weiteren Teilgraphen bildet. Die Details dieses Durchlaufs kann der Leser anhand der Abb. 6.12 selbst durchexerzieren.

Der Code für diese Suchstrategie ist in Bsp. 6.20 wiedergegeben. Das Programm ist leicht verständlich, da sich sein Aufbau unmittelbar an den zuvor gemachten Überlegungen orientiert. Es sei nochmals daran erinnert, daß die Markierung `warDa` bei jedem Durchlauf durch den Graphen »umgekehrt« wird. Um die Belegung vor Beginn des Durchlaufens festzuhalten, ermitteln wir den Wert von `warDa` für den ersten, noch unbesuchten Knoten, negieren ihn und haben so den Wert, der im aktuellen Durchlauf einen Besuch kennzeichnet. Diesen Wert übergeben wir dann als Parameter der Methode `besucheTeilbaum`.

Die in Kapitel 6.3 betrachteten Durchläufe durch lineare Listen zeichneten sich dadurch aus, daß immer die gesamte Liste an einem Stück durchlaufen wurde. In der Methode `besucheTeilbaum` muß jedoch das Durchlaufen der Knoten einer Adjazenzliste für den rekursiven Aufruf unterbrochen werden; wir benötigen also eine Unterstützung für ein knotenweises Durchlaufen der Liste. Da wir auf das private Attribut `kopf` nicht zugreifen können und auch keinen ungehinderten Zugriff auf die daran gehängte Liste ermöglichen wollen, ergänzen wir die Klasse `Knotenliste` um eine private Referenz `position` und die beiden öffentlichen

```
class Graph {
  // ...
  void durchlaufe() {
    Knoten inListe;
    boolean besucht = !erster.gibWarDa();
    inListe = erster;
    while (inListe != null) {
      EA.println("Teilgraph:");
      if (inListe.gibWarDa() != besucht)
        besucheTeilbaum(inListe, besucht);
      inListe = inListe.gibNächster();
    }
  }
  private void besucheTeilbaum(Knoten aktuell, boolean besucht) {
    KnotenListe adjazenz;
    Knoten inAdjazenz;
    aktuell.setzeWarDa(besucht);
    EA.println(aktuell.gibName());
    adjazenz = aktuell.gibAdjazenz();
    inAdjazenz = adjazenz.initIteration();
    while (inAdjazenz != null)
      if (inAdjazenz.gibWarDa() == besucht)
        inAdjazenz = adjazenz.geheWeiter();
      else
        besucheTeilbaum(adjazenz.geheWeiter(), besucht);
  }
  // ...
}
```

Bsp. 6.20: *Tiefendurchlauf durch einen gerichteten Graphen*

Methoden initIteration und geheWeiter, die diese Referenz jeweils setzen und zugleich den Wert der aktuellen Position in Form einer Referenz auf die Klasse Knoten zurückgeben. Es wird hierdurch möglich, daß der Durchlauf durch eine Liste nicht immer beim ersten Element beginnen muß, sondern an derjenigen Position fortgesetzt werden kann, wo er zuvor unterbrochen wurde. Bsp. 6.21 zeigt die Modifikationen der Liste in der Klasse KnotenListe.

Man macht sich übrigens folgendes leicht klar: Wenn wir einen Graphen verwenden, dessen Knoten allesamt noch nicht besucht worden sind, und wenn wir für einen Knoten k den Tiefendurchlauf aufrufen und uns dabei merken, welche Knoten wir bei diesem Tiefendurchlauf besuchen, so erhalten wir genau die Knoten, die von k aus über einen Pfad zu erreichen sind. Der Tiefendurchlauf ist also auch ein praktisches Instrument, um Erreichbarkeitsfragen zu klären. Die Methode durchlaufe müßte nur so geändert werden, daß nicht mit dem »ersten« Knoten des Graphen begonnen wird, sondern daß zunächst eine Knotenbeschriftung als Parameter über-

```
class KnotenListe {
  // ...
  // die bekannten Vereinbarungen der einfach verketteten Liste

  private KnotenElem position = null;
  Knoten initIteration() {
    position = kopf;
    return position.gibVerweis();
  }
  Knoten geheWeiter() {
    position = position != null ? position.gibWeiter(): null;
    return position != null ? position.gibVerweis(): null;
  }
}
```

Bsp. 6.21: *Modifikationen der Klasse* KnotenListe

geben und der zugehörige Knoten gesucht wird; für diesen Knoten wird die Methode besucheTeilbaum aufgerufen. Die Methode durchlaufe wird dann beendet, nachdem ein zusammenhängender Teilgraph abgesucht worden ist, die Referenz nächster wird nicht dazu benutzt, um weitere Teilgraphen zu erreichen und diese zu untersuchen.

Wenn wir zurückschauen, dann haben wir die Operationen auf dem Graphen so formuliert, daß wir auf die interne Darstellung des Graphen nicht zurückzugreifen brauchen. Wir haben also die interne Darstellung in der Klasse *verkapselt*. Diese Vorgehensweise ist für *abstrakte Datentypen* charakteristisch. Man beschreibt den Datentyp ausschließlich durch die Schnittstellen (d.h. durch die Übergabeparameter und die Rückgabewerte) seiner Operationen auf einer Kollektion von Daten und ignoriert die interne Struktur dieser Daten. Da das einzige Attribut erster der Klasse Graph privat vereinbart ist, bietet auch die Kenntnis der benutzen Klassen wie Knoten keine Möglichkeiten, einen Graphen auf eine andere Weise zu manipulieren als durch den Aufruf der öffentlichen Methoden der Klasse Graph. Der Begriff des abstrakten Datentyps ist von wesentlicher Bedeutung für die Softwaretechnik.

6.6 Kellerspeicher

Als weiteres Beispiel für einen abstrakten Datentyp und den Umgang mit verketteten Listen behandeln wir den Kellerspeicher *(auch Stapel, engl. Stack)*. Ein Kellerspeicher arbeitet nach dem Prinzip, daß das letzte in diesen Speicher gelegte Element als erstes herausgenommen wird. Die Elemente solcher Datenstrukturen werden nach dem *LIFO*-Prinzip verwaltet. *LIFO* leitet sich ab von »*Last In First Out*«. Falls Sie in einer Kantine oder Mensa zu Mittag essen, begegnen Ihnen solche Kellerspeicher, denn die Tablettstapel sind dort meist nach dieser Art organisiert: Das zuletzt auf den Stapel gelegte Tablett wird als erstes wieder heruntergenommen.

Nach dem Prinzip der abstrakten Datentypen überlegen wir uns zunächst, welche Operationen auf einem Kellerspeicher durchgeführt werden sollen:

- Initialisieren eines leeren Kellerspeichers,
- Testen, ob der Kellerspeicher leer ist,
- Ablegen eines Elementes auf dem Kellerspeicher (*push*-Operation),
- Inspektion des obersten Elementes (*top*-Operation),
- Entfernen des obersten Elementes des Kellerspeichers (*pop*-Operation).

Die Operationen *pop* und *top* können freilich nur ausgeführt werden, wenn der Kellerspeicher nicht leer ist. Um hier die Überlegungen nicht unnötig kompliziert zu machen, geben wir den Wert 0 zurück, wenn *pop* oder *top* für einen leeren Kellerspeicher aufgerufen werden. In Kapitel 11 werden wir *Ausnahmen* kennenlernen, mit denen eine komfortable Behandlung solcher Fehlerfälle möglich ist.

Die Abb. 6.13 verdeutlicht noch einmal die Operationen *push* und *pop*. Hierbei werden Kellerspeicher so dargestellt, daß die Elemente aufeinander gestapelt sind, das zuletzt eingefügte Element ist stets oben zu finden.

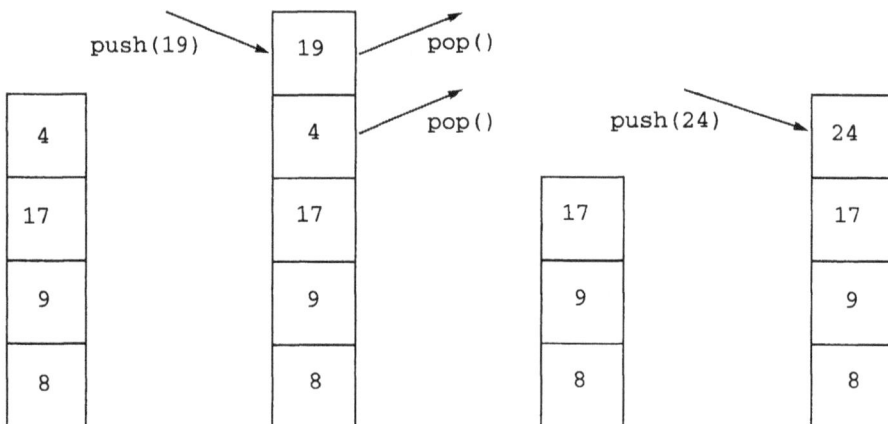

Abb. 6.13: Operationen auf einem Kellerspeicher

Die Implementierung eines Kellerspeichers ist nun mit Hilfe von verketteten Listen recht einfach. Wir nehmen zur Vereinfachung wieder an, daß die Elemente, die gespeichert werden, ganze Zahlen sind. Den Speicher realisieren wir durch

Elemente, die jeweils zwei Attribute haben, den eigentlichen Inhalt der entsprechenden Zelle und einen Zeiger auf das nächste Element. Der Code ist in Bsp. 6.22 wiedergegeben. Wir haben die Vereinbarung der Klasse Stack mit zwei Konstruktoren, die Methode empty für den Test, ob der Stapel leer ist, und den Methoden push, pop und top für die entsprechenden Operationen ausformuliert. Element ist die bereits aus Kapitel 6.3 bekannte Klasse.

```
class Stack {

  private Element derStapel;

  Stack() { derStapel = null; }

  Stack(int i) { derStapel = new Element(i); }

  boolean empty() {
    return derStapel == null;
  }

  void push(int i) {
    derStapel = new Element(i, derStapel);
  }

  int pop() {
    int topWert = (derStapel != null ? derStapel.gibWert() : 0);
    derStapel = derStapel.gibWeiter();
    return topWert;
  }

  int top() {
    return (derStapel != null ? derStapel.gibWert() : 0);
  }

}
```

Bsp. 6.22: Realisierung des abstrakten Datentyps Kellerspeicher

6.7 Anmerkung zur Flexibilität

Wir wollen kurz zurückblicken, wie wir die abstrakten Datentypen *Liste, binärer Suchbaum, gerichteter Graph* und *Kellerspeicher* durch Klassen und zugehörige Methoden in Java realisiert haben. Zunächst fällt auf, daß wir jeweils die Knoten bzw. die gekellerten Inhalte als ganzzahlig angenommen haben. Für die Zwecke der Demonstration von Algorithmen ist dies sicherlich eine akzeptable Lösung; sollen diese Datenstrukturen jedoch in der Praxis eingesetzt werden, so müssen komplexere Inhalte in Bäumen, Graphen oder Kellerspeichern abgelegt werden. Unsere Lösung ist nicht besonders flexibel, denn wir müssen die entsprechenden Methoden wie – bereits in Kapitel 6.4 angedeutet – an die neuen Datentypen anpassen, so daß wir einzelne Teile der Klassen jeweils neu formulieren müssen.

Eine flexiblere Lösung würde den zugrunde liegenden Datentyp bei der Formulierung der Klasse zunächst nicht festlegen, sondern lediglich durch eine Art Platzhalter belegen. Wird dann die Klasse für einen speziellen Zweck benötigt, so würde man den Platzhalter geeignet ersetzen, ohne jedoch den Rest des Textes zu kopieren oder zu verändern. Wir haben bereits in Kapitel 5 Abstraktionen kennengelernt, die als Platzhalter fungieren können. Zudem werden wir in Kapitel 7 sehen, wie sich in Java komfortabel Hierarchien von Datentypen formulieren lassen.

Eine weitere Überlegung betrifft die schrittweise Erweiterung der Klasse Knoten bei der Darstellung gerichteter Graphen. Unser Vorgehen stellt sich so dar, daß wir den Text der einmal gefundenen Klasse schrittweise erweitert haben, nachdem wir beispielsweise die Notwendigkeit der Verfügbarkeit des Attributs warDa erkannt haben. Wenn man Attribute oder Methoden zu einer Klasse hinzufügen will, muß man die Klasse neu definieren. Auch dieses Vorgehen ist nicht besonders flexibel. Wünschenswert wäre es, wenn man die einmal gefundene Klasse ohne Neuformulierung schrittweise erweitern könnte. Auch hierfür werden wir in Kapitel 7 eine geeignete Lösung kennenlernen und eingehend diskutieren.

Schließlich wollen wir noch kurz auf den Besuch eines Knotens eingehen. Wir hatten festgelegt, daß der Zweck des Besuches eines Knotens die Ausgabe seines Namens sein soll. Nun kann man sich leicht Situationen vorstellen, in denen beim Besuch eines Knotens andere Operationen ausgeführt werden sollen – in unserem Kontext wäre etwa die Aufsummierung aller Knoteninhalte denkbar. Dies würde eine Neuformulierung der Methode besucheTeilbaum erfordern, so daß hierbei ein Teil der Klasse Graph verändert werden müßte. Wünschenswert wäre statt dessen mehr Flexibilität: Diese ließe sich etwa so realisieren, daß man das Grundgerüst für eine solche Besuchsmethode formuliert und die spezifischen Einzelheiten der bei einem Besuch ausgeführten Aktionen erst dann ausformuliert, wenn man sie näher festlegen will. Die Folge wäre, daß ein Grundgerüst als gemeinsame Basis für mehrere Realisierungen dienen könnte. Auch diese Möglichkeit wird in Kapitel 7 genauer beleuchtet werden.

6.8 Übungen

Aufgabe 1

Betrachten Sie eine nicht geordnete, lineare Liste, deren Elemente Instanzen der aus Kapitel 6.3 bekannten Klasse Element sind.

- Schreiben Sie eine je eine rekursive und nicht-rekursive Methode, die die Reihenfolge der Elemente innerhalb einer Liste umkehren.

- Entwickeln Sie eine Methode, die zu einer Zahl k alle Elemente, die diese Zahl k enthalten, aus einer Liste entfernt.

Aufgabe 2

Formulieren Sie eine Methode zum Entfernen von Elementen aus einer Liste ganzer Zahlen. Diese Methode soll auch dann korrekt arbeiten, wenn Elemente mehrfach in einer Liste vorhanden sind. Es sollen alle Vorkommen entfernt werden.

Aufgabe 3

Schreiben Sie eine rekursive Methode, die die Summe der Elemente einer Liste ganzer Zahlen berechnet.

Aufgabe 4

Ergänzen Sie die Klasse `Liste` um eine Methode `verschmelze` mit der Signatur `void Verschmelze(Liste li)`. Das letzte Element der aufrufenden Liste soll nach dem Funktionsausruf auf das erste Element der übergebenen Liste zeigen. Es soll also keine neue Liste allokiert werden.

Aufgabe 5

Ergänzen Sie die Klasse `Liste` um eine Methode `kopiere` mit der Signatur `Liste kopiere()`. Diese Methode liefert eine Referenz auf eine Kopie der Liste, für die die Methode aufgerufen wird, allokiert also insbesondere neue Listenelemente. Sie soll rekursiv arbeiten.

Aufgabe 6

Ergänzen Sie die Klasse `Liste` um eine Methode `verschmelzeZuKopie` mit der Signatur `void VerschmelzeZuKopie(Liste li1, Liste li2)`. Auch hier sollen Listen verschmolzen werden. Im Gegensatz zu Aufgabe 4 sollen dabei aber die beiden als Parameter übergebenen Listen kopiert und ihre Zusammenfügung in dem aufrufenden Objekt abgelegt werden.

Aufgabe 7

Gegeben sei eine lineare Liste ganzer Zahlen, deren Elemente Instanzen der aus Kapitel 6.3 bekannten Klasse `Element` sind.

- Schreiben Sie eine Methode `filterG(Element liste, int k)`, die so als Filter dient, daß nach einem Aufruf

  ```
  listeG.filterG(liste, k);
  ```

  mit den Vereinbarungen `Element liste`, `listeG` und `int k` die Liste `listeG` genau die Elemente der Eingabeliste `liste` enthält, deren `wert`-Attribut größer als der Wert von k ist. Formulieren Sie analoge Filter filterI und filterK für die Listenelemente, die mit k identisch bzw. die kleiner als k sind.

- Implementieren Sie nun mit den unter a) erstellten Methoden und der aus Aufgabe 6 bekannten Methode verschmelzeZuKopie den Sortieralgorithmus *Quicksort*. Der *Quicksort*-Algorithmus bekommt als Eingabe eine Referenz auf eine Liste vom Typ Element. Er filtert diese Liste mit den Methoden filterK, filterI und filterG nach dem Wert des ersten Elementes der Liste, wendet dann Quicksort rekursiv auf die so entstandenen Listen an und fügt anschließend alle so sortierten Listen mit verschmelzeZuKopie in der Reihenfolge ihres Entstehens wieder zusammen.

Aufgabe 8

Eine zirkuläre Liste entsteht aus einer linearen Liste, bei der das letzte Element mit dem ersten verkettet wird. Implementieren Sie eine Klasse für eine zirkuläre Liste und schreiben Sie eine Methode, mit deren Hilfe Sie jedes Element der Liste genau einmal ausdrucken.

Aufgabe 9

Implementieren Sie für die Klasse BST die Methode entferne, deren Ablauf in Kapitel 6.4 skizziert wurde.

Aufgabe 10

In manchen Anwendungen ist es nützlich, die Blätter eines binären Baums zusätzlich zu verketten. Dann kann man alle Blätter durchlaufen, indem man über eine verkettete Liste iteriert. Erweitern Sie die Klasse BST um die Methode blaetterKette, die ein Objekt der Klasse Liste liefert, dessen Elemente die Werte aller Blätter des Baums enthalten.

Das am weitesten links stehende Blatt bildet den Anfang, das am weitesten rechts stehende Blatt das Ende der Liste. Ist der Baum leer, so auch die Liste. Besteht der Baum nur aus einem einzigen Knoten, so besteht die Liste auch nur aus einem Element. Die Verkettung von der Liste des linken Unterbaums mit der Liste des rechten Unterbaums ergibt die Gesamtliste.

Aufgabe 11

Die Verkettung bei binären Bäumen geht vom Vater zu den Söhnen. Führen Sie einen zusätzlichen Zeiger ein, der jeden Knoten mit seinem Vater verkettet (die Wurzel ist ausgenommen). Implementieren Sie eine entsprechende Klasse, geeignete Konstruktoren und die Methoden zum Einfügen und Suchen eines Knotens.

Aufgabe 12

Berechnen Sie die Anzahl der Elemente eines binären Baums und die Höhe eines binären Baums durch geeignete rekursive Methoden in der Klasse BST.

Aufgabe 13

Durchlaufen Sie einen binären Baum in der umgekehrten Reihenfolge der Breitensuche, also von den tieferen Ebenen zur Wurzel und innerhalb jeder Ebene von rechts nach links. Verwenden Sie eine Warteschlange, aus der Sie jedoch kein Element entfernen, und drehen Sie diese Warteschlange um.

Aufgabe 14

Ein binärer Baum mit ganzen Zahlen in den Knoten der Höhe h heißt *ulkig*, falls es auf jeder Ebene $k < h$ genau $2k-1$ Knoten gibt, und falls weiter gilt, daß jedes Blatt, mit Ausnahme des äußersten linken Blattes einer Ebene, einen linken Nachbarn besitzt.

- Entwickeln Sie eine Methode, die einen ulkigen Baum durch wiederholtes Einfügen von Zahlen in den Baum erzeugt (also den Baum von *links nach rechts* ausfüllt, bis eine Ebene gefüllt ist, und dann bei der nächsten Ebene fortfährt). Verwenden Sie die aus Kapitel 6.4 bekannte Klasse Knoten zur Implementierung des Baums.

- Schreiben Sie eine Methode, die anhand der Anzahl der Knoten in einem ulkigen Baum berechnet, ob eine Zahl in den linken oder rechten Teilbaum eingefügt werden muß. Verwenden Sie diese Methode – durch wiederholte Anwendung – zum Einfügen neuer Zahlen in den Baum, wobei bei jedem Einfügen einer neuen Zahl nur einmal die Anzahl der Elemente im Baum bestimmt werden soll.

- Schreiben Sie eine Methode, die einen so erzeugten Baum in einen aus Kapitel 4.3 bekannten Heap umwandelt. Dabei sollen nur die Zahlen im Baum miteinander vertauscht werden.

Aufgabe 15

Implementieren Sie eine *endliche Menge ganzer Zahlen*, entwickeln Sie also eine Klasse für den abstrakten Datentyp Menge. Speichern Sie dazu Zahlen in einem binären Suchbaum. Der abstrakte Datentyp soll folgende Funktionalität zur Verfügung stellen:

- Der parameterlose Konstruktor erzeugt die leere Menge, der Konstruktor mit einem Parameter des Typs int erzeugt eine einelementige Menge, die als einziges Element den übergebenen Wert enthält.

- `leseEin`: Eine Zahl wird eingelesen. Die Methode gibt eine Referenz auf eine eine einelementige Menge zurück.

- `gibAus`: Eine Menge ganzer Zahlen wird aufgelistet.

- `existiert`: Testet, ob die Zahl x ein Element der Menge M ist, d.h. ob gilt: $x \in M$. Übergeben wird eine Zahl, zurückgegeben wird ein Wahrheitswert.

- `vereinige`: Zwei Mengen M_1 und M_2 werden vereinigt, d.h. es wird $M_1 \cup M_2$ gebildet. Übergeben werden der Methode die Referenzen auf zwei Mengen, die Vereinigungsmenge wird in dem aufrufenden Objekt abgelegt.

- `schneide`: Von den zwei Mengen M_1 und M_2 wird die Schnittmenge, d.h. $M_1 \cap M_2$, gebildet. Das Verhalten ist analog dem der Methode `vereinige`.

Beachten Sie, daß beim Bilden der Vereinigungs- und der Schnittmenge die ursprünglichen Mengen nicht verändert werden dürfen!

Aufgabe 16

Gegeben sei ein gerichteter Graph G. Schreiben Sie eine Methode `pfad`, die als Eingabe die Namen zweier Knoten x und y erhält. Die Methode ermittelt dann den *kürzesten* Pfad zwischen diesen beiden Knoten, falls überhaupt ein Pfad zwischen x und y existiert. Die Methode soll die Länge des Pfades (d.h. die Anzahl der Kanten) zurückgeben, wobei ein Rückgabewert von 0 bedeutet, daß entweder einer der beiden Knoten nicht existiert oder kein Pfad zwischen den beiden Knoten existiert.

Betten Sie die Methode in die bekannte Klasse `Graph` (Bsp. 6.20) ein.

Aufgabe 17

Gegeben sei ein gerichteter Graph $G = (V, E)$, dessen Knoten allesamt noch nicht besucht worden sind. Zeigen Sie für beliebige Knoten $v, w \in V$:

Eine in v begonnener Tiefendurchlauf erreicht w genau dann, wenn es einen Pfad von v nach w gibt.

Beachten Sie, daß Sie beide Richtungen der Aussage zeigen müssen.

Aufgabe 18

Implementieren Sie das Entfernen einer Kante aus einem gerichteten Graphen.

Aufgabe 19

Implementieren Sie das Entfernen eines Knotens aus einem gerichteten Graphen. Beachten Sie, daß Sie mit dem Knoten auch seine Adjazenzliste entfernen müssen, ebenfalls darf der Knoten in keiner Adjazenzliste seiner ehemaligen Nachbarn mehr auftauchen.

Aufgabe 20

Die Breitensuche in einem Graphen läuft ebenfalls ziemlich analog zur Breitensuche für Bäume ab. Am Anfang sind alle Knoten als *unbesucht* markiert, und eine Warteschlange wird mit einem beliebigen Knoten initialisiert. Das erste Element der Warteschlange wird jeweils besucht, als *besucht* markiert und aus der Warteschlange entfernt. In die Warteschlange aufgenommen werden alle unbesuchten Nachbarn des gerade besuchten Knotens. Dies kann solange durchgeführt werden, bis alle Knoten als besucht markiert worden sind. Implementieren Sie dieses Vorgehen.

Aufgabe 21

In einem Graphen G ist ein Knoten k von einem Knoten l aus erreichbar, falls eine der folgenden Bedingungen erfüllt ist:

- k und l stimmen überein;

- $\{k, l\}$ ist eine Kante;

- für einen Knoten k' gilt: $\{k, k'\}$ ist eine Kante, und k' ist von l aus erreichbar.

Schreiben Sie eine Methode erreichbar, der zwei Knoteninhalte kI1 und kI2 übergeben werden und die genau dann den Wert true liefert, wenn von dem Knoten mit kI1 der Knoten mit kI2 erreicht werden kann. In allen anderen Fällen, also insbesondere dann, wenn solche Knoten gar nicht existieren, liefert die Methode den Wert true. Die Definition der Erreichbarkeit schlägt eine rekursive Formulierung vor.

Aufgabe 22

Nehmen wir an, daß die Knoten eines Graphen der Menge $\{1, ..., k\}$ für eine natürliche Zahl k entnommen sind, und nehmen wir weiter an, daß der Graph *dicht besetzt* ist, daß er also ziemlich viele Kanten hat. Dann kann es sich lohnen, einen Graphen als Matrix zu realisieren. Implementieren Sie die Klasse GraphAlsMatrix auf der Basis eines Feldes ganzer Zahlen.

Kapitel 7
Erweiterung von Klassen durch Vererbung

Klassen dienen zur Modellierung der Lösung einer Aufgabenstellung. Insbesondere ist es nötig, bei der Modellierung über Hilfsmittel zur Klassifikation zu verfügen. Wir werden in dem vorliegenden Kapitel die Erweiterung von Klassen einführen und diskutieren. Hierbei ergeben sich eine Reihe technischer Probleme, die wir betrachten müssen.

In diesem Kapitel führen wir die Vererbung und die Erweiterung von Klassen (– wir werden beide Begriffe synonym benutzen –) an einem Beispiel ein und diskutieren daran die grundlegenden Mechanismen. Dies geschieht in zwei Schritten, zunächst – eher statisch – mit der Hinzunahme von Attributen, dann – schon dynamischer – mit der Erweiterung um Methoden. Eine Diskussion der vordefinierten Klassen Object und Class schließt sich an; hierbei werden einige für die weitere Arbeit und das Verständnis wichtige Attribute und Methoden aufgeführt. Da der Typ der Instanz einer Klasse nun nicht mehr statisch, also bei der Übersetzung, vorherbestimmt werden kann, schließen sich Gedanken zur Typsicherheit an.

Die Flexibilität der Konstruktion wird an zwei Beispielen demonstriert, die einen Spaziergang durch die uns schon aus der Einleitung bekannten *kakanischen Hofhierarchien* unternehmen und die es uns auch gestatten, eine wichtige Gruppe von Klassen mit besonderen Eigenschaften einzuführen, nämlich die abstrakten Klassen, die uns stark an Abstraktionen (Kapitel 5) erinnern werden.

7.1 Einführendes Beispiel

Zunächst wollen wir das Beispiel verschiedener Formen von Reservierungen für eine Urlaubsreise diskutieren. Hierbei wird zunächst eine Formulierung gewählt, die unseren gegenwärtigen Ausdrucksmöglichkeiten entspricht. Diese Formulierung wird sich jedoch als unangemessen erweisen, wenn wir uns auf den Standpunkt der *Modellierung* stellen. Wenn wir einen Ausschnitt aus der Realität modellieren, d.h. durch ein Programm abbilden wollen, so ist es offensichtlich wünschenswert, möglichst genau abzubilden.

Zunächst also zu Bsp. 7.1, in dem durch zwei Klassen Reservierungen für Sitzplätze für die Reise mit Bahn und Flugzeug modelliert werden.

```
class Bahnreservierung {
    Datum dasDatum;
    Kunde derKunde;
    Zug derZug;
    Bahnsitz derBahnsitz;
}

class Flugreservierung {
    Datum dasDatum;
    Kunde derKunde;
    Flug derFlug;
    Flugsitz derFlugsitz;
}
```

Bsp. 7.1: Klassen für die Reisereservierung

Hierbei seien die für die Vereinbarung der Attribute benutzten Klassen wie z.B. Datum bekannt. Gemeinsam ist beiden Arten der Reservierung die Tatsache, daß es sich um eine Reservierung handelt. Daher sind die beiden Attribute dasDatum und derKunde in beiden Klassen vorhanden. Diese Gemeinsamkeit wird durch die Deklarationen jedoch nicht angemessen wiedergegeben.

Es erscheint dagegen angemessener, Bahnreservierung und Flugreservierung als Spezialisierungen aus einer Klasse Reservierung abzuleiten, die alle gemeinsamen Komponenten enthält. Das Bsp. 7.2 zeigt die zugehörigen Formulierungen der drei Klassen.

```
class Reservierung {
    Datum dasDatum;
    Kunde derKunde;
}

class Bahnreservierung extends Reservierung {
    Zug derZug;
    Bahnsitz derBahnsitz;
}

class Flugreservierung extends Reservierung {
    Flug derFlug;
    Flugsitz derFlugsitz;
}
```

Bsp. 7.2: Vererbung für Reisereservierungen

Damit ist das Gemeinsame in der Klasse Reservierung herausfaktorisiert, die speziellen Gegebenheiten werden durch die abgeleiteten Klassen berücksichtigt. Jede Instanz der Klasse Bahnreservierung ist dann zugleich auch eine Instanz der Klasse Reservierung, für Flugreservierung gilt dies ebenfalls.

Wir führen die folgenden Begriffe ein:

- Die Deklarationen der Klassen Bahnreservierung und Flugreservierung sind *Erweiterungen* der Klasse Reservierung. Syntaktisch wird dies angezeigt durch das Schlüsselwort extends mit dem Namen der zu erweiternden Klasse Reservierung hinter dem Namen der neu definierten Klasse.

- Bahnreservierung und Flugreservierung werden als *Subklassen* (oder *Unterklassen*) der Klasse Reservierung bezeichnet.

- Reservierung ist die *Superklasse* (oder *Oberklasse*) zu den beiden Klassen Bahnreservierung und Flugreservierung.

- Die Superklasse Reservierung *vererbt* ihre Komponenten (Attribute und Methoden) an die Subklassen Bahnreservierung und Flugreservierung.

- Die *Extension* einer Klasse in einem Programm ist die Menge der Objekte, die von einer Klasse instanziiert werden. Die Extension einer Subklasse ist mithin eine Teilmenge der Extension ihrer Superklasse.

Das Verhältnis zwischen den diversen Arten der Reservierung kann auch graphisch dargestellt werden. Sie finden das hierarchische Verhältnis zwischen Reservierung, Bahnreservierung und Flugreservierung in Abb. 7.1.

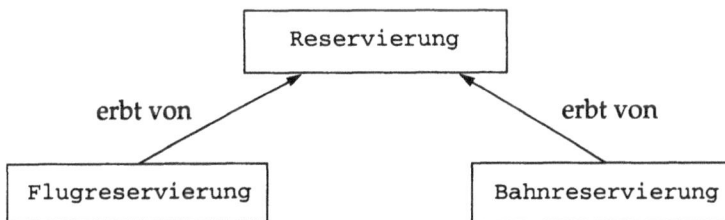

Reservierung

erbt von   erbt von

Flugreservierung   Bahnreservierung

Abb. 7.1: Subklasse und Superklasse

Die Extensionen von Klassen und ihren Subklassen kann man sich leicht mit den aus der Mengenlehre bekannten *Venn-Diagrammen* verdeutlichen. Da die Klasse Bahnreservierung eine Subklasse von Reservierung ist, ist die Extension dieser Subklasse eine Teilmenge der Extension der Superklasse. Dieser Sachverhalt ist in Abb. 7.2 graphisch dargestellt. Es fällt ins Auge, daß die Extensionen der beiden Subklassen disjunkt sind, daß es also keine Reservierung geben kann, die sowohl eine Bahn- als auch eine Flugreservierung ist.

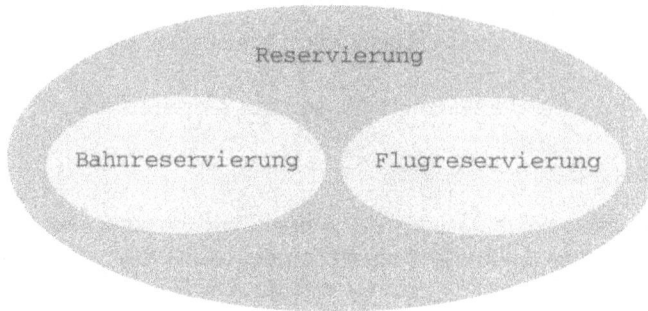

Abb. 7.2: Venn-Diagramm zu den Extensionen von Klassen

Wir wollen uns nun dem Verhältnis zwischen Super- und Subklassen zuwenden, insbesondere was die Möglichkeiten betrifft, Instanzen der jeweiligen Klassen einander zuzuweisen. Dazu seien die folgenden Deklarationen von Objekten gegeben:

```
Bahnreservierung zugRes;
Flugreservierung flugRes;
Reservierung res;
```

Für die vereinbarten Variablen sind z.B. die folgenden Zuweisungen legal:

```
zugRes = new Bahnreservierung();
flugRes = new Flugreservierung();
zugRes.derZug = new Zug();
res = flugRes;
res = new Bahnreservierung();
```

Nicht legal sind die Zuweisungen:

```
flugRes = zugRes;
zugRes = new Flugreservierung();
```

Ebenfalls *nicht* legal ist der folgende Zugriff auf ein Attribut:

```
flugRes.derBahnsitz;
```

Wir sehen also, daß im Verhältnis zwischen Sub- und Superklassen nicht alle Zuweisungen erlaubt sind. Es ist bisher unklar geblieben, wie sich die Instanzen der Superklasse zu den Instanzen der Subklasse verhalten. Dies soll jetzt diskutiert werden. Dazu benutzen wir die obigen Deklarationen.

Da jede Flugreservierung aufgrund der Vererbungsbeziehung auch eine Reservierung ist, ist die Zuweisung res=flugRes legal, res zeigt nach dieser Zuweisung also auf eine Instanz von Flugreservierung. Wenn wir uns weiter von unserer Intuition leiten lassen, sehen wir, daß nicht jede Reservierung auch eine Flugreservierung ist. Damit schließt sich die Frage an, ob die Zuweisung `flugRes=res` legal ist, denn Flugreservierungen sind spezieller als allgemeine Reservierungen. Wir kommen in Kapitel 7.5 auf diese Frage zurück. In jedem Fall ist aber der Zugriff auf das Attribut `derFlugsitz` illegal, da bei der Vereinbarung der Klasse `Reservierung` kein Attribut `derFlugsitz` vereinbart wurde. Die Attribute einer Subklasse sind über eine Referenz einer Superklasse *nicht* zugänglich, auch wenn die erreichbare Instanz als Ausprägung der Subklasse erzeugt ist.

Jetzt haben wir ein Riesenproblem!

Bisher konnte der Compiler immer alle Typangaben auf Korrektheit überprüfen. Nun geht das aber nicht mehr, wie das folgende Beispiel zeigt:

```
if (x==0)
  res = flugRes;
else
  res = zugRes;
```

Welchen Typ hat das Objekt, auf das `res` nach dem Testen von `x==0` verweist? Mit den bisher diskutierten Sprachkonstrukten war es dem Compiler immer möglich, den Typ einer Variablen durch eine geeignete Analyse festzustellen. Wie unser Beispiel zeigt, ist dies nun nicht mehr machbar, da wir den Wert von `x` ja nicht kennen, also nicht vorhersagen können, ob `res` nach Ausführung der bedingten Anweisung eine Instanz von `Flugreservierung` oder von `Bahnreservierung` ist.

Wir werden die sich aus dieser Situation aufdrängenden Fragen zur Typsicherheit in Kapitel 7.5 näher betrachten.

7.2 Hinzunahme von Attributen

Die bislang diskutierte Art der Erweiterung von Klassen erlaubt das Hinzufügen neuer Attribute. Dabei verschatten die neu deklarierten Attribute der Subklasse Attribute gleichen Namens der Superklasse. Der Name der Superklasse ist sichtbar. Methoden wurden bisher noch nicht betrachtet; gleichwohl handelt es sich um eine einfache Art der Vererbung, die *statisch* genannt werden könnte.

Die Erweiterung von Klassen kann iteriert werden, so daß *Klassifikationshierarchien* entstehen, wie das folgende Beispiel zeigt.

Beispiel:

In einer Datenbank werden Personen, Angestellte, Studenten und Bücher über Schlüssel erfaßt. Angestellte und Studenten sind Personen. Personen haben einen

Namen und ein Geschlecht, Angestellte beziehen ein Gehalt und haben eine Position inne. Studenten haben eine Matrikelnummer. Bücher werden über Titel und Verfasser identifiziert. Wir stellen diese Klassen in einer Klassifikationshierarchie dar, die in Abb. 7.3 wiedergegeben ist. Der Deutlichkeit halber haben wir für jede Klasse die zugehörigen Attribute (wenn auch ohne ihre Typen) angegeben. Person erbt das Schlüsselattribut schlüsselwert von Schlüssel, ebenfalls erbt die Klasse Buch dieses Attribut. Von der Klasse Person erben die Klassen Angestellter und Student jeweils die Attribute schlüsselwert, name und geschlecht. Die entstehende Hierarchie ist ein Baum, wie Sie leicht an der Abb. 7.3 erkennen können. Die ererbten Attribute sind durch Fettdruck hervorgehoben.

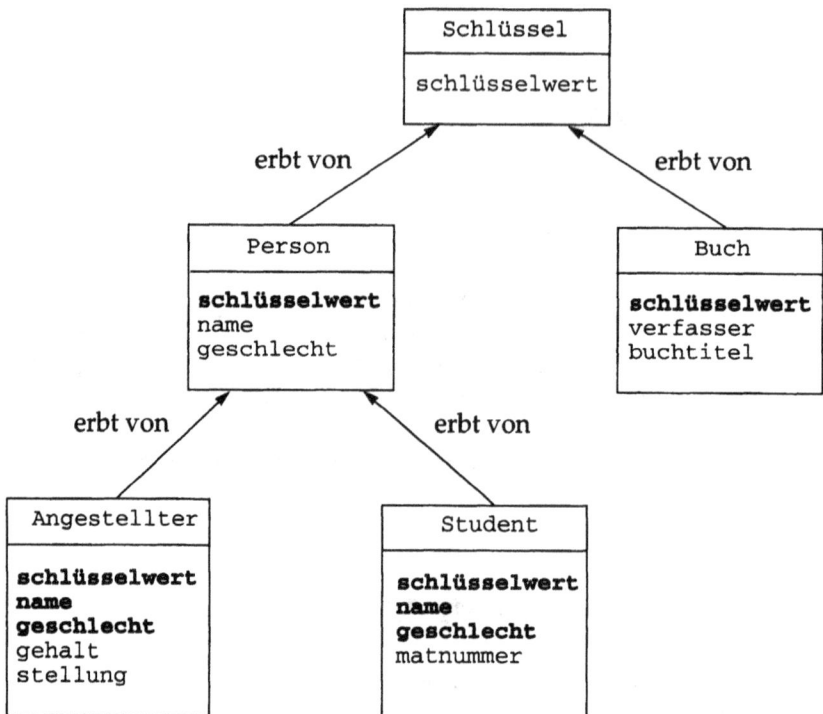

Abb. 7.3: Klassifikationshierarchie (mit allen Attributen)

Die folgenden Klassen beschreiben diesen Sachverhalt:

```
class Schlüssel {
   int schlüsselwert;
}
```

```
class Person extends Schlüssel {
  String name;
  MännlichOderWeiblich geschlecht;
}

class Angestellter extends Person {
  int gehalt;
  Position stellung;
}

class Student extends Person {
  MatrikelNummer matnummer;
}

class Buch extends Schlüssel {
  Person verfasser;
  Titel buchtitel;
}
```

7.3 Erweiterung um Methoden

Bislang können wir nur Attribute zu Klassen hinzufügen, diese also nur recht statisch erweitern. Der entscheidende nächste Schritt ist die Möglichkeit, Klassen um neue Methoden zu erweitern oder sogar vorhandene Komponenten zu verändern, also zu überschreiben. Wir betrachten noch einmal das Beispiel der Reservierung, also die folgende Klasse, die wir erweitern wollen:

```
class Reservierung {
  Datum dasDatum;
  Kunde derKunde;
}
```

Es sollen Buchungen durchgeführt und bestätigt werden. Für interne Zwecke wird daher jede Buchung mit einer Nummer versehen, die bei jedem Buchungsvorgang um 1 erhöht wird. Das führt zur Definition der Klasse ReservierungMitBuchung in Bsp. 7.3, die die Klasse Reservierung erweitert.

Die Komponenten buchungsnr, buchungszähler und AnzahlBuchungen sind mit der Zugriffsspezifikation protected versehen. Damit wird ausgedrückt, daß sie nur dann sichtbar sind, wenn die Klasse, in der sie vereinbart sind, erweitert wird. Auf diese Art sind als protected gekennzeichnete Komponenten vor Zugriffen geschützt, die aus einem anderen Paket (siehe Kapitel 9) und dort von außerhalb der Spezialisierungs- (oder Vererbungs-)hierarchie erfolgen. Im vorliegenden Kapitel werden wir das Schlüsselwort protected immer dann verwenden, wenn wir ein Attribut nur innerhalb der Vererbungshierarchie verwenden wollen. Auf die mit der Zugriffsspezifikation protected geltenden Randbedingungen werden wir erst in Kapitel 9.3 eingehen, nachdem wir uns mit Paketen auseinandergesetzt haben.

In der Klasse `ReservierungMitBuchung` stehen die aus `Reservierung` bekannten Attribute `dasDatum` und `derKunde` zur Verfügung. Sie werden in der Methode `buche` gesetzt, gleichzeitig wird das statische Attribut `buchungszähler` inkrementiert. Die Methode `buche` ist öffentlich, so daß ein Zugriff von anderen Klassen aus möglich ist.

```
class ReservierungMitBuchung extends Reservierung {
  static protected int buchungszähler = 0;
  protected int buchungsnr;
  public void buche(Datum reisedatum, Kunde einKunde) {
    buchungsnr = ++buchungszähler;
    dasDatum = reisedatum;
    derKunde = einKunde;
  }
  public void bestätige() {
    EA.println("Bestätigung für: " + derKunde.gibName());
    EA.println("Reisedatum: " + dasDatum.gibTag());
    EA.println("Buchungsnummer: " + buchungsnr);
  }
  protected int anzahlBuchungen() {
    return buchungszähler;
  }
}
```

Bsp. 7.3: Klasse `ReservierungMitBuchung`

Das Attribut `buchungszähler` ist ein schönes Beispiel für die Art, wie Komponenten einer Klasse in Java ausgezeichnet werden. `buchungszähler` hat neben dem Namen

- eine Typangabe (`int`),
- eine Zugriffsspezifikation, nämlich `protected`,
- einen Hinweis darauf, daß sie eine Klassenvariable und keine Instanzvariable ist, da sie als `static` vereinbart wird, und
- einen initialen Wert (`0`).

Wir wollen nicht nur allgemeine Reservierungen, sondern auch Bahnreservierungen buchen können. Es stellt sich die Gewissensfrage, ob wir `ReservierungMitBuchung` oder die Klasse `Bahnreservierung` spezialisieren sollen – Java erlaubt keine Mehrfacherbung, es gibt also nicht die Möglichkeit, eine Klasse gleichzeitig als Spezialisierung mehrerer anderer Klassen zu vereinbaren.

Wir entscheiden uns dafür, die Klasse ReservierungMitBuchung weiter zu spezialisieren, so daß wir die Attribute derZug (vom Typ Zug) und derBahnsitz (vom Typ
Bahnsitz) hinzufügen müssen. Die Buchung soll spezifischer gemacht werden, also
an die Bedingungen einer Reservierung für eine Bahnfahrt angepaßt werden, ohne
die allgemeine Buchung aus der Klasse ReservierungMitBuchung zu ignorieren.
Abhängig vom Sitzplatz soll auch vermerkt werden, ob es sich um einen Fenster-
platz handelt (was für allgemeine Reservierungen nicht so viel Sinn macht – denken
Sie an eine Modellierung für die Fahrradreservierung des grünen Reisekollektivs
TrauSchauWem für Radtouren durch die Toskana). Die Spezialisierung der Klasse
ReservierungMitBuchung zeigt das Bsp. 7.4.

```
class BahnreservierungMitBuchung extends ReservierungMitBuchung {
   Zug derZug;
   Bahnsitz derBahnsitz;
   void buche(Datum reiseDatum, Kunde einKunde, Zug einZug,
         Bahnsitz einSitz) {
     super.buche(reiseDatum, einKunde);
     derZug = einZug;
     derBahnsitz = einSitz;
     bestätige();
     EA.println(fensterPlatz() ? " Fensterplatz":"");
   }
   private boolean fensterPlatz() {
     return derBahnsitz.amFenster();
   }
}
```

Bsp. 7.4: Spezialisierung der Klasse ReservierungMitBuchung

Die Methode buche wird hier neu definiert, sie überschreibt (– oder *redefiniert*, wie
man auch sagt –) also die ererbte gleichnamige Methode innerhalb der spezialisierten Klasse. Die ererbte Methode ist aber trotzdem verfügbar: Mit super greifen
wir sozusagen nach oben, in die vererbende Klasse, und führen die dortige Methode
buche aus, dann werden Zug und Sitz zugewiesen, die Bestätigung wird ausgedruckt, und die Kundin erfährt, ob sie einen Fensterplatz hat. Beachten Sie, daß der
Aufruf der Methode bestätige nicht-qualifiziert erfolgt; diese Methode ist ohne
Wenn und Aber hier sichtbar (– sie wäre es nicht, wenn ReservierungMitBuchung
die Zugriffsspezifikation private verwendet hätte).

In analoger Weise könnten wir auch eine Klasse FlugreservierungMitBuchung aus
der Klasse ReservierungMitBuchung ableiten. Da die Klasse unseren letzten Implementierungen sehr ähnlich wäre, verzichten wir darauf und fassen abschließend
noch einmal zusammen:

- Eine Klasse kann – wie angemerkt – lediglich höchstens eine andere Klasse und nicht mehrere Klassen erweitern.

- Es ist auch klar, daß Vererbung (oder Spezialisierung) ein Konzept ist, das auf der Ebene von Klassen und nicht auf der Ebene von Instanzen formuliert wird.

- Vererbung unterstützt die *Modellierung*, indem aus einer Klasse verschiedene andere abgeleitet werden, so daß Spezialfälle angemessener behandelt werden. Die vererbende Klasse stellt dem Erben Komponenten zur Verfügung, die benutzt oder auch redefiniert werden können. Die Redefinition ist sanft: mit super stehen die überschriebenen Methoden und die verschatteten Attribute der Superklasse in der erbenden Klasse weiterhin zur Verfügung.

- Die vererbende Klasse kann die Sichtbarkeit ihrer Komponenten durch private ausschließlich auf sich selbst oder durch protected auch auf ihre Erben oder ihr Paket (siehe Kapitel 9.3) beschränken.

Die folgende Tabelle faßt Namen und Herkunft der verfügbaren Komponenten der Klasse BahnreservierungMitBuchung zusammen. Diese Tabelle vermerkt nicht explizit die Methoden, die über die Variablen verfügbar gemacht werden.

Name	definiert in	Zugriffsrecht	Anmerkung
dasDatum	Reservierung	(Paket)	
derKunde	Reservierung	(Paket)	
buchungszähler	ReservierungMitBuchung	protected	
buchungsnr	ReservierungMitBuchung	protected	static
derZug	BahnreservierungMitBuchung	(Paket)	
derBahnsitz	BahnreservierungMitBuchung	(Paket)	
buche	BahnreservierungMitBuchung	(Paket)	redefiniert aus ReservierungMit-Buchung
bestätige	ReservierungMitBuchung	(Paket)	
anzahlBuchungen	ReservierungMitBuchung	protected	
fensterplatz	BahnreservierungMitBuchung	private	

7.4 Die Klassen Object und Class - eine Übersicht

Da in Java keine Mehrfacherbung möglich ist, ist die Spezialisierungshierarchie immer ein Baum, sofern eine Wurzel gefunden werden kann. Die Wurzel ist dann die »Mutter« aller Klassen, von ihr erben also alle anderen Klassen. In der Tat existiert in Java eine Klasse mit Namen Object, die die Wurzel des Vererbungsbaums in jeder Java-Applikation darstellt. Object ist mit einer Reihe von Komponenten versehen, die jeder anderen Klasse zur Verfügung stehen, sei es durch direktes Erben, sei es durch Redefinition – sofern diese nicht explizit ausgeschlossen wird.

Diese letzte Anmerkung sei kurz erläutert, bevor die Klassen Object und die eng damit verwandte Klasse Class diskutiert werden. Eine Methode oder ein Attribut kann bei seiner Vereinbarung als final ausgezeichnet werden. Damit wird die Möglichkeit ausgeschlossen, diese Komponente beim Erben zu überschreiben. Die Komponente ist damit als »endgültig definiert« charakterisiert. Nun wird auch die Vereinbarung von Konstanten durch das Schlüsselwort final klar: der Wert einer Konstanten wird ein für alle mal gesetzt und kann nicht mehr modifiziert werden (vgl. auch Kapitel 5.1).

Die Charakterisierung von Methoden als final ist besonders dann sinnvoll, wenn man Klassen anderen Nutzern als Bibliothek zur Verfügung stellt, aber darauf besteht, daß die so ausgezeichnete Komponente nur in der vordefinierten Form benutzt wird (– schließlich kann man importierte Klassen sonst *ad libitum* verändern). Diese Beobachtung wird sofort plausibel, wenn man an Klassen denkt, die das System allen Nutzern zur Verfügung stellt. Änderungen an zentralen Komponenten könnten die Integrität des gesamten Systems mit unabsehbaren Folgen für die Benutzer in Frage stellen.

Object ist die eindeutig bestimmte Wurzel der Klassenhierarchie, also des Vererbungsbaums, daher sind die Komponenten, die wir gleich diskutieren, in allen anderen Objekten (und auch in Feldern) vorhanden. Die Instanzen der Klasse Class stellen Klassen und Abstraktionen in einer Art dar, die die Manipulation durch das Laufzeitsystem von Java ermöglichen. Die Instanzen der Klasse Class bilden zur Laufzeit Modelle für Java-Objekte in einer maschinenunabhängigen Form. Dies gilt auch für Felder: die abstrakte interne Darstellung eines Feldes (also seine Repräsentation durch eine Instanz von Class) hängt lediglich vom Grundtyp und der Anzahl der Dimensionen ab. Eine Instanz vom Typ Class kann nicht explizit vom Benutzer erzeugt oder manipuliert werden; dies ist die Aufgabe des Laufzeitsystems.

In der Klasse Object sind u.a. die folgenden Methoden verfügbar:

- public final Class getClass() – Das Resultat ist eine Referenz auf eine Instanz von Class, die die Klasse des Objekts repräsentiert, für das getClass() aufgerufen wurde.

- `public String toString()` – Das Ergebnis ist eine textuelle Darstellung des Objekts. Die Standardeinstellung gibt eine standardisierte Zeichenkette als Wert zurück. Die Methode sollte redefiniert werden, wenn aussagekräftige und leicht verständliche Zeichenketten erwartet werden.

- `public boolean equals(Object obj)` – Diese Methode implementiert einen Gleichheitstest, so daß `x.equals(y)` genau dann den Wert `true` liefert, wenn `x` und `y` sich auf dasselbe Objekt beziehen. Die Methode sollte redefiniert werden, wenn »natürliche« Gleichheitskriterien für die verglichenen Objekte vorliegen. So könnte man beispielsweise für die Klasse `Liste` vereinbaren, daß zwei Listen gleich sind, wenn sie gleiche Werte an gleichen Positionen enthalten. Binäre Suchbäume könnten dann als gleich angesehen werden, wenn sie unabhängig von ihrer Struktur die gleichen Werte enthalten, also etwa bei einem inorder-Durchlauf die gleiche Ausgabe liefern. In beiden Beispielen ist die Gleichheit von Objekten dann auf der Basis der spezifischen Eigenschaften der Datenstruktur definiert. Es wird deutlich, daß die Implementierung der Methode `equals` in diesen Fällen keine Trivialität darstellt.

Die Klasse `Object` implementiert noch eine Reihe anderer Methoden, auf die hier nicht näher eingegangen werden soll.

Über `getClass()` wird für jedes Objekt in Java die Laufzeit-Repräsentation seiner Klasse zugänglich gemacht. Die Klasse `Class` stellt u.a. die folgenden Methoden zur Verfügung:

- `public boolean interface()` – Stellt die Instanz von `Class` eine Abstraktion dar, so wird `true` zurückgegeben, sonst – also, falls eine Klasse repräsentiert wird – `false`.

- `public String getName()` – Die Methode liefert den Namen der Klasse oder Abstraktion als Zeichenkette, wobei Abkürzungen und Codierungen verwendet werden.

- `public String.toString()` – Diese Methode redefiniert die Methode `toString` der Klasse `Object`. Als Wert wird zurückgegeben:

  ```
  (interface() ? "interface" : "class") + getName()
  ```

- `public Class getSuperclass()` – Falls die repräsentierte Klasse die Klasse `Object` oder eine Abstraktion ist, wird `null` zurückgegeben, falls ein Feld dargestellt wird, so gibt der Methodenaufruf die Klasse zurück, die `Object` repräsentiert, und sonst wird die Repräsentation der Superklasse als Wert zurückgegeben.

7.5 Typsicherheit

Wir haben oben gesehen, daß der Typ eines Ausdrucks erst zur Laufzeit feststehen kann. Andererseits erwarten Methoden Parameter, die den bei der Vereinbarung angegebenen Typ besitzen. Der Zugriff auf Attribute und Methoden ist an den Typ des Objekts gebunden. Also sollten wir uns Gedanken darüber machen, wie wir zwischen der *Skylla* der dynamischen Typisierung und der *Charybdis* der typisierten Methodenaufrufe hindurchnavigieren, ohne homerischen Schaden zu erleiden. Das laufende Beispiel ist wieder dem Tourismus entnommen. Es seien deklariert:

```
Bahnreservierung zugRes;
Flugreservierung flugRes;
Reservierung res;
int x;
```

Nun werde die folgende Zuweisung vorgenommen:

```
res = (x==0 ? zugRes : flugRes);
```

Zunächst kann man mit dem Operator `instanceof` überprüfen, um welche Art der Reservierung es sich handelt:

```
if (res instanceof Bahnreservierung)
   EA.print("Bahn");
else
   EA.print("Fugzeug");
```

Dieser Operator nimmt also ein Objekt und den Namen einer Klasse und gibt `true` genau dann zurück, wenn das Objekt eine Instanz der Klasse ist.

Weiterhin bietet Java die Möglichkeit der *Typkonversion* (engl. *type cast*), die bereits kurz in Kapitel 2 bei der Diskussion primitiver Typen angesprochen wurde und jetzt allgemeiner behandelt werden kann. Die für die Sprache Java geltenden Regeln sind recht komplex und unterscheiden Konversionsmöglichkeiten zur Übersetzungs- und zur Laufzeit. Wir diskutieren hier lediglich die Laufzeit-Regeln. Der Leser sei für eine umfassende Darstellung auf [GJS00] verwiesen.

Definition:

S und T seien Klassen, Feldtypen oder Abstraktionen. S heißt *wandelbar* zu T, falls eine der folgenden Bedingungen erfüllt ist:

a) S und T sind Klassen und S ist eine Subklasse von T,

b) S ist eine Klasse, T eine Abstraktion, S implementiert T,

c) S ist `void`, T ist eine beliebige Klasse, Abstraktion oder ein Feldtyp,

d) S und T sind Abstraktionen, S verfeinert T,

e) T ist `Object`, S ist eine beliebige Abstraktion oder ein beliebiger Feldtyp,

f) S ist ein Feldtyp, T ist der Typ `Cloneable`,

g) S und T sind Feldtypen über den Grundklassen SC und TC, SC ist wandelbar zu TC.

Bei dem Typ `Cloneable`, der gerade erwähnt wurde, handelt es sich um eine vordefinierte Abstraktion[1], die als `public interface Cloneable` definiert ist. Implementierende Klassen sollen die hier nicht näher beschriebene Methode `clone` aus der Klasse `Object` überschreiben und damit in der Lage sein, eine Kopie (auch der internen Datenstruktur) einer Instanz anzufertigen.

Eine Klasse S wird im wesentlichen dann wandelbar zu einer Klasse T genannt, wenn S im Baum aller Klassen ein Abkömmling von T ist. Analog verhält es sich bei Abstraktionen: wenn es von einer Abstraktion T einen verfeinernden Pfad zur Abstraktion S gibt, so ist S wandelbar zu T. Die Definition wird dadurch ein wenig komplexer, daß auch Misch- und Sonderformen zu betrachten sind.

Diese Überlegungen lassen sich statisch zur Übersetzungszeit vom Compiler durchführen. Zur Laufzeit sieht die Angelegenheit ähnlich aus, wenn nämlich beim Vorliegen zweier konkreter Laufzeittypen überprüft werden muß, ob eine Konversion möglich ist. Auch hier spielt die Typhierarchie (oder der Verfeinerungsgraph, sofern Abstraktionen betroffen sind) die wesentliche Rolle. Die Komplexität der Definition wird wieder durch Querbezüge verursacht.

Definition:

R heißt *konvertierbar* zu T, falls R wandelbar zu T ist,
oder falls gilt:

a) R ist eine Abstraktion und T eine Klasse, so muß T der Typ `Object` sein,

b) ist R ein Feld und T eine Klasse, so muß T der Typ `Object` sein,

c) ist R ein Feld und T eine Abstraktion, so muß T die Abstraktion `Cloneable` sein,

d) ist R ein Feldtyp mit Komponenten vom Typ RC, T ein Feldtyp mit Komponenten vom Typ TC, so sind entweder RC und TC derselbe primitive Typ oder RC ist konvertierbar zu TC.

---

[1] `Cloneable` ist im Paket `java.lang` verfügbar (siehe auch Kapitel 9).

Die Typkonversion wird durch den *Konversionsoperator* bewerkstelligt: ist t eine Variable vom Typ T und S ein anderer Typ, so wird durch (S)t versucht, zur Laufzeit aus t ein Objekt vom Typ S zu erzeugen. Das ist erfolgreich, wenn T konvertierbar zu S ist, oder löst die Ausnahme ClassCastException aus, wenn dies nicht der Fall ist (siehe Kapitel 11).

Sei s = r eine Zuweisung, wobei der Typ S von s und der Typ R von r verschieden voneinander seien. Die Zuweisung kann *ohne Laufzeitfehler* dann durchgeführt werden, wenn R zu S wandelbar ist, sonst muß eine explizite Konversion durchgeführt werden. Sie hat die Form s = (S)r und ist dann erfolgreich, wenn R zu S konvertierbar ist. Ist r ein Ausdruck, so muß der Typ R dieses Ausdrucks ermittelt werden. Bei Methodenaufrufen ergibt sich R aus der Signatur, bei binären Operatoren ergibt sich R auf einfache Weise aus den Typen der Teilausdrücke und der Signatur des Operators.

Der einzige Fall von Interesse ist, daß r ein Ausdruck der Form (a ? b : c) ist, wobei die Typen von b und von c zu betrachten sind. Die Java-Regeln besagen, daß der Typ von b in den von c wandelbar sein muß, und umgekehrt der Typ von c in den von b. Ist dies nicht vom Compiler nachvollziehbar, so bricht die Übersetzung mit einer Fehlermeldung ab.

Also ist die Zuweisung, von der wir ausgegangen sind,

```
res = (x==0 ? zugRes: flugRes)
```

nicht typkorrekt, da die beiden spezialisierten Reservierungsklassen nicht in einander wandelbar sind. Das Ergebnis dieser Analyse überrascht ein wenig, da ja die Zuweisungen res = zugRes und res = flugRes erlaubt wären. Wir sind also bei unserer Diskussion mit einer falschen Voraussetzung gestartet, die von uns gezogenen Schlußfolgerungen sind dennoch korrekt und hilfreich.

7.6 Listen mit beliebigen Elementen

Die Eigenschaften von Java erlauben eine sehr durchsichtige, an den Problemen und ihrer Modellierung orientierte Betrachtungsweise. Dies soll an einem ersten Beispiel demonstriert werden. Wir konstruieren zunächst eine verkettete Liste mit dem einfachen Aufbau, den wir bereits in Kapitel 6.2 kennengelernt haben, aus dem allgemeinen Typ Object und den beiden Abstraktionen Liste und Verlaengerbar. Diese beiden Abstraktionen beschreiben die Konstruktion einer Liste und die Iteration über sie. Die Konstruktion erfolgt mittels einer Methode fügeEin, die Iteration durch die Initialisierung, den Zugriff auf das aktuelle Element, den Test, ob noch Elemente vorhanden sind, und die Weiterschaltung.

```
public interface Verlaengerbar {
  void fügeEin(Object was);
}
```

```
public interface Liste {
  void startIteration();
  Object aktuellesElement();
  boolean istEnde();
  void iteriere();
}
```

Beachten Sie, daß wir keine Annahmen über die Elemente machen, mit denen gearbeitet werden soll, also als Typ jeweils Object annehmen. Die beiden Abstraktionen werden durch eine entsprechende Vereinbarung zu einer zusammengefaßt:

```
public interface EinfuegeListe extends Verlaengerbar, Liste {}
```

Zur Realisierung der Abstraktion EinfuegeListe müssen also die Methoden der Abstraktionen Verlaengerbar und Liste realisiert werden. Die Vorgehensweise ist recht kanonisch, die Liste entspricht in wesentlichen Teilen der Konstruktion aus Kapitel 6.2. Die Klasse ObjElement dient der Realisierung einzelner Elemente der Liste (Bsp. 7.5), die in Bsp. 7.6 vorgestellte Klasse ObjectListe verwaltet dann die verketteten Elemente und bietet die durch die Abstraktion vorgegebenen Methoden an. Das Attribut anfang enthält eine Referenz auf das erste Element, die durch die Methode fügeEin manipuliert wird. Beachten Sie, daß wir diese aus der Abstraktion Verlaengerbar übernommene Methode als Einfügen am Anfang realisieren, wir hätten auch am Ende oder nach einem Kriterium in der Mitte einfügen können; die Ausdruckskraft des Namens der Methode in der Abstraktion ist nicht so stark, daß wir hier gebunden sind. Eine präzisere Vorgabe der Semantik könnte z.B. durch eine genauere verbale Beschreibung der Arbeitsweise der Methode erfolgen.

```
class ObjElement {
  private Object wert;
  private ObjElement weiter;
  public ObjElement(Object was, ObjElement el) {
    wert = was;
    weiter = el;
  }
  public ObjElement gibWeiter() {
    return weiter;
  }
  public Object gibWert() {
    return wert;
  }
}
```

Bsp. 7.5: Die Klasse ObjElement

```
class ObjectListe implements EinfuegeListe {
  private ObjElement anfang, aktuell;
  public ObjectListe () {
    anfang = null;
    aktuell = null;
  }
  public void fügeEin(Object was) {
    anfang = new ObjElement(was, anfang);
  }
  public boolean istEnde() {
    return aktuell == null;
  }
  public void startIteration() {
    aktuell = anfang;
  }
  public Object aktuellesElement() {
    if (!istEnde())
      return aktuell.gibWert();
    else
      return null;
  }
  public void iteriere() {
    if (aktuell != null)
      aktuell = aktuell.gibWeiter();
  }
}
```

Bsp. 7.6: Die Klasse ObjectListe

Wir benutzen die Klasse ObjectListe, um einige ganze und einige reelle Zahlen in einer gemeinsamen Liste zu speichern, über die Liste zu iterieren und – abhängig vom Typ des Elements – Aktionen zu ergreifen. Die Grundtypen Reell und Ganz sind wieder als Klassen formuliert (Bsp. 7.7), da wir ja entsprechende Objekte an die Referenzen auf die Klasse Object in unserer Listenkonstruktion hängen wollen.

Die Klassen Reell und Ganz stellen nichts Aufregendes dar und sind zur Demonstration gerade richtig. Die Klasse Demo konstruiert und bearbeitet nun die Liste, gibt dabei ein Beispiel für den Gebrauch des Operators instanceof und demonstriert die Verwendung der Methoden getClass für die Klasse Object und toString für die Klasse Class (Bsp. 7.8). Erwähnenswert ist die Verwendung der Abstraktion EinfuegeListe. Beachten Sie, daß die Typkonversionen unproblematisch sind (– sie werden schließlich noch zusätzlich durch die explizite Feststellung der Klasse bewacht).

```
class Reell {
  private double j;
  public Reell(double k) { j = k; }
  public void verwende() {
    EA.println(", Verwendung von " + j);
  }
}
class Ganz {
  private int j;
  public Ganz(int k) { j = k; }
  public void benutze() {
    EA.println(", Benutzung von " + j);
  }
}
```

Bsp. 7.7: Hilfsklassen zur Listenbenutzung – Reell *und* Ganz

```
class Demo {
  public static void main(String [] args) {
    EinfuegeListe eL = new ObjectListe();
    for (int i = 0; i <= 6; i++) {
      if (i%2 == 0)
        eL.fügeEin(new Ganz(i));
      else
        eL.fügeEin(new Reell((double) i));
    }
    eL.startIteration();
    while (!eL.istEnde()) {
      Object o = eL.aktuellesElement();
      EA.print("Klasse: " + (o.getClass()).toString());
      if (o instanceof Ganz) {
        Ganz g = (Ganz) o;
        g.benutze();
      }
      if (o instanceof Reell) {
        Reell r = (Reell) o;
        r.verwende();
      }
      eL.iteriere();
    }
  }
}
```

Bsp. 7.8: Die Klasse Demo

Als Ausgabe der Ausführung der Klasse Demo erhält man:

```
Klasse: class Ganz, Benutzung von 6
Klasse: class Reell, Verwendung von 5.0
Klasse: class Ganz, Benutzung von 4
Klasse: class Reell, Verwendung von 3.0
Klasse: class Ganz, Benutzung von 2
Klasse: class Reell, Verwendung von 1.0
Klasse: class Ganz, Benutzung von 0
```

Die Abfrage mit dem Operator instanceof in Bsp. 7.8 läßt sich vermeiden, wenn die Klassen Ganz und Reell unter einer gemeinsamen Abstraktion zusammengefaßt werden, die eine für beide Klassen anwendbare Schnittstelle definiert. Allerdings läßt sich dann eine Unterscheidung zwischen den Methoden benutze und verwende anhand ihrer Namen nicht aufrechterhalten. Wir definieren daher die Abstraktion Zahl (Bsp. 7.10), vereinbaren die Klassen Ganz und Reell als Implementierungen von Zahl und können dann beim Durchlaufen einer Liste von Zahlen auf die gemeinsame Schnittstelle zugreifen. Ein explizites Bestimmen der Klasse eines Objekts kann nun entfallen, das Laufzeitsystem von Java wählt die in der Klasse des Objekts deklarierte Form von verwendeUndBenutze (Bsp. 7.10).

```
interface Zahl {
    void verwendeUndBenutze();
}

class Reell implements Zahl {
    private double j;
    public Reell(double k) { j = k; }
    public void verwendeUndBenutze() {
        EA.println(", Verwendung von " + j);
    }
}

class Ganz implements Zahl {
    private int j;
    public Ganz(int k) { j = k; }
    public void verwendeUndBenutze() {
        EA.println(", Benutzung von " + j);
    }
}
```

Bsp. 7.9: Die Abstraktion Zahl

```
class Demo2 {
  public static void main(String [] args) {
    // ... Aufbau der Liste wie in Bsp. 7.8
    eL.startIteration();
    while (!eL.istEnde()) {
      Zahl z = (Zahl) eL.aktuellesElement();
      EA.print("Klasse: " + (z.getClass()).toString());
      z.verwendeUndBenutze();
      eL.iteriere();
    }
  }
}
```

Bsp. 7.10: Die Klasse Demo2

7.7 Listen von *Hofzwergen* und abstrakte Klassen

Das nächste Beispiel zeigt, wie sich diese Flexibilität in einer einfachen Anwendung nutzen läßt. Wir diskutieren die Gehaltsabrechnung der uns mit ihren Telekommunikationsproblemen bereits hinreichend bekannten Wiener Hofburg, wie sie uns aus Herzmanovsky-Orlandos Geschichten (vgl. [HO97]) entgegentritt. Wir nehmen an, daß das Personal – die Hofzwerge sind uns bereits in Kapitel 1 begegnet – in vier Gruppen eingeteilt ist. Um das Beispiel übersichtlich zu gestalten, treffen wir einige vereinfachende Annahmen. So gibt es in jeder Klasse eine feste Gehaltsstruktur (also werden z.B. Zuschläge nicht berücksichtigt), weiterhin wird pro Klasse ein fester Freibetrag angenommen und die Steuern werden stets durch 45 % der Differenz aus Gehalt und Freibetrag berechnet.

Es gibt zwei grundsätzlich unterschiedlich beschäftigte Gruppierungen von Mitarbeitern, nämlich fest und befristet angestellte Mitarbeiter. Der Grundfreibetrag aller Mitarbeiter beträgt 100 Gulden. Hofzwerge sind fest angestellte Mitarbeiter, ihnen wird ein festes Gehalt gezahlt, das in der Klasse HofzwergErsterKlasse 350 Gulden bei einem Freibetrag von 120 Gulden beträgt, in der Klasse HofzwergZweiterKlasse 450 Gulden bei einem Freibetrag von 140 Gulden. In der Gruppe der zeitlich befristet angestellten Mitarbeiter berechnet sich das Gehalt aus der Anzahl der Arbeitsstunden multipliziert mit dem Stundenlohn, der 8 Gulden in der Klasse Kammerkalligraph und 10 Gulden in der Klasse ErbPompFünebrist beträgt. Der Freibetrag für beide Klassen ist 130 Gulden. Hieraus ergibt sich die in Abb. 7.4 angegebene Klassifikationshierarchie.

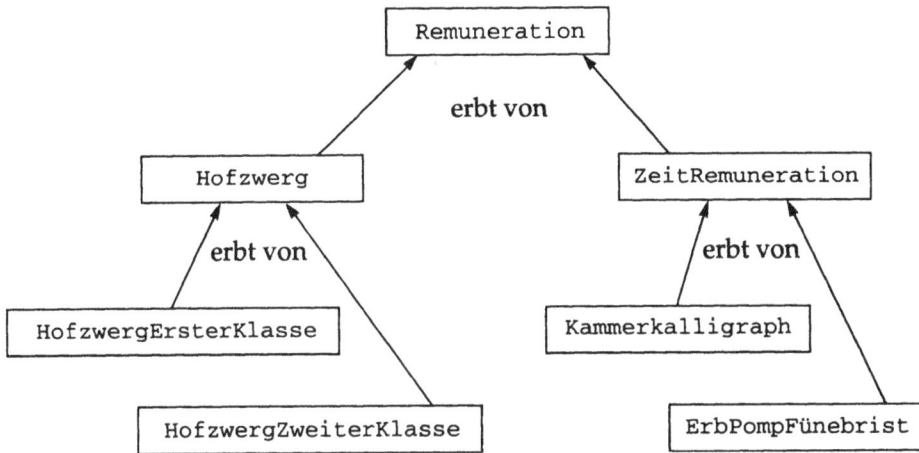

Abb. 7.4: Die Stellenhierarchie, klassifiziert nach Spezialisierungen

Wir modellieren zunächst die Klasse Remuneration, die Wurzel der Klassen zur Gehaltsabrechnung. Sie soll als allgemeinste Klasse alle und genau diejenigen Eigenschaften haben, die sämtlichen Spezialisierungen gemeinsam ist. Wir wissen, daß allen Mitarbeitern ein Gehalt gezahlt und ein Freibetrag eingeräumt wird, der auf einem einheitlichen Basisfreibetrag aufbaut. Das Gehalt und der Freibetrag sind freilich nicht einheitlich, wohl aber die Berechnung der Steuern. Auf dieser Basis kann die Klasse in ihren Grundzügen formuliert werden (Bsp. 7.11).

```
abstract class Remuneration {
   protected String name;
   protected final static int basisfreibetrag = 100;
   public Remuneration(String nm) { setzeName(nm); }
   private void setzeName(String nm) { name = nm; }
   public int berechneSteuer() {
      return ((gibGehalt() - gibFreibetrag()) * 45) / 100;
   }
   abstract int gibGehalt();
   abstract int gibFreibetrag();
}
```

Bsp. 7.11: Die Klasse Remuneration

Die Klasse muß als `abstract` vereinbart sein, da sie zwei Methoden enthält, `Gehalt` und `Freibetrag`, die als `abstract` gekennzeichnet sind. Einer *abstrakten Methode* fehlt der Block, der den Code der Methode enthält – dieser Block muß in erbenden Klassen nachgetragen werden. Auf diese Art können abstrakte Klassen lediglich Schnittstellen zur Verfügung stellen und die Implementierung erbenden Klassen überlassen. Eine abstrakte Methode gibt also nur die Signatur bekannt, wie wir es bereits bei der Vereinbarung von Abstraktionen in Kapitel 5.1 kennengelernt haben.

Eine Klasse, die mindestens eine abstrakte Methode enthält, muß selbst durch Voranstellen von `abstract` als *abstrakte Klasse* vereinbart werden. Es ist unmittelbar einsichtig, daß abstrakte Klassen nicht dazu herangezogen werden können, Objekte zu instanziieren, da ihren Methoden möglicherweise der ausführbare Code fehlt. Es können aber auch Klassen ohne abstrakte Methoden als `abstract` vereinbart werden, von denen dann jedoch ebenfalls keine Instanzen abgeleitet werden dürfen.

Beim Umgang mit abstrakten Klassen müssen einige Regeln beachtet werden. Jede nicht abstrakte Subklasse S einer abstrakten Klasse A muß auf Implementierungen der in A mit `abstract` vereinbarten Methoden zugreifen können. Dieser Zugriff kann entweder durch eine eigene Definition oder durch Zugriff auf eine Implementierung in einer Klasse B geschehen, die Subklasse von A, aber Superklasse von S ist. Ist ein Zugriff nicht möglich, so meldet der Übersetzer einen Fehler. Es gibt weitere Einschränkungen:

- Ist eine Methode als `private` oder `final` vereinbart, so kann sie nicht zugleich `abstract` sein, da sie ja nicht in einer Subklasse definiert werden könnte.

- Eine als `static` vereinbarte Methode kann ebenfalls nicht `abstract` sein.

- Abstrakte Methoden können durch abstrakte Methoden redefiniert werden, was im Zusammenhang mit Ausnahmen (Kapitel 11) von Interesse sein wird.

Gut, eine Klasse, die von `Remuneration` erbt, ist also entweder selbst `abstract` oder implementiert die beiden Methoden, die in `Remuneration` als `abstract` gekennzeichnet sind. Kommen wir zur Klasse der Hofzwerge, die wiederum in solche erster und solche zweiter Klasse zerfällt. Das Gehalt ergibt sich durch einen Festbetrag, dessen Höhe freilich von der Hofzwergenklasse abhängig ist. Ähnlich verhält es sich mit dem Freibetrag, der einen Zuschlag auf den Grundfreibetrag erhält. Wir vereinbaren die Klasse `Hofzwerg` als Spezialisierung der Klasse `Remuneration` (Bsp. 7.12).

Obwohl wir die abstrakten Methoden der Superklasse implementiert haben, ist die `Hofzwerg`-Klasse als abstrakte Klasse vereinbart, da wir zugleich zwei neue abstrakte Methoden eingeführt haben. Mit den beiden Methoden `gibFestbetrag` und `gibZusatzfreibetrag` manifestieren wir unser Wissen über die Vergütung der Hofzwerge – das Gehalt ist ein Festgehalt, dessen Höhe allerdings erst in den Subklassen festgelegt werden kann, und der Freibetrag hängt von einem Zusatzfreibetrag ab, der ebenfalls erst später festgelegt wird. Die entsprechenden Beträge werden in den spezialisierenden Klassen als Konstante definiert und können somit auch durch weitere Spezialisierungen nicht überschrieben werden. Die Weitergabe dieser Konstanten an die entsprechenden in der Superklasse definierten Berechnungen erfolgt mittels der Implementierungen der in der Superklasse vereinbarten abstrakten Methoden, die den Wert des Attributs zurückgeben. Diese Form der Implementierung sorgt für eine problemangepaßte Verteilung der Aufgaben der verschiedenen Klassen, die in Bsp. 7.13 und Bsp. 7.14 vorgestellt werden.

```
abstract class Hofzwerg extends Remuneration {
    Hofzwerg(String nm) {
        super(nm);
    }
    int gibGehalt() {
        return gibFestbetrag();
    }
    int gibFreibetrag() {
        return basisfreibetrag + gibZusatzfreibetrag();
    }
    protected abstract int gibFestbetrag();
    protected abstract int gibZusatzfreibetrag();
}
```

Bsp. 7.12: Die Klasse Hofzwerg

```
class HofzwergErsterKlasse extends Hofzwerg {
    private final static int derFestbetrag = 350;
    private final static int derZusatzfreibetrag = 20;
    HofzwergErsterKlasse(String nm) { super(nm); }
    protected int gibFestbetrag() {
        return derFestbetrag;
    }
    protected int gibZusatzfreibetrag() {
        return derZusatzfreibetrag;
    }
}
```

Bsp. 7.13: Die Klasse der Hofzwerge 1. Klasse

```
class HofzwergZweiterKlasse extends Hofzwerg {
  private final static int derFestbetrag = 450;
  private final static int derZusatzfreibetrag = 40;
  HofzwergZweiterKlasse(String nm) { super(nm); }
  protected int gibFestbetrag() {
    return derFestbetrag;
  }
  protected int gibZusatzfreibetrag() {
    return derZusatzfreibetrag;
  }
}
```

Bsp. 7.14: Die Klassen der Hofzwerge 2. Klasse

In analoger Weise gehen wir mit der Klasse ZeitRemuneration (siehe Bsp. 7.15) vor. Wir implementieren die Methoden gibGehalt und gibFreibetrag, wobei die letztere Methode nur von Attributen der Klasse selbst, die erstere von Größen abhängt, die erst in den Subklassen Kammerkalligraph und ErbPompFünebrist (Bsp. 7.16) bekannt sein werden.

```
abstract class ZeitRemuneration extends Remuneration {
  private int anzahlStunden;
  private final static int zeitfreibetrag = 30;
  ZeitRemuneration(String nm) {
    super(nm);
  }
  void setzeStunden(int std) {
    anzahlStunden = std;
  }
  int gibFreibetrag() {
    return basisfreibetrag + zeitfreibetrag;
  }
  int gibGehalt() {
    return anzahlStunden * gibStundenlohn();
  }
  protected abstract int gibStundenlohn();
}
```

Bsp. 7.15: Die abstrakte Klasse für befristet beschäftigte Mitarbeiter

```
class Kammerkalligraph extends ZeitRemuneration {
  private final static int stundensatz = 8;
  Kammerkalligraph(String nm) {
    super(nm);
  }
  protected int gibStundenlohn() {
    return stundensatz;
  }
}
class ErbPompFünebrist extends ZeitRemuneration {
  final static int stundensatz = 10;
  ErbPompFünebrist(String nm) {
    super(nm);
  }
  protected int gibStundenlohn() {
    return stundensatz;
  }
}
```

Bsp. 7.16: : Die Klassen für befristet beschäftigte Mitarbeiter

Mit dem folgenden Programmausschnitt berechnen wir nun die Gehaltssumme der gesamten Hofburg. Beachten Sie die Typumwandlung, die eine abstrakte Klasse zum Ziel hat.

```
int summe = 0;
EinfuegeListe hofburg = new ObjectListe();
  // ... Deklarationen und Code zum Aufbau der Liste
hofburg.startIteration();
while (!(hofburg.istEnde())) {
  Object diesesElement = hofburg.aktuellesElement();
    summe += ((Remuneration)diesesElement).gibGehalt();
    hofburg.iteriere();
}
```

Es fällt auf, daß die Berechnung der Gehaltssumme gleichförmig geschieht: Für jedes Mitglied der hofburg wird das entsprechende Objekt zur Berechnung des Gehalts herangezogen (– hierbei ist natürlich vorausgesetzt, daß jedes Element der hofburg mit den entsprechenden Daten versehen worden ist). Man macht sich leicht klar, daß die Formulierung ohne die Möglichkeit, Spezialisierungen vorzunehmen, wesentlich umständlicher wäre. Ein möglicher Zugang besteht in der separaten Formulierung für jede Stelle, so daß die Art der Stelle durch eine Codierung modelliert werden müßte, also etwa durch ein ganzzahliges Attribut stellentyp. Bei dieser Vorgehensweise müßte dann bei der Berechnung der Gehaltssumme abgefragt werden, welcher stellentyp vorliegt.

Es wird offensichtlich, daß die Flexibilität der vorgeschlagenen Lösung zum Tragen kommt, wenn man die Stellenhierarchie um die Laufbahn der Klasse Grosszwerg erweitert: Dies sei eine Stelle vom Typ Hofzwerg mit einem Gehalt von 500 Gulden und einen Freibetrag 110 Gulden, für die sich die Klassenvereinbarung aus Bsp. 7.17 ergibt.

```
class Grosszwerg extends Hofzwerg {
  private final static int festbetrag = 500;
  private final static int zusatzfreibetrag = 10;
  Grosszwerg (String nm) { super(nm); }
  protected int gibFestbetrag() {
    return festbetrag;
  }
  protected int gibZusatzfreibetrag() {
    return zusatzfreibetrag;
  }
}
```

Bsp. 7.17: Die Klasse Grosszwerg

Die Berechnung der Gehaltssumme der Hofburg bleibt auch nach dieser Ergänzung unverändert. Hätte man die oben skizzierte Alternative ohne Vererbung ergriffen, so hätte man eine neue ganzzahlige Codierung für die neue Laufbahn schaffen und die entsprechende bedingte Anweisung zur Berechnung der Gehaltssumme um einen neuen Fall erweitern müssen.

7.8 Abschließende Bemerkungen

Wir haben in diesem Kapitel die Vererbung als wichtiges Instrument der Modellierung und der Implementierung kennengelernt und dabei gesehen, daß eine Klasse lediglich eine einzige andere Klasse erweitern kann. In der Literatur und in der Praxis findet sich die Mehrfacherbung *(engl. multiple inheritance)*, mit der es möglich ist, mehrere Klassen durch eine einzige zu spezialisieren; eine Klasse Flugboot kann dann von den Klassen Flugzeug und Boot erben, weil ein Flugboot offensichtlich die Eigenschaften von Flugzeugen und von Booten hat. Prominente Vertreter dieses Zugangs sind die Sprachen Eiffel und C++. Gelegentlich findet sich – fast entschuldigend – die Meinung, daß die Möglichkeit, gleichzeitig zu erben und Abstraktionen zu implementieren, in Java ein Substitut für die Mehrfacherbung sei. Diese Ansicht ist jedoch zu plakativ, um hilfreich zu sein: erbt die Klasse B von der Klasse A, so kann eine Instanz von B auf Code zugreifen, der in A verfügbar ist. Abstraktionen verfügen jedoch über keinen eigenen Code. Weiterhin sind bei der Mehrfacherbung die vererbenden Klassen gleichgewichtig, da es sich bei ihnen allen um

Klassen handelt. In der in Java bevorzugten Vorgehensweise ist jedoch ein deutliches Ungleichgewicht festzustellen – es wird von einer Klasse und einer Menge von Abstraktionen Gebrauch gemacht. Schließlich können Klassen, die dieselbe Abstraktion implementieren, sonst völlig unabhängig voneinander in der Klassenhierarchie stehen, während die Mehrfacherbung ein eigenes Verhältnis zwischen den beteiligten Klassen stiftet. Insgesamt sollte beim Vergleich zwischen dem Vererbungsmechanismus in Java und dem in Eiffel oder C++ nicht mit einer Prise Salz gespart werden.

7.9 Übungen

Aufgabe 1

In *Oxford Companion* finden wir unter dem Stichwort *Gothic*:

* »The extinct language of the Goths. ... It is known almost entirely from fragments of the 4c Gospels by Ulfilas.

* A type of fiction popular in the late 18c. When Horace Walpole wrote *The Castle of Otranto: A Gothic Story* (1764) he used the word to mean 'medieval' ... The Gothic novel is characterized by sinister happenings and a sense of doom, sometimes supernatural, sometimes the product of wickedness. Its language is usually inflated and melodramatic ... .

* Also *gothic script, gothic black letter, black letter*. A family of heavy-script typefaces, whose three forms are based on medieval scripts: *Rotunda*, a rounded form ..., *Textura*, a regular type ... currently used in newpaper titles ..., *Bastarda*, a pointed version used in German.«

Entwickeln Sie hieraus eine Klassifikationshierarchie für den Begriff *Gothic*.

Aufgabe 2

Aus der Sicht des Einwohnermeldeamts hat eine *Person* einen Namen (Vor- und Nachnamen), eine Adresse (Straße, Stadt, Postleitzahl), ein Geschlecht, und ein Geburtsdatum. Ein *Student* ist eine *Person* mit einem Haupt- und einem Nebenfach an einer Hochschule, einer Matrikelnummer und einer Semesterzahl. Eine *studentische Hilfskraft* ist ein *Student* mit einem Arbeitsvertrag, der eine gewisse Anzahl von Stunden pro Woche für die Arbeit festlegt, ein *Diplomand* ein *Student*, der das Thema für eine Diplomarbeit hat. Ein *Staatsdiener* ist eine *Person*, die einer Behörde zugeordnet ist, ein *Beamter* ist ein *unkündbarer Staatsdiener*, der nach einer Besoldungsstufe bezahlt wird, ein *Professor* ein *Beamter*, der über's Wasser gehen kann. Ein *Angestellter* ist ein *kündbarer Staatsdiener*, der nach einer Gruppe des BAT bezahlt wird. Entwerfen Sie für diesen Mikrokosmos eine Klassifikationshierarchie.

Aufgabe 3

E. Gibbon beschreibt den Aufbau einer römischen Legion:

> »The constitution of the Imperial legion may be described in a few words. The heavy-armed infantry ... was divided into ten cohorts, and fifty-five companies, under the orders of a correspondent number of tribunes and centurions. The first cohort ... was formed of eleven hundred and five soldiers ... The remianing nine cohorts consisted each of five hundred and fifty-five; ... The cavalry ... was divided into ten troops or squadrons; the first ... consisted of an hundred and thirty-two men; whilst each of the other nine amounted only to sixty-six. ... Each legion ... contained within itself every species of lighter troops, and of missile weapons. ... It consisted in ten military engines of the largest, and fifty-five of a smaller size; but all of which ... discharged stones and darts with irresistible violence.«

Entwickeln Sie hieraus eine Klassifikationshierarchie.

Aufgabe 4

Das folgende Programm demonstriert die Repräsentation *arithmetischer Ausdrücke* durch die Klassen Ausdruck und Versuch. Die Ausdrücke bestehen aus int-Konstanten und der binären Operation »+«. Die Methode resultat dient der Berechnung des Wertes eines Ausdrucks. Erweitern Sie die unten stehenden Klassen um Methoden zur Darstellung der binären Operationen Subtraktion, Multiplikation, Division und Restbildung (*modulo*) und der unären Operation Vorzeichen-umkehrung (– entspricht einer Subtraktion von 0).

```
class Ausdruck {
  private int v;
  Ausdruck konst (int c) {
    v = c;
    return this;
  }
  Ausdruck plus (Ausdruck e1, Ausdruck e2) {
    v = e1.resultat() + e2.resultat();
    return this;
  }
  int resultat() {
    return v;
  }
}
```

```
class Versuch {
  public static void main(String args[]) {
    Ausdruck e1 = new Ausdruck();
    Ausdruck e2 = new Ausdruck();
    Ausdruck f = new Ausdruck();
    Ausdruck g = new Ausdruck();
    Ausdruck h;
    h = f.plus(e1.konst(123), e2.konst(23));
    h = f.plus(h, g.konst(13));
    EA.println("Ergebnis: " + h.resultat());
  }
}
```

Aufgabe 5

Implementieren Sie eine Abstraktion `Matrix`. Sie soll folgende Operationen unterstützen: `initialisiere` zur Initialisierung gemäß der übergebenden Größe und `lese` und `schreibe` zum Einlesen und Ausgeben der vollständigen Matrix. `setzeElem` und `gibElem` erlauben es, die einzelnen Elemente der Matrix zu setzen bzw. zu ermitteln.

Gehen Sie dabei so vor, daß als Elemente einer Matrix Werte beliebigen Typs verwendet werden können. Jede Matrix soll allerdings homogen sein, d.h. innerhalb einer Matrix besitzen alle Elemente den gleichen Typ.

Wenden Sie die konstruierte Abstraktion `Matrix` an. Schreiben Sie hierzu ein Programm, das zwei Matrizen über dem gleichen Grundtyp addiert und multipliziert. Voraussetzung dazu ist, daß für diesen Grundtyp Addition und Multiplikation definiert sind. Bei Ihrem Programm sind abgeleitete Klassen notwendig, die diese Operationen zur Verfügung stellen. Verwenden Sie abstrakte Klassen.

Zur Erinnerung: Die Addition zweier Matrizen A und B gleicher Größe zu einer Matrix C ist wie folgt definiert:

$$c_{ij} := a_{ij} + b_{ij}$$

Die Multiplikation einer $m \times n$-Matrix A mit einer $m' \times n'$-Matrix B ist nur für $n = m'$ definiert. Das Resultat ist eine $m \times n'$-Matrix C, die wie folgt berechnet wird:

$$c_{ij} := \sum_{k=1...n} a_{ik} * b_{kj} \qquad (i = 1...m, j = 1...n')$$

Aufgabe 6

Ein Tag kann ein Arbeitstag sein oder ein Wochenendtag, ein Termin kann ein Arbeitstermin oder ein Freizeittermin sein. Feiertage kennen wir im Augenblick nicht. Arbeitstage haben Arbeitstermine, Wochenendtage haben Freizeittermine. Wenn wir Schaltjahre vernachlässigen, haben wir in Abhängigkeit von der Anzahl der Tage drei Typen von Monaten. Entwickeln Sie eine Klassifikationshierarchie und implementieren Sie einen Terminkalender.

Aufgabe 7

In dieser Aufgabe geht es um die Modellierung des *ÖPNV*. Ein öffentliches Verkehrsmittel besitzt eine Liniennummer, einen Fahrer, sowie eine Start- und eine Zielhaltestelle, ein Bus besitzt zusätzlich die Anzahl der Sitzplätze, eine S-Bahn hat – zusätzlich zu seinen Eigenschaften als öffentliches Verkehrsmittel – den Namen des Schaffners, die Anzahl der Wagen und die Anzahl Sitzplätze pro Waggon. Die Namen der Fahrer, Schaffner und der Haltestellen werden als Zeichenketten angegeben. Die Liniennummer, die Anzahl der Wagen und die Sitzplätze werden als ganze Zahlen notiert. Die Daten sollen durch Aufruf der Methode info ausgedruckt werden können.

- Entwickeln Sie die Klassifikationshierarchie.

- Modellieren Sie die entsprechenden Klassen Verkehrsmittel, Bus und SBahn, wobei Sie bei der Formulierung der Klassenhierarchie von Vererbung Gebrauch machen. Geben Sie die Klassendeklarationen mit Attributen und Methoden an.

- Implementieren Sie die Methode info der Klasse Verkehrsmittel, die für öffentliche Verkehrsmittel die Liniennummer, den Namen des Fahrers und die Start- und Zielhaltestelle ausdruckt.

- Die Methode info soll in den erbenden Klassen Bus und SBahn redefiniert werden. Für Busse sollen zusätzlich zu den Angaben für öffentliche Verkehrsmittel die Anzahl der Sitzplätze, für die SBahn zusätzlich zu den Angaben für öffentliche Verkehrsmittel der Name des Schaffners, und die Anzahl der Sitzplätze ausgedruckt werden.

Aufgabe 8

Die Summe über die Elemente einer verketteten Liste ganzer Zahlen kann rekursiv einfach berechnet werden: Ist die Liste leer, so ist die Summe 0, ist sie nicht leer, so ist sie die Summe aus dem ersten Element und der Summe der restlichen Liste. Haben wir also n Listenelemente $l_0,...,l_{n-1}$, so ist die Summe

$$\sum_{i=0}^{n-1} l_i$$

Nun kann man die Elemente einer verketteten Liste auch gewichten, indem man jedes Element l_i der Liste mit einem ganzzahligen Gewicht w_i versieht. Die *gewichtete Summe* wird dann berechnet als

$$\sum_{i=0}^{n-1} w_i * l_i$$

Auch die gewichtete Summe kann rekursiv berechnet werden.

- Erweitern Sie die bekannte Klasse `Liste` um eine Methode `summe` zu einer Klasse `ListeMitSumme`, mit der die Summe wie oben berechnet werden kann.

- Implementieren Sie eine Liste `GewListeMitSumme` gewichteter Listenelemente mit einer Methode `summe`, in der die gewichtete Summe berechnet werden kann.

Kapitel 8
Innere Klassen

Bislang haben wir so gearbeitet, daß alle Klassen die gleiche Schachtelungstiefe hatten, sich also auf dem gleichen Niveau befanden. Die positiven Erfahrungen in der Programmiersprache BETA und einige Entwicklungen im Bereich der graphischen Benutzungsschnittstellen, auf die wir in Kapitel 14 zu sprechen kommen werden, haben es als sinnvoll erscheinen lassen, auch in Java die Möglichkeit geschachtelter Klassendefinitionen vorzusehen. Es ist daher in Java möglich, *innere Klassen* anzulegen, also Klassen innerhalb von anderen Klassen zu vereinbaren, und auch Abstraktionen durch solche innere Klassen zu realisieren. Insbesondere diese letzte Möglichkeit wird sich im Kontext der Konstruktion graphischer Benutzungsoberflächen, und hier besonders bei der Ereignisbehandlung, als hilfreich erweisen. Aber – wie gewohnt – tun wir einen Schritt nach den anderen und führen zunächst innere Klassen ein.

Wir möchten mit diesem Abschnitt zeigen, wie man mit diesen erweiterten Möglichkeiten zur Definition und Benutzung von Klassen umgehen kann. Dazu greifen wir zunächst ein früheres Beispiel auf, nämlich den Breitendurchlauf bei binären Suchbäumen (Kapitel 6.4), um die meisten der neuen Mechanismen zu demonstrieren. Danach erklären wir einige allgemeinere Aspekte und zeigen als weitere spezielle Nutzung von inneren Klassen die Instanziierung anonymer Klassen. Diesen Teil der Diskussion werden wir wieder aufnehmen, wenn wir die Behandlung von Ereignissen betrachten, die beispielsweise in graphischen Benutzungsoberflächen durch den Anwender eines Programms ausgelöst werden.

8.1 Ein neuer Blick auf den Breitendurchlauf in binären Suchbäumen

Betrachten wir noch einmal die Realisierung binärer Suchbäume aus Kapitel 6.4. Wir haben dort zwei Klassen definiert, nämlich die Klasse BST, mit deren Hilfe wir binäre Suchbäume realisiert haben, und die Klasse Knoten, deren einziger Daseinszweck darin bestand, die Knoten eines binären Suchbaums zu realisieren. Wenn wir uns diese Konstruktion noch einmal vor Augen führen, so stellen fest, daß wir durch diese Konstruktion eigentlich das Geheimnisprinzip aufgeben: Uns liegt im Wesentlichen an der Realisierung binärer Suchbäume, wie die Knoten eines binären

Suchbaums implementiert ist, ist für den Gebrauch des Suchbaums aber unerheblich. Gleichwohl sind wir gezungen gewesen, die beiden Klassen BST und Knoten auf der gleichen Ebene anzulegen und insbesondere auch Teile der Klasse Knoten öffentlich zu machen, um sie in der Klasse BST nutzen zu können. Wir mußten damit zwangsläufig Implementierungsdetails der Klasse BST öffentlich machen. Diese Situation ist mißlich und wird noch dadurch ein wenig weiter verschärft, daß die meisten Entwicklungsumgebungen für Java eine eigene Datei für jede Klasse anlegen. So haben wir dann neben der Datei BST.java auch noch eine Datei Knoten.java, die ein Detail der lokalen Realisierung für binäre Suchbäume enthält. Aus dem Blickwinkel der Verkapselung von Informationen wäre es sicherlich wünschenswert, die Klasse Knoten lokal zu halten. Das bedeutet dann zugleich auch, daß die Benutzung der Klasse Knoten niemals unabhängig von der Benutzung binärer Suchbäume erfolgen kann. Sie finden die entsprechende Implementierung einer Klasse BSTmitKnoten in Bsp. 8.1.

```
class BSTmitKnoten {
   protected static class Knoten {             // innere Klasse
      private int wert;
      private Knoten links, rechts;
      public Knoten (int i) {
         wert = i;
         links = rechts = null;
      }
      public void setzeWert(int i) { wert = i; }
      public int gibWert() { return wert; }
      public void setzeLinks(Knoten k) { links = k; }
      public Knoten gibLinks() { return links; }
      public void setzeRechts(Knoten k) { rechts = k; }
      public Knoten gibRechts() { return rechts; }
   }                                           // Ende Knoten
   protected Knoten wurzel;
   public BSTmitKnoten() { wurzel = null; }
   public void fügeAn(int j) { wurzel = fügeAn(wurzel, j); }
   private Knoten fügeAn(Knoten aktuell, int ein) {
      if (aktuell == null) {
         aktuell = new Knoten(ein);
      } else {
         if (ein < aktuell.gibWert())
            aktuell.setzeLinks(fügeAn(aktuell.gibLinks(), ein));
         else if (ein > aktuell.gibWert())
            aktuell.setzeRechts(fügeAn(aktuell.gibRechts(), ein));
      }
      return aktuell;
   }
}
```

Bsp. 8.1: Die Klasse BSTmitKnoten

Wir wollen die Klasse BSTmitKnoten jetzt diskutieren, wobei wir das Wissen um die entsprechenden Eigenschaften von Knoten und von binären Suchbäumen voraussetzen, so daß wir hierauf nicht mehr separat eingehen. Bei der Betrachtung der Klasse BSTmitKnoten fällt zunächst einmal die Vereinbarung der *inneren Klasse* Knoten auf. Diese Klasse hat genau die Attribute und Eigenschaften, die wir bislang für die eigenständige Klasse gleichen Namens vorgesehen haben. Die Zugriffsspezifikation ist protected, die Klasse ist als static vereinbart, eine Eigenschaft, über die wir gleich noch reden werden. In der Klasse BSTmitKnoten wird das Attribut wurzel verwendet, das vom Typ Knoten ist. Diese Vereinbarung bezieht sich auf den lokalen Namen Knoten. Sonst sollte die neue Klasse eigentlich selbsterklärend sein, so daß wir Details wie etwa das Einfügen eines Knotens nicht erneut diskutieren müssen.

Erinnern Sie sich an die Diskussion der Einführung statischer Namen in Klassen (Kapitel 3.4). Dort hatten wir verdeutlicht, daß statische Namen zur Klasse und nicht zu den Instanzen der Klasse gehören. Jedes Objekt einer Klasse greift auf denselben Speicherbereich zu, wenn es ein statisches Attribut benutzt. Genauso verhält es sich auch mit static in anderen Klassen vereinbarten inneren Klassen. Jedes Objekt der Klasse BSTmitKnoten greift auf dieselbe innere Klasse Knoten zu.

Mit dieser Konstruktion haben wir zwei Dinge erreicht:

- Wir haben die Klasse Knoten innerhalb der Vereinbarung einer anderen Klasse BSTmitKnoten vereinbart, also deutlich gemacht, daß es sich bei Knoten um ein lokales Phänomen binärer Suchbäume handelt.

- Wir haben durch die Vergabe des Zugriffsrechts protected die Klasse Knoten in der Klasse BSTmitKnoten verborgen, so daß außerhalb der Klasse BSTmitKnoten oder deren Unterklassen kein Zugriff möglich ist.

- Es ist uns nun möglich, genau diese Klasse von Knoten für die weitere Arbeit zu verwenden, ohne die Lokalität preiszugeben.

Die Klasse Knoten wird durch dieses Vorgehen an die Klasse BSTmitKnoten gebunden. Diese Abhängigkeit war in der früheren Lösung (Kapitel 6.4) nicht gegeben, empfiehlt sich aber durch die Umstände. Wir werden im Folgenden sehen, wie es sich mit dieser Konstruktion arbeiten läßt.

Unser nächstes Ziel besteht darin, den Breitendurchlauf noch einmal für eine ausgewählte Gruppe von Suchbäumen zu formulieren. Dabei wollen wir unabhängig von der Klasse binärer Suchbäume agieren, so daß eine von BSTmitKnoten erbende Klasse BSTmitBreitendurchlauf erforderlich ist. Wir haben in BSTmitKnoten die Klasse der Knoten als lokales Phänomen behandelt. Analog können wir bei dem Breitendurchlauf die dort benötigte verkettete Liste von Knoten als lokales Phänomen des Breitendurchlaufs auffassen, so daß es sich anbietet, in der Klasse BSTmitBreitendurchlauf innere Klassen zur Realisierung einer verketteten Liste zu vereinbaren.

Damit ist der Plan klar: Wir werden in `BSTmitBreitendurchlauf` eine innere Klasse für den Aufbau einer verkettete Liste vereinbaren, deren Elemente als Wert jeweils eine Referenz auf einen Knoten des Baums enthalten.

Bevor wir das tun, sollten wir kurz überlegen, daß wir den Breitendurchlauf auch als Form einer Iteration über die Knoten eines binären Suchbaums auffassen können. Hierzu bietet Java eine vordefinierte Abstraktion für eine Aufzählung an, nämlich `java.util.Enumeration`. Eine Implementierung dieser Abstraktion für binäre Suchbäume soll dann den Breitendurchlauf realisieren.

Die Abstraktion `java.util.Enumeration` ist folgendermaßen vereinbart:

```
public interface Enumeration {
   public boolean hasMoreElements();
   public Object nextElement() throws NoSuchElementException;
}
```

Die Realisierung der Methode `hasMoreElements` soll den Wert `true` liefern, wenn im Zuge einer Iteration über alle Elemente noch nicht der letzte Eintrag erreicht wurde, die Methode `nextElement` liefert das nächste Element. Eine Iteration über die Elemente einer Aufzählung wird beispielsweise durch eine Schleife realisiert, bei der zunächst mit `hasMoreElements` das Vorhandensein von Elementen geprüft und danach mit `nextElement` der nächste Eintrag gelesen wird. Die Ausnahme `NoSuchElementException` behandelt den problematischen Fall, daß `nextElement` ohne vorherige Prüfung nach Erreichen des letzten Elements aufgerufen wird. Wir werden den Mechanismus der Ausnahmebehandlung, den wir in Kapitel 11 genauer kennenlernen werden, hier aber nicht nutzen.

Die Methoden der Abstraktion `java.util.Enumeration` sehen kein Zurücksetzen an den Anfang vor, so daß eine solche Aufzählung immer nur genau einmal vom Anfang zum Ende durchlaufen werden kann. Beachten Sie weiterhin, daß die Methode `nextElement` als Typ des Rückgabewertes die Klasse `Object` (siehe auch Kapitel 7.4) vorgibt. Hierauf müssen wir bei unseren Implementierungsarbeiten Rücksicht nehmen.

Damit können wir nun ein wenig genauer darstellen, wie unsere Plan zur Implementierung einer Klasse `BSTmitBreitendurchlauf` aussieht:

- `BSTmitBreitendurchlauf` erbt von der Klasse `BSTmitKnoten`.

- Wir deklarieren eine innere Klasse `SohnListe`, mit deren Hilfe eine verkettete Liste aus Elementen der Klasse `SohnElem` realisiert wird.

- Wir deklarieren in `SohnListe` eine innere Klasse `SohnElem`, die die einzelnen Listenelemente aufnehmen soll und deren Inhalte Referenzen auf Knoten bilden.

- Da das Erzeugen der Liste eine Operation des Baums ist, ergänzen wir die entsprechende Methode `erzeugeListe`.

- Wir vereinbaren eine innere, öffentliche Klasse Durchlauf, die die Abstraktion java.util.Enumeration realisiert. Beim Erzeugen eines Objekts der Klasse Durchlauf legen wir über einen Aufruf von erzeugeListe eine Liste aller Knoten des Baums an. Die Klasse Durchlauf als Implementierung von java.util.Enumeration muß zwangsläufig immer die beiden Methoden hasMoreElements und nextElement für die Iteration über die Aufzählung bereitstellen.

Bsp. 8.2 gibt zunächst die Struktur der aus diesen Überlegungen resultierenden Klasse BSTmitBreitendurchlauf wieder, Bsp. 8.3, Bsp. 8.4 und Bsp. 8.5 zeigen dann die Implementierungen der Methode erzeugeListe und der inneren Klassen.

```
public class BSTmitBreitendurchlauf extends BSTmitKnoten {

    private static class SohnListe {
      private static class SohnElem {
      // ...
      }
    }

    private SohnListe erzeugeListe() {
      // ...
    }

    public class Durchlauf implements java.util.Enumeration {
      // ...
    }

}
```

Bsp. 8.2: Die Struktur der Klasse BSTmitBreitendurchlauf

In Bsp. 8.3 sehen Sie, daß wir die Klasse SohnElem wörtlich aus Kapitel 6.4 übernehmen können. Die Klasse SohnListe mußte hingegen den veränderten Bedingungen angepaßt werden. Die Methode entferne konnte entfallen, da wir die beim Breitendurchlauf gewonnene Liste nicht nur ausgeben sondern zusätzlich für spätere Abfragen aufheben wollen. Die Methode aktueller liefert eine Referenz auf den Knoten des Baums, auf den das aktuelle Element der Liste verweist, die Methode nächster macht dann das folgende Element zum aktuell betrachteten Element der Liste; eine Folge von Aufrufen von nächster ermöglicht so das Durchlaufen der Liste. Die Methode setzeAnfang setzt das Attribut aktuell zurück auf das erste Listenelement, so daß eine Liste auch mehrfach durchlaufen werden kann. Die Klassen SohnElem und SohnListe werden ineinander geschachtelt und sind als privat vereinbart, da sie immer nur innerhalb ihrer unmittelbaren Umgebung genutzt werden sollen.

```
private static class SohnListe {
  private static class SohnElem {
    private Knoten wert;
    private SohnElem weiter;
    public SohnElem(Knoten k) {
      wert = k;
      weiter = null;
    }
    public void setzeWert(Knoten k) { wert = k; }
    public Knoten gibWert() { return wert; }
    public void setzeWeiter(SohnElem s){ weiter = s; }
    public SohnElem gibWeiter() { return weiter; }
  } //Ende SohnElem
  private SohnElem kopf, fuß, aktuell;
  public SohnListe() { kopf = fuß = aktuell = null; }
  public void fügeAn(Knoten an) {
    SohnElem neu = new SohnElem(an);
    if (fuß != null) {
      fuß.setzeWeiter(neu);
      fuß = neu;
    } else
      kopf = fuß = aktuell = neu;
  }
  public void nächster() {
    if (aktuell != null)
      aktuell = aktuell.gibWeiter();
  }
  public void setzeAnfang() {
    aktuell = kopf;
  }
  public Knoten aktueller() {
    if (aktuell != null)
      return aktuell.gibWert();
    else
      return null;
  }
} //Ende SohnListe
```

Bsp. 8.3: Die inneren Klassen SohnElem *und* SohnListe

Die Methode erzeugeListe (Bsp. 8.4) der Klasse BSTmitBreitendurchlauf gibt ein Objekt der Klasse SohnListe zurück, das die Liste aller Knoten des binären Suchbaums in der Reihenfolge seines Breitendurchlaufs enthält. erzeugeListe fügt die Wurzel des binären Suchbaums als erstes Element in eine Liste ein und iteriert dann auf die aus Kapitel 6.4 hinlänglich bekannte Art über den binären Suchbaum, indem jeweils das erste noch nicht behandelte Element aus der Warteschlange hergenommen wird und seine Söhne – falls vorhanden – an die Warteschlange angefügt werden. Dies geschieht so lange, wie noch nicht behandelte Elemente in der Liste vorhanden sind. erzeugeListe ist eine private Methode, da wir sie nur intern in der inneren Klasse Durchlauf nutzen wollen.

```
private SohnListe erzeugeListe() {
   SohnListe liste = new SohnListe();
   liste.fügeAn(wurzel);
   liste.setzeAnfang();
   while (liste.aktueller() != null) {
      if (liste.aktueller().gibLinks() != null)
         liste.fügeAn(liste.aktueller().gibLinks());
      if(liste.aktueller().gibRechts() != null)
         liste.fügeAn(liste.aktueller().gibRechts());
      liste.nächster();
   }
   return liste;
}
```

Bsp. 8.4: Die Methode erzeugeListe

Die Klasse Durchlauf implementiert die Abstraktion java.util.Enumeration (Bsp. 8.5) und bietet dadurch die Möglichkeit, die durch den Aufruf der Methode erzeugeListe generierte Liste der Knoten des Baums über die öffentlichen Methoden zu nutzen, die in java.util.Enumeration definiert werden. Da die Abstraktion als Rückgabe der Methode nextElement ein Objekt fordert, können wir nicht unmittelbar den Wert der Beschriftung eines Knotens vom Typ int liefern, sondern müssen diesen in ein Objekt der zugehörigen *Wrapper*-Klasse Integer (Kapitel 3.6) verpacken. Beachten Sie auch, daß Durchlauf nicht statisch vereinbart sein darf, da über die Methode erzeugeListe ein Zugriff auf nicht-statische Bestandteile eines Objekts der Klasse BSTmitBreitendurchlauf erfolgt.

Mit der öffentlichen inneren Klasse Durchlauf stehen zur Verfügung:

- die Aufzählung, in der fein säuberlich die Knoten des binären Suchbaums aufgereiht sind,

- zwei Methoden, mit deren Hilfe über diese Aufzählung iteriert werden kann.

Diese Lösung unterscheidet sich in den verwendeten Algorithmen nur wenig von der Lösung, die wir in Kapitel 6.4 präsentiert haben. Methodisch hat sich jedoch einiges geändert: Die nicht für die Öffentlichkeit bestimmten Klassen sind auch tatsächlich in den Klassen, die eigentlich interessant sind und mit deren Hilfe wir eigentlich die Arbeit tun wollen, versteckt worden. Das wird in der Applikation in der Klasse DerBreitendurchlauf (Bsp. 8.6) sichtbar, in der wir zunächst den binären Suchbaum baum als Objekt der Klasse BSTmitBreitendurchlauf erzeugen.

```
public class Durchlauf implements java.util.Enumeration {
   private SohnListe knotenliste;
   public Durchlauf() {
      knotenliste = erzeugeListe();
      knotenliste.setzeAnfang();
   }
   public boolean hasMoreElements() {
      return (knotenliste.aktueller() != null);
   }
   public Object nextElement() {
      Integer ergebnis = null;
      if (knotenliste.aktueller() != null) {
         ergebnis = new Integer(knotenliste.aktueller().gibWert());
         knotenliste.nächster();
      }
      return ergebnis;
   }
}
```

Bsp. 8.5: Die Klasse Durchlauf

```
public class DerBreitendurchlauf {
   static public void main(String args []) {
      BSTmitBreitendurchlauf baum = new BSTmitBreitendurchlauf();
      int wert;
      for (int j = 0; j < 25; j++) {
         wert = (int)Math.round(1000.00 * Math.random());
         EA.print(wert + " ");
         baum.fügeAn(wert);
      }
      EA.println(" ");
      java.util.Enumeration folge = baum.new Durchlauf();
      while(folge.hasMoreElements())
         EA.print(folge.nextElement() + " ");
   }
}
```

Bsp. 8.6: Die Applikation DerBreitendurchlauf

Der nächste Schritt unseres Breitendurchlaufs besteht im Füllen des Baums, hierzu ziehen wir Zufallszahlen heran. Damit ist der Baum konstruiert. Durch die Instanziierung der Klasse BSTmitBreitendurchlauf ist auch die öffentliche Klasse Durchlauf ins Leben getreten, so daß wir eine Referenz folge vom Typ java.util.Enumeration vereinbaren, die auf ein Objekt der Klasse Durchlauf verweist. Dies ist möglich, da die innere Klasse Durchlauf diese Abstraktion implementiert. Der Konstruktor von Durchlauf wird ein wenig seltsam aufgerufen, da dem new das Objekt baum der Klasse BSTmitBreitendurchlauf vorangestellt wird. Dies ist notwendig, da Durchlauf nicht-statisch vereinbart ist, also ein Objekt zu seiner Erzeugung benötigt. Bei dieser Erzeugung ruft der Konstruktor die Methode erzeugeListe auf und sorgt so dafür, daß das Objekt die Liste aller Knoten des Baums in der Reihenfolge eines Breitendurchlaufes enthält. Diese Aufzählung steht nicht für einen direkten Zugriff zur Verfügung, es kann lediglich über die beiden Methoden hasMoreElements und nextElement damit umgegangen werden.

Da in unserer Implementierung als Rückgabewert von nextElement ein Objekt der Klasse Integer geliefert wird, nutzen wir bei der Ausgabe aus, daß EA.println in der Lage ist, auch solche Objekte unmittelbar als Zahlen darzustellen. Hierzu wird implizit auf die Realisierung der von der Klasse Object vorgegebenen Methode toString in der Klasse Integer zurückgegriffen (Kapitel 7.4). Beachten Sie die uns bisher noch nicht bekannte Syntax des Allokationsoperators new, den wir benutzen, um ein Objekt einer öffentlichen inneren Klasse zu schaffen: Wir geben vor dem new-Operator die Referenz baum auf das Objekt an, aus dem heraus wir die Klasse erzeugen wollen.

Der gegenwärtige Stand der Entwicklung läßt sich so zusammenfassen:

* Wir haben eine innere statische Klasse Knoten deklariert, wie bei allen statischen Komponenten hängt diese Klasse nicht von der konkret verwendeten Instanz, sondern von der Klasse BSTmitKnoten ab.

* Wir haben zwei innere und ineinander verschachtelte Klassen SohnElem und SohnListe in der Klasse BSTmitBreitenDurchlauf vereinbart. Diese Klassen sind ebenfalls statisch vereinbart.

* Wir haben eine Klasse Durchlauf in der Klasse BSTmitBreitenDurchlauf vereinbart, deren Konstruktor indirekt auf nicht-statische Attribute der umgebenden Klasse zugreift. Diese Klasse kann somit nur nicht-statisch vereinbart und erst dann instanziiert und damit benutzt werden, nachdem eine Instanz der sie umgebenden Klasse erzeugt worden ist. Das bedeutet, daß die Verfügbarkeit dieser Art nicht-statischer innerer Klassen in ihrer Existenz von der Existenz eines Objekts der sie umgebenden Klasse abhängt. Dann jedoch können diese Klassen wie alle anderen Klassen verwendet werden.

* Wir haben mit Hilfe der inneren Klasse Durchlauf die vorgegebene Abstraktion java.util.Enumeration implementiert. Hierbei verhalten sich innere Klassen genau so, wie wir es bisher für alle Klassen gewohnt sind.

8.2 Regeln für innere Klassen

Bei der Vereinbarung und der Verwendung innerer Klassen sind einige Regel zu beachten. Die Vereinbarung einer inneren Klasse folgt derselben Philosophie wie die Vereinbarung von Methoden: So wie die in einer Klasse definierten Methoden Zugriff zu den lokalen Namen dieser Klasse haben, gilt dies auch für innere Klassen. Auf diese Weise sind die Werte der lokalen Attribute auch in inneren Klassen verfügbar, gerade so, wie sie auch in lokalen Methoden verfügbar sind. Das folgende Beispiel (Bsp. 8.7) soll diese Vorgehensweise verdeutlichen: Die Klasse Aussen enthält eine innere Klasse Innen. Der einzige Zweck dieser inneren Klasse besteht darin, auf die ganzzahlige Variable i zuzugreifen, die in der umschließenden Klasse vereinbart und verändert wird. Die umhüllende Klasse Aussen initialisiert die lokale Variable i, ein Aufruf der Methode inkrementiere erhöht diese Variable um 1.

```
public class Aussen {
  private int i;
  public Aussen() {
    i = 1;
  }
  public class Innen {
    public void drucke(String meldung){
      EA.println("i in " + meldung + ": " + i);
    }
  }
  public void inkrementiere() {
      i++;
  }
}
```

Bsp. 8.7: Die Klassen Aussen *und* Innen

Betrachten Sie jetzt die Benutzung dieser Klasse Aussen:

```
Aussen a1 = new Aussen();
Aussen.Innen i1 = a1.new Innen();
i1.drucke("i1 nach Erzeugen");
a1.inkrementiere();
i1.drucke("i1 nach Inkrementieren");
Aussen.Innen i2 = a1.new Innen();
i2.drucke("i2 nach Erzeugen");
Aussen a2 = new Aussen();
Aussen.Innen i3 = a2.new Innen();
i3.drucke("i3 nach Erzeugen");
```

Die Ausführung dieser Programmzeilen ergibt die folgende Ausgabe:

```
i in i1 nach Erzeugen: 1
i in i1 nach Inkrementieren: 2
i in i2 nach Erzeugen: 2
i in i3 nach Erzeugen: 1
```

Sie sehen, daß die beiden Instanzen der inneren Klasse i1 und i2 stets auf dieselbe Instanz von i des Objekts a1 zugreifen. Das ist daran zu erkennen, daß der Aufruf von drucke jeweils auf Änderungen dieser lokalen Variable reagiert. Dagegen bezieht sich die Instanz i3 auf den Wert von i in a2. Das Beispiel verdeutlicht noch einmal, wie Instanzen innerer nicht-statischer Klassen erzeugt werden: Man verschaffe sich eine Instanz der umgebenden Klasse, dann rufe man new qualifiziert für dieses Objekt auf. Eine nicht-statische innere Klasse bietet so eine Möglichkeit, um von verschiedenen Objekten dieser inneren Klasse einen Zugriff auf ein privates Attribut eines Objekts der umgebenden Klasse vorzunehmen, ohne daß dieses hierzu öffentliche Methoden bereitstellt. Da die Klasse Innen nicht-statisch vereinbart ist, kann ein Objekt dieser Klasse immer nur über eine Referenz auf ein Objekt der Klasse Aussen geschaffen werden, was wir an dem der Qualifizierung des Operators a1.new erkennen (vgl. auch Bsp. 8.6). Beachten Sie, daß die Vereinbarung der Referenz i1 jedoch als Aussen.Innen erfolgen muß.

Mit inneren Klassen kann man innerhalb und außerhalb der sie umgebenden Klasse wie mit allen anderen Klassen umgehen. Jede innere Klasse besitzt einen eigenen Namensraum, der Sichtbarkeitsbereich ist völlig analog zu dem für andere Komponenten von Klassen, man kann innere Klassen zur Vererbung heranziehen und beliebige weitere Spielchen damit treiben.

8.3 Lokale Klassen

Innere Klassen in der vorgestellten Form sind Komponenten von Klassen. Darüber hinaus gibt es in Java auch die Möglichkeit, eine *lokale Klasse* innerhalb eines Blocks zu vereinbaren, die dann analog zu den in Blöcken vereinbarten Variablen behandelt wird. Die Sichtbarkeit einer lokale Klasse ist auf den Block beschränkt, in dem sie vereinbart wird. Referenzen auf diese Klasse und Objekte dieser Klasse können dementsprechend auch nur innerhalb dieses Blocks angelegt werden. Die folgenden Programmzeilen geben nur einen kurzen Einblick in die Möglichkeiten der Programmierung, die sich durch lokale Klassen ergeben. Ein ausführlicheres Beispiel finden Sie im nachfolgenden Kapitel 8.4, das eine spezielle Form der lokalen Klassen näher behandelt.

Das Beispiel zeigt einen Block, in dem die einfache Klasse Lokal vereinbart und genutzt wird. Der Name Lokal ist erst ab der Stelle des Blocks bekannt, an der die Vereinbarung erfolgt. Außerhalb des Blocks und insbesondere hinter dem Ende des

Blocks kann die Klasse `Lokal` also nicht verwendet werden. Beachten Sie, daß für eine lokale Klasse kein Zugriffsrecht vergeben werden kann, da die Sichtbarkeit ohnehin nur auf den umschließenden Block beschränkt ist. Die Attribute, Methoden und inneren Klassen der lokalen Klasse können hingegen in der bekannten Weise in ihrer Sichtbarkeit beschränkt werden.

```
void eineMethode() {
  class Lokal {
    private int attribut;
    public Lokal(int i) {
      attribut = i+5;
    }
    public void drucke() {
      EA.println("Wert des Attributs: " + attribut);
    }
  }
  Lokal lObjekt = new Lokal(4);
  lObjekt.drucke();
}
```

8.4   Anonyme Klassen

Gelegentlich gibt es Problemstellungen, bei denen von einer Klasse viele leicht unterschiedliche Varianten benötigt werden, um anschließend von jeder dieser Varianten immer nur genau ein einziges Objekt zu erzeugen. Dieses Phänomen tritt typischerweise bei der Konstruktion von Benutzungsoberflächen auf, so daß wir das folgende Beispiel auch aus diesem Bereich wählen werden, obwohl wir an dieser Stelle Benutzungsoberflächen noch nicht implementieren können und wollen. Da wir das geschilderte Problem aber elegant mit einer speziellen Form von lokalen Klassen lösen können, demonstrieren wir hier den geeigneten Mechanismus, um ihn dann in Kapitel 14 bei der Gestaltung von Benutzungsoberflächen aufzugreifen.

Nehmen wir an, wir hätten eine Klasse `Schaltknopf` gegeben, die das entsprechende Element einer graphischen Oberfläche beschreibt, also eine rechteckige Fläche mit einer Beschriftung, die auf einen Mausklick hin eine Aktion des zugehörigen Programms auslöst. Abb. 8.1 zeigt die typische Präsentation eines solchen Schaltknopfs auf dem Bildschirm.

Abb. 8.1: Beispiel für einen Schaltknopf

Stellen wir uns die zugehörige Klasse vor, so benötigt sie sicherlich Möglichkeiten, um die Ausdehnung und die Beschriftung eines Schaltknopfes festzulegen. Wir definieren daher einen Konstruktor zum Setzen der Attribute. Wenn wir die Gestalt eines Schaltknopfs während der Programmausführung prüfen möchten, müssen wir auch Methoden vorsehen, mit denen wir die gesetzten Werte zurückgeben können, also `gibBreite`, `gibHöhe` und `gibText`.

Neben diesen Methoden, die in gleicher Weise die Gestalt aller Schaltknöpfe beschreiben, wird für jeden Schaltknopf eine Methode `beiKlick` benötigt, die das Verhalten des Programms bei Anwählen des Schaltknopfs über einen Mausklick festlegt. Der Algorithmus dieser Methode ist an die spezifische Aufgabe des einzelnen Schaltknopfs gebunden: Während bei dem in Abb. 8.1 dargestellten Schaltknopf mit der Beschriftung »Beenden« möglicherweise zunächst Daten gesichert und anschließend die Anwendung beendet würde, würde ein Schaltknopf mit der Aufschrift »Hilfe« ein weiteres Fenster mit Zusatzinformationen öffnen.

In diesem Szenario bietet es sich an, zunächst eine Klasse `Schaltknopf` zu vereinbaren und dann weitere Klassen, die die einzelnen Schaltknöpfe beschreiben, von dieser Oberklasse durch Erben abzuleiten. Eine entsprechende Implementierung der Oberklasse ist in Bsp. 8.8 wiedergegeben, in der `beiKlick` als abstrakte Methode vereinbart wird, da wir ja allgemein nicht angeben können, was aufgrund eines Mausklicks geschehen soll. Dadurch ist die Klasse `Schaltknopf` zwangsläufig abstrakt. Bsp. 8.9 deutet an, wie die zugehörigen Unterklassen aussehen.

```
abstract class Schaltknopf {
   protected int breite, höhe;
   protected String aufschrift;
   public Schaltknopf (int b, int h, String s) {
      breite = b;
      höhe = h;
      aufschrift = s;
   }
   public int gibBreite() {
      return breite;
   }
   public int gibHöhe() {
      return höhe;
   }
   public String gibText() {
      return aufschrift;
   }
   abstract public void beiKlick();
}
```

Bsp. 8.8: Die Klasse `Schaltknopf`

```
class Auswahlknopf1 extends Schaltknopf {
  public Auswahlknopf1(int b, int h, String s) {
    super(b, h, s);
  }
  public void beiKlick() {
    // Anweisungen, was bei Mausklick zu tun ist
    // ...
  }
}
```

Bsp. 8.9: Die Klasse Auswahlknopf1

Wir sehen an Bsp. 8.9, wie aufwendig und unübersichtlich die Realisierung einer umfangreichen Benutzungsoberfläche werden kann. Wir müssen für jeden Schalt-knopf jeweils eine eigenen Klasse definieren, um dann an anderer Stelle nur genau ein Objekt dieser Klasse zu erzeugen.

Anonyme Klassen, eine spezielle Form lokaler Klassen, bieten eine Möglichkeit, die Klassendefinition und das Erzeugen des einzigen zugehörigen Objekts an einer einzigen Stelle des Programms zusammenfallen zu lassen. Die folgenden Programmzeilen erzeugen ein solches Objekt einer anonymen Klasse, die von der Klasse Schaltknopf abgeleitet wird:

```
Schaltknopf knopf =new Schaltknopf(80,10,"Beenden") {
                    public void beiKlick() {
                        EA.println(aufschrift+" geklickt!");
                    }
                };
```

Wir vereinbaren also zunächst eine Referenz knopf der Klasse Schaltknopf und weisen dieser Referenz ein Objekt einer anonymen Klasse zu, also einer Klasse, die in unserem Programm keinen Namen erhält. Damit diese Zuweisung zulässig ist, muß die anonyme Klasse eine Unterklasse von Schaltknopf sein. Das Beispiel zeigt, wie wir vorgehen sollten:

* Der Konstruktor der Klasse Schaltknopf wird durch den new-Operator auf-gerufen und mit geeigneten Parametern versehen, so daß ein Objekt erzeugt wird, das eine Ausdehnung von 80 x 40 Pixeln hat, grau gefärbt ist und die Aufschrift »Beenden« trägt.

* An den Aufruf des Konstruktors schließt sich unmittelbar eine Erweiterung der Klasse Schaltknopf an, die in »{ ... }« eingeschlossen wird.

* In der Erweiterung wird die in der Klasse Schaltknopf abstrakt definierte Methode beiKlick implementiert, so daß die entstehende anonyme Klasse vervollständigt wird und dementsprechend durch new-Operator ein Objekt erzeugt werden kann.

- Die anonyme Klasse wird innerhalb der Zuweisung vereinbart. Daher muß am Ende der Erweiterung ein Semikolon folgen.

In dieser Form können wir nun sehr einfach für jeden in der Benutzungsoberfläche eines Programms notwendigen Schaltknopf eine geeignete Spezialisierung der Klasse `Schaltknopf` vereinbaren und dabei die Methode `beiKlick` anpassen.

Da anonyme Klassen keinen Namen besitzen, können keine Referenzen der anonymen Klasse angelegt werden. Wir haben dieses Problem im Beispiel dadurch gelöst, daß wir eine Referenz auf die Oberklasse der anonymen Klasse angelegt haben. Diese Referenz darf dann aufgrund der Regeln der Sprache Java immer auch auf Objekte der zugehörigen Unterklassen verweisen. Allerdings sind über eine solche Referenz immer nur die Methoden zugreifbar, die bereits in der Oberklasse vereinbart wurden. Damit ist auch unmittelbar verständlich, warum wir die abstrakte Methode `beiKlick` in der Klasse `Schaltknopf` vereinbaren müssen: Nur so können wir die in der anonymen Klasse implementierte Methode `beiKlick` von einer Referenz auf `Schaltknopf` aus aufrufen.

Diese Diskussion verdeutlicht, daß der Gebrauch von anonymen Klassen stark eingeschränkt ist. So können gegenüber der Oberklasse zwar weitere öffentliche Methoden hinzugefügt werden, es besteht aber keine Möglichkeit, diese auch außerhalb der Klasse aufzurufen. Wir sind also beim Einsatz von anonymen Klassen gezwungen, zunächst eine geeignete Oberklasse oder Abstraktion bereitzustellen. Die Syntax zur Vereinbarung einer anonymen Klasse auf der Grundlage einer Abstraktion ist mit der gerade eingeführten Form identisch: Wir geben den Namen der Abstraktion als Konstruktorersatz hinter dem `new`-Operator an und müssen dann alle in der Abstraktion vorgegebenen Methoden implementieren. Bsp. 8.10 deutet die Verwendung von Abstraktionen anhand eines sehr einfachen Beispiels an.

```
interface Abstraktion {
  void methode();
}

  // ...
  // in einer Methode einer anderen Klasse
  // ...

  Abstraktion ab = new Abstraktion() {
                     public void methode() {
                       // ...
                     }
                   };
```

Bsp. 8.10: Anonyme Klasse auf der Grundlage einer Abstraktion

Abschließend müssen wir noch ein weiteres Problem anonymer Klassen betrachten, die initiale Wertebelegung der Attribute. Hierzu dient im allgemeinen der Konstruktor einer Klasse und wir haben in unserem Beispiel auch den Konstruktor der Klasse Schaltknopf zum Initialisieren der vier Attribute der anonymen Klasse eingesetzt. Führen wir allerdings in einer anonymen Klasse zusätzliche Attribute ein, so fehlt uns der Klassenname und damit die Möglichkeit, einen Konstruktor zu definieren. Abhilfe schafft hier eine *Exemplar-Initialisierung* (Bsp. 8.11), ein einfacher Block, der im Rumpf der Klasse angelegt wird. Diese Exemplar-Initialisierung wird genau einmal für jedes Objekt bei seiner Erzeugung ausgeführt. Das folgende Beispiel schafft einen Schaltknopf, der bei jedem Klick anzeigt, wie oft er bereits gedrückt wurde. Das Attribut zähler wird in einer Exemplar-Initialisierung mit dem Wert 1 initialisiert.

```
Schaltknopf zaehlknopf =
      new Schaltknopf(80, 10, "Zähler") {
         private int zähler;
         public void beiKlick() {
            EA.println("zum " + zähler + " mal ausgewählt!");
            zähler++;
         }
         { zähler = 1; }             // Exemplar-Initialisierung
      };
```

Bsp. 8.11: Beispiel für eine Exemplarinitialisierung

Exemplar-Initialisierungen sind für anonyme Klassen unumgänglich, sie sind aber für alle Klassen erlaubt, also auch für solche, die zusätzlich über Konstruktoren verfügen. Es stellt sich damit die Frage, in welcher Reihenfolge bei der Erzeugung eines Objekts die verschiedenen Initialisierungsangaben ausgeführt werden.

- Zunächst wird immer der Speicherplatz für das Objekt reserviert und die Attribute werden mit den Standard-Initialisierungswerten ihres Typs belegt.

- Dann werden die Konstruktoren aller Oberklassen ausgeführt, wobei der Vererbungshierarchie nach oben gefolgt wird. Wird in einem Konstruktor der Konstruktor der Oberklasse nicht explizit über super aufgerufen, so wird statt dessen implizit der Standardkonstruktor (ohne Parameter) der Oberklasse ausgeführt.

- Sofern Attribute direkt bei ihrer Vereinbarung einen Wert zugewiesen bekommen, wird nun die Zuweisung vorgenommen.

- Dann wird der Block der Exemplar-Initialisierung ausgeführt.

- Abschließend wird der Rumpf des aufgerufenen Konstruktors ausgeführt. Dieser letzte Schritt erfolgt natürlich nicht bei anonymen Klassen.

Der Vorgang der Initialisierung kann also hinreichend verwirrend und damit fehler-anfällig ablaufen, wenn alle durch die Sprache Java gegebenen Möglichkeiten genutzt werden. Daher sollte die Exemplar-Initialisierung ausschließlich in anonymen Klassen benutzt werden.

Kapitel 9
Pakete und Übersetzungseinheiten

Pakete bieten in Java neben Klassen eine weitere Möglichkeit, Programme zu gliedern. Gleichzeitig stellen sie auch einen Mechanismus für den Aufbau von Klassenbibliotheken zur Verfügung. In diesem Kapitel wird gezeigt, wie Pakete definiert werden und wie definierte Pakete in anderen Paketen benutzt werden.

9.1 Definition von Paketen

Es ist hilfreich, in diesem Kapitel zunächst den Begriff der *Übersetzungseinheit* einzuführen. Eine Übersetzungseinheit stellt eine physische Aufteilung eines Pakets dar, sie führt keine weitere konzeptionelle Strukturierung und auch keinen eigenen Namensraum ein. Eine Übersetzungseinheit gehört immer zu genau einem Paket, ein Paket kann jedoch aus mehreren Übersetzungseinheiten bestehen, die dann gemeinsam alle Deklarationen des Pakets enthalten. Eine Übersetzungseinheit besteht aus drei Abschnitten in der folgenden Reihenfolge:

- Die durch das Schlüsselwort `package` eingeleitete Paket-Deklaration ordnet die Übersetzungseinheit einem Paket zu.

- Import-Vereinbarungen erlauben es, Klassen oder Abstraktionen aus anderen Paketen in einer Übersetzungseinheit bekannt zu machen und diese anschließend mit ihren einfachen Namen ohne die Angabe ihres Herkunftspakets anzusprechen.

- Typ-Vereinbarungen dienen der Deklaration von Klassen oder Abstraktionen innerhalb des Pakets.

Jeder dieser Abschnitte ist optional, muß also nicht unbedingt vorhanden sein – wenn er vorhanden ist, ist die angegebene Reihenfolge jedoch zwingend. Jede Übersetzungseinheit importiert automatisch und implizit jeden als `public` vereinbarten Klassen- oder Abstraktionsnamen aus dem vordefinierten Paket `java.lang`, so daß alle dort vereinbarten Klassen und Abstraktionen immer mit ihren einfachen Namen verwendet werden können. Damit dient `java.lang` als Grundpaket, das stets verfügbar ist und dem man nicht entkommen kann.

Das folgende Beispiel zeigt die Definition eines einfachen Pakets:

```
package paketDies;
public class DiesHier {
  public void dies() {
    EA.print("Dies");
  }
}
```

Die in dem Paket `paketDies` bereitgestellte Klasse `DiesHier` wird in anderen Klassen unter dem Namen `paketDies.DiesHier` angesprochen, der Name des Pakets wird also dem Namen der Klasse vorangestellt. Um den Schreibaufwand zu vermindern, kann die Klasse `DiesHier` in anderen Paketen auch durch die Angabe `import paketDies.DiesHier` importiert werden. Diese Angabe muß vor der Vereinbarung von Klassen oder Abstraktionen innerhalb des benutzenden Kontextes erfolgen. Mit der `import`-Vereinbarung ist der Name `DiesHier` an die entsprechende Klasse aus dem Paket `paketDies` gebunden und kann so benutzt werden, als ob die Klassendefinition auch physisch in dem benutzenden Kontext erfolgt wäre. Die Klasse `DiesHier` ist als `public` gekennzeichnet (sonst könnte sie nicht aus dem Paket exportiert werden), die Methode `dies` ist ebenfalls als `public` charakterisiert. Es gelten die folgenden Regeln:

- Ist eine Klasse oder eine Abstraktion mit der Zugriffsspezifikation `public` versehen, so kann dort auf sie zugegriffen werden, wo dasjenige Paket bekannt ist, in dem sie vereinbart ist.

- Eine nicht explizit mit einem Zugriffsrecht `public` vereinbarte Klasse oder Abstraktion ist nur in dem Paket bekannt, in dem sie deklariert ist.

- Eine Komponente (Attribut, Konstruktor, Methode) einer Klasse ist nur dann in einer importierenden Übersetzungseinheit sichtbar, falls sie als `public` vereinbart ist.

Ein Paket regelt also – ähnlich einer Klasse – die Sichtbarkeit der in ihm vereinbarten Bezeichner und besitzt einen eigenen Namensraum.

An dieser Stelle sei darauf aufmerksam gemacht, daß nicht – wie in manchen anderen Sprachen – das gesamte Paket importiert werden muß. Es können entweder gezielt einzelne Klassen, wie im Beispiel `import paketDies.DiesHier`, oder alle Klassen eines Paket importiert werden, wobei dann das Zeichen »*« die Rolle des Platzhalters übernimmt. Alle Klassen des Pakets `paketDas` (Abb. 9.1) werden in einer Übersetzungseinheit eines anderen Pakets beispielsweise durch die folgende Angabe bekannt gemacht:

```
import paketDas.*
```

An dem in Bsp. 9.1 vorgestellten Paket `paketIst` sollen zwei weitere Aspekte illustriert werden. Nach der gerade angegebenen Sichtbarkeitsregel wird aus dem Paket `paketIst` lediglich die Klasse `IstEs` exportiert, und in Instanzen dieser Klasse kann lediglich die Methode `ist` außerhalb des Pakets aufgerufen werden. Die Klasse `Hilf` bleibt im Paket `paketIst` lokal, die in dieser Klasse definierte Methode `str` greift auf eine als `protected` bezeichnete Methode `s` in der Klasse `IstEs` zu. Die Zugriffsspezifikation `protected` besagt bezüglich der Sichtbarkeit auf der Ebene der Pakete, daß alle Klassen im selben Paket Zugriff auf die betreffende Komponente haben (– einschließlich der Klasse, in der die Komponente vereinbart ist). Wie wir bereits in Kapitel 7.3 besprochen haben, bedeutet `protected` in Bezug auf die Vererbung, daß alle Nachfahren einer Klasse Zugriff auf die so gekennzeichnete Komponente besitzen. Wie wir nun sehen, benötigen wir dieses Zugriffsrecht nur dann, wenn die vererbende und die erbende Klasse in verschiedenen Paketen deklariert sind – wir haben also in Kapitel 7.3 die Regeln aus didaktischen Gründen zu streng formuliert.

Die Methode `s` ist also in den Klassen `IstEs` und `Hilf` bekannt, nicht so die Methode `i`, deren Sichtbarkeit auf die Klasse `IstEs` beschränkt ist (vermöge der bereits bekannten Zugriffsspezifikation `private`). In der Methode `str` wurde eine anonyme Instanz der Klasse `IstEs` verwendet: sie wird durch `new` erzeugt und dient hier lediglich dazu, Zugriff auf die Methode `s` zu gewähren – alternativ hätten wir in der Methode `str` eine Hilfsvariable vom Typ `IstEs` nur für diesen Zweck vereinbaren, konstruieren und benutzen können.

```
package paketIst;
public class IstEs {
   private String i() {
     return "i";
   }
   protected String s() {
     return "s";
   }
   public void ist() {
     Hilf hilf = new Hilf();
     EA.print(i() + hilf.str() + "t");
   }
}
class Hilf {
   String str() {
     return (new IstEs()).s();
   }
}
```

Bsp. 9.1: Das Paket `paketIst`

Das nächste Paket (Abb. 9.1) mit Name `paketDas` besteht aus vier Übersetzungseinheiten, die sich auf vier Dateien verteilen. Die erste Zeile jeder Datei enthält die
Angabe des Paketnamens in der Form: `package paketDas`.

```
package paketDas;
class Das {
  protected void cette() {
    EA.print(yogi());
  }
  private String yogi() {
    return "das";
  }
}
```

```
package paketDas;
public class DasHausVom {
  Haus haus = new Haus();
  Das das = new Das();
  public void soWhat() {
    das.cette();
    haus.domus();
  }
}
```

```
package paketDas;
class Haus {
  protected void domus() {
    EA.print(" Haus vom");
  }
}
```

```
package paketDas;
import paketDas.weiter.ToDo;
public class Nikolaus {
  ToDo zuTun = new ToDo();
  public void machsDoch() {
    zuTun.druck();
  }
}
```

Abb. 9.1: Die Übersetzungseinheiten des Pakets `paketDas`

Es werden also aus dem Paket `paketDas` die Klassen `DasHausVom` und `Nikolaus`
exportiert, die Methoden `soWhat` bzw. `machsDoch` sind im Export sichtbar. Das ist an
der Verwendung von `public` abzulesen; weiterhin kann das Ineinandergreifen von
durch `protected` oder `private` vereinbarten Methoden betrachtet werden. Das
Paket importiert die Klasse `ToDo` aus einem anderen Paket mit dem Namen
`paketDas.weiter` (Abb. 9.2). Anzumerken ist hierbei:

- Ein Paket muß nicht in einer einzigen Übersetzungseinheit abgelegt sein, das
  Abspeichern der Übersetzungseinheiten eines Pakets in mehreren Dateien
  folgt aber festen Regeln, die in Kapitel 9.2 diskutiert werden.

- Zwischen den Paketen `paketDas` und `paketDas.weiter` besteht – von der
  Abspeicherung im Dateisystem abgesehen – keine besondere Beziehung, ins-
  besondere ist das Paket `paketDas.weiter` kein Bestandteil des Pakets
  `paketDas`, so daß die Namensräume dieser beiden Pakete in keiner anderen
  Beziehung als die anderer Pakete zueinander stehen. Wir nennen solche
  Pakete *Subpakete*, um die Hierarchie im Dateisystem zu kennzeichnen.

```
package paketDas.weiter;
public class ToDo {
  public void druck() {
    EA.print("Nikolaus");
  }
}
```

Abb. 9.2: Das Subpaket paketDas.Weiter

Die Klasse Nick benutzt nun alle diese Pakete, Bsp. 9.2 zeigt die zugehörige Über-setzungseinheit. Beachten Sie, daß alle exportierten Namen aus dem Paket paketDas durch die Import-Anweisung import paketDas.* in die in Bsp. 9.2 vorliegende Übersetzungseinheit importiert werden. Es wird insgesamt ein bemerkenswerter Text in einer eigenen Zeile ausgedruckt:

        Dies ist das Haus vom Nikolaus!

```
import paketDies.DiesHier;
import paketIst.IstEs;
import paketDas.*;
class Nick {
    public static void main (String args[]) {
    DiesHier dieses = new DiesHier();
    IstEs isIt = new IstEs();
    DasHausVom ibiDomus = new DasHausVom();
    Nikolaus santa = new Nikolaus();
    dieses.dies(); EA.print(" ");
    isIt.ist(); EA.print(" ");
    ibiDomus.soWhat(); EA.print(" ");
    santa.machsDoch();
    EA.println("!");
  }
}
```

Bsp. 9.2: Die Klasse Nick

9.2   Ablage von Paketen im Dateisystem

Formal besteht ein Paket aus Klassen und Abstraktionen, die in den Übersetzungseinheiten des Pakets vereinbart werden, und aus Subpaketen, die jedoch explizit
importiert werden müssen. Dabei wird der volle Name des Subpakets verwendet,
daher darf auch nicht der Name einer Klasse oder Abstraktion als Bezeichnung für
ein Subpaket verwendet werden. Die zu einem Paket gehörenden Übersetzungseinheiten beginnen mit dem Schlüsselwort `package`, dann folgt der Name des Pakets.

Das Abspeichern von Paketen, ihren Subpaketen und Übersetzungseinheiten ist von
der Entwicklungsumgebung abhängig, in der der Compiler ausgeführt wird. Die
Speicherung der Pakete kann im Dateisystem oder in einer Datenbank erfolgen. Wir
diskutieren als Beispiel kurz die Abspeicherung in einem Dateisystem unter dem
Betriebssystem SUN Solaris. Dort muß jedes Paket in einem eigenen Verzeichnis
abgelegt werden, die Dateien mit der Endung ».java« in einem solchen Verzeichnis
entsprechen den Übersetzungseinheiten des Pakets, so daß in jeder Übersetzungseinheit im wesentlichen die Vereinbarung einer exportierten Klasse abgespeichert wird. Hinzu darf die Vereinbarung von Klassen treten, für die kein
Zugriffsrecht angegeben ist und die deshalb nur innerhalb des Pakets aufgerufen
werden dürfen.

Subpakete werden in den entsprechenden Unterverzeichnissen abgespeichert. Die
Namen der Pakete werden für die Namen der entsprechenden Verzeichnisse herangezogen, so daß der Name eines Subpakets den Pfad zu dem Verzeichnis bestimmt,
in dem es abgelegt ist, wenn man das aktuelle Verzeichnis als Ausgangspunkt
nimmt. Für das in Kapitel 9.1 vorgestellte Beispiel ergibt sich der in Abb. 9.3 dargestellte Unterbaum von Verzeichnissen und Dateien im Verzeichnis `pakete`.

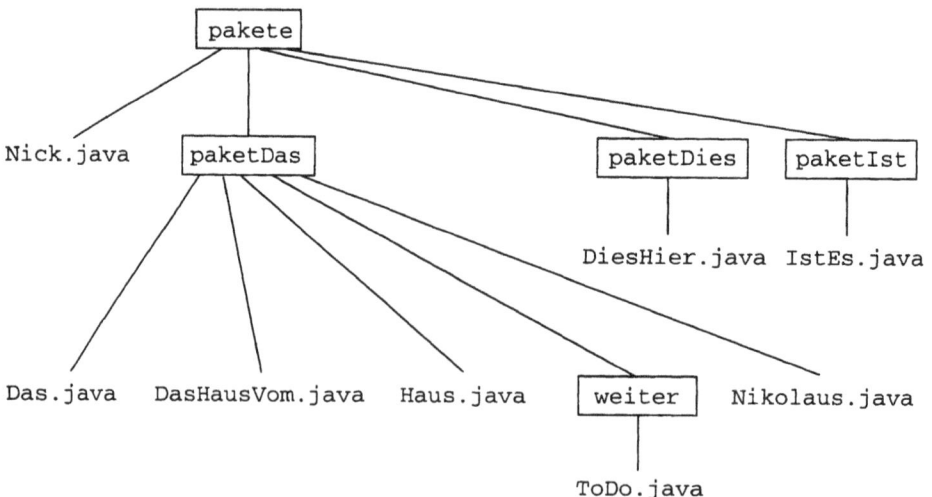

Abb. 9.3: Pakete, Subpakete und Übersetzungseinheiten der Beispielanwendung

Der Paket-Mechanismus in Java ist also recht flexibel: eine Übersetzungseinheit erklärt durch eine erste Zeile mit der Vereinbarung `package p;` ihren Beitritt zu einem Paket p. Bei Änderungen einer Methode einer Klasse muß daher nicht das gesamte Paket editiert werden, es reicht die Bearbeitung derjenigen Übersetzungs- einheit des Pakets, die die entsprechende Methode enthält.

Als Beispiel für einen systematischen Einsatz von Paketen betrachten wir noch einmal die aus Kapitel 6.2 bekannte lineare Liste mit den Klassen `Liste` und `Element`. Beide Klassen arbeiten eng zusammen. Die Klasse `Liste` enthält alle Methoden, die für die Nutzung der Liste notwendig sind, die Klasse `Element` wird nach außen nicht sichtbar, da nur innerhalb von `Liste` auf sie zugegriffen wird. In Kapitel 8 haben wir daher die Klasse `Element` als innere Klasse der Klasse `Liste` vereinbart. Pakete bieten uns nun noch einen zweiten Weg, den Zugang zu der Klasse `Element` einzuschränken. Wir fassen die beiden Klassen in einem Paket `linListe` zusammen. Die Klasse `Liste` wird dann als `public` vereinbart, da ihre Methoden für die Benutzung bereitstehen sollen. Die Klasse `Element` wird ohne die explizite Angabe eines Zugriffsrechts vereinbart, so daß sie nur innerhalb des Pakets, d.h. ausschließlich für die Klasse `Liste`, sichtbar ist.

Damit ist das Paket `linListe` fertiggestellt, alle benutzenden Klassen werden in anderen Paketen deklariert und können nur die öffentliche Klasse `Liste` importieren und somit nur auf deren öffentliche Komponenten zugreifen. Ein Zugriff der benutzenden Klassen auf die Klasse `Element` ist nicht möglich.

Da jede Klasse einen abgeschlossenen Ausschnitt eines Problembereichs modelliert, sollte die Entwicklung einer Klasse immer auf den Bereich dieser Klasse beschränkt bleiben. Dies kann für unser Beispiel durch die Verteilung des Pakets `linListe` auf zwei Übersetzungseinheiten geschehen, die jede genau eine der beiden Klassen `Liste` und `Element` enthält. Änderungen erfolgen unabhängig für jede Über- setzungseinheit und damit immer lokal für die einzelne Klasse.

Als Regeln für die Strukturierung von komplexen Systemen, die aus vielen Klassen und vielen Beziehungen zwischen diesen Klassen bestehen, wollen wir festhalten:

- Jede Übersetzungseinheit enthält immer nur genau eine Klasse, so daß Änderungen immer nur einen lokalen und auch inhaltlich abgeschlossenen Bereich betreffen.

- Klassen werden nur dann in Paketen zusammengefaßt, wenn sie eng zu- sammenarbeiten und sie einander gegenseitig benutzen müssen. Ansonsten sollte versucht werden, jede Klasse in einem eigenen Paket abzulegen.

9.3   Übersicht über die Zugriffsspezifikationen

Wir sind nun in der Lage, eine Übersicht über die Zugriffsspezifikationen für die
Komponenten einer Klasse zu geben. Die folgende Tabelle zeigt durch »●« an, in
welchem Programmbereich Komponenten mit welchem Zugriffsrecht sichtbar sind:

Spezifikation	Klasse	Paket	Subklasse	Welt
`private`	●			
ohne Angabe einer expliziten Zugriffsspezifikation	●	●		
`protected`	●	●	●	
`public`	●	●	●	●

Die Zugriffsspezifikation `private` beschränkt den Zugriff auf die Klasse, in der die
Definitionen der so gekennzeichneten Attribute oder Methoden vorgenommen
werden. Die Bedeutungen der Spezifikation `protected` und des völligen Fehlens
einer Zugriffsspezifikation sind recht ähnlich: beide gewähren Zugriff innerhalb des
Pakets, das die Klassendefinition enthält. Bei der Spezifikation `protected` ist der
Zugriff zusätzlich auch von Subklassen aus möglich, die außerhalb des Pakets
definiert sind. Die bereits in Kapitel 7.3 vorgestellte Einschränkung der Zugriffs-
möglichkeiten durch `protected` ist daher nur dann wirksam, wenn die beteiligten
Klassen in verschiedenen Paketen abgelegt werden. Mit `public` werden solche
Komponenten gekennzeichnet, die keiner Beschränkung im Hinblick auf ihren
Zugriff unterworfen werden sollen.

Kapitel 10
Anwendung: minimale Gerüste

In diesem Kapitel werden wir einen der klassischen Algorithmen der Informatik studieren, den Algorithmus von Kruskal, der uns schon in Kapitel 1 begegnet ist. Methodisch gehen wir so vor, daß wir zunächst noch einmal die Problemstellung betrachten, nämlich die Verbindung der Büros verschiedener Hofzwerge in der Wiener Hofburg durch ein Telephonnetz. Hieraus leitet sich unsere Problemstellung ab: Man verbinde die Büros derart, daß die Gesamtkosten aller Verbindungen möglichst klein sind. Dies führt uns zum einen auf den Begriff des ungerichteten Graphen, den wir hier nun etwas formalisieren werden, zum anderen werden wir Kostengraphen einführen und gewisse kostenminimale Teilmengen der Kanten dieser Graphen auszeichnen. Wir werden auf dieser formalen Basis dann noch einmal den *Algorithmus von Kruskal* unabhängig von einer Programmiersprache beschreiben und ihn anschließend in Java implementieren.

Die Implementierung wird im wesentlichen mit Hilfe von Mengen vorgenommen, die uns in verschiedenen Varianten begegnen werden. An dieser Stelle wird es sich als nützlich erweisen, daß wir den Mechanismus der Vererbung zur Verfügung haben, da uns diese Möglichkeit des Vorgehens durch ihre schrittweise Spezialisierung ein ökonomisches Entwickeln gestattet. Die Minimierung des Aufwands bei der Programmkonstruktion soll durch die Wiederverwendung vorhandener Klassen erreicht werden. Diese Vorgehensweise ist typisch für die objektorientierte Programmierung, sie soll dem geneigten Leser durch unser Beispiel nähergebracht werden.

Wir versuchen an diesem Beispiel aufzuzeigen, wie ein Informatiker in der Regel vorgehen sollte. Ausgehend von einer konkreten Problemstellung wird zunächst eine Analyse des Problems vorgenommen und eine mathematische Formalisierung gefunden. Hat man eine mathematische Lösung erarbeitet, so muß sie algorithmisch umgesetzt werden. Dies ist sicherlich mehr als die kanonische Übertragung mathematischer Begriffsbildungen in Programmcode, wie unser Beispiel zeigen wird. Vielmehr muß darüber nachgedacht werden, welche Datenstrukturen man verwendet und welche vorhandenen Programmbausteine man benutzt und anpaßt, um mit möglichst geringem Aufwand ordentlich zum Ziel zu gelangen.

10.1 Das Problem

Wir fassen die uns aus Kapitel 1 bekannte Aufgabenstellung zusammen: Gegeben seien n Standorte $S_1, ..., S_n$. Diese Standorte sollen über Telephonleitungen so miteinander verbunden werden, daß man jeden Standort von jedem anderen aus – gegebenenfalls über Zwischenstationen – erreichen kann. Jede Verbindung verursacht Kosten. Gesucht ist eine kostenminimale Auswahl von Verbindungen, über die alle Standorte untereinander verbindbar bleiben.

In der Abb. 10.1 finden Sie ein Beispiel. Die Standorte, beispielsweise die Büros der Hofzwerge in der Wiener Hofburg (Kapitel 1.1), sind durch große Buchstaben gegeben, die Kosten zwischen den Leitungen sind an den Verbindungen notiert. Die stärker gezeichneten Kanten zwischen A und G, F und G, E und G, D und E, C und D und abschließend A und B sind die gesuchte kostenminimale Auswahl der Leitungen, die die Standorte A, ... , G umfaßt. Dies ist freilich nicht offensichtlich.

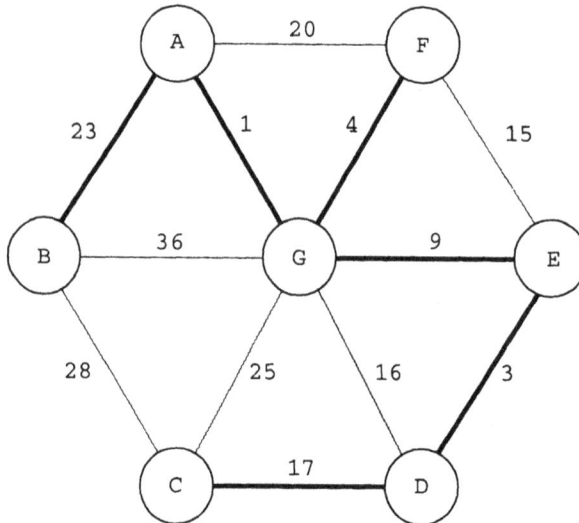

Abb. 10.1: Kostenminimale Auswahl von Telephonverbindungen

10.2 Abstraktion: ungerichtete Graphen

Wir wollen nun eine mathematische Formulierung für unsere Problemstellung finden. Wir haben gewisse Objekte, die miteinander verbunden sind. Die Verbindungen haben freilich keine Richtungen, denn sonst könnten wir mit gerichteten Graphen operieren. In einem gerichteten Graphen würden die Büros als Knoten dargestellt, die gerichteten Verbindungen zwischen den Büros wären dann gerichtete Kanten. Aber so ist das Leben: Wir haben keine gerichteten, sondern ungerichtete Kanten, daher definieren wir in Analogie zu den aus Kapitel 6.5 bekannten gerichteten Graphen eben *ungerichtete Graphen*:

Definition:

G = (V, E) heißt *ungerichteter Graph* mit *Knoten* V und *Kanten* E, falls V eine endliche Menge ist, so daß jedes $e \in E$ eine zweielementige Teilmenge von V ist (falls $\{v, w\} \in E$, sind v und w durch eine ungerichtete Kante miteinander verbunden).

Sind also $a, b \in V$ Knoten, so wird eine gerichtete Kante zwischen a und b durch das Paar (a, b) (denn die Reihenfolge von a und b ist wichtig), eine ungerichtete Kante zwischen den beiden Knoten wird durch $\{a, b\}$ dargestellt[1], da die Reihenfolge der Aufzählung bei Mengen bekanntlich unwesentlich ist. Der ungerichtete Graph, der unserem Beispiel zugrunde liegt, ist der Abb. 10.2 zu entnehmen. Sie haben sicherlich bemerkt, daß die Kosten der einzelnen Verbindungen in unserer Begriffsbildung bislang noch keine Rolle spielen: immer eins nach dem anderen.

Analog zum Vorgehen bei gerichteten Graphen benötigen wir einige Begriffe. Sei dazu G = (V, E) wie oben ein ungerichteter Graph.

Definition:

Ein $(n+1)$-Tupel $(v_0, ..., v_n)$ heißt ein *Pfad*, falls jeweils zwei aufeinander folgende Knoten eine Kante bilden, falls also für alle $i = 0, ..., n-1$ gilt $\{v_i, v_{i+1}\} \in E$. v_0 heißt *Anfangsknoten*, v_n heißt *Endknoten* des Pfades.

---

[1] Intuitiv kann jeder binäre Baum als ungerichteter Graph aufgefaßt werden: Jeder Knoten ist mit seinen beiden Söhnen durch eine ungerichtete Kante verbunden. Dies geschieht ähnlich wie im gerichteten Fall, vgl. die Fußnote auf Seite 156. Formal kann man das wie folgt beschreiben:
Jedem binären Baum B wird ein Graph *UnDirGraph*(B) zugeordnet. Ist B der leere Baum ∅, so ordnet man B den leeren Graphen zu, also
$$UnDirGraph(\varnothing) := (\varnothing, \varnothing).$$
Ist nun $B = (w, B_1, B_2)$ ein binärer Baum (vgl. die Fußnote auf Seite 91) mit Wurzel w und linkem und rechtem Unterbaum B_1 bzw. B_2, und sind den Unterbäumen bereits die ungerichteten Graphen
$$UnDirGraph(B_1) := (Knoten(B_1), E_1),$$
$$UnDirGraph(B_2) := (Knoten(B_2), E_2),$$
zugeordnet, so setzt man für den Fall, daß keiner der beiden Unterbäume der leere Baum ist,
$$UnDirGraph(B) := (Knoten(B), E_1 \cup E_2 \cup \{\{w, w_1\}, \{w, w_2\}\}),$$
wobei w_1 die Wurzel des linken Unterbaums B_1 und w_2 die Wurzel des rechten Unterbaums B_2 bezeichnet. Falls einer der beiden Unterbäume leer ist, so muß man die Definition entsprechend justieren und kann die entsprechende ungerichtete Kante nicht in die Menge der Kanten von *UnDirGraph*(B) aufnehmen.

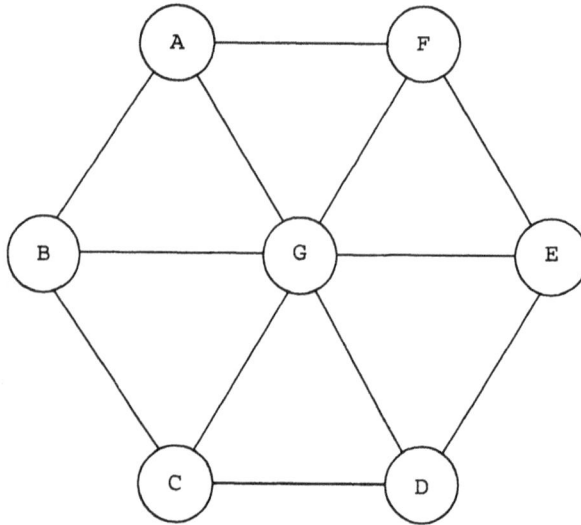

Abb. 10.2: Telephonverbindungen: ungerichteter Graph

Definition:

> Der Graph G heißt *zusammenhängend*, falls es zu je zwei verschiedenen Knoten
> $a, b \in V$ einen Pfad mit Anfangsknoten a und Endknoten b gibt.

Im Beispiel der Telephonverbindungen zwischen Büros der Hofburg bedeutet der
Zusammenhang des Graphen also offensichtlich, daß zwischen zwei verschiedenen
Standorten stets telephoniert werden kann.

Nun suchen wir für unser Anwendungsbeispiel eine Auswahl von Verbindungen,
die nicht nur gewährleistet, daß stets zwischen zwei Standorten telephoniert werden
kann, sondern die zudem auch kostenminimal ist, so daß diese Auswahl also nicht
zu viele Kanten umfassen darf. Um zu gewährleisten, daß man zwischen n Standorten telephonieren kann, ohne überflüssige Leitungen zu haben, benötigt man $n-1$
Verbindungen. Dies führt zur Definition des freien Baums:

Definition:

> Sei $G = (V, E)$ ein zusammenhängender ungerichteter Graph.
> G ist ein *freier Baum*, falls $|E| = |V| - 1$.

Die Abb. 10.3 zeigt einen freien Baum, den wir unter Zuhilfenahme vorhandener
Kanten für unseren Graphen konstruieren können. Im Gegensatz zu den binären
Bäumen, die wir bisher kennengelernt haben, enthält ein freier Baum keine Wurzel.
Dies mag zunächst ein wenig verwirren.

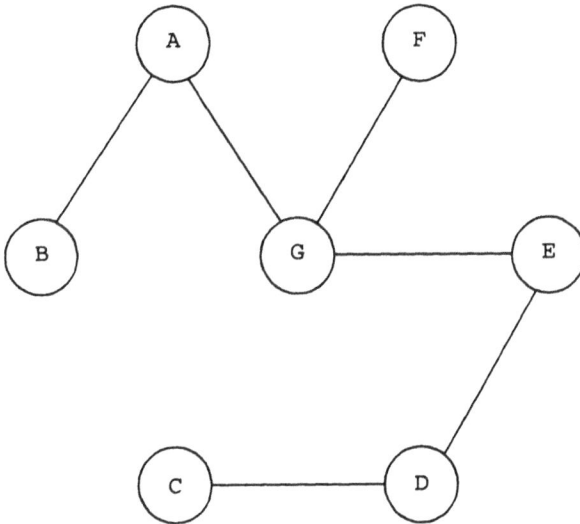

Abb. 10.3: Beispiel für einen freien Baum

Ein freier Baum enthält so wenige Kanten, daß er sich keinen Zyklus leisten kann, daß wir also keinen nicht-trivialen Pfad finden können, der uns die Reise von einem Knoten zu sich selbst gestattet. Da wir den Begriff *Zyklus* für spätere Betrachtungen brauchen, soll auch dieser Begriff formal eingeführt werden:

Definition:

Sei $G = (V, E)$ ein ungerichteter Graph, so heißt ein Pfad $(v_0, ..., v_n)$ *einfach*, falls mit der möglichen Ausnahme des Anfangsknotens v_0 und des Endknotens v_n die Knoten auf dem Pfad paarweise voneinander verschieden sind.

Ein *Zyklus* ist ein einfacher Pfad $(v_0, ..., v_n)$ mit $v_0 = v_n$, der mindestens drei paarweise verschiedene Knoten umfaßt.

Man verdeutliche sich anhand dieser Definition, daß ein freier Baum keine Zyklen enthalten darf.

Jetzt sprechen wir über das Geld!

Unsere Problemstellung erfordert nicht nur die Modellierung von Bürostandorten und Telephonverbindungen zwischen diesen Standorten (– dies haben wir durch einen ungerichteten Graphen erledigt), sie verlangt auch die Modellierung von Verbindungskosten. Stellen wir Leitungen als Kanten eines ungerichteten Graphen dar, so können wir an jede Kante eine nicht-negative ganze Zahl als Kosten dieser

Verbindung heften, mit anderen Worten: Die Kosten werden als eine Abbildung von
den Kanten in die natürlichen Zahlen aufgefaßt. Dies führt uns zum Begriff des
Kostengraphen:

Definition:

(V, E, c) heißt *Kostengraph*, falls (V, E) ein zusammenhängender ungerichteter
Graph und $c: E \to \mathbb{N}$ eine Abbildung ist. Für eine Teilmenge $F \subseteq E$ von Kanten
können wir die Kosten c_F für diese Kantenmenge angeben als die Summe aller
Kosten, die von den einzelnen Kanten verursacht wird:

$$c_F := \sum_{f \in F} c(f)$$

Damit können wir unsere gesuchte Teilmenge von Kanten formal beschreiben. Wir
haben oben schon gesehen, daß es sich bei dieser gesuchten Teilmenge um einen
freien Baum handeln muß (– um überflüssige Kanten zu eliminieren), wir haben die
Kostenminimalität hierbei allerdings noch nicht berücksichtigen können. Dies kann
jetzt geschehen:

Definition:

Ist (V, E, c) ein Kostengraph, so heißt (V, F) ein *minimales Gerüst*, falls die folgenden drei Bedingungen erfüllt sind:

a) F ist eine Teilmenge der Kanten E des Kostengraphen,

b) (V, F) ist ein freier Baum,

c) ist (V, H) ein weiterer freier Baum mit $H \subseteq E$, so gilt: $c_F \leq c_H$.

Ein minimales Gerüst enthält also alle Knoten des Graphen und ist der billigste Teilgraph, der es gestattet, alle Knoten miteinander zu verbinden.

Unser Problem kann jetzt folgendermaßen formuliert werden: Wir haben einen
Kostengraphen vorgegeben und suchen dazu ein minimales Gerüst. Wir wollen für
diesen Kostengraphen annehmen, daß die Kosten für die Kanten paarweise voneinander verschieden sind. Man kann unter dieser Voraussetzung zeigen, daß das
minimale Gerüst eines Kostengraphen eindeutig bestimmt ist, aber das wollen wir
hier nicht tun. Zur Konstruktion des minimalen Gerüsts sind einige Hilfsüber-
legungen nötig.

Lemma A:

Ist (V, E, c) ein Kostengraph mit minimalem Gerüst (V, F), dann gilt:

a) für alle $v \neq w$ in V gibt es genau einen Pfad in (V, F) von v nach w,

b) für $e \in E \backslash F$ hat (V, $F \cup \{e\}$) einen eindeutig bestimmten Zyklus.

Beweis:

a) Da ein Kostengraph zusammenhängend ist, finden wir einen Pfad von v nach w. Gäbe es zwei verschiedene Pfade von v nach w in (V, F), so könnte man sie zu einem Zyklus kombinieren. Die Existenz des Pfades folgt aus dem Zusammenhang des Graphen.

b) Sind $v, w \in V$ mit $\{v, w\} \in E \backslash F$, so gibt es in (V, F) nach Teil a) einen eindeutig bestimmten Pfad von v nach w. Gäbe es zwei Zyklen in $(V, F \cup \{\{v, w\}\})$, so gäbe es zwei Pfade in (V, F) von v nach w.

Beachten Sie übrigens, daß wir die Eigenschaft der Minimalität hier nicht benutzt haben (– das ist zwar zweifelhafter mathematischer Stil, aber sonst hätten wir einen weiteren Begriff einführen müssen ...).

Es wird sich jetzt herausstellen, daß wir minimale Gerüste regelrecht züchten können, indem wir kleinere Gerüste zu größeren Gerüsten zusammenfügen. Wir beweisen dazu das folgende Lemma:

Lemma B:

Sei $K = (V, E, c)$ ein Kostengraph, $V_1, V_2 \subseteq V$ seien disjunkte Teilmengen von V, so daß (V_1, F_1) und (V_2, F_2) freie Bäume mit Kanten aus E sind, und $F_1 \cup F_2$ in einem minimalen Gerüst zu K enthalten ist.

Ist $e = \{v, w\} \in E$ eine Kante mit

a) $v \in V_1$, $w \in V_2$,

b) $c(e) = min \ \{c(\{v_1, v_2\}); \{v_1, v_2\} \in E \ \text{mit} \ v_1 \in V_1, v_2 \in V_2\}$,

so gilt: Es gibt ein minimales Gerüst zu K, das $F_1 \cup F_2 \cup \{e\}$ enthält.

Beweis:

Angenommen, F'' ist ein minimales Gerüst zu K, das $F_1 \cup F_2$, aber nicht e enthält. $F'' \cup \{e\}$ enthält einen eindeutig bestimmten Zyklus (Lemma A), also muß auf dem Zyklus eine Kante $e' = \{v', w'\}$ existieren mit $v' \in V_1$, $w' \in V_2$ und $c(e) \leq c(e')$. Mit $F^\bullet := (F'' \cup \{e\}) \backslash \{e'\}$ ist $F^\bullet$ ein minimales Gerüst zu K, so daß $c_{F^\bullet} \leq c_{F''} < c_{F^\bullet}$ nach Annahme gilt. Widerspruch!

Lemma B erlaubt also das schrittweise Züchten von minimalen Gerüsten.

Im folgenden Algorithmus von Kruskal wird F die Kanten des minimalen Gerüsts enthalten. Wir benötigen zusätzlich die Menge C als Partition der Knotenmenge. C ist also eine Menge von Teilmengen von V mit den folgenden drei Eigenschaften:

- kein Element aus C ist die leere Menge,

- die Elemente aus C sind paarweise disjunkt, und

- die Vereinigung aller Elemente aus C ergibt die Knotenmenge V.

Der Algorithmus besteht aus einer Initialisierungsphase, in der die Kanten aufsteigend im Hinblick auf ihre Kosten geordnet werden, und der Phase, in der die Kanten des minimalen Gerüsts selektiert werden:

Initialisierung:

F wird auf die leere Menge $\emptyset$ gesetzt, C wird zu $\{\{v\}: v \in V\}$ initialisiert, die Kanten werden ihren Kosten nach aufsteigend geordnet, Q enthalte die Kanten in dieser Ordnung.

Selektion der Kanten:

Solange C mehr als ein Element enthält, tue folgendes:

a) Entferne aus Q die Kante $\{a, b\}$ mit den geringsten Kosten,

b) falls die beiden Knoten a und b in demselben Element von C liegen, so verwirf diese Kante,

c) falls die Kante zwei verschiedene Elemente von C verbindet, (falls also $W_1, W_2 \in C$ so existieren, daß $W_1 \neq W_2$ gilt, mit $a \in W_1$, $b \in W_2$) so füge die Kante $\{a, b\}$ zu F hinzu und ersetze die beiden Elemente aus C durch ihre Vereinigung – aus C werden also W_1 und W_2 entfernt, $W_1 \cup W_2$ wird hinzugefügt.

Nach Beendigung dieses Algorithmus enthält die Partition C als einziges Element die Menge V der Knoten. Die Menge F enthält die Kanten des minimalen Gerüsts. Die Korrektheit dieser letzten Aussage folgt unmittelbar aus den oben bewiesenen Lemmata.

Wir wollen uns die Vorgehensweise des Algorithmus an unserem Beispiel klarmachen. Zunächst finden Sie in der folgenden Tabelle die Kanten nach ihren Kosten geordnet:

Kante	Kosten		Kante	Kosten
AG	1		CD	17
DE	3		AF	20
FG	4		AB	23
EG	9		CG	25
EF	15		BC	28
DG	16		BG	36

Wir haben hier die Notation ein wenig vereinfacht: AB steht für die Kante {A, B};
wir werden diese einfachere Notation im weiteren Verlauf des Beispiels beibehalten.
Die einzelnen Schritte des Algorithmus werden ebenfalls tabellarisch dargestellt.
Hierzu schreiben wir uns die in den einzelnen Schritten ausgewählten Kanten
heraus, notieren, ob eine ausgewählte Kante in den Baum aufgenommen oder
verworfen wird und stellen unsere Partition C nach der entsprechenden Aktion dar.
Sie finden die Reihenfolge der Selektion und der Aufnahme von Kanten in den
Baum in der folgenden Tabelle dargestellt:

Schritt	Kante	Aktion	C	F
0		C anlegen	A, B, C, D, E, F, G	
1	AG	aufnehmen	AG, B, C, D, E, F	AG
2	DE	aufnehmen	AG, DE, B, C, F	AG, DE
3	FG	aufnehmen	AFG, DE, B, C	AG, DE, FG
4	EG	aufnehmen	ADEFG, B, C	AG, DE, FG, EG
5	EF	verwerfen	ADEFG, B, C	AG, DE, FG, EG
6	DG	verwerfen	ADEFG, B, C	AG, DE, FG, EG
7	CD	aufnehmen	ACDEFG, B	AG, DE, FG, EG, CD
8	AF	verwerfen	ACDEFG, B	AG, DE, FG, EG, CD
9	AB	aufnehmen	ABCDEFG	AG, DE, FG, EG, CD, AB

Betrachten wir etwa den Schritt 4, so stellen wir fest, daß die Kante EG ausgewählt
wurde. Sie sehen (C nach Schritt 3), daß die beiden Knoten verschiedenen Elementen
der Partition angehören. Also wird diese Kante in den Baum eingefügt, und die
Partition wird entsprechend geändert. In Schritt 5 wird die jetzt kostenminimale
Kante EF betrachtet, wir sehen jedoch, daß beide Knoten demselben Element der
Partition angehören, so daß diese Kante verworfen wird. Nach Schritt 9 besteht die
Partition aus genau einem Element, dies ist die Abbruchbedingung, und wir
erhalten als Kanten für das minimale Gerüst

$F = \{$ AG, DE, FG, EG, CD, AB $\}$.

Nachdem wir die formalen Grundlagen für den Algorithmus geschaffen haben und
den Algorithmus selbst formulieren konnten, steht als nächste Aufgabe seine Implementierung in Java vor der Tür.

10.3 Vorüberlegungen zur Realisierung

Die zentrale Frage ist die nach der Darstellung des Graphen zusammen mit der
Manipulation der Partition. Hier ist es sinnvoll, sich mit der Darstellung von
Mengen vertraut zu machen – wenn wir das auf angemessene Weise schaffen, haben
wir das Problem bewältigt.

- Der Graph könnte dargestellt werden als Menge von Knoten, jeder Knoten kennt die Menge seiner Nachbarn.

- Der freie Baum könnte analog dargestellt werden als Menge von Kanten.

- Die Partition könnte als Menge von Knotenmengen repräsentiert werden.

Es wird sich herausstellen, daß wir lediglich von der letzten Möglichkeit Gebrauch machen werden; beim Entwurf eines Programms sollten im allgemeinen möglichst viele sinnvolle Alternativen erwogen werden, um zu einer angemessenen Lösung zu gelangen.

Wir überlegen uns, welche Operationen auf Mengen für uns von Nutzen sind:

1. Initialisieren einer Menge zur leeren Menge,

2. Überprüfen, ob ein Element in einer Menge enthalten ist,

3. Einfügen eines Elements in eine Menge,

4. Entfernen eines Elements aus einer Menge,

5. Iteration über die Elemente einer Menge.

Die Realisierungen dieser Operationen stellen dann Bausteine für die üblichen Mengenoperationen dar. Man berechnet etwa den Durchschnitt D der Mengen A und B wie folgt:

```
D = ∅;
for (all i ∈ A) {
  if (i ∈ B)
    D = D with i;
};
```

D wird also zur leeren Menge initialisiert, dann wird über die Menge A iteriert und überprüft, ob das aktuelle Element in B liegt, in diesem Fall wird es in die Menge D eingefügt (was hier durch die *with*-Operation angedeutet ist).

Für den Fall einer Menge, die selbst die Partition einer anderen Menge darstellt, ist die Realisierung der folgenden Operation hilfreich:

6. Finden eines Partitionselements, das ein gegebenes Element der Grundmenge enthält.

Die Operationen 2, 3 und 4 erinnern stark an dynamische Suchoperationen, bei denen Elemente in eine Suchstruktur eingefügt oder aus ihr entfernt werden, so daß der Gedanke naheliegt, eine Menge als binären Suchbaum zu implementieren. Dann kann auch die Initialisierungsoperation schnell erledigt werden – man erzeuge einen leeren Baum – und die Operation 5 kann durch eine Tiefen- oder Breitensuche realisiert werden. Wir werden allerdings nicht so vorgehen, denn ein binärer Suchbaum setzt immer eine Ordnungsrelation für die abzulegenden Werte voraus, von deren Existenz wir aber nicht ausgehen können.

Eine populäre Methode zur Realisierung von Mengen beruht auf *Hashing*. Gegeben ist eine Menge U (das *Universum*), ein Feld a[m] mit m Elementen und eine Abbildung $h : U \to \{0, ..., m-1\}$, die *Hashfunktion* genannt wird. Nehmen wir zunächst an, daß h injektiv ist, so können wir $u \in U$ an der Stelle a[h(u)] abspeichern. Suchen wir u, so schauen wir unter a[h(u)] nach, ob es da ist.

Betrachten Sie das Universum $U := \{4, 19, 28, 41\}$ und $m = 7$. Mit $h(x) := x \bmod 7$ erhalten wir folgende Zuordnung:

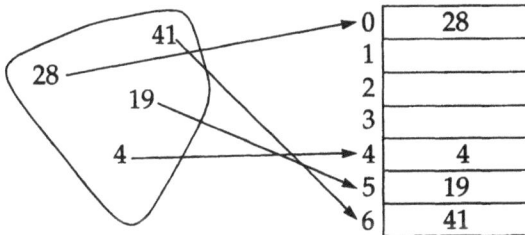

Abb. 10.4: Beispiel für eine Hashfunktion

Man überlegt sich leicht, daß die Operationen 1 bis 5 mit einer solchen Hashfunktion und einem Feld einfach implementiert werden können (– man benötigt noch einen Wert für unbesetzt, um anzudeuten, daß das entsprechende Feldelement nicht belegt ist). Gut – aber das Verfahren läuft nicht, wenn h nicht injektiv ist, da es in diesem Fall zu Kollisionen kommen kann. Ist nun $h(u) = h(u')$ und u bereits unter a[h(u)] abgelegt, so weiß u' nicht, wohin es soll – im obigen Beispiel würden, falls 35 und 62 das Universum erweitern, wegen $h(28) = h(35) = 0$ und $h(41) = h(62) = 6$ zwei dieser Konflikte entstehen! Zur Auflösung solcher Konflikte gibt es Strategien wie Sand am Meer:

- Man speichere die Elemente mit demselben Hashwert in einer verketteten Liste (und durchsuche diese Liste, wenn man ein bestimmtes Element finden will). Dieses Vorgehen heißt *Hashing mit Verkettung*.

- Man rechne solange sekundäre Hashfunktionen $h_1, h_2, ...$ aus, bis man auf einen Platz im Feld a stößt, der noch unbelegt ist. Dieses Vorgehen wird als *Hashing mit offener Adressierung* bezeichnet.

- Man reserviere einen Keller, der nicht durch h adressierbar ist (also etwa Feldelemente `a[m]`, ..., `a[m+k]` für ein geeignetes k), und bringe Konfliktfälle im Keller unter. Hierbei handelt es sich um *Hashing mit Keller*.

Der Fall sekundärer Hashfunktionen soll kurz illustriert werden. Eine populäre Wahl für die Funktionen h_1, h_2 ... besteht bei gegebenen h und m in der folgenden Berechnungsformel:

$$h_i(x) := (h(x) + i) \; mod \; m$$

Es wird also bei belegtem Platz der nächste genommen, ist dieser belegt, dessen nächster, usw. Erreicht man das Ende des Feldes, so wird am Anfang weitergemacht.

Setzen wir das obige Beispiel fort und nehmen an:

$$h_i(x) := (h(x) + i) \; mod \; 7$$

Damit lösen wir, wenn zuerst 35 und dann 62 zu unserem Universum $\{4, 19, 28, 41\}$ hinzukommen, die Konflikte wie folgt auf: da $h(35) = h_0(35) = 0$ und `a[0] == 28`, berechnen wir $h_1(35) = 1$ und können `a[1] = 35` setzen. Da $h(62) = h(41) = 6$, $h_1(62) = 0$ und `a[0] == 28`, berechnen wir $h_2(62) = 1$; Pech: `a[1] == 35`, aber wir können mit $h_3(62) = 2$ nun `a[2] = 62` setzen. In diesem Fall müssen wir also mehrfach probieren. Die Suche nach 62 verläuft analog. Allgemein kann man an diesem Beispiel gut erkennen, wie erfolglose und erfolgreiche Suchoperationen verlaufen.

Hashing ist recht effizient, wenn die Hashfunktion h für gleichmäßige Verteilung sorgt: sind $n < m$ Plätze belegt, so ist eine erfolglose Suche im Durchschnitt nach oben beschränkt durch

$$\frac{m}{m-n} \quad \text{Versuche.}$$

Wird das Auftreten der Elemente von k als gleichverteilt angenommen, so ist eine erfolgreiche Suche im Durchschnitt höchstens nach oben beschränkt durch

$$\frac{m}{n} + \frac{m}{n} \; ln \; \frac{m}{m-n} \quad \text{Versuche.}$$

Zum Vergleich: für binäre Suchbäume benötigt man logarithmisch viele Versuche.

Der zentrale Aspekt ist die Auswahl der Hashfunktion. Hier haben die Schöpfer von Java in ihrer nachgerade bewunderungswürdigen Weisheit vorgesorgt: jedes Objekt bekommt vom System bei seiner Erzeugung einen Hashwert zugeordnet. Genauer: die Klasse `Object` verfügt über die Methode `hashCode` mit der Signatur `public int hashCode()`.

Die folgenden Bedingungen sind für die Methode `hashCode` erfüllt:

- Für eine Ausführung des Programms – aber nicht für mehr – ist garantiert, daß der Aufruf von `hashCode` für ein Objekt stets dasselbe Ergebnis liefert.

- `hashCode` ist konsistent mit `equals`:
  `a.equals(b)==true` impliziert `a.hashCode()==b.hashCode()`.

Die Umkehrung der zweiten Bedingung wird nicht garantiert. Es sei angemerkt, daß die Methode `equals` von den einhüllenden Klassen für die primitiven Datentypen (Kapitel 3.6) redefiniert wird.

Nicht genug damit: Im Paket `java.util` findet sich eine Klasse `Hashtable`, die u.a. die gleich zu diskutierenden Methoden für das Hashing zur Verfügung stellt. Bevor wir die Methoden auflisten, merken wir an, daß in der Hashtafel nicht nur die eigentlichen Elemente, sondern zusätzlich auch die sie identifizierenden Schlüssel abgespeichert werden. Hierbei sind Schlüssel und Elemente Objekte, und jeder Schlüssel gehört zu höchstens einem Element. Wie wir gleich sehen werden, kann in jeder Hashtafel das zu einem Schlüssel gehörende Element identifiziert werden. Die Klasse benutzt die folgende, uns schon aus Kapitel 8.1 bekannte Abstraktion:

```
public interface Enumeration {
  public boolean hasMoreElements();
  public Object nextElement()
    throws NoSuchElementException;
}
```

Implementierungen dieser Abstraktion erlauben die Iteration über eine Menge von Objekten. Damit sind wir jetzt in der Lage, die Methoden der Klasse `Hashtable` zu diskutieren.

- `public Hashtable();`
  `public Hashtable(int anfangsGröße);`
  Durch diese Konstruktoren wird eine neue Hashtafel erzeugt, die gegebenenfalls mit einer Anfangsgröße versehen ist. Wird die Tafel zu voll, so wird sie automatisch erweitert, um Operationen effizienter ausführen zu können.

- `public int size();`
  Hiermit kann die Größe der Tafel ermittelt werden.

- `public boolean isEmpty();`
  Es kann festgestellt werden, ob sich überhaupt Elemente in der Tafel befinden.

- `public Object clone();`
  Eine Kopie der Hashtafel wird erzeugt und zurückgegeben. Die Elemente, die in der Tafel gespeichert sind, werden dabei nicht kopiert.

- `public Object toString();`
  Die zur Tafel gehörende Zeichenkette wird als Liste der Form »$K = E$« dargestellt mit K = `k.toString()` und E = `e.toString()`, wobei `k` der Schlüssel und `e` das zugehörige Element sind. Die Liste wird in `{ ... }` eingeschlossen.

- `public Object get(Object schlüssel)`
      `throws NullPointerException;`
  `public Object remove(Object schlüssel)`
      `throws NullPointerException;`
  `public Object put(Object schlüssel, Object element)`
      `throws NullPointerException;`
  Dies sind die Methoden, die die zentralen Operationen auf der Hashtafel implementieren: `get` und `remove` geben als Wert das dem Schlüssel entsprechende Element zurück – `remove` entfernt dabei den Eintrag, falls er vorhanden ist. `put` fügt das Element mit dem Schlüssel ein. Ist bereits ein Element vorhanden, das diesen Schlüssel trägt, so wird dieses Element als Wert des Aufrufs zurückgegeben – gleichwohl wird aber das neue Element unter dem Schlüssel eingetragen. Ist ein Argument `null`, so wird die angegebene Ausnahme (vergleiche Kapitel 11) aktiviert.

- `public Enumeration keys();`
  `public Enumeration elements();`
  Diese Methoden erlauben die Iteration über Schlüssel bzw. Elemente.

- `public boolean contains(Object wert);`
  `public boolean containsKey(Object schlüssel);`
  Guess what.

Damit haben wir unsere wesentlichen Vorbereitungen abgeschlossen. Es bleibt anzumerken, daß die Liste der Kanten nicht unbedingt der Größe nach geordnet sein muß. Es ist vielmehr ausreichend, wenn auf die Kante mit den kleinsten Kosten, die noch verfügbar ist, zugegriffen werden kann. Damit können wir eine Prioritätswarteschlange einsetzen und uns das Sortieren ersparen. Wir haben bereits in Kapitel 5.1 diskutiert, daß sich die Datenstruktur Heap zur Realisierung einer Prioritätswarteschlangen eignet. Daher können wir eine vorhandene Lösung wiederverwenden – eine Versuchung, der wir nicht widerstehen werden. Allerdings werden wir sehen, daß wir nicht einfach den bereits vorhandenen Code benutzen. Wir werden den mit einer völlig anderen Motivation entstandenen Code zur Manipulation von Heaps anpassen müssen. Aber auch das ist ein typisches Vorgehen: Wiederverwendung lebt von der Adaptierung vorhandener Lösungen.

Wir werden uns zunächst um die Darstellung der Kanten kümmern, einzeln und in ihrer Gesamtheit, dann werden wir die im Algorithmus von Kruskal auftretenden Partitionen besprechen. Hierzu werden wir Mengen heranziehen, die mit Hashtafeln implementiert sind.

Eine Kante zwischen den Knoten v und w in einem ungerichteten Graphen wird mathematisch beschrieben durch die Zweiermenge $\{v, w\}$. Diese Darstellung soll jedoch nicht übernommen werden, da sie recht aufwendig erscheint. Wir repräsentieren eine Kante durch ihre Endpunkte, vermerken ihr Gewicht und überschreiben die toString-Methode. Da eine Kante von v nach w mit der von w nach v identisch ist, formulieren wir die equals-Methode entsprechend. Sie finden diese Überlegungen in der Klasse Kante (Bsp. 10.1) zusammengefaßt.

```
public class Kante {
   private Character anker1, anker2;
   private Integer kosten;
   public Kante (char akr1, char akr2, int ko) {
      anker1 = new Character(akr1);
      anker2 = new Character(akr2);
      kosten = new Integer(ko);
   }
   public String toString() {
      return   "[" + anker1.toString() + ", " + anker2.toString()
               + ": " + kosten.toString() + "]";
   }
   public boolean equals(Kante andereKante) {
      boolean vergleich1, vergleich2, vergleich3;
      vergleich1 = (anker1.equals(andereKante.anker1)
               && anker2.equals(andereKante.anker2));
      vergleich2 = (anker2.equals(andereKante.anker1)
               && anker1.equals(andereKante.anker2));
      vergleich3 = kosten.equals(andereKante.kosten);
      return (vergleich1 || vergleich2) && vergleich3;
   }
   public Character gibAnker1() { return anker1; }
   public Character gibAnker2() { return anker2; }
   public Integer gibKosten() { return kosten; }
}
```

Bsp. 10.1: Die Klasse Kante

Die Knoteninhalte werden also wie im Ausgangsbeispiel als Zeichen aufgefaßt, wohlgemerkt aber als Instanzen der einhüllenden Klassen, nicht der primitiven Klasse char. Dies erlaubt eine gewisse Gleichförmigkeit, die der Leichtigkeit der Formulierung zugute kommt. Die Attribute für die Anker wie die Kosten sind als private formuliert, um Zugriffe kontrollieren zu können. Für jedes Attribut werden lesende Methoden zur Verfügung gestellt. Die Formulierung der Methode equals berücksichtigt, daß die Kanten ungerichtet sind.

Die Kanten werden zunächst in einer Liste aufbewahrt; man kann sich vorstellen, daß diese Liste beim Einlesen konstruiert wird. Listen wurden bereits in Kapitel 6.2 diskutiert, wir wollen die Konstruktion jetzt so anpassen, daß kein Listenelement mehr als einmal vorkommen kann. Da wir für Instanzen der Klasse `ObjectListe` (Kapitel 7.6) keinen Identitätsbegriff definiert haben, mehrfaches Vorkommen jedoch mittels Identität geprüft werden muß, erfordert diese Überlegung ebenfalls die Formulierung einer entsprechenden Methode. Beide Methoden sollten in der Klasse verborgen sein, was beim Abwägen zwischen einer Abstraktion und einer abstrakten Klasse gegen die Abstraktion spricht, in der die Methoden zwangsweise öffentlich zugreifbar vereinbart wären.

Wir kommen damit zu der folgenden abstrakten Klasse `AbsObjectListe`:

```
public abstract class AbsObjectListe extends ObjectListe {
    abstract boolean istGleich(Kante k1, Kante k2);
    abstract boolean nochNichtDa(Kante k);
}
```

Sie sehen, daß eine abstrakte Klasse eine nicht-abstrakte Klasse spezialisieren kann. Wir sind an dieser Stelle noch nicht ganz mit unseren Listenkonstruktionen (siehe auch Kapitel 7.6) gediehen: wir werden die Kanten in einer Liste speichern und sie dann in einen Heap überführen. Dazu benötigen wir ein Feld, dessen Größe wir bei der Allokation kennen müssen, wir müssen also die Länge der Liste kennen. Das führt zu der folgenden Abstraktion, die zusätzlich – aus Bequemlichkeit – eine Methode für den Druck vorsieht:

```
public interface ListeMitZaehler extends EinfuegeListe {
    int wieviele();
    void drucke();
}
```

Wir konnten hier eine Abstraktion und nicht eine abstrakte Klasse als Formulierung wählen, weil die Methoden in einer Abstraktion stets öffentlich sind, so daß auf diese Weise die Öffentlichkeit der beiden Methoden erzwungen wurde.

Die Klasse `KantenListe` (Bsp. 10.2) erweitert die abstrakte Klasse `AbsObjectListe` und implementiert zugleich die Abstraktion `ListeMitZaehler`. Hierzu gibt es nun einiges anzumerken. Zunächst sehen wir einen privaten Zähler, der jede Einfügung mitzählt und damit eine einfache Implementierung der Methode `wieviele` ermöglicht. Die Implementierungen von `istGleich` und `nochNichtDa` sind nicht weiter bemerkenswert, da wir für die Klasse `Kante` die Methode `equals` angepaßt haben. Die Methode `fügeEin` aus der Oberklasse `ObjectListe` wird hier redefiniert, denn sonst würde die Forderung nach Vermeidung von Duplikaten nicht erfüllt.

```
public class KantenListe extends AbsObjectListe
  implements ListeMitZaehler {
  private int elementZähler = 0;
  boolean istGleich(Kante k1, Kante k2) {
    return k1.equals(k2);
  }
  boolean nochNichtDa(Kante k) {
    boolean erg = true;
    startIteration();
    while (!istEnde() && erg) {
      erg = !istGleich((Kante)aktuellesElement(), k);
      iteriere();
    }
    return erg;
  }
  public void fügeEin(Object was) {
    if (nochNichtDa((Kante)was)) {
      elementZähler++;
      super.fügeEin(was);
    }
  }
  public int wieviele() {
    return elementZähler;
  }
  public void drucke() {
    Object dieseKante;
    startIteration();
    while (!istEnde()) {
      dieseKante = aktuellesElement();
      EA.println(((Kante) dieseKante).toString());
      iteriere();
    }
  }
}
```

Bsp. 10.2: Die Klasse KantenListe

Die Kanten werden in einem Heap aufbewahrt, der als Prioritätswarteschlange fungiert. Damit wird vermieden, daß die Kanten sortiert werden müssen, was im wesentlichen auf der (plausiblen) Beobachtung beruht, daß nicht alle Kanten betrachtet werden müssen, bevor das Gerüst fertig ist. Die Verwendung des Heaps, die wir bisher kennengelernt haben, stößt an ihre Grenzen, denn wir sind bei der Formulierung davon ausgegangen, daß die Feldelemente direkt miteinander verglichen werden können. Das geht aber bei Kanten nicht, da wir streng genommen nicht Kanten vergleichen, sondern die Gewichte von Kanten. Also sollten wir uns etwas einfallen lassen, um mit dieser scheinbaren Schwierigkeit fertig zu werden.

Wir formulieren zunächst die Grundidee neu, d.h. die Methode `heapify`, indem wir
die Relation x < y für ganze Zahlen x und y ersetzen durch ein Prädikat `kleiner` mit
der Signatur `boolean kleiner(Object, Object)`. Dieses Prädikat ist zentral und
dient als eine Art Parameter für die in Bsp. 10.3 gezeigte abstraktere Version der aus
Bsp. 4.3 bekannten Klasse `Heap`, die nun auch gleich für Felder über dem Grundtyp
`Object` formuliert ist.

```
abstract class AbstrakterHeap {
  protected Object [] a;
  protected void tausche(int eins, int zwei) {
    Object t = a[eins];
    a[eins] = a[zwei];
    a[zwei] = t;
  }
  abstract boolean kleiner(Object o1, Object o2);
  protected void heapify(int dieserKnoten, int heapGröße) {
    int links = 2*dieserKnoten;
    int rechts = links+1;
    int derSohn;
    if (links <= heapGröße && rechts > heapGröße) {
      if (kleiner(a[links], a[dieserKnoten]))
        tausche(dieserKnoten, links);
    }
    else if (rechts <= heapGröße){
      derSohn = (kleiner(a[links], a[rechts]) ? links : rechts);
      if (kleiner(a[derSohn], a[dieserKnoten])) {
        tausche(dieserKnoten, derSohn);
        heapify(derSohn, heapGröße);
      }
    }
  }
  public void setze(int j, Object o) {
    a[j] = o;
  }
  public Object gib(int j) {
    return a[j];
  }
}
```

Bsp. 10.3: Die Klasse `AbstrakterHeap`

Im Vergleich zu den früher diskutierten Heap-Klassen ist das Feld durch `protected`
geschützt, es kann aber durch `setze` und `gib` geschrieben bzw. gelesen werden. Eine
nicht-abstrakte Klasse, die `AbstrakterHeap` realisiert, muß also das Prädikat
`kleiner` realisieren. Eine mögliche Implementierung wird in der Klasse `KantenHeap`

dargestellt, die sogar ein wenig mehr leistet: dort wird auch die Erzeugung eines Heaps implementiert, das Lesen der Wurzel und die Wurzelentfernung. Es wäre möglich gewesen, die beiden Schritte

- Implementierung von `kleiner` für Kanten und

- Realisierung zusätzlicher Operationen (`erzeugeHeap`, `dieWurzel` und `entferneWurzel`)

getrennt darzustellen. Wir haben uns aus Gründen der Übersichtlichkeit zur Kombination der beiden Schritte entschlossen. Die Klasse `KantenHeap` sieht dann so aus, wie in Bsp. 10.4 dargestellt. Die Klasse bietet wenige Überraschungen. Es sei angemerkt, daß wir ein privates Attribut `anzahlElemente` eingeführt haben, um nachzuhalten, wieviele Elemente noch im Heap gespeichert sind; dies war für den Algorithmus *Heapsort* nicht nötig.

```
class KantenHeap extends AbstrakterHeap {
  private int anzahlElemente;
  public KantenHeap (int k) {
    a = new Kante[k+1];
    anzahlElemente = k;
  }
  public boolean kleiner(Object o1, Object o2) {
    boolean erg = false;
    if ((o1 instanceof Kante) && (o2 instanceof Kante)){
      Integer o1Kosten = ((Kante) o1).gibKosten();
      Integer o2Kosten = ((Kante) o2).gibKosten();
      erg = (o1Kosten.intValue() < o2Kosten.intValue());
    }
    return erg;
  }
  public void erzeugeHeap() {
    int j;
    for (j = anzahlElemente/2; j >= 1; j--)
      heapify(j, anzahlElemente);
  }
  public void entferneWurzel() {
    int i = anzahlElemente;
    tausche(1, i);
    if (i > 1) heapify(1, i-1);
    anzahlElemente--;
  }
  public Kante dieWurzel() { return (Kante) a[1]; }
}
```

Bsp. 10.4: : Die Klasse `KantenHeap`

Pausenmusik

Lehnen wir uns kurz zurück und betrachten die bisherige Entwicklung. Zunächst wird klar, daß es nicht geschickt ist, die Kanten als Menge zu manipulieren, weil Mengen *per definitionem* ungeordnet sind, der Algorithmus aber eine Ordnung auf den Kanten ausnutzt. Die gefundene Lösung in ihrer Kombination von Listen und Prioritätswarteschlangen erscheint an dieser Stelle hinreichend flexibel. Sie zeigt auch, daß sich die Mühe gelohnt hat, unser Listenkonstrukt recht allgemein anzulegen, so daß also nicht nur die Hofzwerge davon profitieren konnten. Wir haben einige Abstraktionen und Klassen definiert, deren Zusammenhang Abb. 10.5 zu entnehmen ist.

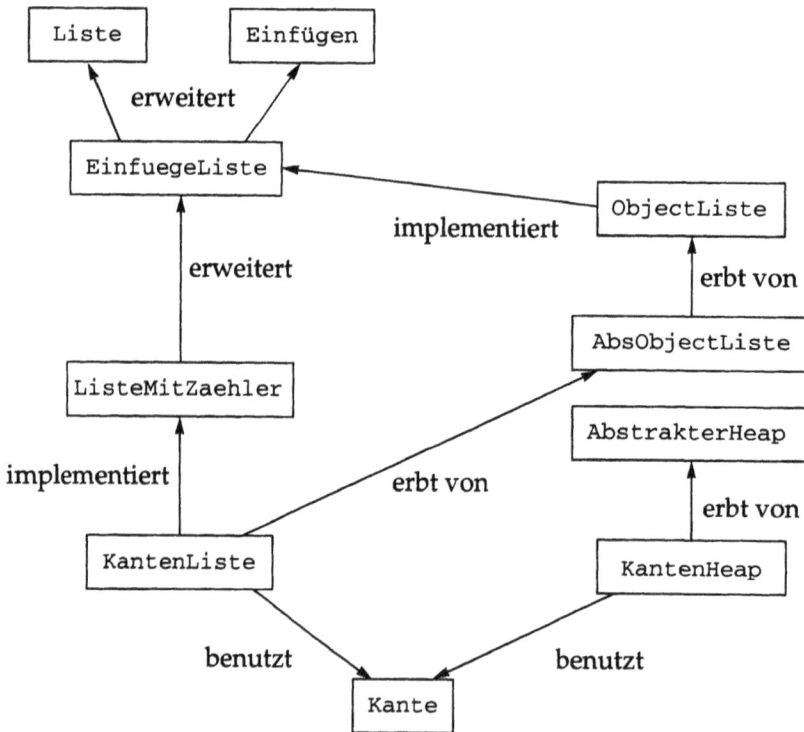

Abb. 10.5: Beziehungen zwischen den verschiedenen Klassen

Zwischen Klassen und zwischen Abstraktionen und Klassen können vielfältige Beziehungen herrschen: Benutzung, Vererbung und Implementierung sind hier zu nennen. Der Entwurf eines hinreichend komplexen Programms macht sich diese Beziehungen zunutze, wenn es darum geht, die Lösung der vorgegebenen Aufgabenstellung angemessen in einem Modell abzubilden.

10.4 Mengen

Wir haben oben Hashtafeln eingeführt, um Mengen angemessen darstellen zu können, und wir haben aus dem Paket `java.util` die Klasse `Hashtable` mit ihren Methoden kennengelernt. Eine Abstraktion zur Darstellung von Mengen läßt sich in der in Bsp. 10.5 gezeigten Form angeben.

```
interface Menge {
    void fügeEin(Object el);
    void entferne(Object el);
    void vereinige(Menge n);
    boolean istElement(Object el);
    boolean istTeilmenge(Menge n);
    boolean gleich(Menge n);
    Object arb();
    int anzahl();
    Object nächstesElement();
    boolean nochElementeDa();
}
```

Bsp. 10.5: Abstraktion zur Darstellung von Mengen

Zu den bereits oben diskutierten Methoden sind weitere hinzugekommen:

- Die Booleschen Methoden `istTeilmenge` und `gleich` sollten aus der elementaren Mengenlehre bekannt sein.

- Die Methode `arb` gestattet es, ein beliebiges Element aus der Menge zu betrachten (– das Element bleibt in der Menge). Es ist gelegentlich hilfreich, solch ein solches Element herauszugreifen zu können.

- Die Methode `anzahl` stellt die Kardinalität fest und zwei Methoden dienen zur Iteration über eine Menge, nämlich `nächstesElement` zur Herausgabe des nächsten Elements und der Test `nochElementeDa` zur Überprüfung, ob alle Elemente einer Menge bereits erfaßt sind.

Diese Abstraktion wird nun mit Hilfe der Methoden in der Klasse `Hashtable` implementiert. Bevor wir dies tun können, müssen wir allerdings bedenken, daß wir in dieser Klasse mit Elementen und mit Schlüsseln umgehen müssen. Hierbei ist die Nebenbedingung zu beachten, daß ein Schlüssel ein Element eindeutig bestimmt. Wir nehmen als Schlüsseldarstellung von Elementen die Darstellung als Zeichenkette, die von der Methode `toString` geliefert wird. Hierdurch kann für unsere Anwendung Eindeutigkeit gesichert werden. Die Klasse `MengeMitHash` (Bsp. 10.6) implementiert die Abstraktion.

```
import java.util.*;

class MengeMitHash implements Menge {
  protected Hashtable lokaleTafel;
  protected Enumeration iteration;
  MengeMitHash() {
    lokaleTafel = new Hashtable();
    iteration = lokaleTafel.elements();
  }
  public void fügeEin(Object el) {
    if (!lokaleTafel.contains(el))
      lokaleTafel.put(el.toString(), el);
  }
  public void entferne(Object el) {
    if (lokaleTafel.contains(el))
      lokaleTafel.remove(el.toString());
  }
  public void vereinige(Menge m) {
    if (m.anzahl() != 0) {
      fügeEin(m.arb());
      if (m.anzahl() > 1) {
        m.entferne(m.arb());
        vereinige(m);
      }
    }
  }
  public boolean istElement(Object el) {
    return lokaleTafel.contains(el);
  }
  public Object arb() {
    Enumeration iter = lokaleTafel.elements();
    return (iter.hasMoreElements() ? iter.nextElement() : null);
  }
  public boolean gleich(Menge n) {
    return istTeilmenge(n) && n.istTeilmenge(this);
  }
  public boolean istTeilmenge (Menge n) {
    Enumeration iter = lokaleTafel.elements();
    boolean istTeilMenge = true;
    while (iter.hasMoreElements() && istTeilMenge)
      if (!n.istElement(iter.nextElement()))
        istTeilMenge = false;
    return istTeilMenge;
  }
```

Bsp. 10.6: Die Klasse MengeMitHash *(Teil 1; Fortsetzung Teil 2)*

```
  public int anzahl() {
    return lokaleTafel.size();
  }
  public Object nächstesElement() {
    return iteration.nextElement();
  }
  public boolean nochElementeDa() {
    return iteration.hasMoreElements();
  }
  public String toString() {
    Enumeration iter = lokaleTafel.elements();
    String ergString = "{", komma = ", ", hilfsString;
    while (iter.hasMoreElements()) {
      ergString = ergString.concat(
        iter.nextElement().toString()
          + (iter.hasMoreElements() ? komma : ""));
    }
    return ergString.concat("}");
  }
}
```

Bsp. 10.6: Die Klasse MengeMitHash *(Teil 2)*

Der Konstruktor legt eine neue Hashtafel lokaleTafel an, die als protected spezifiziert ist. Gleichzeitig wird die Iteration initialisiert, indem ein ebenfalls als protected beschriebenes Objekt vom Typ Enumeration auf die Elemente von lokaleTafel zeigt. Der Grund für die Zugriffsspezifikation protected liegt darin, daß wir einer benutzenden Klasse keinen Zugriff auf die realisierende Hashtafel geben wollen, einer erbenden Klasse dagegen wohl.

fügeEin und entferne sind weitgehend kanonisch, zu beachten ist jedoch die bewachende Abfrage, die überprüft, ob das entsprechende Element bereits in der Menge ist. Ebenfalls nicht sonderlich aufregend sind die Methoden istElement, anzahl, nächstesElement und nochElementDa, die sich unmittelbar auf die entsprechenden Methoden aus der Klasse Hashtable abstützen.

Die Methode arb spielt Theater: sie tut so, als wolle sie über die Hashtafel iterieren, nimmt aber dann doch nur das erste Element (– falls vorhanden). Eine vollständige Iteration über die Hashtafel wird in der Methode istTeilmenge durchgeführt, die ja für jedes Element nachschauen muß, ob es in der anderen Menge enthalten ist. Wie nicht anders zu erwarten, stützt sich der Gleichheitstest für Mengen auf den Teilmengentest ab. Eine lokale Iteration findet auch in der Methode toString statt, die die Menge ordentlich in Mengenklammern verpackt als Zeichenkette zurückgibt, wobei sie sich der Mithilfe der toString-Methoden für die Elemente versichert.

Richtig aufregend ist die Vereinigung der als Parameter übergebenen Menge m mit der aktuellen Menge: m sollte sich über die destruktive Behandlung beklagen. Ausgehend von der elementaren Gleichung

$$A \cup B = (A \text{ with } x) \cup (B \text{ less } x),$$

die für $B \neq \emptyset$ und beliebiges $x \in B$ gilt (*with* fügt ein, *less* entfernt), wird so lange über m iteriert, ein Element aus m herausgenommen und in die aktuelle Menge eingefügt, bis m leer ist: m trägt also die Last der Vereinigung, ohne blühende Landschaften zu sehen. Das muß bei der Verwendung dieser Methode berücksichtigt werden.

Die Alternative wäre gewesen, die Menge m zu kopieren und anschließend die Vereinigungslasten der Kopie aufzubürden. Berücksichtigt man die Methode clone für Hashtafeln, so hätte diese Vorgehensweise recht nahegelegen. Wir haben diese Alternative nicht ergriffen, weil sie zusätzlich Zeit und Rechenaufwand bedeutet hätte und zudem durch unsere Anwendung nicht begründet ist: Wenn wir gleich zwei Partitionselemente hernehmen und durch ihre Vereinigung ersetzen, so benötigen wir diese Elemente nicht mehr unversehrt. In anderen Anwendungen kann die Situation anders aussehen und es kann dann sinnvoll sein, diese Methode zu redefinieren.

Abschließend eine kurze Beobachtung zu den Iterationen: Wir haben einige lokale Iterationen durchgeführt und nehmen eine Iteration über die Menge mit den Methoden nächstesElement und nochElementDa vor. Die Iterationen sind unabhängig voneinander angelegt und interferieren nicht.

Der freie Baum wird durch eine Partition auf der Menge der Knoten konstruiert, und wir sollten bei gegebenem Knoten in der Lage sein, das entsprechende Partitionselement zu identifizieren. Partitionen sind insbesondere Mengen, und eine Abstraktion für eine Partition sichert die Existenz einer Methode, die wir diejenige genannt haben, die ein gegebenes Element enthält:

```
public interface Partition extends Menge {
   Menge diejenige(Object el);
}
```

Die Implementierung (Bsp. 10.7) erbt von der Klasse MengeMitHash. Im wesentlichen ist die Methode diejenige zu realisieren. Dies geschieht durch eine Iteration über die Menge von Mengen, die solange durchgeführt wird, bis eine passende Menge (als Element der Partition) gefunden ist. Der Konstruktor für die Klasse tut selbst nichts: eine Partition wird wie jede andere Menge initialisiert.

```
import java.util.*;

class PartitionMitHash extends MengeMitHash
   implements Partition {
   public PartitionMitHash() { super(); }
   public Menge diejenige(Object el) {
      Menge hilfsMenge = null;
      Enumeration iter = lokaleTafel.elements();
      while (iter.hasMoreElements()) {
         Object dieses = iter.nextElement();
         if (dieses instanceof Menge) {
            if (((Menge)dieses).istElement(el))
               hilfsMenge = (Menge)dieses;
         }
      }
      return hilfsMenge;
   }
}
```

Bsp. 10.7: Die Klasse `PartitionMitHash`

Alle Vorbereitungen sind getroffen, alle Kanten gezogen, alle Mengen stehen bereit: jetzt geht es los. Die Klasse `Kruskal`, die nun unsere Überlegungen realisiert, enthält eine Methode `arbeitspferd`, die die Arbeit tut. `arbeitspferd` liest den Graphen ein, erzeugt den Heap, konstruiert den Baum und gibt ihn schließlich aus.

Das Einlesen des Baums geschieht dadurch, daß jede einzelne Kante liebevoll betrachtet wird: für die beiden Knoten werden Einermengen erzeugt, die in die Partition aller Kanten eingefügt werden. Die Kante selbst wird in die Liste aller Kanten (ohne Doppel) eingefügt.

Die Erzeugung des Heaps fragt zunächst, wieviele Elemente in dem Feld unterzubringen sind, allokiert das Feld, fügt die Elemente ein und erzeugt schließlich daraus den Heap. Die Methode zur Konstruktion des Baums wählt die kleinste Kante aus dem Heap, entfernt sie daraus und überprüft, ob sie in den Baum kommt – hierfür ist die Methode `betrachteKante` zuständig. Erweist sich die Kante als würdig, so wird sie in die Liste aller Baumkanten aufgenommen. Die Iteration über den Heap terminiert entweder, wenn die Partition einelementig ist, oder wenn keine unbehandelte Kante mehr vorhanden ist – damit schützen wir uns vor unzusammenhängenden Graphen.

Die Ausgabe der Baumkanten geschieht schließlich durch den Aufruf der entsprechenden Methode für die Liste aller Baumkanten. Insgesamt erhalten wir den in Bsp. 10.8 dargestellten Programmtext. Die Methode `legeAn` deutet an, auf welche Weise wir unseren Beispielgraphen verfügbar machen könnten.

```
class Kruskal {
  protected ListeMitZaehler alleKanten;
  protected ListeMitZaehler baumKanten;
  protected Partition kantenPartition;
  protected KantenHeap kantenAlsHeap;
  protected int anzahlKanten;
  public Kruskal() {
    alleKanten = new KantenListe();
    baumKanten = new KantenListe();
    kantenPartition = new PartitionMitHash();
  }
  public void legeAn() {
    verarbeiteKante(new Kante('A', 'B', 23));
    // ...
    verarbeiteKante(new Kante('F', 'G', 4));
  }
  public void druckeBaumkanten() {
    baumKanten.drucke();
  }
  public void erzeugeHeap() {
    int i = 1;
    anzahlKanten = alleKanten.wieviele();
    alleKanten.startIteration();
    kantenAlsHeap = new KantenHeap(anzahlKanten);
    while (!alleKanten.istEnde()) {
      Object diesesElement = alleKanten.aktuellesElement();
      kantenAlsHeap.setze(i++, (Kante) diesesElement);
      alleKanten.iteriere();
    }
    kantenAlsHeap.erzeugeHeap();
  }
  public boolean betrachteKante(Kante k) {
    boolean modifiziert = false;
    Menge menge1, menge2;
    menge1 = kantenPartition.diejenige(k.gibAnker1());
    if (!menge1.istElement(k.gibAnker2())) {
      menge2 = kantenPartition.diejenige(k.gibAnker2());
      kantenPartition.entferne(menge1);
      kantenPartition.entferne(menge2);
      menge1.vereinige(menge2);
      kantenPartition.fügeEin(menge1);
      modifiziert = true;
    }
    return modifiziert;
  }
```

Bsp. 10.8: Die Klasse Kruskal *(Teil 1; Fortsetzung Teil 2)*

```
public void verarbeiteKante(Kante k) {
    Menge aux1Menge = new MengeMitHash();
    Menge aux2Menge = new MengeMitHash();
    alleKanten.fügeEin(k);
    aux1Menge.fügeEin(k.gibAnker1());
    aux2Menge.fügeEin(k.gibAnker2());
    kantenPartition.fügeEin(aux1Menge);
    kantenPartition.fügeEin(aux2Menge);
}
public void konstruiereBaum() {
    int i;
    Kante aktuelleKante;
    boolean einzufügen;
    for (i = anzahlKanten;
         i >= 1 && kantenPartition.anzahl() > 1; i--) {
        aktuelleKante = kantenAlsHeap.dieWurzel();
        kantenAlsHeap.entferneWurzel();
        einzufügen = betrachteKante(aktuelleKante);
        if (einzufügen) {
            baumKanten.fügeEin(aktuelleKante);
        }
    }
}
public void arbeitspferd() {
    legeAn();
    erzeugeHeap();
    konstruiereBaum();
    druckeBaumkanten();
}
}
```

Bsp. 10.8: Die Klasse Kruskal *(Teil 2)*

10.5 Rückblick

Die Implementierung des Algorithmus von Kruskal hat sich als recht umfangreich und auch als ziemlich komplex erwiesen. Wir wollen noch einmal auf einige grundlegende Punkte eingehen.

Zunächst stellt man fest, daß eine wesentliche Voraussetzung, nämlich der Zusammenhang des Graphen, nicht überprüft wird. Wir schützen uns zwar vor unzusammenhängenden Graphen, aber das Problem ist nicht vollständig zufriedenstellend gelöst. Der Test auf Zusammenhang hätte den Code andererseits ziemlich aufgebläht, so daß wir uns an dieser Stelle mit einem Hinweis auf Aufgabe 3 der Übungen zu diesem Kapitel und der Feststellung begnügen, daß der Algorithmus nur für Graphen verwendet werden sollte, die bereits als zusammenhängend erkannt sind. Weiter ist zu sehen, daß wir nicht wirklich sicherstellen, daß wir eine Partition vor uns haben. Es muß im Grunde bei jeder modifizierenden Operation sichergestellt sein, daß die Eigenschaft einer disjunkten Menge nicht-leerer Mengen, deren Vereinigung die Menge aller Knoten ist, nicht verletzt wird. Eine solche *Invariante* fehlt, und ein Mechanismus wie der der Invarianten in der Programmiersprache Eiffel würde auch in Java sehr hilfreich sein. An einigen Stellen schützen wir uns nicht ausreichend gegen Mißbrauch – was geschieht, wenn arb den Wert null zurückgibt? Hier hilft die Einführung geeigneter Ausnahmen, denen wir uns in Kapitel 11 widmen werden. Ein- und Ausgabe sind rudimentär, die Verwendung geeigneter Fenster oder anderer graphischer Hilfsmittel könnte hier Abhilfe schaffen; eine verbesserte Benutzungsoberfläche wird in Kapitel 15 betrachtet.

Auf der anderen Seite haben wir mit der Klasse Kruskal ein arbeitsfähiges und komplexes Programm konstruiert, das unbeschadet aller Verallgemeinerungsmöglichkeiten den Kern des Kruskalschen Algorithmus implementiert. Diese Implementierung und das dazu führende Vorgehen soll noch einmal kurz aus methodischer Sicht beleuchtet werden.

Wir haben uns mit einem Problem aus dem sogenannten *täglichen Leben* befaßt, das wir zunächst formalisiert haben, um mathematisch präzise sagen zu können, was wir eigentlich suchen. Auf der Grundlage dieser mathematischen Präzisierung waren wir in der Lage, zunächst einen Algorithmus zu spezifizieren. Eine Spezifikation ist in diesem Zusammenhang eine mathematisch exakte Formulierung des Algorithmus, die noch keine Implementierung berücksichtigt. Nach Abschluß der Spezifikation haben wir uns von der Korrektheit des Algorithmus überzeugt, uns also vergewissert, daß der Algorithmus in der Tat das liefert, was er liefern soll. Danach haben wir uns an die Implementierung gewagt, die durch die *Wiederverwendung* vorhandener Bausteine charakterisiert war. Diese Bausteine sind Listen, die bereits im Hinblick auf allgemeine Verwendung formuliert waren, aber noch angepaßt werden mußten. Wir haben in früheren Kapiteln bereits aus der Sortierung mit Heaps den Gedanken der Prioritätswarteschlange gewonnen. Dieser Gedanke wurde ein wenig weitergesponnen und führte zuerst zu abstrakten Heaps, dann zu einer geeigneten Konkretisierung mit Gewichtsvergleichen von Kanten. Aus dem mit Java ausgelieferten Paket java.util konnten Hashtafeln herangezogen werden. Wir haben diese Klasse benutzt, ohne ihre Implementierung zu kennen, also allein auf der Grundlage der Beschreibung der Funktionalität ihrer Methoden. Auch dieses Vorgehen ist einen Kommentar wert: Die Anpassung vorhandener Bausteine war hier nötig, um unsere Vorstellung von der Realisierung einer Menge in die Tat umzusetzen. Sie zeigt eine der Stärken des objektorientierten Zugangs, nämlich über die Spezialisierung vorhandener Klassen zu einer angemessenen Modellierung und schließlich Implementierung zu kommen. In der Regel ist dies meist nicht die Leistung eines einzelnen Entwicklers, vielmehr sind es bei größeren Vorhaben Arbeitsgruppen, die im wesentlichen so vorgehen, wie wir es in einzelnen Phasen beschrieben haben.

10.6 Übungen

Aufgabe 1

- Zeigen Sie für die folgende in *Pseudo*-Java geschriebene Methode:
  Falls $A \cap B = \varnothing$, so wird jede Teilmenge D mit $A \subseteq D \subseteq A \cup B$ genau einmal ausgedruckt.

```
void alleTeilmengen(Menge a, Menge b) {
  drucke(a);
  if(b ≠ Ø) {
    j = b.arb();
    b = b\{j};
    alleTeilmengen(a ∪ {j}, b);
  }
}
```

- Implementieren Sie den obigen Algorithmus mit einer Mengendarstellung Ihrer Wahl. Die Grundelemente der Mengen sollen einmal ganze Zahlen, zum anderen Punkte sein. Es ist also ein vererbender Zugang notwendig.

Aufgabe 2

Eine *Clique* in einem ungerichteten Graphen (V, E) ist eine Teilmenge $C \subseteq V$ mit den Eigenschaften:

- C ist vollständig, d.h. je zwei verschiedene Knoten in C sind durch eine Kante miteinander verbunden.

- C ist maximal, d.h. falls für einen Knoten $j \in V$ die Menge $C \cup \{j\}$ vollständig ist, so gilt $j \in C$.

- Zeigen Sie: mit $G(C) := \{i \in V; \{i, j\} \in E \text{ für alle } j \in C\}$ und $G(\varnothing) := V$ gilt: C ist eine Clique genau dann, wenn C vollständig ist und $G(C) = \varnothing$ gilt.

- Implementieren Sie einen Algorithmus zur Erzeugung aller Cliquen eines ungerichteten Graphen. Modifizieren Sie dazu die *Pseudo*-Methode `alleTeilmengen` geeignet zu einer Methode `alleCliquen`.

  Zeigen Sie nun, daß für vollständiges $A \subseteq V$ der Aufruf `alleCliquen(A, G(A))` jede Clique C mit $A \subseteq C$ genau einmal ausgedruckt wird.

Anmerkung:
Dieser Algorithmus zur Erzeugung aller Cliquen ist recht ineffizient, weil er nicht alle Sackgassen vermeidet.

Aufgabe 3

Die Relation R ist auf den Knoten eines ungerichteten Graphen $G = (V, E)$ wie folgt definiert: $a\ R\ b$ genau dann, wenn es einen Pfad von a nach b in G gibt.

Zeigen Sie:

- R ist eine Äquivalenzrelation auf V.

- G ist genau dann zusammenhängend, wenn es genau eine Äquivalenzklasse gibt.

Entwickeln Sie hieraus einen Test auf Zusammenhang von G beim Einlesen des Graphen. Dieses inkrementelle Vorgehen ist gelegentlich einfacher als ein Test auf Zusammenhang mit der Tiefensuche (vgl. Aufgabe 16 in Kapitel 6.8).

Hinweis:
Im k-ten Schritt sei der Graph (V_k, E_k) mit Relation R_k. Wird eine neue Kante $\{x, y\}$ gelesen und liegen x und y in verschiedenen R_k-Klassen, so entsteht daraus eine einzige R_{k+1}-Klasse.

Kapitel 11
Ausnahmen und ihre Behandlung

In den vorangehenden Kapiteln haben wir gezeigt, wie ausgehend von einer Problembeschreibung zunächst ein Algorithmus zur Lösung entworfen und dieser dann in Programmtext umgesetzt wird. Zu den wesentlichen Aufgaben des Entwicklers bei der Gestaltung von Algorithmen zählt das Vermeiden von Programmzuständen, die algorithmisch nicht korrekt behandelt werden und dadurch zum »Absturz« des Programms führen, d.h. zu einer unbeabsichtigten Terminierung. Um solche Situationen zu vermeiden, müssen alle bei der Programmausführung möglichen Zustände berücksichtigt, durch geeignete Bedingungen abgefangen und betrachtet werden. Beispielsweise müssen beim Einfügen eines Elements in eine lineare Liste (vergleiche Kapitel 6.2) grundsätzlich die folgenden vier Fälle berücksichtigt werden: Einfügen in eine leere Liste (– das eingefügte Element ist anschließend das einzige Element der Liste), Einfügen vor dem ersten Element einer Liste, Einfügen zwischen zwei Elementen und Einfügen hinter dem letzten Element einer Liste. Diese möglichen Alternativen zum Zeitpunkt des Einfügens sind im voraus überschaubar und können daher durch eine geeignete Programmierung so berücksichtigt werden, daß die jeweils erforderliche Alternative gewählt wird und somit kein Fehler auftritt. Eine weitergehende Behandlung von Fehlern ist daher überflüssig.

Dieses präventive Vorgehen ist immer dann anwendbar, wenn erstens alle bei der Programmausführung möglichen Zustände schon während der Programmierung bekannt sind und zweitens zugleich auch das Vorgehen für die Weiterbearbeitung für jeden möglichen Zustand festgelegt werden kann. Mit den aus den bisher in diesem Buch behandelten überschaubaren Problemen gewonnenen Erfahrungen erscheint es nicht schwer, beide Bedingungen zu erfüllen.

Eine Rückbesinnung auf Kapitel 10 und den darin vorgestellten Algorithmus von Kruskal zeigt aber ein anderes Bild: Algorithmen werden in der objektorientierten Programmierung durch das Zusammenwirken von zahlreichen Objekten von verschiedenen Klassen realisiert. Jedes einzelne Objekt besitzt einen eigenen Zustand, der durch die aktuelle Belegung seiner Attribute gegeben ist. Ausgehend von diesem Zustand muß jedes einzelne Objekt entscheiden, ob die Ausführung einer aufgerufenen Methode sinnvoll möglich ist oder nicht. Kann ein Objekt eine Methode nicht ausführen, so kann es in diesem Fall nicht absehen, ob das aufrufende Objekt dann noch weiterarbeiten kann.

Ein aufgerufenes Objekt kann also selbst meistens keine kompetente Entscheidung zur Bereinigung und Auflösung einer aus seiner Sicht kritischen Situation treffen, sondern sollte den »schwarzen Peter« der Entscheidung über das weitere Vorgehen dem aufrufenden Objekt zurückgeben. Dieses muß dann seinerseits entscheiden, wie weiterverfahren werden soll.

Die Verteilung der Last der Kontrolle des Programmablaufs auf viele autonome Objekte führt also dazu, daß bei der objektorientierten Programmierung immer die folgenden zwei Regeln berücksichtigt werden müssen.

- Wird eine Methode zur Ausführung aufgerufen, so bestimmt sie zwar den Ablauf ihrer eigenen Ausführung, nicht aber die Auswirkungen auf das aufrufende Objekt bei Auftreten von Problemen während der Ausführung.

- Initiiert eine Methode die Ausführung einer Methode eines anderen Objekts auf, so muß die aufrufende Methode darauf vorbereitet sein, daß diese Ausführung zu Problemen führt.

Kann eine geforderte Ausführung nicht wie vorgesehen ablaufen, so tritt eine Ausnahmesituation ein. Java stellt mit dem Sprachkonzept der *Ausnahme (engl. exception)* die programmtechnischen Möglichkeiten bereit, eine solche Ausnahmesituation bei der Programmierung vorzusehen, um dann während der Ausführung flexibel auf die Situation reagieren zu können. Wir werden Ausnahmesituationen zunächst am Beispiel einer einfachen Warteschlange identifizieren und dann Ausnahmen dazu einsetzen, diese Situationen nach außen zu signalisieren und dort zu behandeln. Wir werden an diesem Beispiel auch Alternativen zum Anzeigen von Ausnahmesituationen mit den bisher aus Java bekannten Konstrukten diskutieren und dabei erkennen, daß Ausnahmen eine zusätzliche Dimension anders nicht erreichbarer Flexibilität für die Behandlung von Ausnahmesituationen bieten. Gleichzeitig bleibt der Programmtext dabei verständlich und durchschaubar.

Im Anschluß an unser erstes Beispiel werden wir die Sprachkonstrukte vorstellen, die Java zum Anzeigen und zum Beheben von Ausnahmesituationen bereitstellt, und ihr Zusammenwirken beschreiben. Die in dieser Einleitung skizzierten Ideen werden nochmals aufgegriffen und das der Behandlung von Ausnahmen zugrunde liegende Konzept wird verdeutlicht. Insbesondere wird dabei auf solche Klassen eingegangen, die unabhängig von einer konkreten Anwendung entwickelt werden, um dann an vielen Stellen in der Programmentwicklung wiederverwendet zu werden. Gerade bei diesen Klassen ist eine sorgfältige Planung der möglichen Ausnahmesituationen wesentlich für ihre spätere Brauchbarkeit. Als Beispiel werden wir dann die in Java vordefinierte Klasse String etwas detaillierter vorstellen, die die Bearbeitung von Texten in Java unterstützt.

11.1 Ausnahmesituationen am Beispiel einer Warteschlange

In Kapitel 5 haben wir bereits die Prioritätswarteschlange als Anwendung eines Heaps kennengelernt. Nun wollen wir eine etwas anders organisierte Warteschlange dazu benutzen, um das Entstehen von Ausnahmesituationen und deren Auflösung zu betrachten. Unsere Warteschlange soll nach dem *First-In-First-Out-Prinzip (FIFO)* arbeiten. Das ist die gebräuchlichste Form einer Warteschlange im täglichen Leben: wer sich als erster angestellt hat, wird auch als erster bedient – auf diese Weise werden zum Beispiel die Kunden an der Theke des Bäckers oder auch die Fahrzeuge in einer Autowaschanlage abgefertigt.

Wir wollen unsere Warteschlange noch ein wenig reglementieren und begrenzen sie in ihrer maximalen Länge. Dieser Fall tritt beispielsweise bei einer Autowaschanlage auf, auf deren Grundstück nur ein begrenzter Parkraum zur Verfügung steht. Allerdings soll die Längenbegrenzung änderbar sein – der Waschanlagenbetreiber könnte eine bauliche Maßnahme zur Erweiterung durchführen oder aber auch die Parkmöglichkeiten verknappen, wenn auf dem Gelände auch noch eine Reparaturwerkstatt entstehen soll.

Das Bsp. 11.1 zeigt die Implementierung einer Klasse FIFOnaiv, die zunächst die sich aus den Anforderungen ergebenden Methoden bereitstellen soll: der Konstruktor legt eine Warteschlange von fester Länge an, die Methode anstellen fügt einen Eintrag am Ende der Schlange an, die Methode bediene entfernt den ersten Eintrag in der Schlange und gibt ihn zurück, und die Methode setzeLänge legt das Maximum der möglichen Einträge in die Warteschlange fest. Aus Gründen der Bequemlichkeit wählen wir, wie auch schon in anderen Beispielen, ganze Zahlen als Werte für die Einträge in die Warteschlange.

Bevor wir uns mit den kritischen Situationen befassen, die bei der Benutzung dieser Warteschlange auftreten können, wollen wir noch eine kurzen Blick auf die Realisierung des FIFO-Prinzips werfen. Da das Ändern der maximalen Länge eine eher seltene Operation auf der Warteschlange ist, können wir hier einen etwas erhöhten Aufwand bei der Ausführung in Kauf nehmen. Wir wählen daher in der Implementierung als Datenstruktur für die Aufbewahrung der Einträge der Warteschlange ein Feld. Wird die Länge mit der Methode setzeLänge geändert, so wird ein neues Feld erzeugt und die vorhandenen Einträge werden komponentenweise hinüberkopiert.

Wir wählen das Feld etwas größer als notwendig, so daß auch bei einer maximalen Belegung zwei Komponenten frei bleiben. Dadurch ist es möglich, daß wir die Indizes der Komponenten vor dem ersten Eintrag und hinter dem letzten Eintrag in die Schlange auf einfache Weise nutzen können, um den Anfang, das Ende und den Belegungszustand der Warteschlange zu bestimmen. Der Index vorErstem zeigt dann immer auf die freie Komponente vor dem ersten Eintrag, der Index

nachLetztem **immer auf die freie Komponente hinter dem letzten Eintrag. Die
Komponenten des Feldes** schlange **belegen wir zyklisch, sobald wir an das Ende
des Feldes stoßen, versuchen wir mit dem Index** 0 **fortzufahren. Beim Bedienen des
ersten Eintrags werden daher keine Verschiebeoperationen im Feld notwendig.**

```
class FIFOnaiv {
    private int[] schlange;
    private int vorErstem, nachLetztem, größe;
    FIFOnaiv(int länge) {
        größe = länge+2;
        schlange = new int[größe];
        vorErstem = 0;
        nachLetztem = 1;
    }
    void anstellen(int eintrag) {
        schlange[nachLetztem] = eintrag;
        nachLetztem = (nachLetztem+1)%größe;
    }
    int bediene() {
        vorErstem = (vorErstem+1)%größe;
        return schlange[vorErstem];
    }
    void setzeLänge(int länge) {
        int laufNeu = 1;
        int größeNeu = länge+2;
        int[] neueSchlange = new int[größeNeu];
        for (int laufAlt = (vorErstem+1)%größe;
             laufAlt<nachLetztem & laufNeu<größeNeu-1;
               laufAlt=(laufAlt+1)%größe, laufNeu++)
          neueSchlange[laufNeu] = schlange[laufAlt];
        vorErstem = 0;
        nachLetztem = laufNeu;
        größe = größeNeu;
        schlange = neueSchlange;
    }
}
```

Bsp. 11.1: Die Klasse FIFOnaiv

Die Implementierung der Klasse FIFOnaiv geht – wie der Name schon andeutet –
von der doch recht unrealistischen Annahme aus, daß die Methoden nur dann aufgerufen werden, wenn ihre Ausführung möglich ist. Das bedeutet, daß die
folgenden Bedingungen immer eingehalten werden müssen:

- Die Methode anstellen wird nur dann aufgerufen, wenn in der Warteschlange auch noch Platz für einen weiteren Eintrag vorhanden ist.

- Die Methode `bediene` wird nur dann aufgerufen, wenn in der Warteschlange noch mindestens ein Eintrag auf seine Bedienung wartet.

- Die Methode `setzeLänge` wird nur mit einer Länge aufgerufen, die ein vollständiges Kopieren der vorhandenen Einträge in das neue Feld ermöglicht.

- Die Längenangaben im Konstruktor und in der Methode `setzeLänge` dürfen nicht negativ sein. Der Wert 0 führt algorithmisch nicht zu Problemen, wirkt allerdings wie eine Sperre, da kein einziger Eintrag die Warteschlange passieren kann. Eine Warteschlange der Länge 0 stellt somit zumindest eine ungewöhnliche Situation dar, die leicht zu Folgefehlern führen kann.

Versuchen wir nun, die naive Fassung der Warteschlange zu verbessern, so bietet sich hierfür zunächst eine Ergänzung um zwei Methoden an, mit denen sich der Zustand der Warteschlange während der Ausführung abfragen läßt:

- `maxAnz` liefert die Anzahl der maximal möglichen Einträge in die Warteschlange als Ergebnis seines Aufrufs.

```
int maxAnz() {
   return größe-2;
}
```

- `aktAnz` liefert die Anzahl der aktuell gültigen Einträge in der Warteschlange als Ergebnis seines Aufrufs.

```
int aktAnz() {
   return ((vorErstem < nachLetztem) ?
      nachLetztem : nachLetztem+größe) - vorErstem-1;
}
```

Diese beiden Methoden können nun in einer benutzenden Klasse dazu verwendet werden, um vor jedem Aufruf einer der Methoden `anstellen`, `bediene` und `setzeLänge` deren Zulässigkeit festzustellen. Eine solche freiwillige Kontrolle durch die benutzende Klasse ist sicher sinnvoll, kann jedoch die Klasse `FIFOnaiv` nicht sicher vor fehlerhaften Aufrufen schützen, da sich der Schutzmechanismus letztlich darauf verläßt, daß der Programmierer der benutzenden Klasse verantwortungsbewußt handelt. Ein sicherer Schutz ist nur dann möglich, wenn die aufgerufenen Methoden selbst die Zulässigkeit ihrer Ausführung kontrollieren. Wie eine verbesserte Fassung von `anstellen` zeigt, ist eine solche Kontrolle grundsätzlich leicht möglich, indem die Ausführung des Methodenrumpfes an eine entsprechende Bedingung geknüpft wird.

```
void anstellen(int eintrag) {
   if ((nachLetztem+1)%größe != vorErstem) {
      schlange[nachLetztem] = eintrag;
      nachLetztem = (nachLetztem+1)%größe;
   }
}
```

Nun stellt die Methode `anstellen` sicher, daß nur dann ein Eintrag vorgenommen wird, wenn noch ein Platz am Ende der Schlange vorhanden ist. Ist kein Eintrag möglich, geschieht auch nichts – eine etwas unglückliche Situation, da die benutzende Klasse nun nicht informiert wird und irrtümlich davon ausgehen könnte, daß der entsprechende Wert in die Warteschlange aufgenommen wurde.

Die offensichtliche Möglichkeit zur Rückmeldung an den Aufrufer besteht in dem Ergänzen eines Rückgabewertes für `anstellen`, der durch den Wert `true` die korrekte Ausführung und durch `false` das Ablehnen einer Ausführung anzeigt, so daß sich die folgende Implementierung ergibt:

```
boolean anstellen(int eintrag) {
  boolean ausgeführt = false;
  if ((nachLetztem+1)%größe != vorErstem) {
    schlange[nachLetztem] = eintrag;
    nachLetztem = (nachLetztem+1)%größe;
    ausgeführt = true;
  }
  return ausgeführt;
}
```

Leider läßt sich dieses einfache Vorgehen aus verschiedenen Gründen nicht auf die beiden Methoden `bediene` und `setzeLänge` übertragen:

- `bediene` besitzt schon einen Rückgabewert, die Rückgabe eines zweiten Wertes wäre nur über einen Parameter möglich, der eine Referenz enthält und so in der Lage ist, eine außerhalb von `FIFOnaiv` liegende Variable zu manipulieren. Diese Lösung würde zu einem »unsymmetrischen« Programmierstil führen, da Werte mit verschiedenen Techniken zurückgegeben würden.

- `setzeLänge` muß drei unterschiedliche Situationen signalisieren können:
  - Die Warteschlange wird so sehr verkürzt, daß nicht alle aktuell in ihr enthaltenen Einträge übernommen werden können.
  - Die Warteschlange soll eine negative Länge erhalten.
  - Die Warteschlange erhält die Länge 0.

  Zu diesen drei besonderen Situationen kommt der Fall hinzu, daß eine Ausführung von `setzeLänge` möglich ist. Insgesamt müssen daher vier Rückgabewerte unterschieden werden, so daß der Typ `boolean` ungeeignet ist. Es müßten daher beispielsweise Fehlernummern vergeben und ihre nicht intuitiv erfaßbare Bedeutung bekannt gemacht werden. Hinzu kommt, daß bei dem Aufruf `setzeLänge(0)` für eine Warteschlange mit mindestens einem Eintrag die besonderen Situationen miteinander konkurrieren: die Warteschlange wird zu sehr verkürzt und sie erhält die Länge 0. Da der Benutzer nicht weiß, welche der beiden möglichen Fehlernummern zurückgegeben wird, muß zusätzlicher Aufwand beim Melden und Beheben des Fehlers betrieben werden.

Fehlernummern (mit einer recht aufwendigen globalen Verwaltung der möglichen Werte) sind ein gängiges Verfahren für die Weitermeldung und Behandlung von außergewöhnlichen Situationen, sofern keine anderen Mechanismen zur Verfügung stehen. Java bietet jedoch einen wesentlich geeigneteren Mechanismus, der genau auf das Melden von außergewöhnlichen Situationen und ihre Behandlung ausgerichtet ist. Tritt eine solche Situation ein, so wird dies als *Ausnahme* bezeichnet. Das Eintreten einer Ausnahme wird dadurch angezeigt, daß ein *Ausnahmeobjekt* erzeugt wird, die Ausführung des Programms an der Position des Auftretens der Ausnahme unterbrochen wird und in den umgebenden Blöcken des Programms solange von innen nach außen gewandert wird, bis entweder ein Programmabschnitt gefunden wird, der die Ausnahmesituation lösen kann, oder die Methode main verlassen und das Programm unplanmäßig beendet wird.

Dieses Vorgehen kann als einfaches Ballspiel veranschaulicht werden: Ist ein Mitspieler in einer problematischen Spielsituation, so wirft er den Ball einfach fort und hofft darauf, daß ihn ein Mitspieler auffängt. Fällt der Ball auf den Boden, weil ihn keiner der Mitspieler fängt, ist das Spiel beendet.

Analog spricht man in Java davon, daß Ausnahmen *geworfen* und *gefangen* werden, was sich in den Java-Schlüsselwörtern throw, throws und catch widerspiegelt. Fügen wir in die Methode anstellen das Werfen eines entsprechenden Ausnahmeobjekts ein, so gelangen wir zu folgendem Programmausschnitt:

```
void anstellen(int eintrag) throws Voll {
  if ((nachLetztem+1)%größe != vorErstem) {
    schlange[nachLetztem] = eintrag;
    nachLetztem = (nachLetztem+1)%größe;
  }
  else throw new Voll();
}
```

In dieser Fassung wird beim Anstellen an eine bereits vollständig gefüllte Schlange eine Ausnahme ausgelöst, indem ein neues Objekt der Klasse Voll erzeugt und geworfen wird. Diese Klasse müssen wir nun noch anlegen.

Alle Objekte, die als Ausnahmen geworfen werden, müssen Exemplare von Unterklassen der vordefinierten Klasse Throwable sein. Die Klasse Throwable besitzt zwei vordefinierte Subklassen, die sich grundsätzlich nicht in ihrem Verhalten unterscheiden, sondern nur als Wurzeln zweier Vererbungshierarchien dienen:

• Die Klasse Exception und die von ihr abgeleiteten Subklassen werden eingesetzt, um möglicherweise behebbare Probleme anzuzeigen. Exception kennzeichnet die Kategorie von Problemen, mit der Programmierer umgehen. Die hier vereinbarten Klassen für Ausnahmen erben daher immer von Exception.

• Die Klasse Error und die von ihr abgeleiteten Subklassen kennzeichnen schwere Fehler, die einen Programmabbruch unumgänglich machen. Der Gebrauch der Klasse Error ist auf das Java-Laufzeitsystem beschränkt.

Wir deklarieren daher eine leere Erweiterung der Klasse Exception als minimale Form einer Ausnahmeklasse:

```
class Voll extends Exception {};
```

Bevor wir uns in Kapitel 11.2 damit auseinandersetzen, wie eine Ausnahme aufgefangen wird, müssen wir noch eine kleine syntaktische Ergänzung an unserer Methode anstellen vornehmen, die jedoch recht bedeutsam für den weiteren Umgang mit Ausnahmen ist. Durch das Auslösen einer Ausnahme – angezeigt durch das Werfen eines Objekts der Klasse Voll – kommuniziert die Methode anstellen mit der sie aufrufenden Methode. Die von einer Methode ausgelösten Ausnahmen müssen daher als Teil der Schnittstelle dieser Methode betrachtet werden müssen. Konsequenterweise werden daher die Namen der Klassen der möglicherweise geworfenen Ausnahmen hinter dem Schlüsselwort throws im Kopf der Methode aufgeführt.

Das Bsp. 11.2 zeigt die Klasse FIFO, die in allen kritischen Situationen Ausnahmen auslöst, beachten Sie die Angabe der möglicherweise ausgelösten Ausnahmen im Kopf der Methoden hinter dem Schlüsselwort throws. Weiterhin benötigen wir die Vereinbarungen von insgesamt fünf Klassen, deren Objekte dazu dienen, Ausnahmen anzuzeigen:

```
class Voll extends Exception {};
class Leer extends Exception {};
class ZuKurz extends Exception {};
class LängeNull extends Exception {};
class Unzulässig extends Exception {};
```

Es soll hier abschließend nochmals daraufhingewiesen werden, daß immer nur eine einzige Ausnahme zu einem Zeitpunkt geworfen werden kann. Auch in der Methode setzeLänge, die in Abhängigkeit vom Wert ihres Eingabeparameters und dem Zustand des Objekts drei unterschiedliche Ausnahmen auslösen kann, wird immer nur genau eine der drei Alternativen gewählt. Ist die Ausnahme ausgelöst, das Ausnahmeobjekt also geworfen, so bricht die Ausführung von setzeLänge ab. Hieraus erklärt sich auch die Positionierung des Werfens des Objekts der Klasse LängeNull am Ende der Methode nach Ausführung des Rumpfes:

- Wird versucht, die Länge der Warteschlange auf den Wert 0 zu setzen, obwohl noch Einträge vorhanden sind, so wird die Ausnahme ZuKurz ausgelöst.

- Ist die Warteschlange leer, so wird ihre Länge auf 0 verkürzt, das aufrufende Objekt jedoch zugleich durch die Ausnahme LängeNull informiert.

Mit der Klasse FIFO stehen uns damit Warteschlangen zur Verfügung, die in außergewöhnlichen Situationen Ausnahmen auslösen, um das aufrufende Objekt zu benachrichtigen. Wir werden nun betrachten, welche Konstrukte für die aufrufende Klasse bereitstehen, um geworfene Ausnahmen aufzufangen und zu bearbeiten.

```
class FIFO {
  private int[] schlange;
  private int vorErstem, nachLetztem, größe;
  FIFO(int länge) throws LängeNull, Unzulässig {
    if (länge < 0) throw new Unzulässig();
    größe = länge+2;
    schlange = new int[größe];
    vorErstem = 0; nachLetztem = 1;
    if (länge == 0) throw new LängeNull();
  }
  void anstellen(int eintrag) throws Voll {
    if ((nachLetztem+1)%größe != vorErstem) {
      schlange[nachLetztem] = eintrag;
      nachLetztem = (nachLetztem+1)%größe;
    } else throw new Voll();
  }
  int bediene() throws Leer {
    int erster = 0;
    if ((vorErstem+1)%größe != nachLetztem) {
      vorErstem = (vorErstem+1)%größe;
      erster = schlange[vorErstem];
    }
    else throw new Leer();
    return erster;
  }
  void setzeLänge(int länge)
    throws ZuKurz, LängeNull, Unzulässig {
    if (länge < 0) throw new Unzulässig();
    if ((((vorErstem < nachLetztem) ?
        nachLetztem : nachLetztem+größe) - vorErstem-1) > länge)
      throw new ZuKurz();
    int laufNeu = 1;
    int größeNeu = länge+2;
    int[] neueSchlange = new int[größeNeu];
    for (int laufAlt = (vorErstem+1)%größe;
        laufAlt<nachLetztem & laufNeu<größeNeu-1;
          laufAlt=(laufAlt+1)%größe, laufNeu++)
      neueSchlange[laufNeu] = schlange[laufAlt];
    vorErstem = 0;
    nachLetztem = laufNeu;
    größe = größeNeu;
    schlange = neueSchlange;
    if (länge == 0) throw new LängeNull();
  }
}
```

Bsp. 11.2: Die Klasse FIFO

11.2 Abfangen von Ausnahmen

In diesem Kapitel werden wir uns mit dem Abfangen der von FIFO ausgelösten Ausnahmen beschäftigen. Um die Objekte der Klasse FIFO zu benutzen, deklarieren wir zunächst die Klasse StationOhneAusnahme. Als eine typische Station könnte beispielsweise die bereits erwähnte Autowaschanlage herangezogen werden. Sind an einer großen Tankstelle mehrere Waschstraßen gleichzeitig in Betrieb, so wird aus einer gemeinsamen Warteschlange immer das erste Fahrzeug einer frei werdenden Waschstraße zugeteilt. Die Objekte der Klasse StationOhneAusnahme arbeiten dementsprechend die Einträge einer einzigen gemeinsamen Warteschlange ab. Die Klasse besitzt nur drei sehr einfache Methoden, die sich nicht um die Behandlung der möglicherweise von der Klasse FIFO geworfenen Ausnahmen kümmern.

Die gemeinsame Warteschlange dieSchlange und ihre aktuelle Länge dieLänge sind als statische Attribute deklariert. Jede Station erhöht die Kapazität, die für eine Bedienung der Einträge in der Warteschlange bereitsteht. Wird also eine zusätzliche Station in Betrieb genommen, wird konsequenterweise auch die Warteschlange verlängert. Daher erhöht ein Aufruf der Methode meldeAn die Länge der Warteschlange um den festen Wert 10, der Aufruf der Methode meldeAb verringert die Länge der Warteschlange entsprechend. Die Methode arbeite bedient den ersten Eintrag der Warteschlange. Wir interessieren uns hier nicht dafür, was arbeite genau tut, ebensowenig betrachten wir, wie die Warteschlange eigentlich mit Einträgen gefüllt wird, und wir kümmern uns auch nicht darum, daß die Methoden der Klasse FIFO Ausnahmen auslösen können. In Bsp. 11.3 wird die einfache Implementierung der Klasse StationOhneAusnahme vorgestellt, die so nicht übersetzt werden kann.

```
class StationOhneAusnahme {
  static int dieLänge = 0;
  static FIFO dieSchlange = new FIFO(dieLänge);
  void meldeAn() {
    dieLänge += 10;
    dieSchlange.setzeLänge(dieLänge);
  }
  void meldeAb() {
    dieLänge -= 10;
    dieSchlange.setzeLänge(dieLänge);
  }
  void arbeite() {
    int auftrag = dieSchlange.bediene();
    // ... Bearbeitung des Auftrags
  }
}
```

Bsp. 11.3: Die Klasse StationOhneAusnahme

Bei der Implementierung von `StationOhneAusnahme` können die Aufrufe der Methoden `setzeLänge` und `bediene` für `dieSchlange` verschiedene Ausnahmen auslösen. Da diese Ausnahmen zu den Schnittstellen der Methoden zählen, achtet der Compiler darauf, daß sie auch in den Implementierungen von `meldeAn`, `meldeAb` und `arbeite` berücksichtigt werden. Wir müssen also angeben, was geschehen soll, falls bei der Ausführung einer Methode eine Ausnahme auftritt.

Die Klasse `Station` (Bsp. 11.4) verbessert `StationOhneAusnahme` und behandelt die aus der Benutzung von Objekten der Klasse `FIFO` resultierenden Ausnahmen. Eine Ausnahme, die von einer aufgerufenen Methode ausgelöst wird, kann in der aufrufenden Methode auf zwei Arten behandelt werden:

- Die Ausnahme wird nicht aufgefangen sondern wiederum an die aufrufende Methode weitergereicht. Um dieses Weiterreichen zu ermöglichen, muß die Schnittstelle der Methode um eine entsprechende `throws`-Klausel erweitert werden.

- Die Ausnahme wird abgefangen und bearbeitet. Hierbei kann die Bearbeitung auch aus einem schlichten Nichtstun bestehen. Nachdem eine Ausnahme abgefangen wurde, wird die Programmausführung mit dem nachfolgenden Programmtext fortgesetzt.

Da ein Aufruf von `setzeLänge` mit einem gegenüber der aktuellen Länge um 10 erhöhten Wert unproblematisch erscheint, rechnen wir hier eigentlich nicht mit dem Auftreten von Ausnahmen (– die Bedeutung der statischen Variablen `nochKürzenUm` wird bei der Methode `meldeAb` erklärt). Um aber unserer Pflicht zur Berücksichtigung zu genügen – hierüber wacht ja der Compiler – fangen wir in der Methode `meldeAn` alle möglichen Ausnahmen ab, ohne hierfür Reaktionen festzulegen. Das Abfangen geschieht durch die Anweisung `catch`, der in Klammern die Deklaration eines Ausnahmeobjekts und ein Block mit Handlungsanweisungen folgt. So wird durch die folgende Programmsequenz ein Ausnahmeobjekt der Klasse `ZuKurz` aufgefangen, das in dem vorangehenden `try`-Block geworfen wurde. Eine Behandlung erfolgt nicht, da der auf `catch` folgende Block keine Anweisungen enthält. Die Programmausführung wird danach fortgesetzt, d.h. die Methode `meldeAn` wird beendet, da hinter den `catch`-Anweisungen keine weiteren Anweisungen folgen, und die Kontrolle wechselt zurück zu der Methode, die `meldeAn` aufgerufen hat.

```
try {
  // Block, in dem eine Ausnahme ausgelöst werden kann
  // ...
}
catch (ZuKurz z) {
  // Block, in dem die Behandlung der Ausnahme z erfolgt
  // ...
};
```

Bsp. 11.4 zeigt die Implementierung der Klasse `Station` mit den von Java bereitgestellten Mechanismen zur Ausnahmeerkennung- und behandlung.

```
class Station {
  static int dieLänge = 0;
  static FIFO dieSchlange;
  static int nochKürzenUm = 0;

  static void init(int l) throws LängeNull, Unzulässig {
    dieSchlange = new FIFO(l);
  }

  void meldeAn() {
    try {
      if (nochKürzenUm < 10)
        dieLänge = dieLänge + 10 - nochKürzenUm;
      else
        nochKürzenUm -= 10;
      dieSchlange.setzeLänge(dieLänge);
    }
    catch (ZuKurz z) {}
    catch (LängeNull l) {}
    catch (Unzulässig u) {};
  }

  void meldeAb()
  throws LängeNull, Unzulässig{
    try {
      dieLänge -= 10;
      dieSchlange.setzeLänge(dieLänge);
    }
    catch (ZuKurz z) {
      dieLänge += 10;
      nochKürzenUm += 10;
    };
  }

  void arbeite()
  throws KeinAuftrag, LängeNull, Unzulässig {
    try {
      int auftrag = dieSchlange.bediene();
      // ... Bearbeitung des Auftrags
      if (nochKürzenUm > 0)
        dieSchlange.setzeLänge(dieLänge-1);
        nochKürzenUm++;
        dieLänge--;
    }
    catch (Leer l) {
      throw new KeinAuftrag();
    }
    catch (ZuKurz z) {};
  }
}
```

Bsp. 11.4: Die Klasse Station

In der Methode meldeAb ist die Behandlung der von der Methode setzeLänge ausgelösten Ausnahme komplizierter: Eine Ausnahmesituation der Klasse Unzulässig kann die Klasse Station nicht bewältigen, die Ausnahme LängeNull signalisiert in diesem Kontext lediglich, daß sich die letzte Station abgemeldet hat und daher aktuell keine Station angemeldet ist. Beide Ausnahmen reichen wir daher weiter an den Aufrufer von meldeAb. Die Ausnahme ZuKurz tritt dann auf, wenn die Warteschlange zwar aufgrund der Abmeldung verkürzt werden soll, aber aktuell noch zu viele Einträge enthält. Wir fangen diese Ausnahme ab, setzen die Länge der Schlange auf den ursprünglichen Wert zurück und erhöhen den Wert einer zusätzlich deklarierten statischen Variablen nochKürzenUm um den Wert 10. Das Attribut nochKürzenUm enthält die Anzahl der Einträge, um die die Schlange eigentlich noch verkürzt werden sollte. Die Methode arbeite benutzt nochKürzenUm und kümmert sich um einen geregelten Abbau der Warteschlange. Die Methode arbeite fängt die Ausnahme Leer der Methode bediene ab und reicht als Reaktion darauf eine Ausnahme KeinAuftrag weiter. Wird ein Auftrag bearbeitet, so wird anschließend das statische Attribut nochKürzenUm überprüft und gegebenenfalls die maximale Länge der Schlange um den Wert 1 vermindert, den Platz, den der gerade bearbeitete Auftrag zuvor eingenommen hat. Die Ausnahmen LängeNull und Unzulässig werden wie in der Methode meldeAb weitergereicht, die Ausnahme ZuKurz wird abgefangen und ignoriert, da dieser Fall an dieser Stelle nicht auftreten kann.

11.3 Konzepte der Ausnahmebehandlung

Das vorangehende Beispiel mit des Klassen FIFO und Station hat einen ersten Eindruck von der Arbeitsweise und der Mächtigkeit des Konzeptes der Ausnahmen in Java vermittelt. In diesem Kapitel werden wir nun dieses Konzept präzisieren und weitere Eigenschaften vorstellen, die den Umgang mit Ausnahmen vereinfachen und die Flexibilität erhöhen.

Kontrollfluß bei der Nutzung von Ausnahmen

Der Kontrollfluß einer Java-Applikation war in den Beispielen der ersten zehn Kapitel sehr einfach zu verfolgen:

> Zunächst wurde die Methode main einer ausgezeichneten Klasse ausgeführt, die dann ihrerseits Methoden aufrief, die wiederum Methodenaufrufe auslösten – und so fort. Hatte eine Methode ihre Arbeit beendet, so kehrte der Kontrollfluß genau an die Stelle im Programmtext zurück, die hinter dem Methodenaufruf lag. Eine Methode hatte ihre Arbeit dann erledigt, wenn entweder die Anweisungen ihres Rumpfes vollständig abgearbeitet waren oder wenn eine return-Anweisung erreicht wurde, die die Rückgabe eines Wertes auslöste.

Werden Ausnahmen in einer Applikation verwendet, so ändert sich der mögliche Kontrollfluß innerhalb der Applikation. Die nun zu beachtenden möglichen Abläufe umfassen neben der bereits bekannten und oben geschilderten normalen Ausführung zusätzlich den Kontrollfluß, der beim Auslösen einer Ausnahme auftritt:

Wirft eine Methode ein Ausnahmeobjekt mittels der throw-Anweisung, so wird die Ausführung der Methode damit abgebrochen. Insbesondere werden keine weiteren Anweisungen aus dem Rumpf der Methode ausgeführt. Das Ausnahmeobjekt wird an die aufrufende Methode übergeben.

Ist der Aufruf einer Methode, die ein Ausnahmeobjekt liefert, in einem try-Block erfolgt, so wird die weitere Ausführung dieses try-Blocks abgebrochen und es folgt die sequentiellen Bearbeitung der auf den try-Block folgenden catch-Anweisungen. Wir werden diesen Fall weiter unten noch einmal aufgreifen und im Detail behandeln.

Ist der Aufruf einer Methode, die ein Ausnahmeobjekt liefert, nicht innerhalb eines try-Blocks erfolgt, so wird die Methode, die das Ausnahmeobjekt erhält, ebenfalls unmittelbar abgebrochen. Das Ausnahmeobjekt wird dann an die aufrufende Methode weitergereicht.

Hierarchien von Ausnahmeklassen

Selbstdefinierte Ausnahmeklassen werden, wie bereits in Kapitel 11.1 dargestellt, als Subklassen der Klassen Throwable oder Exception vereinbart. Damit stehen dem Programmierer zugleich auch alle Möglichkeiten zur Verfügung, die die Sprache Java für die Strukturierung und Erweiterung von Klassen anbietet. So können Ausnahmeklassen entsprechend ihrer Zusammengehörigkeit hierarchisch geordnet werden. Die in Kapitel 11.1 eingeführten Ausnahmen können beispielsweise folgendermaßen strukturiert werden (vergleiche auch Abb. 11.1):

```
class FIFOAusnahme extends Exception {};
class Voll extends FIFOAusnahme {};
class Leer extends FIFOAusnahme {};
class Längenproblem extends FIFOAusnahme {};
class ZuKurz extends Längenproblem {};
class LängeNull extends Längenproblem {};
class Unzulässig extends Längenproblem {};
```

Diese Strukturierung erlaubt nun durch nur eine catch-Anweisung, die sich auf eine Superklasse bezieht, das Fangen von allen Ausnahmeobjekten der zugehörigen Subklassen. In dem folgenden try-Block würden nicht nur die Ausnahmen der Klasse Längenproblem abgefangen, sondern auch die geworfenen Objekte aller Subklassen von Längenproblem, d.h. alle Objekte der Klassen ZuKurz, LängeNull und Unzulässig. Das Abfangen von Ausnahmen in der bereits bekannten Methode meldeAn aus der Klasse Station könnte nun schlanker gestaltet werden:

```
void meldeAn() {
  try {
    if (nochKürzenUm < 10)
      dieLänge = dieLänge+10-nochKürzenUm;
    else
      nochKürzenUm -= 10;
    dieSchlange.setzeLänge(dieLänge);
  }
  catch (Längenproblem lp) {};
}
```

Die Abb. 11.1 verdeutlicht, daß diese Regelung es auch ermöglicht, auf einfache Art
mit den Anweisungen catch (Throwable t) { ... }, catch (Exception e) { ... }
oder catch (Error e) { ... } alle denkbaren Ausnahmen abzufangen.

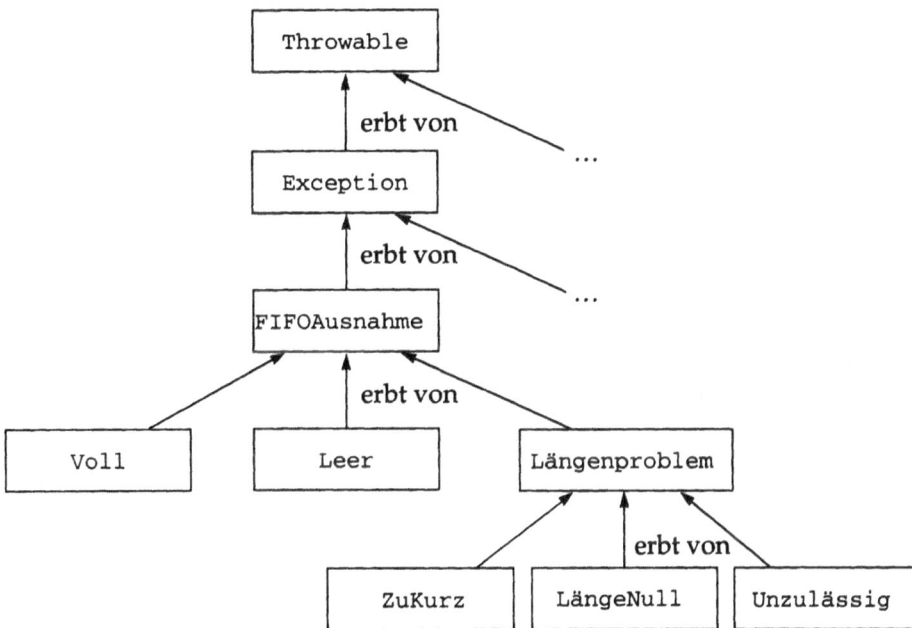

Abb. 11.1: Hierarchie von Ausnahmeklassen

Ausnahmeklassen mit Attributen und Methoden

Auch für die aus Throwable bzw. Exception abgeleiteten Klassen ist – wie für alle
anderen Klassen auch – die Vereinbarung von Attributen und Methoden möglich.
Im Beispiel der Klasse FIFO reicht es aus, die Klasse des geworfenen Objekts über die
es fangende catch-Anweisung zu ermitteln, so daß die Klasse selbst zur Informa-

tionsquelle über die Art der Ausnahme wird. Wird eine Ausnahmeklasse durch
Attribute und Zugriffsmethoden erweitert, so kann die Ausnahmebehandlung möglicherweise verbessert werden.

Wir erweitern die Klasse ZuKurz um ein Attribut, einen parametrisierten
Konstruktor und eine Methode:

```
class ZuKurz extends Längenproblem {
   private int zuvielBelegt;
   public ZuKurz(int diff) {
      zuvielBelegt = diff;
   }
   public int überlänge() {
      return zuvielBelegt;
   }
}
```

Jetzt kann mit dem Werfen eines Objekts der Klasse ZuKurz nicht nur eine Ausnahme als solche angezeigt werden, sondern über das Attribut zuvielBelegt auch
die Größe der Überschneidung zwischen beabsichtigter und aktueller Länge der
Warteschlange geliefert werden.

In der Methode setzeLänge würde die Ausnahme nun folgendermaßen erzeugt
und geworfen:

```
// ...
int aktLänge = nachLetztem - vorErstem-1;
if (aktLänge < 0)
   aktLänge += größe;
if (aktLänge > länge)
   throw new ZuKurz(aktLänge-länge);
// ...
```

Nach dem Fangen der so erzeugten Ausnahme könnte nun in der Klasse Station
eine erklärende Ausgabe vorgenommen werden:

```
// ...
catch (ZuKurz z) {
   EA.println("Schlange um " + z.überlänge() + "zu kurz");
};
// ...
```

Wir erkennen an diesem Beispiel auch die Rolle, die der Name spielt, der beim
Fangen dem Ausnahmeobjekt zugeordnet wird: er dient als eine Art »formaler«
Parameter, unter dem das aufgefangene Objekt innerhalb des auf catch folgenden

Blocks angesprochen werden kann. In unserem Beispiel wird also der Referenz z das aufgefangene Objekt der Klasse ZuKurz zugewiesen, das über diesen Namen in dem folgenden Block angesprochen werden kann. Wir nutzen dies, um die in der Klasse ZuKurz vereinbarte öffentliche Methode überlänge aufzurufen.

Auch die Klasse Throwable enthält Attribute und Methoden. Die Methode getMessage liefert eine textuelle Beschreibung der Ausnahme und die Methode printStackTrace zeigt die Aufrufstruktur der Methoden zum Zeitpunkt des Werfens einer Ausnahme auf dem Bildschirm an. Wird eine Ausnahme nie abgefangen, sondern immer nur weitergereicht, so wird sie letztlich vom Java-Laufzeitsystem (– das die Methode main umgibt –) abgefangen, das dann die Methode printStackTrace aufruft und damit eine Ausgabe erzeugt. Da alle Ausnahmeklassen zwangsweise von Throwable erben, steht printStackTrace in allen geworfenen Objekten zur Verfügung.

In diesem Zusammenhang muß auch darauf hingewiesen werden, daß das beim Auftreten einer Ausnahmesituation geworfene Objekt nicht unbedingt neu erzeugt werden muß. Es kann auch ein bereits erzeugtes Objekt der erforderlichen Ausnahmeklasse geworfen werden. So kann für eine später möglicherweise auftretende Ausnahme auch präventiv ein Objekt angelegt und mit solchen Informationen versehen werden, die zum Zeitpunkt des Auftretens der Ausnahme nicht mehr zu ermitteln wären. Man ist dann nicht darauf angewiesen, alle Informationen durch Parameter des Konstruktors zu übergeben. Allerdings erfordert ein solches Vorgehen eine sehr sorgfältige und durchdachte Planung der Behandlung möglicher Ausnahmen.

Der folgende Programmtext stellt eine weitere Variation des Rumpfes der Methode setzeLänge vor, in dem das Ausnahmeobjekt längenfehler der Klasse ZuKurz bereits unmittelbar nach dem Berechnen des Wertes der Variablen aktLänge erzeugt wird. Benutzt wird dieses – präventiv – angelegte Objekt aber nur dann, wenn die Ausnahme auftritt. Dieses Beispiel dient jedoch nur zur Illustration, da wir aus dem frühzeitigen Anlegen des Ausnahmeobjekts kein Kapital schlagen.

```
// ...
int aktLänge = nachLetztem - vorErstem-1;
ZuKurz längenfehler = new ZuKurz(aktLänge-länge);
if (aktLänge < 0)
  aktLänge += größe;
if (aktLänge > länge)
  throw längenfehler;
// ...
```

Fangen oder Weiterleiten?

Die Grundregel für die Behandlung von Ausnahmen in Java ist *Fangen oder Weiter-leiten*. Der Compiler achtet darauf, daß alle in einer Methode auftretenden Aus-nahmen entweder (durch catch) der Menge der gefangenen Ausnahmen oder (durch throws) der Menge der weitergeleiteten Ausnahmen zugeordnet werden.

Superklassen vereinfachen das Fangen von Ausnahmen, da im Falle einer Gleich-behandlung nicht alle Unterklassen einzeln aufgeführt werden müssen. Trotzdem kann sich die Notwendigkeit zur Betrachtung jeder Ausnahme in vielen Fällen als lästig erweisen. Ein Beispiel hierfür ist die Ausnahme LängeNull aus Kapitel 11.1, die eigentlich nur eine Zusatzinformation darstellt, die zusätzlich zu der ansonsten korrekten Verkürzung der Länge der Warteschlange geliefert wird.

Um in solchen Fällen den Aufwand für die Ausnahmebehandlung nicht übermäßig ansteigen zu lassen, ist als Subklasse von Exception auch noch die Klasse RuntimeException vordefiniert. Die Ausnahmen der Klasse RuntimeException müssen im Gegensatz zu allen anderen Ausnahmen nicht unbedingt behandelt werden, der Programmierer muß diese Ausnahmen weder mit catch fangen noch mit throw weiterwerfen. Wird eine Ausnahme der Klasse RuntimeException geworfen, so bricht die werfende Methode an dieser Stelle ihre Bearbeitung ab. Sieht nun aber die Methode, die das erzeugte Ausnahmeobjekt erhält, kein Auffangen dieses Objekts durch eine catch-Anweisung vor, so wird die Methode trotzdem ohne Änderung des Kontrollflusses fortgesetzt. Das Ausnahmeobjekt bleibt unbe-achtet und wird auch nicht an andere Methoden weitergereicht. Die explizite Angabe der throws-Klausel im Kopf einer Methode kann daher für die Klasse RuntimeException entfallen.

Diese Eigenschaften besitzen auch alle Subklassen der Klasse RuntimeException, so daß der Programmierer für alle Nachfahren dieser Klasse selbst entscheiden kann, ob er eine Bearbeitung wünscht oder nicht. RuntimeException ermöglicht so Aus-nahmen, die nicht der Regel *Fangen oder Weiterleiten* genügen müssen.

Reihenfolge des Abfangens

Die Beispiele für das Abfangen von Ausnahmen in Kapitel 11.2 haben bereits gezeigt, daß auf einen try-Block mehrere catch-Anweisungen folgen können. Diese werden in sequentieller Reihenfolge überprüft. Tritt also in einem try-Block eine Ausnahme auf, so wird überprüft, ob die unmittelbar folgende catch-Anweisung das geworfene Ausnahmeobjekt abfangen kann. Ist dies nicht der Fall, so wird die nächste catch-Anweisung überprüft und so fort. Fängt eine der catch-Anweisungen die Ausnahme ab, so werden die noch folgenden nicht überprüft und auch nicht ausgeführt. Es wird also zur Behandlung einer Ausnahme immer nur genau einer der auf catch folgenden Blöcke ausgeführt.

Diese Abarbeitungsvorschrift ermöglicht es, zunächst ausgewählte Ausnahmeklassen einzeln zu betrachten und anschließend alle anderen durch die Angabe ihrer
Superklasse zusammenzufassen. Für die in Kapitel vorgestellte Hierarchie von Ausnahmeklassen könnte dies zu der folgenden Behandlung führen.

```
try {
  // ...
}
catch (ZuKurz z) {
  // ...
  // Block für ZuKurz
}
catch (FIFOAusnahme f) {
  // ...
  // Block für alle anderen Ausnahmen
}
```

Ein als Ausnahme geworfenes Objekt der Klasse ZuKurz wird durch die erste
catch-Anweisung aufgefangen, der zugehörige Block wird abgearbeitet und die
folgende catch-Anweisung wird übersprungen. Alle anderen Objekte, die zu einer
Subklasse von FIFOAusnahme (ohne ZuKurz) gehören, werden von der ersten catch-
Anweisung durchgelassen und dann von der zweiten abgefangen.

Zusätzlich kann als letztes Element der try-catch-Folge noch der finally-Block
folgen, der durch das Schlüsselwort finally eingeleitet wird. Die Anweisungen des
finally-Blocks werden immer dann ausgeführt, wenn der try-Block betreten und
wieder verlassen wurde. Es ist dabei bedeutungslos, warum und auf welche Weise
der try-Block verlassen wurde und ob geworfene Ausnahmen abgefangen wurden
oder nicht. Dadurch ist es möglich, auch beim Auftreten von Ausnahmen im try-
Block begonnene Aktionen so abzuschließen, daß eine Weiterarbeit erfolgen kann.
Das folgende Programmfragment druckt daher immer den Text »ok«, danach wird
die Ausführung mit den folgenden Anweisungen fortgesetzt.

```
  // ...
  try {
    // ...
  }
  catch (Throwable e) {
    // alle Ausnahmen abfangen
  }
  finally {
    EA.println("ok");
  }
  // ...
```

11.4 Ausnahmen der Klasse `String` an Beispielen

Zeichenketten werden von den beiden im Paket `java.lang` vordefinierten Klassen `String` und `StringBuffer` manipuliert. Die mit `String` vereinbarten Zeichenketten sind unveränderbar, also Zeichenkettenkonstanten, die mittels `StringBuffer` vereinbarten Zeichenketten können geändert werden. Wir beschränken uns hier auf einige illustrative Beispiele für Methoden aus der Klasse `String`. Die Klasse macht etwa fünfzig Konstruktoren oder Methoden verfügbar.

Wir diskutieren eine Auswahl dieser Methoden und tun dies in zwei Gruppen: solche, die keine Ausnahmen auslösen, und solche, die dies tun. Diese Auswahl soll zum einen exemplarisch zeigen, wie man mit der Klasse `String` umgeht, sie soll aber auch ein Gefühl dafür vermitteln, an welchen Stellen Ausnahmen notwendig sind und wo ihre Benutzung vermieden werden kann. Alle hier vorgestellten Methoden sind öffentlich.

Methoden, die keine Ausnahmen auslösen

- `String()` – Dieser Konstruktor gibt eine leere Zeichenkette zurück. Es kann kein Problem auftreten, das das Werfen einer Ausnahme erfordern würde.

- `String(String value)` – Mit diesem Konstruktor wird eine Instanz der Klasse `String` erzeugt, die das Argument dupliziert – es wird also eine Kopie von `value` erzeugt. Da jeder übergebene Text dupliziert werden kann, ist auch hier keine Ausnahmesituation möglich.

- `boolean equals(Object anObject)` – Ein beliebiges Objekt, d.h. eine Instanz der Klasse `Object` (Kapitel 7.4), wird mit der Zeichenkette verglichen, das Resultat ist genau dann `true`, wenn `anObject` nicht den Wert `null` hat, den Typ `String` besitzt und dieselbe Folge von Zeichen wie das String-Objekt darstellt, für das die Methode aufgerufen wird (also `this`). Hier sind durch die Definition der Wirkungsweise der Methode die potentiellen Ausnahmefälle bereits im Rückgabewert `false` erfaßt.

- `boolean equalsIgnoreCase(String anotherString)` – Diese Methode arbeitet ähnlich wie die vorangehende und ignoriert dabei die Groß- und Kleinschreibung.

- `char[] toCharArray()` – Diese Methode konvertiert das Objekt in ein neu erzeugtes Feld von Zeichen. Das Feld wird so initialisiert, daß die Zeichenfolge des `String`-Objekts dort zu finden ist.

- `static String valueOf(int i)` – Die ganze Zahl `i` wird in eine Zeichenkette transformiert. Da der Typ `int` bereits sicherstellt, daß es sich um eine ganze Zahl handelt, sind Ausnahmen nicht möglich.

Methoden, die Ausnahmen auslösen

- `String (char[] data) throws NullPointerException` – Falls `data` nicht den Wert `null` hat, wird ein Objekt vom Typ `String` zurückgegeben, dessen Zeichenfolge den Elementen des Feldes entspricht. Falls `data` den Wert `null` hat, wird die Ausnahme `NullPointerException` ausgelöst. Da die Methode bereits ihr »eigentliches« Ergebnis als Rückgabewert liefert, stellt die Ausnahme den einzigen Weg dar, um auf den fehlerhaften Eingabeparameter hinzuweisen.

- `char charAt(int index) throws IndexOutOfBoundsException` – Falls der Parameter `index` negativ oder größer als die Länge der Zeichenkette ist, so wird die angegebene Ausnahme ausgelöst, sonst wird das entsprechende Zeichen zurückgegeben (die Zählung beginnt wie bei Feldern bei `0`).

- `int compareTo(String anotherString) throws NullPointerException` – Ist das Argument `null`, so wird die Ausnahme aktiviert, sonst wird als Wert zurückgegeben:
  - eine negative Zahl, falls `this` lexikographisch kleiner als die durch `anotherString` repräsentierte Zeichenkette ist,
  - eine positive Zahl bei einem lexikographisch größeren Argument,
  - `0` bei Gleichheit.

- `String substring (int beginIndex) throws IndexOutOfBoundsException` – Die Ausnahme wird aktiviert, falls `beginIndex` negativ oder größer als die Länge der Zeichenkette ist. Sonst wird ein neues Objekt vom Typ `String` zurückgegeben, das eine Zeichenkette repräsentiert, die an der Position `beginIndex` beginnt und sich bis zum Ende von `this` erstreckt, beispielsweise ergibt `"vergessen".substring(4)` den Text `"essen"`.

11.5 Übungen

Aufgabe 1

In Kapitel 6.6 wurden Kellerspeicher eingeführt. Zur Vereinfachung der Diskussion wurde dort die pop-Operation für einen leeren Stapel ignoriert. Ergänzen Sie die Behandlung eines Kellerspeichers um eine geeignete Ausnahmebehandlung für diese Situation.

Aufgabe 2

Für die Implementierung des Algorithmus von Kruskal in Kapitel 10 werden zahlreiche Klassen eingesetzt, die zum Teil bereits vordefiniert sind, zum Teil aber auch selbst erweitert oder neu definiert werden. Überlegen Sie sich ein geeignetes Konzept zur Behandlung der möglichen Ausnahmen, das die bei vorgegebenen Klassen bereits definierten Ausnahmen mit einbezieht.

Aufgabe 3

Die Determinante $|A|$ einer n x n-Matrix reeller Zahlen ist rekursiv definiert durch

$$|A| := \left\{ \begin{array}{l} a_{1,1}, \quad \text{falls } n = 1 \\ \sum_{i=1}^{n} a_{i,1}(-1)^{i+1}|A_{i,1}|, \quad \text{falls } n > 1 \end{array} \right.$$

Hierbei entsteht die Matrix $A_{i,j}$ aus A durch Streichen der i-ten Zeile und der j-ten Spalte. Ist b ein Spaltenvektor mit n reellen Elementen, so bezeichnet für $j = 1, ..., n$ $< A, b; j >$ die n x n-Matrix, die entsteht, wenn die j-te Spalte in Matrix A durch b ersetzt wird. Das Gleichungssystem $Ax = b$ hat nach der bekannten Kramerschen Regel die Lösung $x = (x_1, ..., x_n)$ mit

$$x_i = \frac{|< A, b; j >|}{|A|},$$

falls $|A| \neq 0$ und falls $|< A, b; j >| \neq 0$ für mindestens ein i. Implementieren Sie das Lösungsverfahren, wobei Sie die oben angedeuteten Ausnahmefälle durch geeignete Ausnahmen behandeln.

Lösen Sie zum Testen die folgenden Gleichungen:

- $2x + y + 3z = 9$
  $x - 2y + z = -2$
  $3x + 2y + 2z = 7$
  (Lösung: $(-1, 2, 3)$)

- $\begin{aligned} 2\,x + 3\,y - z &= 1 \\ x - y + z &= 2 \\ 3\,x + 2\,y &= 5 \end{aligned}$

    (unlösbar, da $|A| = 0$)

- $\begin{aligned} 2\,x + 3\,y - z &= 0 \\ x - y + z &= 0 \\ 3\,x + 2\,y &= 0 \end{aligned}$

    (nicht eindeutig lösbar: $(-2r,\ 3r,\ 5r)$ ist für jedes reelle r eine Lösung)

Aufgabe 4

Erweitern Sie die Kontoführung (aus Kapitel 3.3) wie folgt:

- Jedem Kunden wird ein Kreditrahmen eingeräumt; sinkt sein Guthaben unter den entsprechenden Betrag, so wird bei der entsprechenden Auszahlung eine Ausnahme aktiviert.

- Es wird eine obere Grenze für Einzahlungen eingeführt. Überschreitet ein Kunde die Obergrenze, so wird eine Ausnahme aktiviert, die z.B. den Staatsanwalt wegen des Verdachts der Geldwäsche verständigt.

Testen Sie die Methoden der veränderten Klasse mittels geeigneter Zufallszahlungen. Verwenden Sie hierzu die Bibliotheksfunktion `random` aus dem Paket `java.lang.Math`. Diese Funktion hat die Signatur:

```
public static double random();
```

Sie erzeugt gleichverteilte Zufallszahlen Im Intervall zwischen 0.0 und 1.0 unter Ausschluß der Grenzen.

Kapitel 12
Threads – Realisierung von Parallelität

Java bietet die Möglichkeit, leichtgewichtige Prozesse zu programmieren. Das sind Prozesse, die aus einem laufenden Programm heraus gestartet werden und danach ein unabhängiges Eigenleben führen, ohne jedoch länger als das sie startende Programm existieren zu können. Solche Prozesse können auf einer Maschine mit nur einem einzigen Prozessor ablaufen (– dann müssen sich die Prozesse darauf einigen, wer wann für wie lange den Prozessor zugeteilt bekommt), sie können jedoch auch auf mehrere Prozessoren verteilt ausgeführt werden (– wobei natürlich auch hier die Fragestellung der Prozessorzuteilung zu beantworten ist). Wir wollen in diesem Kapitel eine kurze Einführung in die sprachlichen Hilfsmittel geben, die von Java zur Verfügung gestellt werden, und wir werden zwei Beispiele behandeln. Beide sind klassisch: im ersten geht es um das *Produzenten-Konsumenten-Problem*, in dem zwei Prozesse versuchen, ein gemeinsames Ziel zu erreichen, im zweiten diskutieren wir die *dinierenden Philosophen* und erläutern den Wettbewerb um Eßstäbchen als gemeinsame knappe Ressourcen.

12.1 Leichtgewichtige Prozesse

Die Klasse Thread modelliert parallel ausführbare Prozesse, also solche Objekte, die innerhalb eines umgebenden Prozesses, des Hauptprogramms, einen eigenen Kontrollfluß haben. Solche Prozesse können gestartet werden, ablaufen, warten, inaktiv sein und erneut aktiviert werden; dies kann unabhängig von anderen Prozessen geschehen, es kann jedoch auch zu einer Interaktion zwischen den verschiedenen Prozessen kommen.

Wir diskutieren zur Einführung die Klasse HeckMeck in Bsp. 12.1. Die Klasse erbt von der Klasse Thread, sie hat drei lokale Attribute, eins davon ist statisch. Die nichtstatischen Attribute werden durch den Konstruktor mit Werten belegt, das statische Attribut dient in der Methode run zur Regulierung des Zeilenvorschubs. Die Methode run ist parameterlos, sie ist durch die Klasse Thread vorgegeben, wird also hier redefiniert. Ihr Kern ist die Schleife, die die Zeichenkette dasWort ausdruckt und dann die Methode sleep aufruft. In dieser Methode wird eine Ausnahme der Klasse InterruptedException behandelt. Die Methode main erzeugt zwei anonyme Objekte vom Typ `HeckMeck`, initialisiert sie und startet dann die entsprechenden Prozesse durch Aufrufen der Methode `start`. Beide Prozesse laufen anschließend unabhängig voneinander nebeneinander her.

```
class HeckMeck extends Thread {
  String dasWort;
  int verzögerung;
  static int zeile = 1;
  HeckMeck(String text, int schlaf) {
    dasWort = text;
    verzögerung = schlaf;
  }
  public void run() {
    try {
      for (int i=0; i<22; i++) {
        EA.print(dasWort + "\t");
        if(zeile++ % 5 == 0) EA.println("");
        sleep(verzögerung);
      }
    }
    catch (InterruptedException e) {
      return;
    }
  }
  public static void main(String [] args) {
    new HeckMeck("heck", 100).start();
    new HeckMeck("MECK", 200).start();
  }
}
```

Bsp. 12.1: Ein einfacher Thread – `HeckMeck`

Ausgegeben wird:

```
heck    MECK    heck    MECK    heck
heck    MECK    heck    heck    MECK
heck    heck    MECK    heck    heck
MECK    heck    heck    MECK    heck
heck    MECK    heck    heck    MECK
heck    heck    MECK    heck    heck
MECK    heck    heck    MECK    MECK
MECK    MECK    MECK    MECK    MECK
MECK    HECK    MECK    MECK
```

Die mit `"heck"` initialisierte Instanz der Klasse `HeckMeck` sorgt dafür, daß der entsprechende Prozeß für 100 Millisekunden einschläft, also deaktiviert wird, analoges gilt für den anderen Prozeß. Bemerkenswert sind die folgenden Eigenschaften:

- Die Klasse `Thread` (im Paket `java.lang`) dient zur Modellierung von Prozessen, sie enthält u.a. die Methoden `start`, `run` und `sleep`.

- Die Methode `start` dient dazu, einen Prozeß zu starten. Dies muß stets explizit geschehen und kann nur mit dieser Methode vonstatten gehen.

- Die Methode `run` sorgt für die Ausführung des Prozesses. Sie ist in der Klasse `Thread` (oder der weiter unten behandelten Abstraktion `Runnable`) als `public void run()` vereinbart. An ihrer Signatur ist erkennbar, daß sie keine Ausnahme aktiviert, daher müssen alle beim Abarbeiten der Methode ausgelösten Ausnahmen von `run` selbst behandelt werden.

- Die Methode `sleep` ist in der Deklaration der Klasse `Thread` vereinbart mit den Signaturen

```
public static void sleep(long millis)
    throws InterruptedException;
```

sowie

```
public static void sleep(long millis, int nano)
    throws InterruptedException;
```

Hierbei gibt `millis` die Anzahl der Milli- und `nano` die Anzahl der Nanosekunden an, für die der Prozeß bei Aufruf von `sleep` in Schlaf verfällt.

Ein Prozeß kann also verschiedene Zustände annehmen, die das Diagramm in der Abb. 12.2 anschaulich zusammenfaßt.

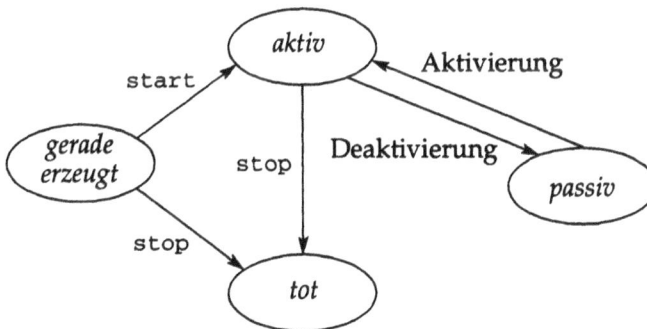

Abb. 12.1: Zustände von Prozessen

Ist der Prozeß im Zustand

- *aktiv*, so arbeitet er,

- *passiv*, so schläft er,

- *tot*, so ist er nicht aktiv und kann auch nicht mehr aktiviert werden,

- *gerade erzeugt*, so wartet er darauf, erstmalig aktiviert zu werden.

Die Deaktivierung eines Prozesses kann durch verschiedene Methoden geschehen:

- `sleep` – Diese Methode haben wir bereits kennengelernt.

- `suspend` – Diese Methode unterbricht die Arbeit eines Prozesses.

    ```
    public final void suspend() throws SecurityException;
    ```

    Diese Signatur macht deutlich, daß eine Ausnahme ausgelöst wird (und ggf. behandelt werden muß). Die Ausnahme wird aktiviert, wenn gewisse Sicherheitsanforderungen nach einer vorangehenden Überprüfung nicht erfüllt sind; sie soll hier nur erwähnt, nicht aber eingehend diskutiert werden.

- `wait` – Die Methode veranlaßt den Prozeß, eine vorgegebene Zeit zu warten. Die Methode ist überladen, ihre Signatur lautet im allgemeinsten Fall

    ```
    public final void wait(long millis, in nano)
        throws IllegalMonitorStateException, InterruptedException;
    ```

    Hier geben die Parameter die Wartezeit in Milli- bzw. Nanosekunden an (– der zweite Parameter kann allein oder in Kombination mit dem ersten weggelassen werden, der parameterlose Aufruf `wait()` ist zu `wait(0)` gleichwertig). Die Methode ist aus der Klasse `Object` geerbt, sie wird mit den von ihr geworfenen Ausnahmen und ihrem Gegenstück `notify` später diskutiert.

- `yield` – Die Methode `yield` mit der Signatur `public static void yield()` dient dazu, einen aktiven Prozeß zu deaktivieren, um anderen Prozessen die Möglichkeit zu geben, selbst aktiv zu werden. Diese Höflichkeitsmaßnahme wird im Zusammenhang mit Prioritäten verständlicher.

Die Aktivierung eines passiven Prozesses geschieht durch die folgenden Methoden:

- `resume` – Die Methode bildet das Gegenstück zu `suspend` und besitzt die Signatur

    ```
    public final void resume() throws SecurityException;
    ```

    Durch `resume` wird ein mit `suspend` deaktivierter Prozeß aktiviert. Auch Prozesse, die nicht suspendiert wurden oder für die `resume` bereits aufgerufen wurde, nehmen den Aufruf von `resume` ohne zu murren hin.

- `notify` und `notifyAll` – Mit diesen Methoden werden wartende Prozesse aktiviert. Wie `wait` werden diese Methoden aus der Klasse `Object` geerbt, sie haben die Signaturen

```
public final void notify() throws IllegalMonitorException;
   bzw.
public final void notifyAll() throws
                              IllegalMonitorException;
```

Die erste Methode aktiviert einen wartenden Prozeß, die zweite alle warten- den Prozesse (– die Prozesse müssen jeweils auf das aufrufende Objekt warten). Genaueres wird zusammen mit `wait` weiter unten diskutiert.

Zum Vernichten eines Prozesses stehen als Methoden zur Verfügung:

- Mit dem Aufruf der Methode `stop` wird ein aktiver oder ein gerade erzeugter Prozeß ins Jenseits befördert, diese Methode hat die Signaturen

```
public final void stop() throws SecurityException;
   und
public final void stop(Throwable thr)
     throws SecurityException, NullPointerException;
```

Der Effekt ist die anomale Beendigung des Prozesses, was immer er gerade tut. In der parameterlosen Version wird ein Objekt vom Typ `ThreadDeath` geworfen, in der parametrisierten Fassung wird entweder das Objekt `thr` vom Typ `Throwable` geworfen oder, falls hier ein leerer Zeiger vorliegt, die entsprechende Ausnahme ausgelöst. Die Klasse `ThreadDeath` ist eine Unter- klasse von `Error`, die wiederum von `Throwable` abgeleitet ist; sie dient ledig- lich dazu, Prozesse auf abrupte Weise zu stoppen. Für eine genauere Beschreibung sei auf [GJS00] verwiesen, insbesondere auf die durch die Objekte aus den Klassen `ThreadDeath` und `Throwable` möglichen Aufräum- arbeiten.

- Drastischer noch als `stop` ist die Methode `destroy` mit der Signatur

```
public final void destroy() throws SecurityException;
```

bei deren Aufruf keinerlei Aufräumarbeiten vorgesehen sind: der Prozeß wird deaktiviert und stirbt.

Beachten Sie, daß auch ein Prozeß, der seine Arbeit durch vollständiges Ausführen der Methode `run` getan hat, stirbt, implizit wohl Höltys Verse vor sich hin singend:

Üb' immer Treu und Redlichkeit
bis an Dein kühles Grab.

12.2 Eigenschaften von Prozessen

Neben seinem Zustand besitzt jeder Prozeß zusätzliche Eigenschaften: er hat eine *Priorität* und er kann als *Dämon* agieren. Wir werden die Bedeutung dieser Eigenschaften nun vorstellen und uns auch Gedanken um das Erzeugen von Prozessen machen.

Prioritäten

Sind mehrere Prozesse aktivierbar, so wählt das Kontrollprogramm denjenigen Prozeß aus, der die höchste Priorität hat. Die Prioritäten bewegen sich im ganzzahligen Intervall zwischen den Konstanten MIN_PRIORITY und MAX_PRIORITY, ohne explizite Definition der Priorität wird der voreingestellte Wert NORM_PRIORITY angenommen. Die Priorität eines Prozesses kann durch die Methode getPriority, deren Signatur public final int getPriority() lautet, ermittelt werden. Gesetzt wird die Priorität durch setPriority mit der folgenden Signatur:

```
public final void setPriority(int newPriority)
    throws SecurityException, IllegalArgumentException;
```

Die Sicherheitsausnahme wird bei Verletzung der Sicherheitsregeln geworfen, IllegalArgumentException wird geworfen, wenn der Parameter außerhalb des Intervalls von MIN_PRIORITY bis MAX_PRIORITY liegt. Sonst wird die Priorität entsprechend gesetzt.

Die Auswahl des Prozesses, der als nächstes ablaufen kann, kann nicht nur an der Priorität des Prozesses orientiert sein. Das würde zur Folge haben, daß Prozesse mit niedriger Priorität möglicherweise nicht ausgeführt würden, falls stets ein Prozeß mit hoher Priorität dazwischentritt. Daher sorgen Java-Implementierungen dafür, daß auch solche Prozesse bedient werden können. Diese Eigenschaft hat die interessante Konsequenz, daß Prioritäten nicht dazu benutzt werden sollten, den wechselseitigen Ausschluß von Prozessen zu gewährleisten, also zu sichern, daß höchstens ein Prozeß Zugriff auf eine gemeinsame genutzte Variable hat. Wir werden uns gleich mit diesem Problem befassen.

Dämonen

Prozesse können Dämonen sein – aber was sind Dämonen?

> Ein Prozeß ist dann ein Dämon, wenn der Prozeß, der ihn erzeugt hat, ein Dämon ist.

Diese Beschreibung hilft uns allerdings auch nicht weiter. Ein Dämon ist, wie wir aus *Tausend und einer Nacht* wissen, ein hilfreicher Geist (mit durchaus eigenen Interessen), und so sind auch Dämonen-Prozesse dazu da, andere Prozesse bei ihrer Arbeit zu unterstützen.

Hierzu werden sie explizit durch die `setDaemon`-Methode mit der Signatur

```
public final void setDaemon(boolean on)
    throws SecurityException, IllegalThreadStateException;
```

zu Dämonen ernannt. Die Sicherheitsausnahme wird bei Verletzung von Sicherheitsregeln aktiviert, die Ausnahme `IllegalThreadStateException`, falls der Prozeß bereits aktiv ist. Dies liegt daran, daß ein Prozeß nur vor seiner Aktivierung eine Änderung der Dämoneigenschaft erfahren darf. Diese Änderung wird durch das Argument der Methode `setDaemon` bestimmt. Durch die Methode `isDaemon` mit der Signatur `public final boolean isDaemon()` kann abgefragt werden, ob ein Prozeß ein Dämon ist.

Technisch erkennt man Dämonen meist daran, daß in ihrer `run`-Methode eine unendliche Schleife läuft. Ein Programm beendet seine Arbeit, wenn jeder Prozeß, der kein Dämon ist, seine Arbeit beendet hat. Dies verdeutlicht den unterstützenden Charakter von Dämonen, die nur die Leistungen anderer Prozesse ergänzen; sind solche Prozesse nicht vorhanden, sind auch noch laufende Dämonen bedeutungslos.

Erzeugung von Prozessen

Ein Prozeß kann auf die folgenden beiden Arten erzeugt werden: entweder wird eine Instanz eines Erben der Klasse `Thread` erzeugt, oder eine Instanz einer Klasse, die die Abstraktion `Runnable` implementiert. Diese Abstraktion gibt lediglich die Methode `run` vor:

```
public interface Runnable {
  public void run();
}
```

Eine Implementierung der Abstraktion kann dann bei der Prozeßerzeugung wie folgt herangezogen werden:

```
class Beispiel implements Runnable {
  private int lokaleVariable;
  public Beispiel (int lokal) {
    lokaleVariable = lokal;
  }
  public void run() {
    // ...
  }
}
```

Die Klasse wird nun benutzt:

```
Beispiel einBsp = new Beispiel(17);
new Thread(einBsp).start();
```

Der Konstruktor für die Klasse `Thread` ist also überladen, er umfaßt insbesondere

```
public Thread();
public Thread(String name);
public Thread(Runnable runObject);
public Thread(Runnable runObject, String name);
```

Hierbei dient die Zeichenkette als Argument dazu, den Prozeß zu benennen. Dies ist z.B. dann hilfreich, wenn die Methode `toString` für ihn aufgerufen wird. Verschiedene Prozesse können jedoch denselben Namen tragen. Jeder Prozeß gehört zu einer Gruppe von Prozessen, die wir jedoch hier vernachlässigen: der neugierige Leser sei auf die Diskussion der Klasse `ThreadGroup` in [GJS00] verwiesen. Wir wenden uns statt dessen dem Problem der Synchronisation verschiedener Prozesse zu.

12.3 Kritische Abschnitte

Ein kritischer Abschnitt ist ein Speicherbereich, beispielsweise eine einzelne Variable, den immer nur ein einziger Prozeß bearbeiten darf. Der Zugriff mehrerer Prozesse auf dieselbe Variable kann, wenn er nicht ordentlich organisiert und synchronisiert ist, beträchtliche Probleme mit sich bringen. Betrachten Sie als Beispiel ein Bierglas. Es wird gefüllt, aus ihm wird getrunken, bis es leer ist. Dann kann es gespült und einem anderen Biertrinker gefüllt serviert werden, so daß zwei unterschiedliche Biertrinker den Zugriff auf das Glas meist gut synchronisiert haben. Wirtshausprügeleien sind dagegen gern die Folge, wenn zwei Biertrinker auf dieselbe Füllung eines Glases zugreifen wollen – dieser unsynchronisierte Zugriff auf den *kritischen Abschnitt* »Bierglas« wird nicht gern gesehen. Dies ist keine gastronomische Spezialität, wie wir in Bsp. 12.2 an der Klasse `HankyPanky` sehen.

Die Klasse hat die Attribute `dasWort` (eine Zeichenkette) und `verzögerung` (eine ganze Zahl), die beide vom Konstruktor gesetzt werden. Jede Instanz bekommt dieselbe Priorität. Weiterhin gibt es eine ganzzahlig statische Variable `nuWas`, die zu 0 initialisiert wird. Die Methode `run` durchläuft lediglich eine Schleife, in der die statische Variable `nuWas` um 1 erhöht und ihr Wert ausgedruckt wird, anschließend geht der Prozeß schlafen. Wenn der Prozeß wieder aktiv ist, vermindert er `nuWas` um 1, druckt den Wert von `nuWas` aus und terminiert. Die Methode `main` erzeugt drei Prozesse und startet sie. Insgesamt also nichts Aufregendes.

Wäre die Methode `run` so ordentlich, wie sie tut, so dürfte die Variable `nuWas` nur die Werte 0 und 1 annehmen – weit gefehlt! Während z.B. der erste Prozeß in der ersten Iteration schläft, kann der zweite Prozeß die Kontrolle übernehmen und `nuWas` erhöhen, der dritte Prozeß kann den Schlaf des zweiten ausnutzen, erst dann wacht der erste Prozeß wieder auf, geht in die zweite Iteration, erhöht die Variable, usw. Das Resultat sehen Sie unten, es zeigt, daß man seines Schlafs nur mit einer gewissen Vorsicht genießen sollte.

```
class HankyPanky extends Thread {
  String dasWort;
  int verzögerung;
  static int nuWas = 0;

  HankyPanky (String text) {
    dasWort = text;
    verzögerung = 20;
    this.setPriority(NORM_PRIORITY);
  }
  public void run() {
    try {
      for (int i = 1; i < 3; i++) {
        nuWas += 1;
        EA.println("Iteration: " + i + "\t" +
                    dasWort + "\tvorher\t" + nuWas);
        sleep(verzögerung);
        nuWas -=1;
        EA.println("Iteration: " + i + "\t" +
                    dasWort + "\tnachher\t" + nuWas);
      }
    }
    catch (InterruptedException e) {
      return;
    }
  }
  public static void main(String [] args) {
  for (int j = 1; j < 4; j++)
    new HankyPanky("#"+ new Integer(j).toString()).start();
  }
}
```

Bsp. 12.2: Nebenläufige Prozesse am Beispiel der Klasse HankyPanky

Sehen wir uns den Ausdruck an, der jeweils die Iteration und ebenfalls die Identifikation des Prozesses druckt:

```
Iteration: 1    #1    vorher    1
Iteration: 1    #2    vorher    2
Iteration: 1    #3    vorher    3
Iteration: 1    #1    nachher   2
Iteration: 2    #1    vorher    3
Iteration: 1    #2    nachher   2
Iteration: 2    #2    vorher    3
Iteration: 1    #3    nachher   2
Iteration: 2    #3    vorher    3
Iteration: 2    #1    nachher   2
Iteration: 2    #3    nachher   1
Iteration: 2    #2    nachher   0
```

Es muß also verhindert werden, daß der »Biergarteneffekt« auftritt, daß also zwei Prozesse lesend und schreibend auf dasselbe Objekt zugreifen können. Hierzu werden *Sperren* eingeführt. Jedes Objekt ist mit einer Sperre versehen, und Prozesse können diese Sperren dazu benutzen, den Zugriff auf ein Objekt zu regeln. Das geht so: wenn ein Prozeß die Sperre eines Objekts besitzt, so hat er exklusiven Zugriff zu diesem Objekt, kein anderes Objekt kann also auf dieses Objekt zugreifen. Dies wird erst dann wieder möglich, wenn der Prozeß die Sperre des Objekts freigibt – dann kann sich ein anderer Prozeß in den Besitz der Sperre bringen und den Prozeß für seine Zwecke exklusiv nutzen.

Ein einfaches Beispiel für diese Vorgehensweise wird durch die Kontoführung gegeben: werden Konten nicht umsichtig geführt, so kann es geschehen, daß während des Einzahlens oder Abhebens der Kontostand abgefragt wird und auf diese Weise ein unzutreffendes Bild entsteht, ja, schlimmer noch, daß Änderungen am Kontostand überschrieben werden: Prozeß p1 nimmt den Kontostand auf, zahlt 20 Gulden ein und schreibt den Kontostand zurück, Prozeß p2 hebt 40 Gulden ab. Wenn p2 seine Transaktion zwischen Beginn und Ende von p1 durchführt, merkt p1 von dieser Manipulation nichts, so daß der Effekt am Ende die Erhöhung des ursprünglichen Kontostands um 20 Gulden ist. Das läßt sich offensichtlich durch die Einführung einer Sperre verhindern: der Prozeß p2 kann das Konto nur dann manipulieren, wenn er im Besitz der Sperre ist, die der Prozeß p1 vorher freigegeben haben muß.

Das Schlüsselwort `synchronized` dient in Java dazu, Objekte für den Zeitraum der Ausführung einer Methode zu sperren. Wir sehen uns das in Beispiel anhand der Klasse `Konto` (Bsp. 12.3) an.

```
public class Konto {
   private int kontoStand;
   public Konto (int anfangsStand) {
     kontoStand = anfangsStand;
   }
   public synchronized int derKontoStand() {
     return kontoStand;
   }
   public synchronized void einzahlen(int betrag) {
     kontoStand += betrag;
   }
   public synchronized void abheben (int betrag) {
     kontoStand -= betrag;
   }
}
```

Bsp. 12.3: Die Klasse Konto *mit sychronisierten Methoden*

Ist meinKonto als Instanz dieser Klasse deklariert, so erwirbt ein Prozeß, der eine der Methoden des Objekts ausführt, die Sperre dieses Objekts beim Eintritt in die Methode und gibt die Sperre wieder frei, sobald die Methode verlassen wird. Damit kann beim Aufruf meinKonto.Einzahlung(70) kein anderer Prozeß auf den Kontostand zugreifen (– er müßte ja im Besitz der Sperre sein), analog ist der Kontostand bei der Abhebung nur für den ausführenden Prozeß zugänglich.

Der Konstruktor wird in diesem Beispiel und auch allgemein nicht synchronisiert, weil er für jedes Objekt nur genau einmal bei dessen Erzeugung aufgerufen wird, daher also keine Probleme im Hinblick auf den unkoordinierten Zugriff auftauchen können. Synchronisation und Vererbung sind unabhängig voneinander: wenn eine synchronisierte Methode redefiniert wird, kann sie synchronisiert sein, muß es aber nicht – ruft sie aber im unsynchronisierten Fall die gleichnamige Methode in der Oberklasse auf (– die nach Annahme synchronisiert ist), so wird das Synchronisationsverhalten in der Oberklasse nicht verändert. In umgekehrter Richtung kann eine synchronisierte Methode die Erweiterung einer nicht-synchronisierten sein. Beim Aufruf der synchronisierten Methode gelangt die Sperre des durch Vererbung entstandenen Objekts in den Besitz des aufrufenden Prozesses. Dies gibt die Möglichkeit, Synchronisation durch Vererbung zu erzwingen, falls sich nämlich nachträglich Synchronisation als notwendig erweist, und falls die Klasse nicht als final charakterisiert ist.

Da statische Komponenten auf der Klassenebene und nicht auf der Instanzebene zu betrachten sind, gibt es bei feinerer Betrachtungsweise zwei Arten der Synchronisation. Die Sperre, die aufgrund des Aufrufs einer statischen Methode erworben wird, erlaubt trotzdem noch den Aufruf einer synchronisierten Methode auf der Objekt-Ebene, so daß lediglich die statischen Methoden der Klasse blockiert sind.

Jedes Objekt hat eine eigene Sperre! Die Prozesse, die auf die Sperre warten, stehen in der *Wartemenge* des Objekts. Diese Wartemenge enthält die Prozesse, die von wait in den Ruhestand versetzt wurden und vor sich hindämmern: ein Prozeß ist nicht nur nicht aktiv, er nimmt auch nicht an der Prozessorvergabe teil, wird also nicht berücksichtigt, wenn es darum geht, freie oder freigewordene Ressourcen zu verteilen. Die Wartemenge wird durch die Methoden wait, notify und notifyAll manipuliert:

- Die Methode wait bewirkt, daß der ablaufende Prozeß in die Wartemenge desjenigen Objekts eingefügt wird, in dessen synchronisierter Methode sie aufgerufen wurde. Der Prozeß muß die Sperre des Objekts besitzen, sonst wird die Ausnahme IllegalMonitorStateException aktiviert. Der Prozeß bleibt solange in Wartestellung, bis eines der folgenden Dinge geschieht:

  - Ein anderer Prozeß ruft die Methode notify für dieses Objekt auf, unser Prozeß wird durch die Prozeßverwaltung zur Ausführung ausgewählt.

  - Ein anderer Prozeß ruft die Methode notifyAll für dieses Objekt auf.

- Ein anderer Prozeß unterbricht unseren Prozeß durch Aufruf der Methode
  `interrupt`. Die Semantik des Aufrufs ist etwas unklar, sicher ist aber, daß
  die Ausnahme `InterruptedException` aktiviert wird, falls sich der unter-
  brochene Prozeß in einer Wartemenge befindet.

- Die angegebene Zeit ist vergangen, wobei der Fall `millis = 0` so behandelt
  wird, daß auf den Aufruf von `notify` oder `notifyAll` gewartet wird.

- Die Methode `notify` hat den Effekt, daß einer der Prozesse in der Wartemenge des Objekts aus dieser Menge entlassen und dem rauhen Kampf des
  täglichen Lebens preisgegeben wird – mit dem Wettbewerb um Ressourcen.
  Die in der Signatur angegebene Ausnahme `IllegalMonitorException` wird
  aktiviert, wenn der Prozeß, der `notify` aufruft, sich nicht im Besitz der Sperre
  befindet.

- Die Methode `notifyAll` ist völlig analog vereinbart und weckt alle Prozesse
  in der Wartemenge des Objekts auf.

Jetzt wird es aber Zeit für das eine oder andere Beispiel.

Produzenten und Konsumenten

Ein Produzent produziert eine Ware, die ein Konsument verbraucht. Offensichtlich
kann die Ware erst dann verbraucht werden, wenn sie auch produziert worden ist;
sie soll erst dann produziert werden, wenn Bedarf danach herrscht, so daß also
Produktion und Verbrauch in dieser Reihenfolge aufeinander folgen. Die Produktion und der Verbrauch müssen synchronisiert werden: ist noch kein Produkt da, so
wartet der Verbraucher, bis es verfügbar ist; ist das Produkt vorhanden, so wartet
der Produzent darauf, daß es verbraucht wird (– beide verhalten sich also voll-
kommen symmetrisch).

Unter dem Blickwinkel der Sperren gesehen läßt sich das Verhalten so darstellen: hat
der Verbraucher die Sperre für das Produkt, ist das Produkt aber noch nicht produziert, so sollte der Verbraucher warten und die Sperre abgeben und erst dann wieder
erwerben, wenn das Produkt tatsächlich produziert ist. Gibt der Verbraucher nämlich die Sperre nicht frei, so hat der Produzent keine Gelegenheit zur Produktion,
damit muß er unendlich lange warten, so daß das Programm nicht in endlicher Zeit
mit seiner Arbeit fertig wird. Symmetrisch gilt: hat der Produzent die Sperre für das
Produkt, ist das Produkt aber noch nicht verbraucht, so sollte er die Sperre abgeben
und darauf warten, daß konsumiert wird, erst dann sollte er die Sperre wieder aufnehmen, um erneut produzieren zu können.

Die Sperre liegt also beim Produkt, sie sollte beim Produzieren und beim Konsu-
mieren auf die beschriebene Art behandelt werden. Beim Produkt sollte weiterhin
die Nachricht liegen, ob es verfügbar ist; da lediglich Verbrauch und Produktion

dadurch gesteuert werden, braucht diese Boolesche Variable nicht außerhalb der
Klasse verfügbar zu sein. Ein Produkt wird der Einfachheit halber durch eine ganze
Zahl repräsentiert. Die zugehörige Klasse wird in Bsp. 12.4 vorgestellt.

```
class Produkt {
   private int dasProdukt;
   private boolean verfügbar = false;
   public synchronized int verbraucht() {
      while (verfügbar == false) {
         try {
            wait();
         }
         catch (InterruptedException e) { }
      }
      verfügbar = false;
      notify();
      return dasProdukt;
   }
   public synchronized void produziert(int produktWert) {
      while (verfügbar == true) {
         try {
            wait();
         }
         catch (InterruptedException e) { }
      }
      dasProdukt = produktWert;
      verfügbar = true;
      notify();
   }
}
```

Bsp. 12.4: Die Klasse Produkt

Die beiden Methoden verbraucht und produziert sind als synchronized gekennzeichnet, ihr Aufruf versieht den Aufrufer mit der Sperre für das Objekt. Es fällt auf,
daß der jeweilige Wert der Variablen verfügbar in einer unendlichen Schleife überprüft wird und nicht, wie man vielleicht erwarten würde, etwa in der Methode
verbraucht über eine bedingte Anweisung:

```
if (!verfügbar) {
   // ...
}
```

In der while-Schleife wird wait aufgerufen, die Schleife wird erst dann verlassen,
wenn verfügbar den Wert gewechselt hat (also in der Methode verbraucht von
false zu true). Während wait ausgeführt wird, hat der aufrufende Prozeß die
Sperre an dem Objekt nicht, so daß ein anderer Prozeß die Methode aufrufen und

den Wert von verfügbar verändern könnte. Dies wird durch die unendliche
Schleife verhindert. Wenn der Prozeß, der verbraucht aufgerufen hat, wieder aktiv
ist, setzt er zunächst verfügbar wieder auf false und sagt dann mit notify, daß ein
anderer Prozeß, der auf die entsprechende Sperre wartet, nun ablaufen kann (analog
verhält es sich mit der Methode produziert).

Es sollte angemerkt werden, daß die Vorgänge beim Warten *atomar* sind: die Sperre
wird abgegeben und der Prozeß begibt sich in die Wartemenge des entsprechenden
Objekts. Atomar bedeutet hier, daß die Abfolge der beiden Aktionen unteilbar ist, es
also nicht möglich ist, daß eine andere Aktion zwischen beide tritt. Nehmen wir an,
das wäre nicht so: der Prozeß hätte die Sperre abgegeben und befände sich nicht in
der Wartemenge des entsprechenden Objekts. Dann könnte er durch das Kontrollprogramm wieder aktiviert werden, hätte aber die Sperre nicht, könnte also nicht auf
das Objekt zugreifen und wäre damit zur dauernden Inaktivität verurteilt. Häßlich!

Zurück zum Problem. Produzent und Konsument konzentrieren sich auf ein
Produkt, sie sind Prozesse, die das Produkt jeweils produzieren bzw. verbrauchen,
indem sie die entsprechende Methode aufrufen. Zur Vereinfachung nehmen wir an,
daß der Verbrauch nicht destruktiv ist (– analog zerstört eine erneute Produktion
eine vorher produzierte Ware nicht). In Bsp. 12.5 arbeiten Produzenten und Verbraucher jeweils zehn Iterationen lang. In jedem Schleifendurchlauf gibt der Produzent aus, was er produziert hat, nachdem er die produziert-Methode für das
Produkt aufgerufen hat. Der Verbraucher gibt aus, was er verbraucht hat, nachdem
er die entsprechende Methode verbraucht für das Produkt aufgerufen hat.

```
class Produzent extends Thread {
  private Produkt einProdukt;
  Produzent(Produkt c) { einProdukt = c; }
  public void run() {
    for (int i=0; i<10; i++) {
      einProdukt.produziert(i);
      EA.println(i + " produziert");
    }
  }
}
class Verbraucher extends Thread {
  private Produkt einProdukt;
  Verbraucher(Produkt c) { einProdukt = c; }
  public void run() {
    for (int i=0; i<10; i++) {
      EA.println(einProdukt.verbraucht() + " konsumiert");
    }
  }
}
```

Bsp. 12.5: Produzenten und Verbraucher

In der Klasse `KonsumentProduzent` erzeugen wir nun zwei Prozesse, jeweils einen für den Produzenten und den Konsumenten, und lassen sie jeweils durch Aufruf ihrer `start`-Methode ihre Arbeit beginnen:

```
class KonsumentProduzent {
  public static void main(String[] args) {
    Produkt c = new Produkt();
      (new Produzent(c)).start();
      (new Verbraucher(c)).start();
  }
}
```

Hierdurch wird ein neues Produkt herangezogen. Unser Testmarkt entwickelt sich ausgesprochen ausgeglichen, was Angebot und Nachfrage betrifft:

```
0    produziert
0    konsumiert
1    produziert
1    konsumiert
2    produziert
2    konsumiert
3    produziert
3    konsumiert
4    produziert
4    konsumiert
5    produziert
5    konsumiert
6    produziert
6    konsumiert
7    produziert
7    konsumiert
8    produziert
8    konsumiert
9    produziert
9    konsumiert
```

Na gut: `synchronized` richtet eine sorgfältige Abfolge zwischen Produktion und Verbrauch ein, und man mag nun vermuten, daß nicht-synchronisierte Methoden den strikten Wechsel zwar nicht einhalten, aber sich doch irgendwie einrichten. Weit gefehlt! Lassen wir die Synchronisation bei beiden Methoden unberücksichtigt, so regiert das blanke Chaos! Prozesse versuchen Methoden auszuführen, die ihnen nicht gehören und die Programmausführung bricht mit folgenden Meldungen ab:

```
java.lang.IllegalMonitorStateException: current thread not owner
java.lang.IllegalMonitorStateException: current thread not owner
      at Produkt.produziert(Compiled Code)
      at Produkt.verbraucht(Compiled Code)
      at Verbraucher.run(Compiled Code)
      at Produzent.run(Compiled Code)
```

Nachdem sich der Leser von der Überraschung erholt hat, ist er vielleicht daran interessiert, kurz auf einen weiteren wichtigen Aspekt, nämlich die wiederholte Sperre, näher einzugehen. Was geschieht eigentlich, so fragt man sich, wenn ein Prozeß bereits eine Sperre an einem Objekt besitzt, und eine synchronisierte Methode des Objekts aufruft, also bei Nichtbesitz der Sperre diese erwerben würde? Java ist aus Gründen, die gleich offensichtlich werden, an dieser Stelle nicht streng darauf bedacht, nur ungesperrte Objekte zuzulassen (– man sagt, daß Sperren in Java *reentrant* sind). Sehen wir uns das Bsp. 12.7 mit dem gegenseitigen Aufruf der beiden synchronisierten Methoden eins und zwei eines Objekts der Klasse EinWiedereintritt (Bsp. 12.6) an.

```
class EinWiedereintritt {
  public synchronized void eins() {
    EA.println("in eins");
    zwei();
  }
  public synchronized void zwei() {
    EA.println("in zwei");
    eins();
  }
}
```

Bsp. 12.6: Die Klasse EinWiedereintritt:

Beim Aufruf von eins erwirbt der aufrufende Prozeß die Sperre an dem Objekt, der Aufruf von zwei müßte an dieser Sperre scheitern, wenn Javas Sperrmechanismus weniger flexibel wäre. Da der aufrufende Prozeß bereits die Sperre besitzt, kann er zwei ausführen, eins aufrufen usw. Insgesamt terminiert das Programm nicht (– aber sozusagen zu einem guten Zweck).

```
class SchaunMerMal extends Thread {
  SchaunMerMal() {
    EA.println ("Eine Instanz von SchaunMerMal erzeugt");
  }
  public void run() {
    (new EinWiedereintritt()).eins();
  }
}
class WiederEintritt {
  public static void main(String args[]) {
    SchaunMerMal eintritt = new SchaunMerMal();
    eintritt.start();
  }
}
```

Bsp. 12.7: Der Thread SchaunMerMal *und sein Aufruf*

12.4 Speisende Philosophen

Wir wollen uns nun mit einem klassischen Problem der Informatik beschäftigen, das hauptsächlich dazu benutzt wird, den Zugriff auf *kritische Abschnitte* zu erläutern. Es dient mitunter dazu, die Expressivität von Sprachen (oder anderen Formalismen) zur Formulierung paralleler Prozesse zu testen. Es taucht in unterschiedlichen Verkleidungen auf – etwa beim Zugriff mehrerer Benutzer, die sich absprechen müssen, um eine jeweils einzeln zu nutzende Ressource (– eben den kritischen Abschnitt –) zu nutzen. Wir betrachten die folgende Variante des Problems:

> Fünf Philosophen sitzen im Kreis um eine Reistafel herum. Jeder Philosoph hat einen Teller vor sich und ein Stäbchen, sagen wir, rechts neben sich. Ihr letzter Besuch beim Chinesen liegt nun noch nicht so lange zurück, so daß Sie sich daran erinnern können, mit zwei Stäbchen gegessen zu haben. Also was nun? Um zu essen, müssen die Philosophen kooperieren und solange warten, bis zwei Stäbchen zur Verfügung stehen. Haben sie die Stäbchen, so legen sie sie erst dann nieder, wenn sie mit dem Essen fertig sind; anschließend stehen die Stäbchen wieder zur Verfügung. Weiterhin sollten sie beim Zugriff auf den Reistopf, aus dem sie sich alle bedienen können, ordentlich zusammenarbeiten, so daß keine gleichzeitigen Zugriffe auf den Reistopf möglich sind.

Es fällt auf, daß unsere Formulierung des Problems nichts von *Fairness* sagt: es muß nicht sichergestellt sein, daß jeder Philosoph gleichoft oder gleichviel ißt.

Die Klassen

Fangen wir mit den Betrachtungen zur Reistafel an. Wir stellen sie uns als Klasse vor, die den Reistopf und den Zugriff auf ihn abstrahiert. Bei der Initialisierung eines Objekts der Klasse `Reistafel` sollte der Topf gefüllt werden, bei jedem Zugriff sollte der Inhalt um einen gewissen Wert abnehmen, es sollte möglich sein, den Inhalt auf seine Größe hin zu untersuchen, und schließlich sollte ein Test formuliert werden, ob der Topf leer ist. Der Zugriff geschieht durch einen Philosophen, der ein rechtes und ein linkes Stäbchen hat, außerdem hat jeder Philosoph einen rechten und einen linken Nachbarn. Jedes Stäbchen hat einen Besitzer, der wechseln kann. Oh, ja: ein Philosoph kann essen und dabei denken; dies wird auch durch entsprechende Methoden dargestellt. Sie finden die Klasse `Reistafel` in Bsp. 12.8. Alle Methoden sind als `public` gekennzeichnet und synchronisiert. Die interessanteste Methode ist `bissen`, die einen Philosophen zum Parameter hat. Sie wartet, bis das dem Philosophen zugeordnete rechte und linke Stäbchen sich im Besitz des Philosophen befinden, dann vermerkt sie, daß der Philosoph ißt, er nimmt einen Bissen und denkt. Anschließend wird bemerkt, daß er nicht mehr ißt, er gibt das rechte Stäbchen an den rechten, das linke Stäbchen an den linken Nachbarn ab, und es wird schließlich eine Nachricht an alle wartenden Prozesse geschickt, daß die Reistafel wieder frei ist.

```
class Reistafel {
  private int voll;
  private static int schluck = 1;
  private int inhalt;
  Reistafel(int v) {
    voll = v;
    inhalt = voll;
  }
  public synchronized boolean bereit(Philosoph p) {
    Stäbchen rechts = p.rechtesStäbchen();
    Stäbchen links = p.linkesStäbchen();
    return (links.besitzer() == p) && (rechts.besitzer() == p);
  }
  public synchronized int wieviel() {
    return inhalt;
  }
  public synchronized boolean leer() {
    return (inhalt <= 0);
  }
  public synchronized void bissen(Philosoph p) {
    while (!bereit(p)) {
      try {
        wait();
      }
      catch (InterruptedException e) {}
    }
    p.setzeIßtJetzt(true);
    inhalt -= schluck;
    p.denkt();
    p.setzeIßtJetzt(false);
    p.rechtesStäbchen().setzeBesitzer(p.rechterNachbar());
    p.linkesStäbchen().setzeBesitzer(p.linkerNachbar());
    notifyAll();
  }
}
```

Bsp. 12.8: Die Reistafel für die dinierenden Philosophen

Ein Stäbchen hat einen Namen und einen Besitzer. Der Besitzer kann abgefragt werden, er kann auch als ein Philosoph definiert werden, allerdings nur, wenn dieser Philosoph gerade nicht ißt (– das wäre ziemlich unzivilisiert). Die Klasse synchronisiert den Zugang zum Besitzer und auch seinen Wechsel. Das Bsp. 12.9 gestattet den Blick auf die Klasse Stäbchen.

```
class Stäbchen {

  private String name;
  private Philosoph besitzer;

  public Stäbchen (String n) {
    name = n;
    besitzer = null;
  }

  public synchronized void setzeBesitzer(Philosoph p) {
    while (p.leseIßtJetzt() == true) {
      try {
        wait();
      }
      catch (InterruptedException e) {}
    }
    p.setzeIßtJetzt(false);
    besitzer = p;
    notify();
  }

  public synchronized Philosoph besitzer() {
    return besitzer;
  }

  public String toString() {
    return "Stäbchen " + name;
  }

}
```

Bsp. 12.9: Die Klasse Stäbchen

Die Philosophen sind die letzte Klasse, die modelliert werden soll, um den Grund-
stock zu unserer Lösung darzustellen. Der Komplexität des Faches entsprechend ist
ein Philosoph einigermaßen umfangreich zu formulieren, die Dynamik des Faches
erfordert die Formulierung als Prozeß, so daß die Klasse Philosoph die Klasse
Thread erweitert. Jede Instanz der Klasse hat zahlreiche Attribute:

> Der Philosoph ißt von einer Reistafel, die hier als Variable auftaucht; rechte
> und linke Nachbarn bzw. Stäbchen sollten einsichtig sein, die ganze Zahl
> zähler soll zählen, wie oft der Philosoph sich an der Reistafel bedienen
> durfte, und die Boolesche Variable ißtJetzt sagt, ob der Philosoph gerade
> leiblichen Genüssen frönt. Der Konstruktor setzt diese Attribute entsprechend
> oder initialisiert sie geeignet.

Setzen und Lesen dieser Attribute werden durch entsprechende Methoden realisiert,
von denen die für das Attribut ißtJetzt synchronisiert sind, die anderen nicht.
Diese Methoden sollen nicht explizit aufgeführt werden, da ihr Unterhaltungswert
ziemlich gering ist. Die Methode denkt ist vielleicht ergiebiger. Da wir nicht wissen

können, was ein Philosoph denkt, lassen wir hierfür einfach Zeit verstreichen. Ein Philosoph ist ein Prozeß, daher sollte die run-Methode redefiniert werden: der Philosoph nimmt einen Bissen von der Reistafel, solange noch etwas da ist. Abschließend wird als Anmerkung ausgedruckt, wie oft der Philosoph zum Zuge kam.

```
class Philosoph extends Thread {
  private String name;
  Philosoph linkerNachbar;
  Philosoph rechterNachbar;
  Stäbchen links;
  Stäbchen rechts;
  Reistafel eineTafel;
  private int zähler;
  private boolean ißtJetzt;
  Philosoph (String n, Reistafel tafel) {
    name = n;
    eineTafel = tafel;
    linkerNachbar = rechterNachbar = null;
    links = rechts = null;
    zähler = 0;
    ißtJetzt = false;
  }
  public void denkt() {
    zähler += 1;
    try {
      sleep( (int)(Math.random()*100));
    }
    catch (InterruptedException e) {
      EA.println(name +" beim Denken gestört.");
    }
  }
  public synchronized boolean leseIßtJetzt() {
    return ißtJetzt;
  }
  public synchronized void setzeIßtJetzt(boolean b) {
    ißtJetzt = b;
  }
  public Stäbchen rechtesStäbchen() {
    return rechts;
  }
  public void setzeRechtesStäbchen(Stäbchen s) {
    rechts = s;
  }
```

Bsp. 12.10: Die Klasse Philosoph *(Teil 1; Fortsetzung Teil 2)*

```
public Stäbchen linkesStäbchen() {
  return links;
}
public void setzeLinkesStäbchen(Stäbchen s) {
  links = s;
}
public Philosoph rechterNachbar() {
  return rechterNachbar;
}
public void setzeRechtenNachbarn(Philosoph p) {
  rechterNachbar = p;
}
public Philosoph linkerNachbar() {
  return linkerNachbar;
}
public void setzeLinkenNachbarn(Philosoph p) {
  linkerNachbar = p;
}
public void run() {
  while (!eineTafel.leer()) {
    eineTafel.bissen(this);
  }
  EA.println("Philosoph " + name +", Statistik: " + zähler);
}
}
```

Bsp. 12.10: Die Klasse Philosoph *(Teil 2)*

Die Tafelrunde der Philosophen

Wir nähern uns der Tafelrunde, die wir als Klasse Debatte formulieren (– wir können das Gespräch der Philosophen nicht aufschreiben, der Name der Klasse soll wenigstens ein kleiner Tribut sein). Diese Klasse soll die Abstraktion Runnable implementieren, so daß wir auch hier eine Methode run formulieren müssen.

An der Debatte sollen maxPhil Philosophen mit ebenso vielen Eßstäbchen teilnehmen. Wir setzen im Konstruktor zunächst maxPhil und legen eine einzige Reistafel fest. Dann initialisieren wir die Objekte entsprechend. Die Attribute und der Konstruktor der Klasse Debatte werden wie in Bsp. 12.11 vereinbart.

Die beiden Methoden zur Initialisierung der beiden benötigten Felder dieStäbchen und diePhilosophen rufen lediglich die entsprechenden Konstruktoren auf, und zwar jeweils zunächst für das gesamte Feld und dann für jedes einzelne Element.

Der Konstruktor für das gesamte Feld allokiert Speicherplatz für das Feld, daher muß ihm die Anzahl der Feldelemente mitgegeben werden. Die Implementierungen der Methoden (Bsp. 12.11) bieten keine Überraschungen.

```
class Debatte implements Runnable {
  int maxPhil;
  Stäbchen dieStäbchen[];
  Philosoph diePhilosophen[];
  Reistafel eineTafel;

  Debatte(int allePhil, Reistafel tafel) {
    maxPhil = allePhil;
    eineTafel = tafel;
    initStäbchen();
    initPhilosophen();
    initBesitzer();
  }
  private void initStäbchen() {
    dieStäbchen = new Stäbchen[maxPhil];
    for (int i=0; i<maxPhil; i++) {
      dieStäbchen[i] = new Stäbchen((new Integer(i)).toString());
    }
  }
  private void initPhilosophen() {
    diePhilosophen = new Philosoph[maxPhil];
    for (int i=0; i<maxPhil; i++) {
      diePhilosophen[i] =
        new Philosoph((new Integer(i)).toString(), eineTafel);
    }
  }

  // ... weitere Methoden

}
```

Bsp. 12.11: Attribute, Konstruktor und Initialisierungen in der Klasse Debatte

Wir kennen die Geometrie der Tafel noch nicht (– z.B. sitzt der Philosoph mit der Nummer 0 zwischen dem mit der Nummer maxPhil-1 und dem mit der Nummer 1). Die Methoden zurRechten und zurLinken erleichtern die Formulierung:

```
    private int zurRechten(int k) {
      return (k==maxPhil-1 ? 0 : k+1);
    }
    private int zurLinken(int k) {
      return (k==0 ? maxPhil-1 : k-1);
    }
```

Diese Funktionen sind anschaulicher als die *modulo*-Funktion. Die Initialisierung der Besitz-Verhältnisse ist einigermaßen umständlich:

- Jedem Philosophen wird sein rechter und sein linker Nachbar zugeteilt,

- jedem Philosophen wird das rechte Stäbchen als das zugewiesen, das dieselbe Platznummer trägt, als linkes Stäbchen das zur Linken,

- jedes Stäbchen erhält den Philosophen als Besitzer, dessen Nummer es trägt.

Rebus sic stantibus: alle Philosophen würden verhungern. Stellen Sie sich diese schmucke Riege vor: jeder Philosoph hält sein rechtes Stäbchen in der Hand (und schaut verbissen auf den *vollen* Reistopf). Deshalb nehmen wir den Philosophen mit den ungeraden Platznummern zunächst ihre Stäbchen wieder aus der Hand und weisen sie ihren rechten Nachbarn zu. Daher haben nach Abschluß dieser Initialisierung alle Philosophen auf den geraden Plätzen beide Stäbchen in Händen und können sich um den Reistopf bewerben. Diese Initialisierung ist eine von vielen möglichen. Sie dient dazu, die Debatte in Gang zu setzen. Die Formulierung der Methode `initBesitzer` (Bsp. 12.12) nimmt diese Ideen auf.

```
private void initBesitzer() {
  int i;
  for (i = 0; i < maxPhil; i++) {
    diePhilosophen[i].setzeRechtenNachbarn(
      diePhilosophen[zurRechten(i)]);
    diePhilosophen[i].setzeLinkenNachbarn(
      diePhilosophen[zurLinken(i)]);
    diePhilosophen[i].setzeRechtesStäbchen(dieStäbchen[i]);
    diePhilosophen[i].setzeLinkesStäbchen(
      dieStäbchen[zurLinken(i)]);
    dieStäbchen[i].setzeBesitzer(diePhilosophen[i]);
  }
  for (i = 0; i < maxPhil; i += 2)
    dieStäbchen[zurLinken(i)].setzeBesitzer(diePhilosophen[i]);
}
```

Bsp. 12.12: Die Initialisierung der Besitzverhältnisse

Bleibt wirklich nur noch die `run`-Methode: sie startet die einzelnen Philosophen.

```
public void run() {
  int i;
  for (i = 0; i < maxPhil; i++)
    diePhilosophen[i].start();
}
```

Die Klasse `Gastmahl` schließlich erzeugt eine neue `Debatte` passender Größe. Hierzu muß auch eine neue `Reistafel` erzeugt werden (deren Größe ebenfalls vereinbart werden muß: wir lassen jeden Philosophen etwa 15 mal essen).

```
class Gastmahl {
  static final int größe=10;
  static public void main (String args[]) {
    Runnable gastmahl =
                 new Debatte(größe, new Reistafel(15*größe));
    new Thread(gastmahl).start();
  }
}
```

Nach Erzeugung von `gastMahl`, einer neuen Instanz von `Debatte` mit entsprechender Initialisierung, wird dafür ein neuer Prozeß erzeugt und auch gleich gestartet. Damit können die Philosophen ihre Debatte beginnen.

Schlußbetrachtung

Die Auswertung zeigt, daß jeder Philosoph etwa gleichhäufig essen kann. Dies liegt daran, daß eine feste Strategie verfolgt wird, wenn ein Philosoph mit dem Essen fertig ist: er gibt die Stäbchen an seine Nachbarn ab. Diese Strategie verhindert auch, daß die Prozesse in eine Sackgasse kommen, also so aufeinander warten, daß keiner der Prozesse arbeiten kann (– eine solche Sackgasse wird auch *Verklemmung* oder *Deadlock* genannt). Aufspüren und Verhindern von Sackgassen ist eine schwierige und meist auch ziemlich frustrierende Tätigkeit.

12.5 Übungen

Aufgabe 1

Modifizieren Sie das Produzenten-Konsumenten-Problem wie folgt:

- es sind mehrere Konsumenten vorhanden,
- Produkte werden in eine Warteschlange eingestellt,
- Konsumenten bedienen sich aus der Warteschlange, sofern diese nicht leer ist,
- der Produzent stellt in die Warteschlange ein, sofern sie nicht voll ist.

Aufgabe 2

Das sogenannte »Sieb des Eratosthenes« ist eine Vorgehensweise zur Ermittlung von Primzahlen. Dabei ist eine positive ganze Zahl k gegeben, gesucht sind alle Primzahlen in der Menge $M := \{2, ..., k\}$. Das Sieb entfernt schrittweise alle Vielfachen einer Zahl aus M, so daß die Primzahlen übrig bleiben. Implementieren Sie das Sieb mit Hilfe von Prozessen.

Aufgabe 3

Die Grundlage für diese Aufgabe bildet folgendes Szenario: An einer Kreuzung steht an jeder der vier aus Norden, Osten, Süden und Westen kommenden Straßen je eine Ampel, die die in der Abbildung dargestellten Zustände und Übergänge kennt. Zwei gegenüberliegende Ampeln weisen immer das gleiche Schaltverhalten auf und werden als Ampelpaar betrachtet. Zwei Ampelpaare regeln dann den Verkehr auf der beschriebenen Kreuzung.

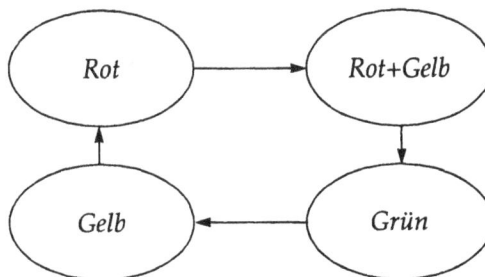

Rot → Rot+Gelb

Gelb ← Grün

Abb. 12.1: Zustandsübergänge einer Ampel

Für die aus zwei Ampelpaaren bestehende Ampelanlage sind die in dem Diagramm der Abb. 12.2 beschriebenen Zustandsüberführungen möglich, wobei die zwei untereinanderstehenden Einzelzustände der beteiligten Ampelpaare jeweils einen Zustand bestimmen. Implementieren Sie die Ampelsteuerung mittels leichtgewichtiger Prozesse.

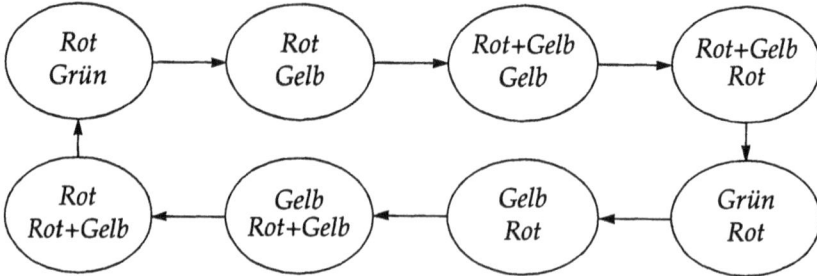

Abb. 12.2: Zustandsübergänge einer Ampelanlage mit zwei Ampelpaaren

Hinweis:
Jedes dieser Ampelpaare wird als ein Prozeß implementiert, der nacheinander die verschiedenen Zustände einer Ampel durchläuft und diesen Ablauf immer dann unterbricht, wenn der Prozeß, der das andere Ampelpaar beschreibt, einen Zustandswechsel durchführen soll.

Aufgabe 4

Modifizieren Sie das Beispiel der dinierenden Philosophen wie folgt: wenn ein Philosoph mit dem Essen fertig ist, so legt er die Stäbchen nieder (und weist sie nicht automatisch seinen Nachbarn zu). Ein Philosoph kann ein Stäbchen aufnehmen, sobald es von seinem Nachbarn oder von ihm selbst niedergelegt wurde.

Kapitel 13
Datenströme und Dateibearbeitung

Für die Speicherung von sequentiell organisierten Datenmengen stellt Java spezielle Klassen bereit. Diese stellen somit strenggenommen nur eine Ergänzung und keinen integrierten Bestandteil der Sprache Java dar. Da aber die Bearbeitung von Dateien bei der Entwicklung von brauchbaren Softwaresystemen einen unverzichtbaren Bestandteil bildet, müssen diese Klassen als ein notwendiges Hilfsmittel beim Einsatz der Sprache Java angesehen werden.

Eine sequentiell organisierte Datenmenge wird in Java als *(Daten-)Strom (engl. Stream)* bezeichnet, durch den die Daten »hindurch fließen«. Der Gebrauch von Strömen wird in Java von einer umfangreichen Hierarchie von Klassen unterstützt, die hier nur fragmentarisch vorgestellt wird (vergleiche auch [GJS00]). Diese Klassen werden durch das Paket `java.io` angeboten. Grundsätzlich wird zwischen einem *Eingabestrom*, aus dem Daten gelesen werden können, und einem *Ausgabestrom*, in den Daten geschrieben werden können, unterschieden. Die abstrakte Klasse `InputStream` bildet die Superklasse für alle Eingabeströme, die abstrakte Klasse `OutputStream` ist die Superklasse aller Ausgabeströme. Insgesamt stellt das Paket `java.io` über zwanzig Klassen oder Abstraktionen bereit.

Die persistente, d.h. dauerhafte Aufbewahrung von Daten spielt in der Datenverarbeitung eine wesentliche Rolle. So wird der Vorgang des Programmierens selbst erst durch persistente Datenhaltung praktisch handhabbar. Nur weil ein Editor die eingegebenen Programmtexte dauerhaft ablegen kann, müssen diese nicht für jede Programmausführung erneut eingegeben werden. Der Editor sichert die Eingaben in einer *Datei*, die – unter der Kontrolle des Betriebssystems – dauerhaft erhalten bleibt. Nahezu alle Kommandos, die ein Betriebssystem bereitstellt, manipulieren Dateien. Beispiele aus dem Betriebssystem UNIX sind die folgenden Kommandos: `more` liest eine Datei und zeigt sie auf dem Bildschirm an, `cat` liest mehrere Dateien und gibt sie nacheinander aus, und der durch `javac` aufgerufene Java-Compiler liest und schreibt beim Aufruf verschiedene Dateien.

Die Benutzung von Dateien verfolgt in den genannten Beispielen meist zwei Zielsetzungen:

- Die in einer Datei abgelegten Daten sollen für einen längeren Zeitraum aufbewahrt werden.

- Die in einer Datei abgelegten Daten sollen zwischen verschiedenen
  Programmen, etwa Editor und Compiler, ausgetauscht werden.

Die Beschreibung der Struktur, in der die Daten abgelegt werden, wird als *Format*
bezeichnet. Sofern innerhalb eines Programms eine dauerhafte Aufbewahrung von
Informationen notwendig ist, müssen diese Informationen in einem solchen Format
abgelegt werden, daß sie beim späteren Lesen aus dem Inhalt der Datei zurückge-
wonnen werden können. Hierfür ist es ausreichend, daß ein schreibend und lesend
zugreifendes Programm selbst das Format und damit die abgelegten Informationen
verarbeiten kann. Insbesondere sind daher alle Formate zur Ablage geeignet, die
von der zur Programmierung eingesetzten Sprache unterstützt werden.

Sollen die abgelegten Informationen dagegen zwischen verschiedenen Programmen
ausgetauscht werden und sind einige dieser Programme zum Zeitpunkt der Daten-
speicherung möglicherweise noch gar nicht bekannt, so werden Formate benötigt,
die entweder standardisiert sind oder aber einen so leicht verständlichen Aufbau
besitzen, daß eine Rückgewinnung der abgelegten Informationen auch mit den
Hilfsmitteln anderer Programmiersprachen möglich wird.

In Kapitel 13.2 wird der Umgang mit Dateien vorgestellt, bei dem Daten zeichenweise aus einer Datei gelesen und verarbeitet werden. Die dabei gelesene Datei enthält einen einfachen Text, der von einem beliebigen Editor erstellt worden sein kann.
Das Beispiel zeigt, wie mit dieser einfachen Form der Dateibearbeitung Informationen in ein Java-Programm eingelesen werden können, die von einem anderen
Programm abgelegt wurden.

In den Kapiteln 13.3 und 13.4 werden wir uns dann zwei Aufgabenstellungen zuwenden, die Dateien zu ihrer Lösung benötigen. Zunächst werden wir uns überlegen, wie wir einen binären Suchbaum (siehe auch Kapitel 6.4) so in einer Datei
sichern können, daß er über das Ende einer Programmausführung hinaus erhalten
bleibt. Die abgelegten Suchbäume werden dann später wieder durch ein Java-
Programm eingelesen und aufgebaut, so daß wir ein nur in Java-Programmen ver-
ständliches Format zur Ablage benutzen werden.

Abschließen werden wir die kurze Einführung in die Dateibearbeitung mit der
Implementierung eines weiteren Sortierverfahrens, des Sortierens durch Mischen.
Dabei liegt eine Zahlenfolge vor und nach dem Sortieren als Inhalt einer Datei vor.
Im Gegensatz zu den bisher vorgestellten Sortierverfahren wie Heapsort (Kapitel
4.3) oder auch den binären Suchbäumen (Kapitel 6.4) ist es beim Mischen nicht not-
wendig, die zu sortierende Zahlenfolge vollständig in den Datenstrukturen des
Programms aufzubewahren. Sortieren durch Mischen kann daher insbesondere für
extrem große Datenmengen eingesetzt werden, da die Datenwerte ausschließlich in
Dateien gespeichert werden.

13.1 Datenströme für Dateien

Eine Datei ist eine spezielle Form eines Stroms, bei dem festgelegt ist, daß die Daten des Stroms auf einem externen Medium abgelegt werden. Dies gilt nicht für jeden Strom, da das Konzept des Stroms sehr viel abstrakter angelegt ist. Wir finden daher die Klasse `FileInputStream` innerhalb des Paketes `java.io` als Subklasse der Klasse `InputStream` neben einigen anderen Strömen wie `PipedInputStream` oder `ByteArrayInputStream`, auf die wir hier nicht eingehen werden.

Darüber hinaus gibt es die eine weitere Gruppe von Strömen, die als *Filter* für andere Ströme dienen. Ein Filter verbirgt den Zugriff auf einen anderen Strom und interpretiert (filtert) die aus diesem gelesenen Informationen durch geeignete Methoden. So stellt der Filter `DataInputStream` Methoden bereit, die als Ergebnis des Lesevorgangs jeweils den Wert eines primitiven Typs von Java liefern, während der durch `DataInputStream` eingekapselte Strom der Klasse `FileInputStream` lediglich auf einzelnen Zeichen operiert. Filter werden von der Klasse `FilterInputStream` abgeleitet. Wir werden dieses Vorgehen in den folgenden Kapiteln kennenlernen. Um eine gewisse Einheitlichkeit der Schnittstellen zu gewährleisten, existiert die Abstraktion `DataInput`, die beispielsweise durch die Klasse `DataInputStream` implementiert wird. Den Ausschnitt aus der Klassenhierarchie der Ströme, der in diesem Kapitel von Bedeutung ist, zeigt die Abb. 13.1.

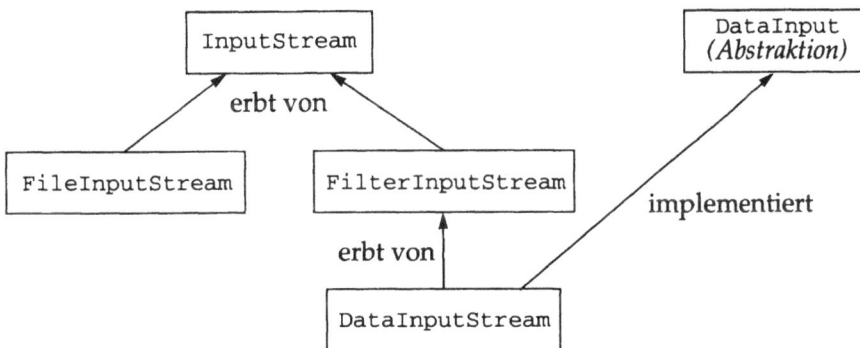

Abb. 13.1: *Hierarchie unterhalb der Klasse* `InputStream`

Eine analoge Hierarchie, wie sie oben für Eingabeströme skizziert wurde, ist auch für Ausgabeströme deklariert. Die Klasse `RandomAccessFile` stellt eine Besonderheit dar, da sie die Abstraktionen `DataInput` und `DataOutput` implementiert und somit als »Zwitter« sowohl für Ein- als auch für Ausgaben zur Verfügung steht. Die Klasse `StreamTokenizer` bietet ein flexibles Konzept, um die in einem Strom abgelegten Zeichen kontrolliert zu analysieren und zu filtern. Wir werden aber von diesem recht flexiblen Hilfsmittel hier keinen Gebrauch machen, sondern nur mit den wesentlichen Grundkonzepten arbeiten, um den Leser zunächst damit vertraut zu machen.

In der weiteren Diskussion werden wir uns nur mit solchen Strömen auseinandersetzen, die wir benötigen, um Daten in Dateien abzulegen, und die unter der Obhut des Betriebssystems länger und beständiger aufbewahrt werden, als dies die reine Programmausführung garantieren kann. Wesentlich ist daher für den Einsatz von Dateien die Verfügbarkeit von Methoden, die während der Ausführung eines Programms eine geeignete Verbindung zum Betriebssystem herstellen.

Java unterscheidet innerhalb des Paketes java.io strikt zwischen der Manipulation der Inhalte einer Datei und der Änderung ihres organisatorischen Rahmens. Die Änderung der Inhalte erfolgt über die Methoden der bereits erwähnten Subklassen von InputStream und OutputStream. Manipulationen an organisatorischen Eigenschaften, zum Beispiel das Ändern des Dateinamens, können durch die Methoden der Klasse File vorgenommen werden. Die Klasse File bietet Methoden auf einem so hohen Abstraktionsniveau an, daß diese in jedem Betriebssystem umgesetzt werden können.

Zwei Zeitpunkte, die beim Umgang mit Dateien von Bedeutung sind, aber auf der Ebene des Betriebssystems vom Benutzer meist nicht unmittelbar wahrgenommen werden, sind das *Öffnen* und das *Schließen* einer Datei. Das Öffnen einer Datei zeigt dem Betriebssystem an, daß eine Benutzung der Datei geplant ist und reserviert den Zugang zu dieser Datei für das öffnende Programm. Das Schließen einer Datei beendet die Benutzung und gibt diese danach wieder für den Gebrauch durch andere Programme frei. Durch diesen Mechanismus werden die Probleme vermieden, die zum Beispiel durch gleichzeitiges Schreiben in eine Datei entstehen würden. Die Datei wird wie ein kritischer Abschnitt behandelt (vergleiche auch Kapitel 12.3).

Das Öffnen einer Datei erfolgt in Java durch den Aufruf des Konstruktors eines die Dateibearbeitung unterstützenden Stroms. Das Schließen erfolgt entweder explizit durch den Aufruf der Methode close, die die Verbindung zwischen dem ausgeführten Programm und der vom Betriebssystem verwalteten Datei unterbricht, oder implizit bei der Vernichtung des Objekts, daß den Strom repräsentiert.

Nach diesen Vorbemerkungen soll nun noch kurz das generelle Arbeiten mit Strömen, die Dateien repräsentieren, in Java erläutert werden. Ein Strom ist immer eine »lange« Folge von Zeichen, in die hinein ein Positionszeiger verweist. Wird ein Strom erzeugt, so wird dieser Positionszeiger auf den Anfang des Stroms gesetzt. Handelt es sich um einen Eingabestrom, so wird bei jedem Einlesevorgang das Zeichen ermittelt, auf welches der Positionszeiger zeigt; anschließend wird dieser um eine Position weitergerückt. Überschreitet der Positionszeiger das Ende des Stroms, so wird bei einigen Methoden ein entsprechender Rückgabewert (-1) erzeugt, in anderen Methoden wird ein Ausnahmeobjekt der Klasse EOFException (*EOF* steht für *end of file*) geworfen. Java ist hier leider nicht ganz einheitlich in seinen Reaktionen, was die Programmierung nicht unbedingt erleichtert. Wir werden diesen Aspekt in unseren Beispielen erneut aufgreifen.

Handelt es sich um einen Ausgabestrom, so wird das nächste geschriebene Zeichen an die aktuelle Position des Positionszeigers geschrieben und dieser eine Position vorgerückt. Das Zurücksetzen ist bei keinem Strom (mit Ausnahme der hier nicht betrachteten Klasse `RandomAccessFile`) möglich, hierzu muß ein erneutes Öffnen erfolgen. Soll eine Datei über einen Eingabestrom gelesen werden, so muß sie zum Zeitpunkt des Öffnens vorhanden sein, sonst wird ein Ausnahmeobjekt der Klasse `FileNotFoundException` geworfen. Diese Reaktion ist offensichtlich, kann doch aus einer nicht existierenden Datei nicht gelesen werden.

Demgegenüber muß eine Ausgabedatei nicht vorhanden sein, sie wird bei Bedarf, d.h. beim Aufruf des Konstruktors, erzeugt. Ist die Ausgabedatei schon vorhanden, so wird sie überschrieben, da das Öffnen den Positionszeiger an den Anfang der Datei positioniert. Der Einsatz von Dateien (und Strömen) erfordert daher immer die Sequentialisierung einer Datenmenge bei der Ausgabe und ebenso eine sequentielle Verarbeitung der eingelesenen Daten.

13.2 Dateibearbeitung – ein erstes Beispiel

Die Benutzung von Dateien wird nun anhand von Beispielen eingeführt. Das erste Bsp. 13.1 implementiert ein einfaches, zeichenweises Lesen des Inhalts einer bereits vorhandenen Textdatei, bei dem eine zeichenweise vorgenommene Analyse drei signifikante Eigenschaften der Datei und des Dateiinhalts bestimmt:

- Die Anzahl der Zeilen in der Datei wird durch das Zählen der Zeilenwechsel-angaben (`'\n'`, in machen Betriebssystemen auch `'\r'`) ermittelt und aus-gegeben.

- Die Anzahl der Leerzeichen (`' '`) wird gezählt und ausgegeben.

- Alle anderen Zeichen werden gezählt und ihre Summe wird ausgegeben.

Die eingelesene Datei kann beispielsweise mit einem Texteditor angelegt werden. Das hier vorgestellte Programm `Auswertung` bietet zwei Möglichkeiten, um die zu analysierende Datei auszuwählen:

- Der Dateiname kann beim Programmaufruf übergeben werden. So wird durch den Aufruf `java Auswertung beispiel222` die Datei analysiert, die den Namen `beispiel222` besitzt.

  Die beim Programmaufruf angegebenen Argumente werden über den (bisher zwar immer angeführten, nicht jedoch erläuterten) formalen Parameter `args` der Methode `main` als Texte – `args` ist ja als Feld von Elementen des Typs `String` vereinbart – an den Rumpf von `main` übergeben. Die Argumente können dann dort in die Ausführung der Methode einfließen.

- Wird beim Aufruf des Programms durch `java Auswertung` kein Name übergeben, so wird der Name am Anfang der Programmausführung erfragt, da ja eine Auswertung ohne Datei nicht möglich wäre.

Das Programm besteht aus drei Abschnitten, die im Bsp. 13.1 durch entsprechende Kommentare markiert sind. Der erste, längste Abschnitt sorgt dafür, daß der Dateiname ermittelt und ein Objekt eines entsprechenden Eingabestromes angelegt wird. Im zweiten Abschnitt wird die Datei zeichenweise gelesen und die gelesenen Zeichen werden einzeln mit den Vorgaben verglichen. Im abschließenden Abschnitt werden die Analyseergebnisse auf dem Bildschirm ausgegeben. Dieser Abschnitt stützt sich auf die Ausgabe mit `System.out.println`. Bisher haben wir immer auf die (eigene) Klasse `EA` zurückgegriffen, um mit Ein- und Ausgaben umzugehen. Inzwischen reichen aber die Kenntnisse aus, um unmittelbar die Methoden der Java-Bibliotheken zu benutzen.

Wir sind nun in der Lage, den bereits vielfach benutzten, jedoch durch `EA.println` verborgenen Aufruf `System.out.println` der Ausgabemethode zu verstehen: innerhalb des Pakets `java.lang` steht eine Klasse `System` zur Verfügung, die ein öffentliches, statisches Attribut mit dem Namen `out` besitzt. `out` ist eine Referenz auf ein Objekt der Klasse `PrintStream`, die eine Subklasse von `FilterOutputStream` ist. `out` wird beim Programmstart initialisiert und verweist immer auf das Standardausgabemedium, i.d.R. also den Bildschirm. `println` ist dann eine in der Klasse `PrintStream` vereinbarte Methode, die somit für `out` aufgerufen werden kann. Wir haben also bereits, ohne es allerdings explizit erwähnen zu müssen, seit den ersten Programmbeispielen Ströme genutzt.

Wir diskutieren nun den Programmtext von Bsp. 13.1 im Detail. Wir erkennen an der `throws`-Anweisung, daß alle Ausnahmen der Klasse `IOException`, die bei der Bearbeitung von Dateien auftreten können, dann weitergereicht werden dürfen, wenn sie nicht innerhalb der `main`-Methode abgefangen werden. Innerhalb der Methode kümmern wir uns um einen speziellen Fall, das Fehlen der angegebenen Datei. Hierfür existiert ein expliziter `try-catch`-Block, der genau die Ausnahmen der Klasse `FileNotFoundException` auffängt und durch eine aussagekräftige Nachricht auf dem Bildschirm dem Nutzer mitteilt.

Die Referenz `eingabedatei` verwaltet bei der Ausführung des Programms die zu analysierende Datei, der variable Text `StringBuffer dateiname` ihren Namen. Parameter, die beim Aufruf eines Programms angegeben werden, werden durch den Parameter `args`, ein Feld von Texten, an die Methode `main` übergeben. Wir prüfen daher zunächst, ob ein Argument übergeben wurde, das Feld `args` also eine Länge besitzt, die größer als 0 ist. Ist ein Name angegeben, so verlängern wir den bisher leeren Text des Objekts `dateiname` durch den Aufruf der Methode `append`, die für die Klasse `StringBuffer` vordefiniert ist.

Wurde beim Aufruf kein Dateiname übergeben, so wird eine Schleife ausgeführt, die den Benutzer solange zur Eingabe eines Dateinamens auffordert, bis dieser mindestens ein Zeichen eingibt, was durch `dateiname.length()==0` geprüft wird. Der Name wird zeichenweise eingelesen und endet mit dem ersten Leerzeichen oder einem Zeilenwechsel. Das Einlesen der einzelnen Zeichen ist ein wenig umständlich, da das statische Attribut `in` der Klasse `System` als Typ die Klasse `InputStream` besitzt, die abstrakt ist und auf der nur sehr rudimentäre Leseoperationen bereitstehen. So liefert `System.in.read()` einen ganzzahligen Wert, die Position des gelesenen Zeichens im Zeichensatz, der zwecks Interpretation explizit in ein Zeichen (des Typs `char`) umgewandelt werden muß. Jedes einzelne Zeichen verlängert dann unseren veränderlichen Text `dateiname`. Hätten wir statt auf `StringBuffer` auf die Klasse `String` zurückgegriffen, so hätten wir nicht ein einziges Textobjekt manipulieren können, sondern hätten mit jedem angehängten Zeichen auch immer ein neues `String`-Objekt erzeugen müssen.

Wir erkennen an diesem ersten Beispiel bereits, daß das Umgehen mit Objekten der Klasse `InputStream` recht unhandlich wird, wenn andere primitive Typen als die einzelnen Zeichen erkannt werden müssen. Es wird nun auch klar, warum wir die Methode `EA.readInt` in Kapitel 2.2 nur »unkommentiert« eingeführt haben. Dort mußte eine ganze Zeile eingelesen und dann mit der Methode `parseInt` der einhüllenden Klasse `Integer` analysiert werden, um eine ganze Zahl herauszufiltern.

In unserem Beispiel folgt nun das Anlegen des Objekts, das über die Referenz `eingabedatei` erreicht werden kann. Der Aufruf des Konstruktors ist in einem `try`-Block gekapselt, so daß das folgende `catch` die Eingabe eines Namens, zu dem keine Datei existiert, abfangen, eine Meldung ausgeben und das Programm (mit `exit(1)`) beenden würde. Die Analyse der eingelesenen Zeichen zeigt im wesentlichen bereits bekannte Konstruktionen. Wieder wird mit der Methode `read` zeichenweise gelesen, wobei jedes Zeichen wieder als ganzahliger Wert zurückgeliefert wird und explizit in den Typ `char` konvertiert werden muß. Wird der Wert `-1` als Ergebnis des Aufrufs von `read` geliefert, so ist das Dateiende erreicht und die Analyse wird abgebrochen.

Das Bsp. 13.1 zeigt den typischen Arbeitsablauf bei der Verwendung einer Datei: Identifikation der Datei und Überprüfung ihrer Existenz, implizites Öffnen durch den Aufruf eines Konstruktors für einen Strom, Bearbeiten des Inhalts und Schließen (hier implizit am Ende des Programms). Es ist möglich, eine Datei innerhalb einer Programmausführung mehrfach zu öffnen und zu schließen, beispielsweise um den Modus der Bearbeitung zu ändern oder um zwischenzeitlich anderen Programmen den Zugriff auf die Datei zu ermöglichen. Der Name einer zu öffnenden Datei könnte auch als Textliteral an den Konstruktor übergeben werden und müßte daher nicht eingelesen werden.

Da es sich bei einem Strom immer um ein Objekt handelt, auf das eine Referenz zeigt, können mehrere Referenzen auf das gleiche Objekt verweisen und so die gleiche Datei ansprechen.

```java
import java.io.*;
class Auswertung {
  public static void main(String[] args)
     throws IOException {
    InputStream eingabedatei = null;
    StringBuffer dateiname = new StringBuffer();

    // Datei bestimmen

    if (args.length == 0) {
      while (dateiname.length() == 0) {
        System.out.println("Bitte Dateinamen angeben: ");
        char zeichen;
        boolean wortende = false;
        do {
          zeichen=(char)System.in.read();
          wortende=(zeichen==' '||zeichen=='\n'||zeichen =='\r');
             // '\n' Newline, zusätzlich '\r' Return unter Windows
          if (!wortende) dateiname.append(zeichen);
        } while (!wortende);
      }
    } else dateiname.append(args[0]);
    try {
      eingabedatei = new FileInputStream(dateiname.toString());
    }
    catch (FileNotFoundException f) {
      System.out.println("Datei "+dateiname+" nicht vorhanden!");
      System.exit(1);
    }

    // Datei auswerten

    int nächstesZeichen;
    int zeilen=1, andereZeichen=0, leerzeichen=0;
    while ((nächstesZeichen=eingabedatei.read()) != -1) {
      switch ((char)nächstesZeichen) {
        case '\r': break; // nichts tun, da zusätzliches Zeichen
        case '\n': zeilen++; break;
        case ' ': leerzeichen++; break;
        default: andereZeichen++;
      }
    }

    // Auswertung ausgeben

    System.out.println("Auswertung der Datei " + dateiname);
    System.out.println("Zeilen:         " + zeilen);
    System.out.println("Leerzeichen:    " + leerzeichen);
    System.out.println("andere Zeichen: " + andereZeichen);
  }
}
```

Bsp. 13.1: Lesen und Auswerten einer Datei

13.3 Ablage des binären Suchbaums in einer Datei

In Bsp. 13.2 wird die bereits aus Kapitel 6.4 bekannte Klasse BST, die einen binären Suchbaum realisiert, um Methoden zum persistenten Aufbewahren der Baumstruktur vervollständigt. Es wird dadurch möglich, Bäume während der Ausführung eines Programms aufzubauen und bei Bedarf in einer Datei abzulegen. In einer späteren Ausführung können dann die Daten des Baums wieder aus der Datei eingelesen und der Baum rekonstruiert werden. Die Klasse BST wird hierzu um die Methoden sichere und lade erweitert. Das Bsp. 13.2 zeigt die Implementierungen dieser beiden Methoden.

Das Sichern geschieht über einen *Preorder*-Durchlauf, dessen Ergebnis jedoch nicht wie in Bsp. 6.14 auf dem Bildschirm ausgegeben wird, sondern in eine Datei geschrieben wird. Wir benutzen zur Verwaltung der Datei einen Filter, d.h. ein Objekt der Klasse DataOutputStream. Diese Klasse bietet Methoden zum Schreiben von Werten der primitiven Datentypen an, die so abgelegt werden, daß sie anschließend von den korrespondierenden Methoden der Klasse DataInputStream gelesen werden können. Hierdurch wird der Umgang mit Dateien wesentlich vereinfacht, da unmittelbar auf die bereits bekannten primitiven Typen zurückgegriffen werden kann. DataInputStream und DataOutputStream verbergen die Tatsache, daß sie selbst zum Lesen und Speichern Ströme der Klassen FileInputStream und FileOutputStream verwenden. Da diese jedoch – wie aus Kapitel 13.2 bekannt – nur mit einzelnen Zeichen (in ihrer Repräsentation als ganze Zahlen) umgehen können, wird ihre Benutzung hinter dem Filter verborgen. Den Konstruktoren der Klassen DataInputStream und DataOutputStream wird somit kein Text mit dem Namen einer Datei als Parameter übergeben, sondern der Strom, der die Grundlage für die Anwendung des Filters bildet. Der Aufruf des Konstruktors in Bsp. 13.2 hinterläßt daher zunächst leicht etwas Verwirrung:

```
new DataOutputStream(new FileOutputStream(dateiname));
```

Man sollte sich von innen nach außen an das erzeugte Objekt herantasten: zunächst wird ein Objekt der Klasse FileOutputStream erzeugt, das auf einer Datei arbeitet, deren Name durch String dateiname gegeben ist. Das erzeugte Objekt der Klasse FileOutputStream wird dann an den Konstruktor der Klasse DataOutputStream übergeben, der es so verkapselt, daß nun die komfortable Schnittstelle von DataOutputStream genutzt werden kann.

Die Methode sichere bedient sich der privaten Methode preSichere, die den rekursiven Aufruf enthält. Demgegenüber arbeitet die Methode lade iterativ, die Schleife besitzt kein Abbruchkriterium, da das Ende der eingelesenen Datei durch das Fangen der entsprechenden Ausnahme der Klasse EOFException erkannt wird. Alle anderen Ausnahmen, die sich in den Methoden sichere, preSichere und lade aus der Arbeit mit Strömen ergeben können, werden weitergeleitet.

Der Preorder-Durchlauf speichert einen Teilbaum von der Wurzel ausgehend ab,
die Methode fügeEin baut einen Baum von der Wurzel ausgehend auf. Die Eigenschaften des Suchbaums sorgen dafür, daß bei jedem eingefügten Knoten eindeutig
festliegt, in welchen Teilbaum er eingefügt wird. Daher führt die Speicherung in
Preorder-Reihenfolge in der Methode sichere dazu, daß der Baum in lade durch
die Aufrufe der bereits in Kapitel 6.4 implementierten Methode fügeEin exakt mit
der Struktur aufgebaut wird, die er vor dem Sichern besaß.

```
import java.io.*;
class BST {
  private Knoten wurzel;
  BST() { wurzel = null; }
  // ... Programmtext aus Kapitel 6.4
  void sichere(String dateiname)
  throws IOException {
    DataOutputStream ausStrom =
            new DataOutputStream(new FileOutputStream(dateiname));
    preSichere(ausStrom, wurzel);
  }
  private void preSichere(DataOutputStream aus, Knoten aktuell)
  throws IOException {
    if (aktuell != null) {
      aus.writeInt(aktuell.gibWert());
      preSichere(aus, aktuell.gibLinks());
      preSichere(aus, aktuell.gibRechts());
    }
  }
  void lade(String dateiname)
  throws IOException {
    DataInputStream inStrom =
            new DataInputStream(new FileInputStream(dateiname));
    try {
      while (true)
        fügeEin(inStrom.readInt());
    }
    catch (EOFException eof) {};
  }
}
```

Bsp. 13.2: Implementierungen der Methoden sichere *und* lade

Die Ergänzung der Klasse BST um die Methoden sichere und lade demonstriert
den Gebrauch von Strömen zur persistenten Sicherung einer in einem Programm
aufgebauten Datenstruktur. Wir haben allerdings bei unseren Überlegungen einige
Aspekte nicht betrachtet, die in diesem Zusammenhang genannt werden müssen:

- Wir kontrollieren beim Laden einer Datei nicht, ob darin auch tatsächlich ein Suchbaum in Preorder-Reihenfolge abgelegt ist, d.h. auch andere Dateien mit ganzen Zahlen als Einträgen würden gelesen und zu einem Baum aufgebaut. Um dies auszuschließen, müßten die gesicherten Dateien am Anfang ein Kennzeichen enthalten, das die Art ihres Inhaltes kennzeichnet.

- Das Ablegen eines Suchbaums in einer Datei wäre ein günstiger Zeitpunkt, um über ein Restrukturieren des Baums nachzudenken, mit dem die Such-zeiten nach dem erneuten Laden verbessert werden können. Da die Datei beim Laden nur sequentiell gelesen werden kann, bietet es sich an, beim Sichern eine Durchlaufstrategie zu wählen, die anschließend den Aufbau eines möglichst ausgeglichenen Baums garantiert, bei dem die Höhen der Teilbäume nur in begrenztem Maße differieren. Eine solche Durchlauf-strategie könnte darin bestehen, den mittleren Wert aller im Baum gespeicher-ten Werte zuerst abzuspeichern, um ihn zur Wurzel des geladenen Baums zu machen, und dann mit den Partitionen der größeren und kleineren Werte analog fortzufahren. Da der Baum mehrfach durchlaufen werden muß, ist ein solcher Durchlauf nicht so effizient wie der gewählte Preorder-Durchlauf. Der Mehraufwand rentiert sich jedoch, wenn mit der geladenen und damit ausge-glichenen Baumstruktur gearbeitet wird.

13.4 Sortieren durch Mischen

Das in diesem Kapitel entwickelte Programm implementiert einen Algorithmus, der eine vorgegebene, unsortierte Folge von Zahlen durch wiederholtes Mischen in eine sortierte Folge umwandelt. Dies geschieht durch die Konstruktion immer längerer sortierter Teilfolgen als Ergebnis eines geeigneten Zusammenführens von kürzeren sortierten Teilfolgen von Zahlen. Dabei ist eine einzelne Zahl die kürzeste mögliche sortierte Folge, so daß eine unsortierte Folge der Länge n aus maximal n sortierten Teilfolgen der Länge 1 aufgefaßt werden kann.

Der hier implementierte Algorithmus zum *Sortieren durch Mischen* arbeitet mit ins-gesamt vier Dateien. In einem ersten vorbereitenden Schritt wird die vorgegebene Zahlenfolge aus einer Datei auf zwei Dateien verteilt, anschließend werden die vor-handenen sortierten Folgen aus zwei Dateien gelesen und durch Verteilen auf zwei weitere Dateien vermischt. Die Inhalte der Ausgabedateien werden dann zu den Eingabefolgen des nächsten Mischvorgangs. Der Algorithmus endet, falls eine der beiden Ausgabedateien während eines Mischvorgangs nicht benötigt wird. Dann sind die Daten der Eingabedateien in eine einzige Ausgabedatei »gemischt« worden, die die vollständig sortierte Folge aller Zahlen enthält[1]. Das Mischen orientiert sich an den folgenden Regeln:

---

[1] Sortieren durch Mischen kann auch mit nur drei Dateien realisiert werden. Dann wird zunächst in eine einzige Datei geschrieben, die dann für den nächsten Mischvorgang auf zwei Dateien aufge-spalten wird. Der hier benutzte Algorithmus kombiniert diese beiden Schritte.

- Ist der kleinere der ersten Werte der beiden Eingabedateien größer als der größere der letzten Werte in den beiden Ausgabedateien, so wird der Eingabewert in die zugehörige Ausgabedatei geschrieben. Alle Schreiboperationen erfolgen grundsätzlich immer am Ende der Ausgabedateien.

- Ist der kleinere der ersten Werte der beiden Eingabedateien kleiner als der größere der letzten Werte, aber größer als der kleinere dieser Werte, so wird der Eingabewert in die zugehörige Ausgabedatei geschrieben.

- Kann der kleinere der ersten Werte nicht den ersten beiden Regeln entsprechend in eine Ausgabedatei geschrieben werden, so wird der größere der ersten Werte der Eingabedateien analog überprüft.

Diese ersten Regeln sorgen dafür, daß ein Eingabewert in die Ausgabedatei geschrieben wird, in der er mit seinem Vorgängerwert eine sortierte Teilfolge mit mindestens der Länge zwei bilden kann. Es wird zudem versucht, die Teilfolge mit dem größeren Vorgängerwert fortzusetzen, da dieser eine größere und damit von weniger Nachfolgern zu erfüllende untere Schranke bildet. Kann auch der größere der ersten Werte nicht den Regeln entsprechend in eine Ausgabedatei geschrieben werden, so kann keine bereits begonnene sortierte Teilfolge fortgesetzt werden. Dann kommen die folgenden Regeln zur Anwendung:

- Es wird der kleinere der ersten Werte der Eingabedateien in diejenige Ausgabedatei geschrieben, in die zuletzt *nicht* geschrieben wurde. Dadurch wird erreicht, daß mit dem Beginn einer neuen Teilfolge immer die Ausgabedatei gewechselt wird, so daß die sortierten Teilfolgen gleichmäßig auf beide Ausgabedateien verteilt werden.

- Ist eine der beiden Eingabedateien leer, so wird immer nur aus der anderen Eingabedatei gelesen. Die Zuordnung der Zahlen zu den Ausgabedateien erfolgt dabei aber weiterhin nach den zuvor formulierten Regeln.

- Sind beide Eingabedateien leer, ist ein Durchlauf zum Mischen abgeschlossen. Für den nächsten Durchlauf werden die Eingabedateien zu den neuen Ausgabedateien und die Ausgabedateien zu den neuen Eingabedateien.

- Ist nach einem Mischvorgang eine der beiden Ausgabedateien leer, so liegt in der anderen Ausgabedatei die vollständig sortierte Folge der Zahlen vor.

Die Abb. 13.2 zeigt die den Regeln entsprechenden Bearbeitungsschritte an einem einfachen Beispiel, bei dem die beiden Zahlenfolgen 11, 3, 7, 6 und 15, 1, 8, 9 vermischt und dabei sortiert werden. Man sieht deutlich an den Markierungen unterhalb der Zahlenfolgen, daß bei jedem Durchlauf längere sortierte Teilfolgen entstehen, da eine bereits bestehende sortierte Teilfolge in einer Eingabedatei immer zusammen in eine Ausgabedatei geschrieben wird und zumindest der erste Wert der anderen Eingabedatei zu dieser Folge durch Einfügen oder Anhängen hinzugeordnet wird. Dies macht intuitiv deutlich, daß der Algorithmus für endliche Eingabefolgen terminieren muß, da ja mindestens eine der sortierten Teilfolgen bei jedem Durchlauf weiter wachsen muß.

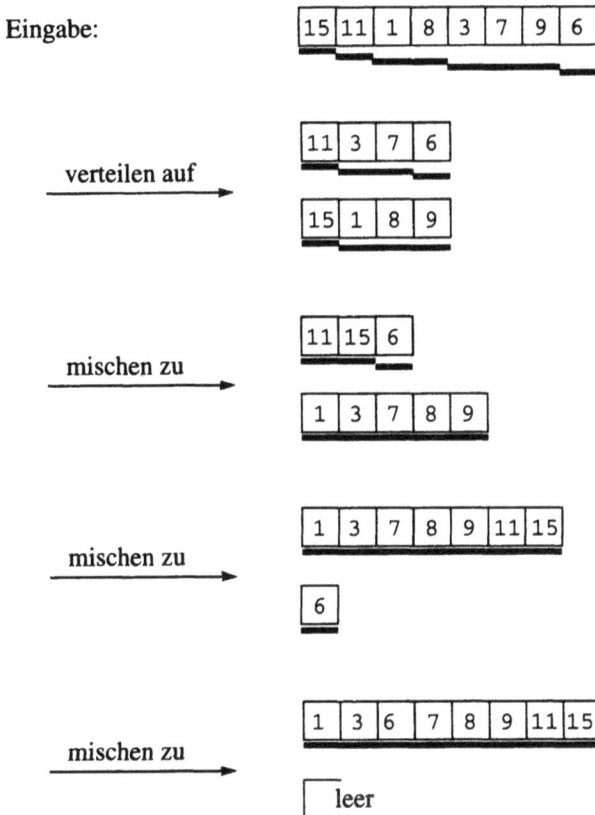

Eingabe: | 15 | 11 | 1 | 8 | 3 | 7 | 9 | 6 |

verteilen auf →

| 11 | 3 | 7 | 6 |

| 15 | 1 | 8 | 9 |

mischen zu →

| 11 | 15 | 6 |

| 1 | 3 | 7 | 8 | 9 |

mischen zu →

| 1 | 3 | 7 | 8 | 9 | 11 | 15 |

| 6 |

mischen zu →

| 1 | 3 | 6 | 7 | 8 | 9 | 11 | 15 |

leer

Abb. 13.2: Beispiel für das Sortieren durch Mischen

Um den skizzierten Algorithmus des Sortierens durch Mischen in ein Java-Programm umzusetzen, schaffen wir uns eine geeignete Programmstruktur, die unser Problem in überschaubare Teilprobleme zerlegt, und deklarieren die Klassen Eingabedatei, Ausgabedatei und Sortierer. Die Klasse Eingabedatei wird alle Attribute enthalten, die für das Anlegen von Eingabedateien und das Lesen von Werten aus diesen Dateien benötigt werden. Die Klasse Ausgabedatei schafft eine analoge Basis für die Ausgabe von Werten und die Klasse Sortierer benutzt die beiden anderen Klassen, um das wiederholte Durchlaufen des Mischens bis zur vollständigen Sortierung zu realisieren.

Wir beginnen unsere Betrachtung mit der Klasse Eingabedatei, die in Bsp. 13.3 präsentiert wird. Die Klasse enthält vier private Attribute, von denen name eine Referenz auf ein File-Objekt ist, das Änderungen der Dateiorganisation ermöglicht, und datei auf ein Objekt der Klasse DataInputStream verweist und ein Ansprechen des Inhalts der Datei ermöglicht. Wir nutzen allerdings die Möglichkeiten, die die Klasse File bietet, hier nicht aus, so daß auch ein einfacher Text zur Speicherung des Dateinamens ausgereicht hätte.

```
import java.io.*;

class Eingabedatei {
  private File name;
  private DataInputStream datei;
  private int gelesen;
  private boolean ende;
  Eingabedatei(String d) throws Exception {
    try {
      name = new File(d);
      datei = new DataInputStream(new FileInputStream(name));
      ende = false;
      lese();
    }
    catch (FileNotFoundException fnf) { ende = true; }
  }
  String gibName() { return name.getName(); }
  boolean gibEnde() { return ende; }
  int gibGelesen() { return gelesen; }
  void lese() throws Exception {
    try {
      gelesen = datei.readInt();
    }
    catch (EOFException eof) { ende = true; }
  }
  boolean kleiner(Eingabedatei ein) {
    return gelesen < ein.gelesen;
  }
}
```

Bsp. 13.3: Die Klasse Eingabedatei

Weiterhin existiert ein Attribut gelesen, in dem der zuletzt aus dieser Datei gelesene Wert abgelegt wird. Diese Aufbewahrung ist wichtig, da wir aufgrund der für das Mischen angegebenen Regeln mehrfach Vergleiche mit dem ersten Wert einer Datei durchführen müssen, jedes Lesen aber den Positionszeiger der Datei weiterbewegen würde. Hinzu kommt das Attribut ende, welches signalisiert, daß das Ende der Eingabedatei erreicht ist. Es wird gesetzt, wenn die entsprechende Ausnahme bei einem Lesezugriff aktiviert wird.

Die Methoden gibName(), gibEnde() und gibGelesen() geben die Werte der Attribute gleichen Namens zurück, wobei gibName lediglich den Dateinamen als Text und nicht das gesamte File-Objekt liefert. Gesetzt werden die Attribute entweder beim Aufruf des Konstruktors oder in der Methode lese. Die Methode kleiner vergleicht zwei Objekte der Klasse Eingabedatei aufgrund der zuletzt gelesenen Werte.

Die Klasse Ausgabedatei besitzt einen recht ähnlichen Aufbau und insbesondere auch die Attribute name und datei. Das Attribut geschrieben enthält den zuletzt in diese Datei geschriebenen Wert, den wir für unsere Vergleiche während des Mischens benötigen, das Attribut benutzt zeigt an, ob in die Datei geschrieben wurde. Es wird benötigt, um das Ende des Sortierens zu erkennen. Als Methoden stehen uns gibName, gibBenutzt und gibGeschrieben zur Verfügung. Sie geben die Werte der entsprechenden Attribute zurück, schreibe trägt einen Wert ein und kleiner vergleicht die Dateien aufgrund der zuletzt geschriebenen Werte. Um einige Vergleiche zu vereinfachen, wird das Attribut geschrieben initial, d.h. vor einem ersten Schreiben, mit dem Wert Integer.MIN_VALUE belegt.

```java
import java.io.*;
class Ausgabedatei {
   private File name;
   private DataOutputStream datei;
   private int geschrieben;
   private boolean benutzt;
   Ausgabedatei(String d) throws Exception {
      name = new File(d);
      datei = new DataOutputStream(new FileOutputStream(name));
      benutzt = false;
      geschrieben = Integer.MIN_VALUE;
   }
   String gibName() { return name.getName(); }
   boolean gibBenutzt() { return benutzt; }
   int gibGeschrieben() { return geschrieben; }
   void schreibe(int ein) throws Exception {
      datei.writeInt(geschrieben = ein);
      benutzt = true;
   }
   boolean kleiner(Ausgabedatei aus) {
      return geschrieben < aus.geschrieben;
   }
}
```

Bsp. 13.4: Die Klasse Ausgabedatei

Aus der Ähnlichkeit der Klassen Eingabedatei und Ausgabedatei könnte man versuchen, eine Vererbungshierarchie mit einer gemeinsamen Superklasse Datei abzuleiten, die die Gemeinsamkeiten zusammenfaßt. Die nähere Betrachtung zeigt jedoch, daß lediglich das Attribut name und die Methoden gibName und kleiner in beiden Klassen mit gleicher Definition vorkommen. Das Attribut datei enthält zwar in beiden Klassen jeweils eine Referenz auf die zu bearbeitende Datei, da aber Java *keine* Superklasse Stream kennt, wäre eine Vereinbarung in einer gemeinsamen Superklasse nicht möglich. Insgesamt scheint eine Superklasse keine wesentliche Vereinfachung bei der Modellierung darzustellen, während der Ausführung wird die Superklasse nicht benötigt. Wir verzichten daher auf eine solche Implementierung.

Nun werden wir die beiden Klassen Eingabedatei und Ausgabedatei in der Klasse Sortierer (Bsp. 13.8) nutzen, um das *Sortieren durch Mischen* zu implementieren. Neben dem Konstruktor, der die vier benötigten Dateiobjekte erzeugt, ist nur die Methode mische öffentlich. Sie stützt sich auf fünf private Methoden, die die Lösung strukturieren.

- Die Methode versuche (Bsp. 13.5) kontrolliert den Aufruf von schreibe, indem sie überprüft, ob ein Eintrag den Regeln entsprechend erfolgen darf. Wird geschrieben, so erfolgt unmittelbar darauf ein erneutes Einlesen aus der entsprechenden Eingabedatei.

- Die Methoden tauscheEinEin und tauscheAusAus vertauschen jeweils die Ein- bzw. Ausgabedateien, um die Randbedingungen des Mischens einhalten zu können. Die Methode tauscheEinAus vertauscht die Aufgaben der verschiedenen Dateien, indem aus den Ausgabedateien des letzten Durchlaufs die Eingabedateien des folgenden Durchlaufs und aus den Eingabedateien die zukünftigen Ausgabedateien werden. Das Tauschen der Aufgaben erfordert ein Anlegen neuer Objekte der entsprechenden Klassen Eingabedatei oder Ausgabedatei, da ein Wechsel des Operationsmodus (Lesen/Schreiben) für einen Strom nicht möglich ist. Mit der Erzeugung der neuen Objekte erfolgt ein Vertauschen der Dateinamen (Bsp. 13.6).

```
private boolean versuche(Eingabedatei ein, Ausgabedatei aus)
throws Exception {
  boolean erfolg;
  if (erfolg =
(!ein.gibEnde()&&ein.gibGelesen()>=aus.gibGeschrieben()))) {
    aus.schreibe(ein.gibGelesen());
    ein.lese();
  }
  return erfolg;
}
```

Bsp. 13.5: Die Methode versuche

```
private void tauscheEinEin() {
  Eingabedatei hilf = ein1;
  ein1 = ein2;
  ein2 = hilf;
}
private void tauscheAusAus() {
  Ausgabedatei hilf = aus1;
  aus1 = aus2;
  aus2 = hilf;
}
private void tauscheEinAus() throws Exception {
  String ein1Name = ein1.gibName();
  String ein2Name = ein2.gibName();
  ein1 = new Eingabedatei(aus1.gibName());
  ein2 = new Eingabedatei(aus2.gibName());
  aus1 = new Ausgabedatei(ein1Name);
  aus2 = new Ausgabedatei(ein2Name);
}
```

Bsp. 13.6: Die Methoden zum Vertauschen

- Die in Bsp. 13.7 vorgestellte Methode bearbeiteInt steuert das regelgerechte Zuordnen des nächsten eingelesenen Zahlenwertes zu einer der Ausgabedateien. Zunächst wird versucht, entsprechend der in den ersten Regeln vorgeschriebenen Reihenfolge eine sortierte Teilfolge zu verlängern, ist dies nicht möglich, wird die Ausgabedatei gewechselt und der Wert als Anfang einer neuen Teilfolge eingetragen. Die Ausdrücke zum Setzen des Wertes des Attributs einsBenutzt, das anzeigt, ob die Ausgabedatei aus1 zuletzt benutzt wurde, sind knapp formuliert, besagen aber nichts anderes, als daß der Wert von einsBenutzt auf true gesetzt wird, falls der gerade eingetragene Wert in aus1 geschrieben wurde, und auf false gesetzt wird, falls hierzu aus2 benutzt wurde. Wurde der aktuelle Wert nicht in eine Datei geschrieben, so bleibt der Wert von einsBenutzt unverändert.

Die öffentliche Methode mische sortiert nun die eingelesenen Zahlenwerte in die entsprechenden Dateien ein. Dieser Vorgang wird in einer Schleife solange wiederholt, bis nur noch in eine Ausgabedatei geschrieben wurde: die Zahlenfolge ist sortiert, das Attribut sortiert wird auf true gesetzt und die Schleife bricht ab. Sind beide Eingabedateien leer und wurden beide Ausgabedateien benutzt, so werden Ein- und Ausgabedateien gewechselt und der Sortiervorgang wird fortgesetzt. Ein Wechseln der Ein- und Ausgabedateien stellt die Anfangsbedingungen für den Aufruf der Methode bearbeiteInt sicher, in der eine fest vorgegebene Reihenfolge der Aufrufe von versuche die Sortierung durchführt. Ist das Sortieren beendet, so sorgt mische abschließend dafür, daß der Datei, die die Ausgangsfolge enthielt, auch die sortierte Folge zugewiesen wird. Statt hierzu die Daten bei Bedarf aus der einen in die andere Datei zu kopieren, benutzen wir einfach zwei anonyme Objekte der Klasse File, um zunächst die Ausgangsdatei zu löschen und anschließend die Datei mit der sortierten Folge passend umzubenennen. Das Bsp. 13.8 zeigt die vollständige Klasse Sortierer.

```
private void bearbeiteInt() throws Exception {
  boolean bearbeitet = false;
  if (!ein1.gibEnde()) {
    bearbeitet = versuche(ein1, aus1);
    einsBenutzt = bearbeitet || einsBenutzt;
    if (!bearbeitet) {
      bearbeitet = versuche(ein1, aus2);
      einsBenutzt = !bearbeitet && einsBenutzt;
    }
  }
  if (!(bearbeitet || ein2.gibEnde())) {
    bearbeitet = versuche(ein2, aus1);
    einsBenutzt = bearbeitet || einsBenutzt;
    if (!bearbeitet) {
      bearbeitet = versuche(ein2, aus2);
      einsBenutzt = !bearbeitet && einsBenutzt;
    }
  }
  if (!bearbeitet) {
    Eingabedatei ein = !ein1.gibEnde() ? ein1 : ein2;
    if (einsBenutzt)
      aus2.schreibe(ein.gibGelesen());
    else
      aus1.schreibe(ein.gibGelesen());
    einsBenutzt = !einsBenutzt;
    ein.lese();
  }
}
```

Bsp. 13.7: Die Methoden zum Vertauschen und Bearbeiten

```
import java.io.*;

class Sortierer {
  private Eingabedatei ein1, ein2;
  private Ausgabedatei aus1, aus2;
  private boolean einsBenutzt;
  private String ausgangsdatei;
```

Bsp. 13.8: Die Klasse Sortierer (Teil 1; Fortsetzung Teil 2)

```
public Sortierer(String d)
  throws Exception {
  ausgangsdatei = d;
  ein1 = new Eingabedatei(ausgangsdatei);
  ein2 = new Eingabedatei("sort2");
  aus1 = new Ausgabedatei("sort3");
  aus2 = new Ausgabedatei("sort4");
  einsBenutzt = false;
}
private void bearbeiteInt() throws Exception {
  boolean bearbeitet = false;
  if (!ein1.gibEnde()) {
    bearbeitet = versuche(ein1, aus1);
    einsBenutzt = bearbeitet || einsBenutzt;
    if (!bearbeitet) {
      bearbeitet = versuche(ein1, aus2);
      einsBenutzt = !bearbeitet && einsBenutzt;
    }
  }
  if (!(bearbeitet || ein2.gibEnde())) {
    bearbeitet = versuche(ein2, aus1);
    einsBenutzt = bearbeitet || einsBenutzt;
    if (!bearbeitet) {
      bearbeitet = versuche(ein2, aus2);
      einsBenutzt = !bearbeitet && einsBenutzt;
    }
  }
  if (!bearbeitet) {
    Eingabedatei ein = !ein1.gibEnde() ? ein1 : ein2;
    if (einsBenutzt)
      aus2.schreibe(ein.gibGelesen());
    else
      aus1.schreibe(ein.gibGelesen());
    einsBenutzt = !einsBenutzt;
    ein.lese();
  }
}
private boolean versuche(Eingabedatei ein, Ausgabedatei aus)
throws Exception {
  boolean erfolg;
  if (erfolg =(!ein.gibEnde()&&(ein.gibGelesen()
        >=aus.gibGeschrieben())))) {
    aus.schreibe(ein.gibGelesen());
    ein.lese();
  }
  return erfolg;
}
```

Programmbeispiel 13.8: Die Klasse Sortierer *(Teil 2; Fortsetzung Teil 3)*

```
    private void tauscheEinEin() {
      Eingabedatei hilf = ein1;
      ein1 = ein2;
      ein2 = hilf;
    }
    private void tauscheAusAus() {
      Ausgabedatei hilf = aus1;
      aus1 = aus2;
      aus2 = hilf;
    }
    private void tauscheEinAus() throws Exception {
      String ein1Name = ein1.gibName();
      String ein2Name = ein2.gibName();
      ein1 = new Eingabedatei(aus1.gibName());
      ein2 = new Eingabedatei(aus2.gibName());
      aus1 = new Ausgabedatei(ein1Name);
      aus2 = new Ausgabedatei(ein2Name);
    }
  public void mische() throws Exception {
    boolean sortiert = false;
    while (!sortiert) {
        if (ein2.kleiner(ein1)) tauscheEinEin();
        if (aus1.kleiner(aus2)) tauscheAusAus();
        bearbeiteInt();
        if (ein1.gibEnde() && ein2.gibEnde()) {
          if (aus1.gibBenutzt() && aus2.gibBenutzt())
            tauscheEinAus();
          else sortiert = true;
        }
    }
    if (aus1.gibName() != ausgangsdatei) {
      (new File(ausgangsdatei)).delete();
      (new File(aus1.gibName())).renameTo(
                            new File(ausgangsdatei));
    }
  }
}
```

Programmbeispiel 13.8: Die Klasse Sortierer *(Teil 3)*

Abschließend wollen wir noch kurz demonstrieren, wie mit der Klasse Sortierer gearbeitet werden kann. Das Bsp. 13.9 zeigt die Klasse Mischen. Sie enthält eine Methode main, in der zunächst Daten in eine Datei geschrieben werden, dann die Methode Mische eines anonymem Sortierers aufgerufen und schließlich das Ergebnis der Sortierung auf dem Bildschirm angezeigt wird. Bei seiner Ausführung vollzieht das Beispiel eine Sortierung gemäß des in Abb. 13.2 visualisierten Ablaufes.

```
import java.io.*;
class Mischen {
  public static void main(String[] args)
  throws Exception {
    String dat = "MD";
    DataOutputStream a =
      new DataOutputStream(new FileOutputStream(dat));
    a.writeInt(15); a.writeInt(11); a.writeInt(1); a.writeInt(8);
    a.writeInt(3); a.writeInt(7); a.writeInt(9); a.writeInt(6);
    (new Sortierer(dat)).mische();
    try {
      DataInputStream e =
        new DataInputStream(new FileInputStream(dat));
      while (true)
        System.out.println(e.readInt());
    }
    catch (EOFException eof) {};
  }
}
```

Bsp. 13.9: *Beispiel für den Aufruf von* mische

13.5 Ströme und ihre Methoden

In diesem Kapitel werden die wesentlichen Methoden der in den vorangehenden Beispielen genutzten Klassen und Abstraktionen des Paketes java.io kurz vorgestellt, um dem Leser einen Überblick zu geben. Es ist auf jeden Fall auch empfehlenswert, als Ergänzung das entsprechende Kapitel der Sprachspezifikation [GJS00] durchzuarbeiten.

Die Abstraktion DataOutput

Die Abstraktion DataOutput stellt Methoden zum Schreiben der primitiven Datentypen bereit, deren Namen weitgehend selbsterklärend sind. Alle Methoden lösen eine Ausnahme des Typs EOFException aus, falls das Schreiben nicht möglich ist. Das abgelegte Format kann von den Methoden der Abstraktion DataInput gelesen werden. U.a. sind in DataOutput folgende Methoden verfügbar:

```
public void writeBoolean(boolean v) throws IOException;
public void writeByte(int v) throws IOException;
public void writeShort(int v) throws IOException;
public void writeChar(int v) throws IOException;
public void writeInt(int v) throws IOException;
```

```
public void writeLong(long v) throws IOException;
public void writeFloat(float v) throws IOException;
public void writeDouble(double v) throws IOException;
public void writeBytes(String s)
    throws IOException, NullPointerException;
```
Für jedes Zeichen des Textes s wird wird ein Byte in den Ausgabestrom geschrieben.

```
public void writeChars(String s)
    throws IOException, NullPointerException;
```
Für jedes Zeichen des Textes s werden zwei Bytes (ein char-Zeichen) in den Ausgabestrom geschrieben.

```
public void writeUTF(String s)
    throws IOException, NullPointerException;
```
Der Text wird im UTF-8-Format (siehe Anhang) abgelegt. Dabei wird in den ersten beiden geschriebenen Bytes die Länge des Textes abgelegt.

```
public void write(int b) throws IOException;
```
Ein Byte wird in den Ausgabestrom geschrieben.

```
public void write(byte[] b)
    throws IOException, NullPointerException;
```
Es werden alle Bytes aus dem dem Feld b in den Ausgabestrom geschrieben.

Die Abstraktion DataInput

Die Abstraktion DataInput stellt Methoden zum Lesen der primitiven Datentypen bereit, deren Namen weitgehend selbsterklärend sind. Die Methoden sind in der Lage, die entsprechenden Typen zu erkennen, wenn die Werte mit den Methoden der Abstraktion DataOutput geschrieben wurden. Außer skipBytes lösen alle Methoden eine Ausnahme des Typs EOFException aus, wenn das Dateiende erreicht wird. EOFException ist eine Subklasse von IOException, deren Objekte in anderen Fehlerfällen geworfen werden. U.a. sind folgende Methoden verfügbar:

```
public boolean readBoolean() throws IOException;
public byte readByte() throws IOException;
public int readUnsignedByte() throws IOException;
public short readShort() throws IOException;
public int readUnsignedShort() throws IOException;
public char readChar() throws IOException;
public int readInt() throws IOException;
public long readLong() throws IOException;
public float readFloat() throws IOException;
```

```
public double readDouble() throws IOException;
public String readUTF() throws IOException;
```
Es wird ein Text gelesen, der im UTF-8-Format (siehe Anhang) abgelegt ist. Dabei wird aus den ersten beiden Bytes die Länge des Textes ermittelt.

```
public int skipBytes(int n) throws IOException;
```
Es wird versucht, n Bytes des Eingabestroms zu überspringen. Es wird nur bis unmittelbar vor das Dateiende gesprungen, die Anzahl der tatsächlich übersprungenen Bytes wird als Ergebnis zurückgegeben.

```
public void readFully(byte[] b) throws IOException;
```
Es werden Bytes aus dem Eingabestrom gelesen und in dem Feld b gespeichert. Die Anzahl der gelesenen Zeichen ergibt sich aus der Länge von b.

Die Klasse `OutputStream`

Die abstrakte Klasse `OutputStream` stellt Methoden zum Schreiben von einzelnen Zeichen bereit. Alle Methoden lösen im Fehlerfall eine Ausnahme des Typs `IOException` aus. Zur Verfügung stehen u.a.:

```
public abstract void write(int b) throws IOException;
public void write(byte[] b)
   throws IOException, NullPointerException;
public void close() throws IOException;
```
Die Methode schließt den Ausgabestrom.

Die Klasse `InputStream`

Die abstrakte Klasse `InputStream` stellt Methoden zum Lesen von einzelnen Zeichen bereit. Alle Methoden lösen im Fehlerfall eine Ausnahme des Typs `IOException` aus. Zur Verfügung stehen u.a.:

```
public abstract int read() throws IOException;
public int read(byte[] b)
   throws IOException, NullPointerException;
public void close() throws IOException;
public long skip(long n) throws IOException;
```
Es wird versucht, die nächsten n Bytes zu überspringen.

```
public int available() throws IOException;
```
Die Methode gibt die Anzahl der noch verfügbaren Bytes im Strom zurück.

Die Klassen `FileOutputStream` und `FileInputStream`

Die Klasse `FileOutputStream` stellt Methoden zum Schreiben von einzelnen Zeichen in eine Datei des Dateisystems bereit. Sie ist vereinbart als:

```
public class FileOutputStream extends OutputStream;
```

Die Methoden der Klasse `OutputStream` werden redefiniert, zusätzlich werden Konstruktoren vereinbart:

```
public FileOutputStream(String path)
   throws SecurityException, FileNotFoundException;
```
   Die Methode legt ein neues Objekt an, dessen zugehörige Datei an der durch `path` gegebenen Position des Dateisystems liegt, die relativ zu dem Verzeichnis bestimmt wird, in dem das Programm ausgeführt wird.

```
public FileOutputStream(File file)
   throws SecurityException, FileNotFoundException;
```
   Legt ein neues Objekt an, dessen zugehörige Datei an der durch das Objekt `file` der Klasse `File` gegebenen Position des Dateisystems liegt.

Analog ist auch die Klasse `FileInputStream` vereinbart.

Die Klassen `FilterOutputStream` und `FilterInputStream`

Die Klassen `FilterOutputStream` und `FilterInputStream` erweitern die Klassen `InputStream` bzw. `OutputStream`, indem die dort definierten Methoden redefiniert werden. Es wird in beiden Klassen je ein Konstruktor vereinbart, der als Parameter den Ausgabe- bzw. Eingabestrom übergeben bekommt, auf dem anschließend der Filter aufsetzt.

```
public FilterOutputStream(OutputStream out);
public FilterInputStream(InputStream in);
```

Die Klassen `DataOutputStream` und `DataInputStream`

Die beiden Klassen stellen sowohl die Methoden bereit, die sie von ihren Superklassen `FilterOutputStream` bzw. `FilterInputStream` erben, als auch die Methoden, die die jeweilige Abstraktion `DataOutput` bzw. `DataInput` vorgibt. Die ererbten Methoden werden teilweise redefiniert, ihre Schnittstelle und ihr Verhalten ändern sich nicht gegenüber den zuvor vorgenommenen Beschreibungen. Die beiden Klassen sind folgendermaßen vereinbart:

```
public class DataOutputStream
  extends FilterOutputStream
  implements DataOutput {
    // ...
}

public class DataInputStream
  extends FilterInputStream
  implements DataInput {
    // ...
}
```

13.6 Übungen

Aufgabe 1

Erstellen Sie einfache Methoden, die die folgenden Operationen auf Textdateien ausführen:

- Alle mehrfach aufeinander folgenden Vorkommen des gleichen Zeichens in einer vorgegebenen Datei werden zu einem Zeichen zusammengefaßt und in eine weitere Datei geschrieben, so daß beispielsweise aus aabbbaccbb dann abacb wird.

- Die Wörter einer Eingabedatei werden derart auf zwei Ausgabedateien verteilt, daß zwei aufeinander folgende Wörter der Eingabedatei in unterschiedliche Ausgabedateien geschrieben werden. Ein Wort sei eine Folge von Zeichen, die durch den Dateianfang, das Dateiende oder mindestens ein Leerzeichen begrenzt wird und selbst kein Leerzeichen enthält.

- Aus zwei Dateien, die jeweils eine Folge von ganzen Zahlen enthalten, wird durch paarweises Summieren von jeweils einer Zahl aus jeder Folge eine neue Folge gebildet, die in eine dritte Datei geschrieben wird. Endet eine der Eingabedateien, so endet auch die Summenbildung.

  Beispiel: 1 3 5 und 3 5 9 5 1 werden durch paarweise Addition zu 4 8 14.

Aufgabe 2

Ergänzen Sie die aus Kapitel 6.5 bekannte Klasse Graph um Methoden zum Sichern und Laden, die einen gerichteten Graphen in einer Datei ablegen und aus dieser wieder rekonstruieren.

Aufgabe 3

Entwickeln Sie eine Methode, welche drei gleichlange Dateien auf die nachfolgend beschriebene Weise miteinander zu einer Datei vermischt:

> Die Inhalte aller drei Dateien werden zeichenweise eingelesen und in eine Ausgabedatei ausgegeben. Nach jedem Zeichen wird die Eingabedatei gewechselt. Die erste Datei wird von ihrem Anfang ausgehend zum Ende hin gelesen, die zweite Datei von ihrem Ende ausgehend zum Anfang hin gelesen, und die dritte Datei wird beginnend von ihrer Mitte aus abwechselnd zum Anfang und Ende gelesen. Von jeder Datei soll zu einem Zeitpunkt jeweils höchstens ein Zeichen in Variablen des Musters gespeichert werden.
>
> *Beispiel:* abc, def und ghi werden zu afhbegcdi.

Kapitel 14
Applets – Java im Internet

In diesem Kapitel wollen wir Ihnen zeigen, wie man ein Java-Programm schreibt, das in einem HTML-Browser[1] ablaufen kann. Ein solches Programm wird als *Applet* bezeichnet. Wir beginnen wieder mit einem einfachen Beispiel, das die Grundbedingungen für die Arbeit mit Applets aufzeigt. Die Anwendungen werden dann schrittweise komplexer und wir nutzen die Gelegenheit, die Gestaltung graphischer Benutzungsoberflächen vorzustellen. Deren Implementierung erfolgt in Applets auf dieselbe Art und Weise wie in Java-Applikationen, so daß die Erkenntnisse aus diesem Kapitel auch allgemein für die Programmierung mit Java gelten. Das Kapitel schließt mit einigen Anmerkungen zur Sicherheit beim Einsatz von Applets.

14.1 Bibliotheken zur Implementierung von Benutzungsoberflächen

Unter dem Sammelbegriff *Java Foundation Classes* (JFC) wird eine Vielzahl von Paketen und in diesen enthaltenen Klassen zusammengefaßt, die die Implementierung graphischer Benutzungsoberflächen ermöglichen. Graphische Benutzungsoberflächen zeichnen sich dadurch aus, daß zur Darstellung von Informationen auf dem Bildschirm und zur Interaktion mit dem Nutzer graphische Elemente wie beispielsweise Menüleisten mit Menüs, verschiedene Schaltknöpfe, Felder zur Ein- oder Ausgabe von Texten sowie Flächen zur Darstellung von Bildern oder zum Zeichnen geometrischer Figuren verwendet werden.

Der Einsatz graphischer Benutzungsoberflächen ist immer verbunden mit einem auf Zeigen und Auswählen basierenden Ansprechen von graphischen Elementen wie Menüs oder Schaltknöpfen. Durch diese erweiterten Techniken zur Eingabe von Informationen besitzt der Benutzer zugleich weitergehende Möglichkeiten zur Steuerung des Programmablaufs: das Verschieben des Zeigers auf dem Bildschirm durch den Benutzer ändert unmittelbar den Teil des Programms, der angesprochen wird. Die Programmierung graphischer Oberflächen muß daher solche Manipulationen des Benutzers erkennen und darauf geeignet reagieren können.

---

[1] HTML steht für *Hypertext Markup Language*.

Die generellen Gestaltungsmerkmale für Fenster und graphische Elemente, die Menge der zur Verfügung stehenden Elemente und deren spezifisches Aussehen unterscheiden sich unter verschiedenen Betriebssystemen. Das Erscheinungsbild einer graphischen Benutzungsoberfläche ist daher grundsätzlich betriebssystem-abhängig. Ein wesentliches Ziel bei der Gestaltung von Java war die Unabhängigkeit von einer bestimmten Plattform. Daher werden in Java die plattformabhängigen Aspekte von Benutzungsoberflächen in Klassen verkapselt und damit vor dem Programmierer verborgen. Diese Klassen zählen zu den JFC und werden als *Abstract Windows Toolkit (AWT)* bezeichnet.

Die Klassen des AWT unterstützen solche Gestaltungselemente, die unter allen Betriebssystemplattformen verfügbar sind, d.h. den Durchschnitt der allgemein vor-handenen graphischen Elemente. Die Klassen des AWT stehen für jede Plattform in einer plattformspezifischen Implementierung zur Verfügung. Ein Java-Programm, welches AWT-Klassen nutzt, ist daher auf jeder Plattform ausführbar, das Erschei-nungsbild seiner Benutzungsoberfläche paßt sich bei der Ausführung jeweils der ausführenden Plattform an. Die Präsentation eines Programms kann sich daher auf verschiedenen Plattformen erheblich unterscheiden. Die Klassen des AWT finden sich im Paket `java.awt` und seinen Unterpaketen.

Neben dem AWT bietet Java jedoch auch die Möglichkeit, Benutzungsoberflächen zu implementieren, bei denen die Präsentation auf allen Plattformen gleich erfolgt. Hierzu dient eine zweite Gruppe von Klassen der JFC, die unter dem Begriff *Swing* zusammengefaßt werden. Die Swing-Klassen nutzen die von AWT bereitgestellten Zeichenmöglichkeiten, um ebenfalls die Elemente graphischer Oberflächen zu implementieren. So stehen unter AWT und Swing jeweils die gleichen Elemente zur Verfügung. Während aber beispielsweise ein Schaltknopf der AWT-Klasse `Button` unmittelbar als plattformspezifisch dargestellter Schaltknopf präsentiert wird, wird ein Schaltknopf der Klasse `JButton` aus Swing als »Strichzeichnung« mit Hilfe von AWT-Methoden aufgebaut. Da Striche auf allen Plattformen gleich gezeichnet werden, führt eine solche Strichzeichnung immer zu der gleichen Darstellung. Eine mit Swing-Klassen implementierte Oberfläche bietet somit auf jeder Plattform das gleiche Erscheinungsbild. Die Klassen von Swing befinden sich im Paket `javax.swing` und seinen Unterpaketen. Für viele Elemente finden sich korrespon-dierende Klassen in AWT und Swing, beispielsweise für Schaltknöpfe die Klassen `Button` (in AWT) und `JButton` (in Swing) – das »J« im Namen ist immer ein Hin-weis auf eine Swing-Klasse. Klassen, die sich in AWT und Swing nicht unter-scheiden würden, werden nur im AWT bereitgestellt, so daß auch bei der Implementierung mit Swing meistens Klassen des AWT mitgenutzt werden müssen.

Die Entscheidung über den Einsatz von AWT oder Swing sollte abhängig von der Problemstellung getroffen werden. Soll sich ein Programm in seinem *Look-and-Feel* der jeweiligen Plattform und damit auch anderen auf dieser Plattform eingesetzten Programmen anpassen, ist AWT die geeignete Grundlage; soll seine Oberfläche grundsätzlich auf die gleiche Weise präsentiert werden, so muß Swing gewählt werden. Da die Realisierung von Swing zwangsläufig auf AWT zurückgreift, ist eine Ausführung von Swing-Elementen auch immer aufwendiger als die von AWT-Elementen.

Auch Applets kommen in zweierlei Versionen vor: Die Klasse `Applet` des AWT stellt eine plattformspezifische Implementierung bereit, die Klasse `JApplet` bietet die plattformunabhängige Implementierung der graphischen Elemente aus der Swing-Bibliothek. Wir werden im vorliegenden Kapitel die plattformabhängige Variante nutzen, also die Klasse `Applet`, da wir in unseren Beispielen nur Zeichenmethoden nutzen werden, die ausschließlich im AWT bereitgestellt werden. Eine Einführung in die Arbeit mit Swing-Klassen erfolgt dann in Kapitel 15.

14.2 Ein erstes Beispiel

In unserem ersten Beispiel wollen wir einen mit Farbe ausgefüllten Kreis darstellen. Die Farbe soll eingestellt werden können: Je nach Wert eines Parameters soll sie entweder rabenschwarz oder hellgrau sein. Das Programm insgesamt soll in einem WWW-Browser ablaufen. Wir sehen uns zunächst die HTML-Datei mit dem Namen `ErsterKreis.html` an (Bsp. 14.1).

```
<HTML>
<HEAD>
<TITLE> Ein Kreis </TITLE>
<BODY>
<h1>Ein einfaches Applet stellt einen farbigen Kreis dar </h1>
<APPLET CODE="ErsterKreis" WIDTH=800 HEIGHT=800>
<PARAM NAME="Farbe" VALUE="1">
</APPLET>
</BODY>
</HTML>
```

Bsp. 14.1: Datei `ErsterKreis.html`

Im Zentrum dieser Datei steht die Zeile, die durch <APPLET> eingeleitet wird. Wir finden die Zuweisung einer Zeichenkette `ErsterKreis` an einen Namen CODE, dann eine Liste weiterer Zuweisungen an Variablen mit den Namen WIDTH und HEIGHT. Diese Zeile sagt, daß der Browser den in `ErsterKreis.class` zu findenden Code ausführen soll, dafür soll ein Rechteck der Weite 200 und der Höhe 200 zur Verfügung gestellt werden; diese Längenangaben erfolgen in Pixeln. Die nächste Zeile in dieser Datei wird durch das Schlüsselwort PARAM eingeleitet, dann werden Zuweisungen durchgeführt, die wir gleich diskutieren werden. Die HTML-Angaben um diese beiden Zeilen herum dienen lediglich dazu, eine ordentliche HTML-Datei herzustellen und diese mit einem Titel zu versehen. Wir beachten sie nicht weiter.

Betrachten wir in Bsp. 14.2 die zugehörige Java-Datei. Die einzige Klasse, die hier zu diskutieren ist, heißt ErsterKreis, sie erbt von der Klasse Applet. Diese Klasse ist im Paket java.applet enthalten, deshalb importieren wir das entsprechende Paket. Die Klasse ErsterKreis besitzt zwei lokale Variablen: einmal die Variable d, die vom Typ Dimension ist, dann eine Variable c, die vom Typ Color ist. Dimension und Color sind Klassen aus dem Paket java.awt, das wir komplett importieren. Die Klasse enthält zwei Methoden, nämlich eine offensichtlich zur Initialisierung benötigte parameterlose Methode init und eine Methode paint, die einen Parameter vom Typ Graphics besitzt. Beide Methoden sind öffentlich und geben keinen Wert zurück.

```java
import java.applet.*;
import java.awt.*;
public class ErsterKreis extends Applet {
  Dimension d;
  Color c;
  public void init() {
    d = getSize();
    setBackground(Color.white);
    int i = Integer.parseInt(getParameter("Farbe"));
    c = (i==1 ? Color.black : Color.lightGray);
  }
  public void paint(Graphics g) {
    g.setColor(c);
    g.fillOval(5, 5, d.width-10, d.height-10);
  }
}
```

Bsp. 14.2: Die Klasse ErsterKreis

Schauen wir uns zunächst die Initialisierungsmethode init an:

Zuerst wird die Methode getSize aufgerufen, das Ergebnis wird der Variablen d zugewiesen. Hinter den Kulissen geschieht Folgendes: Die Methode getSize liest die Parameter WIDTH und HEIGHT aus der zugeordneten HTML-Datei. Das ist diejenige HTML-Datei, von der aus das Applet mittels CODE aufgerufen worden ist, in unserem Beispiel also die uns schon bekannte Datei ErsterKreis.html. Die entsprechenden Werte aus dieser HTML-Datei werden den Attributen d.width und d.height zugewiesen. Sie dienen dazu, die Größe des Bildes festzulegen und sind unverzichtbare Bestandteile eines solchen Applets.

Als nächstes lesen wir aus der HTML-Datei den Wert des Parameters Farbe, indem wir getParameter für diese Zeichenkette aufrufen. Wenn Sie sich die HTML-Datei daraufhin noch einmal ansehen, so stellen Sie fest, daß wir hier ein

Paar von Bezeichnern aus Namen und Werten haben. NAME und VALUE werden jeweils Zeichenketten zugewiesen. Der Wert von VALUE wird mit Hilfe des Namens verfügbar gemacht: Da wir die Methode getParameter mit der Zeichenkette "Farbe" als Parameter aufrufen, lesen wir die VALUE zugeordnete Zeichenkette, die dann als Wert dieses Methodenaufrufs zurückgegeben wird. Die einhüllende Klasse Integer (vergleiche Kapitel 3.6) stellt die Methode parseInt zur Verfügung, die eine Zeichenkette, die eine Zahl darstellt, als Argument nimmt und den entsprechenden Wert des Typs int zurückgibt. Daher bekommt die ganzzahlige Variable i in unserem Beispiel den Wert 1 zugewiesen. Dieser Wert bestimmt die Farbe. Falls i den Wert 1 hat, soll die Farbe Schwarz gewählt werden, falls dagegen ein anderer Wert vorliegt, Hellgrau. Sie sehen, wie die entsprechende Zuweisung vor sich geht: Der Farbe c wird eine der beiden Farbkonstanten, die in der Klasse Color definiert sind, zugewiesen. Damit hat also die Methode init die Dimension des darzustellenden Bildes und die Farbe, in der gearbeitet werden soll, festgestellt.

Die Methode paint leistet die eigentliche Arbeit:

Sie besitzt einen Parameter g vom Typ Graphics. Intuitiv ist die Bedeutung klar: Das Objekt g soll dargestellt werden. Zunächst setzen wir die Farbe, mit der innerhalb dieses Objekts gearbeitet werden soll. Hierzu dient in der Klasse Graphics die Methode setColor, die als einzigen Parameter ein Objekt vom Typ Color übergeben bekommt. Dann wird eine Methode namens fillOval aufgerufen. Diese Methode dient dazu, eine Ellipse darzustellen, deren Weite und Höhe als dritter bzw. vierter Parameter übergeben wird. Diese Daten werden relativ zum Ursprung, der in den ersten beiden Parametern dargestellt ist, angegeben. Die Ursprungsdaten beschäftigen uns gleich ein wenig ausführlicher (Kapitel 14.3), daher sollen sie hier noch nicht diskutiert werden. Die Ellipse wird mit der Farbe ausgefüllt, die durch die Farbsetzung bestimmt ist.

Die Methode paint des Applets wird im laufenden Betrieb durch den Browser aufgerufen. Dies geschieht in unregelmäßigen und nicht vorhersehbaren Abständen. Für diesen Aufruf stellt der Browser ein passendes Graphics-Objekt bereit und übergibt es an die paint-Methode. Weder das Applet noch die aufrufende HTML-Datei enthalten also explizite Aufrufe der Methoden init und paint, diese erfolgen lediglich implizit durch den Browser.

Die Ausführung des Applets kann auf zwei Arten erfolgen: Entweder Sie öffnen die entsprechende HTML-Datei in einem Browser, also etwa *Netscape Navigator* oder *Microsoft Explorer*, dann bekommen Sie die Überschrift, über die wir bis jetzt noch nicht gesprochen haben, feinsäuberlich dargestellt, darunter ist die Ellipse, die in diesem Fall ein Kreis ist, in der angegebenen Farbe (schwarz) dargestellt. Die Alternative besteht darin, ein im Java-Entwicklungspaket enthaltenes Programm, den *Appletviewer*, aufzurufen und ihm als Argument den vollen Dateinamen der HTML-Datei mitzugeben, so daß der Aufruf lautet:

```
appletviewer ErsterKreis.html
```

Auch mit dem Appletviewer bekommen Sie dann den Kreis dargestellt, allerdings wird die Überschrift nicht gezeigt, die Nachricht "Applet startet" wird auf der Fläche des Applets ausgegeben, und das sich öffnende Fenster hat genau die Ausdehnung, die durch die Parameter vorgegeben ist. Wenn man von der fehlenden Überschrift absieht, so sollte das Wesentliche des Applets von Browser oder Appletviewer äquivalent dargestellt werden.

Wir haben nun einiges Neues zu diskutieren, nämlich Farben und Graphiken. Bevor wir das tun, soll noch einmal kurz auf den Kontrollfluß innerhalb des Applets eingegangen werden. Der erste Streich nach Aufrufen des Applets besteht im Aufruf der init-Methode. Diese Methode sollte dazu benutzt werden, die Umgebungsparameter zu lesen und auszuwerten; andere Initialisierungen sollten ebenfalls hier stattfinden. Ist diese Initialisierung beendet, so stehen im Prinzip die entsprechenden Werte bereit, so daß der Browser oder der Appletviewer die paint-Methode aufrufen kann, wann es ihm günstig erscheint. Es ist ausgesprochen widersinnig, etwa die Umgebungsparameter in der paint-Methode auszuwerten, da hier ja eine wiederholte Auswertung derselben unveränderten Ausdrücke stattfinden würde. Das belastet lediglich die Ressourcen.

Sehen wir uns das Farbmodell an. Es ist in der Klasse Color niedergelegt und umfaßt neben Konstanten, die Farben repräsentieren und als static vereinbart sind, einige Konstruktoren und Methoden, mit denen Farben definiert werden können. Es werden mehrere Farbmodelle unterstützt, beispielsweise das RGB-Farbmodell, das jede Farbe aus den Grundfarben R̲ot, G̲rün und B̲lau zusammensetzt. Jede dieser Farbkomponenten wird durch einen Wert im Intervall [0, 255] dargestellt. Die Farbe Schwarz wird durch den Vektor (0,0,0) dargestellt, die Farbe Weiß durch den Vektor (255,255,255). Alle dazwischenliegenden Werte können durch entsprechende Kombinationen konstruiert werden. Möchte man eine Farbe für den Farbvektor (r,g,b) setzen, so tun man dies, indem man den Konstruktor Color(r,g,b) aufruft und das zugehörige Farbobjekt erhält. Die Klasse verfügt über vielfältige andere Methoden, so kann man aus einer Farbe etwa den Grün-Anteil extrahieren oder ihn abdunkeln. Da wir diese Methoden hier nicht benötigen, wollen wir sie auch nicht diskutieren, der Leser sei auf die Dokumentation der Klasse verwiesen.

14.3 Graphiken und all das

In unserem ersten Beispiel wurde die Klasse `Graphics` bereits erwähnt, sie soll nun näher diskutiert werden. Applets werden durch Graphiken erst schön, aber es gibt auch andere Klassen, mit deren Hilfe Applets attraktiv gestaltet werden können. Hierzu gehören Klassen, mit deren Hilfe Bilder oder Töne dargestellt werden können, auch sie sollen hier kurz im Überblick dargestellt werden.

Wir wollen uns das folgende praktische Problem vornehmen und unser erstes Applet entsprechend erweitern. Gegeben seien die zwölf Tierkreiszeichen *Widder, Stier, Zwillinge, Krebs, Löwe, Jungfrau, Waage, Skorpion, Schütze, Steinbock, Wassermann* und *Fische*. Diese Namen der Tierkreiszeichen sollen regelmäßig auf einem Kreis angeordnet werden. Das soll so geschehen, daß jeder dieser Tierkreisnamen in einem eigenen Kreis steht. Wir wollen mit *Widder* beginnen: Er soll im Osten, also rechts stehen, dann sollen die Tierkreiszeichen im mathematisch positiven Sinne, also gegen den Uhrzeigersinn angeordnet werden. Die kleinen Kreise, in die die Namen geschrieben werden sollen, sollen selbstverständlich gleich groß sein und sich in jeweils genau einem Punkt berühren. Sie sollen eine hellgraue Farbe besitzen und gleichmäßig eingefärbt sein, die Namen der Tierkreiszeichen sollen in schwarzer Farbe gedruckt werden. Zusätzlich sollen die Mittelpunkte benachbarter Kreise durch eine Strecke verbunden sein, so daß sich ein regelmäßiges zwölfseitiges Polygon ergibt. Dieses Polygon soll blau gezeichnet sein, was wir allerdings in den schwarzweiß gedruckten Abbildungen dieses Buches nicht erkennen können.

Bevor wir die Lösung für dieses Problem konstruieren, müssen wir wohl oder übel einige geometrische Betrachtungen anstellen, damit wir die Mittelpunkte der Kreise so anordnen, daß die Kreise für die Namen der Tierkreiszeichen überlappungsfrei gezeichnet werden können. Wir betrachten zunächst den Einheitskreis, der seinen Mittelpunkt im Ursprung hat. Wenn wir zwölf Punkte in gleichen Abständen auf der Kreislinie positionieren, so entstehen zwölf Sektoren, die wie Tortenstücke aussehen, und deren innerer Winkel 30° groß ist. Wenn wir die Koordinaten der einzelnen Punkte in den Feldern x und y speichern, so haben wir also die zwölf Punkte (x[0],y[0]), ..., (x[11],y[11]). Die Verteilung dieser Punkte auf der Kreislinie zeigt die Abb. 14.1. Sie sehen, daß der nullte Punkt im Osten bei drei Uhr liegt, und daß die Punkte gegen den Uhrzeigersinn angeordnet sind.

Elementare geometrische Betrachtungen zeigen das Folgende:

- Für die Koordinaten gilt
  x[i] = Math.cos(i*w)
  und
  y[i] = Math.sin(i*w),
  wobei w = Math.Pi/6.0 der im Bogenmaß gemessener Winkel von 30° ist. Dies gilt für i = 0, ..., 11 und folgt direkt aus der bekannten Definition der trigonometrischen Funktionen.

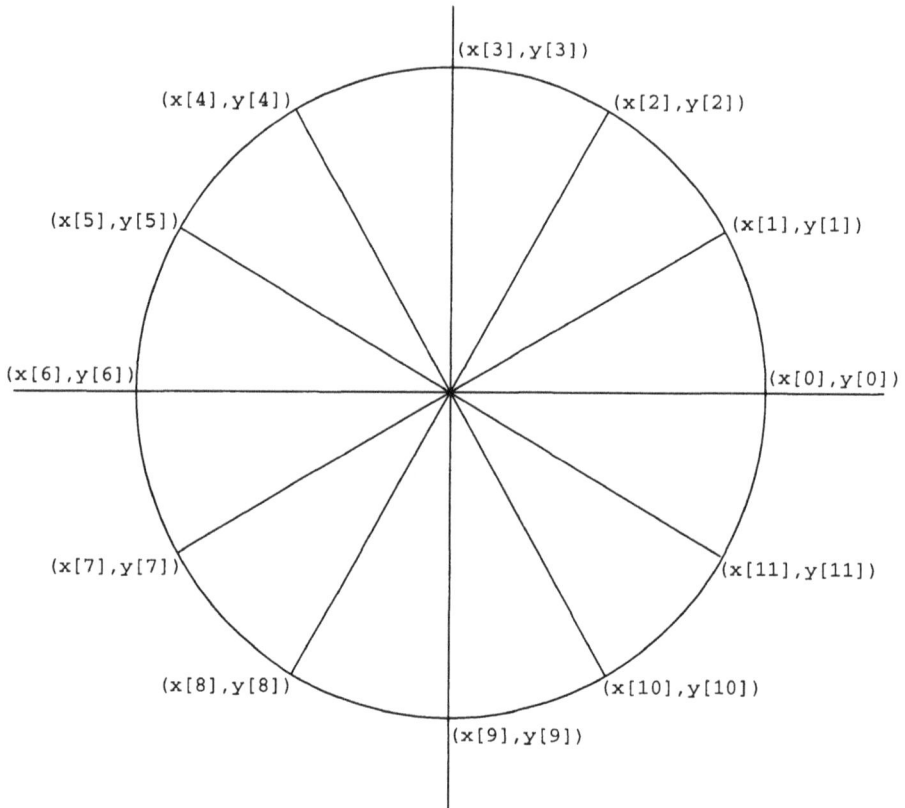

Abb. 14.1: Die Mittelpunkte der Tierkreiszeichen

- Zwei aufeinander folgende Punkte haben den Abstand
  `punktAbstand = Math.sqrt(2.0-Math.sqrt(3.0))`.
  Das folgt direkt aus dem *Satz des Pythagoras,* mit dessen Hilfe man den *euklidischen Abstand* z.B. zwischen den Punkten `(x[0],y[0])` und `(x[1],y[1])` berechnet, der ja derselbe wie der Abstand aller anderen benachbarten Punkte sein muß.

Wir haben bei diesen geometrischen Betrachtungen den Einheitskreis angenommen. Falls wir einen Kreis mit dem Durchmesser *r* haben, müssen wir diese Werte mit diesem Faktor multiplizieren. Damit sind unsere geometrischen Betrachtungen beendet, und wir werden jetzt uns überlegen, wie wir sie in geeigneten Java-Code übertragen.

Wir haben mit Koordinaten argumentiert, und in der Tat, wenn wir ein Applet ablaufen lassen, so gibt uns ja der Parameter WIDTH die Breite und HEIGHT die Höhe des Fensters an, dessen Koordinatenursprung in der linken oberen Ecke liegt. Die Vergrößerung der x-Koordinate bedeutet eine Bewegung in diesem Fenster nach rechts, die Vergrößerung der y-Koordinate bedeutet eine Bewegung nach unten. Dies ist in Abb. 14.2 dargestellt

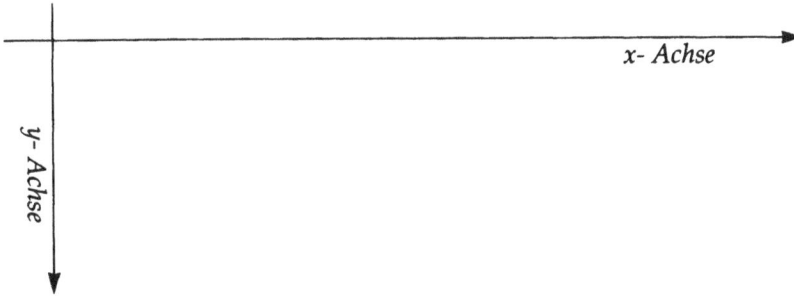

x- Achse

y- Achse

Abb. 14.2: Ausrichtung der x- und y-Dimensionen

Eine Bewegung in diesem Koordinatensystem ist demnach geringfügig anders, als die uns aus dem kartesischen Koordinatensystem bekannte Form: eine Zunahme der x-Koordinate bedeutet in kartesischen Koordinaten ein Wandern nach rechts (– das ist auch in Java so), eine Zunahme y-Koordinate bedeutet dort das Wandern nach oben (– gerade im gegenläufigen Sinne zu Java).

Es ist für unsere Überlegungen nicht besonders günstig, wenn der Koordinatenursprung am äußersten Ende liegt, deshalb wollen wir ihn in einer ersten Aktion verschieben. Die Klasse Graphics besitzt eine Methode mit Namen translate, mit deren Hilfe der Koordinatenursprung versetzt werden kann. Für das Graphikobjekt g setzt der Aufruf g.translate(x,y) den Ursprung auf die ursprünglichen Koordinaten (x,y). In der init-Methode haben wir mit der Zuweisung d=getSize() die Ausdehnung unserer Arbeitsfläche an die Variable d vom Typ Dimension übergeben. In der paint-Methode des Applets verschieben wir jetzt unser Koordinatensystem mit g.translate((d.width+1)/2,(d.height+1)/2) ziemlich genau in die Mitte unserer Arbeitsfläche. Damit liegt der Koordinatenursprung (0,0) für unsere weiteren Überlegungen also in der Mitte.

Als Fingerübung konstruieren wir zunächst ein Bild, das eine Kreislinie enthält, die zwölf Tortenstücke sind ebenso eingezeichnet wie das Koordinatenkreuz. Dazu bedarf es nun einiger Vorarbeiten.

Die erste Vorarbeit ist recht einfach, sie betrifft das Zeichnen von Strecken. Haben wir zwei Punkte (x1,y1) und (x2,y2) gegeben, so wird durch den Aufruf von g.drawLine(x1,y1,x2,y2) in unserem Graphikobjekt g eine Linie zwischen diesen beiden Punkten gezeichnet. Um eine Kreislinie zu zeichnen, bemühen wir die Methode drawOval. Diese Methode, die ebenfalls für die Klasse Graphics definiert ist, hat vier ganzzahlige Parameter. Der Aufruf g.drawOval(x,y,w,h) hat den folgenden Effekt: Es wird eine Ellipse (genauer der Rand einer Ellipse) gezeichnet. Diese Ellipse hat die Breite w und die Höhe h. Übergeben wir also den Parametern w und h den gleichen Wert, so entsteht ein Kreis.

Die Ellipse wird in ein Rechteck der Breite w und der Höhe h gezeichnet, dessen linke obere Ecke im gerade gültigen Koordinatensystem die Koordinaten (x,y) besitzt. Wollen wir also einen Kreis mit dem Radius r und dem Mittelpunkt $(0,0)$ zeichnen, so muß die linke obere Ecke an der Position $(-r,-r)$ liegen (siehe auch Abb. 14.3). Wollen wir einen Kreis mit dem Mittelpunkt (x,y) zeichnen, so berechnet sich dementsprechend die linke obere Ecke des ihn umgebenden Quadrats als $(x-r,y-r)$. Diese Berechnung verbergen wir in der Methode zeichneKreis.

```
private void zeichneKreis(Graphics g, int x, int y, int rad) {
    g.drawOval(x-rad, y-rad, 2*rad, 2*rad);
}
```

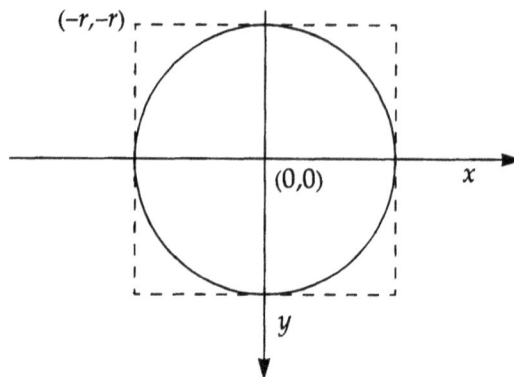

Abb. 14.3: Berechnung der Ursprungskoordinaten eines Kreises

Damit können wir fast die gewünschten Tortenstücke zeichnen, wir brauchen allerdings noch die Punkte auf der Kreislinie. Eine direkte Übersetzung unserer Überlegungen ist in der Methode berechnePunkte zu finden; wir verwenden eine Konstanten namens SEGMENTE (deren Wert auch in die Berechnung des Winkels winkel eingeht) statt des Werts 12, weil sich das entstehende Applet dann leichter anpassen läßt. Bsp. 14.3 zeigt den Programmtext dieser Methode innerhalb des Applets Tortenstücke.

Beachten Sie hierbei, daß wir die unterschiedlichen Bewegungsrichtungen zwischen kartesischen Koordinaten und Koordinaten in einem Applet dadurch ausgeglichen haben, daß wir zu negativen Werten für die *y*-Koordinaten übergegangen sind.

Die init-Methode unseres Applets bestimmt jetzt die Größe unserer Zeichenfläche, indem aus der Höhe und der Breite der kleinere der beiden Werte bestimmt wird. Der Radius unseres größeren Kreises wird auf ein Viertel dieser Größe gesetzt, und dann werden die Punkte auf dem Kreisumfang bestimmt. Die paint-Methode des Applet verschiebt den Ursprung, zeichnet die Koordinatenachsen, zeichnet dann einen Kreis und anschließend die Linien für die Kreissektoren. Damit ergibt sich das Applet Tortenstücke (Bsp. 14.3), die Abb. 14.4 zeigt die zugehörige Ausgabe.

```
import java.applet.*;
import java.awt.*;
public class Tortenstücke extends Applet {
  Dimension d;
  int[] x, y;
  int radius;
  final int SEGMENTE = 12;
  private void berechnePunkte(int rd) {
    double rd = (double)rd;
    final double winkel = 2.0 * Math.PI/((double)SEGMENTE);
    for (int i = 0; i < SEGMENTE; i++) {
      double xd = Math.cos((double)i * winkel);
      double yd = -Math.sin((double)i * winkel);
      x[i] = (int)(rd * xd);
      y[i] = (int)(rd * yd);
    }
  }
  public void paint(Graphics g) {
    g.translate((d.width+1)/2, (d.height+1)/2);
    g.setColor(Color.black);
    // Zeichnen der Achsen
    g.drawLine(d.height/2, 0, -d.height/2, 0);
    g.drawLine(0, d.width/2, 0, -d.width/2);
    // Zeichnen des Kreises
    zeichneKreis(g, 0, 0, radius);
    // Zeichnen der Tortenstücke
    for (int i = 0; i < x.length; i++) {
      g.drawLine(0, 0, x[i], y[i]);
    }
  }
}
```

Bsp. 14.3: *Das Applet* Tortenstücke *(Teil 1; Fortsetzung Teil 2)*

```
    private void zeichneKreis(Graphics g, int x, int y, int rad) {
      g.drawOval(x-rad, y-rad, 2*rad, 2*rad);
    }
    public void init() {
      d = getSize();
      int größe = (d.width<d.height ? d.width : d.height);
      setBackground(Color.white);
      radius = größe/4;
      x = new int[SEGMENTE];
      y = new int[SEGMENTE];
      berechnePunkte(radius);
    }
  }
```

Bsp. 14.3: Das Applet Tortenstücke *(Teil 2)*

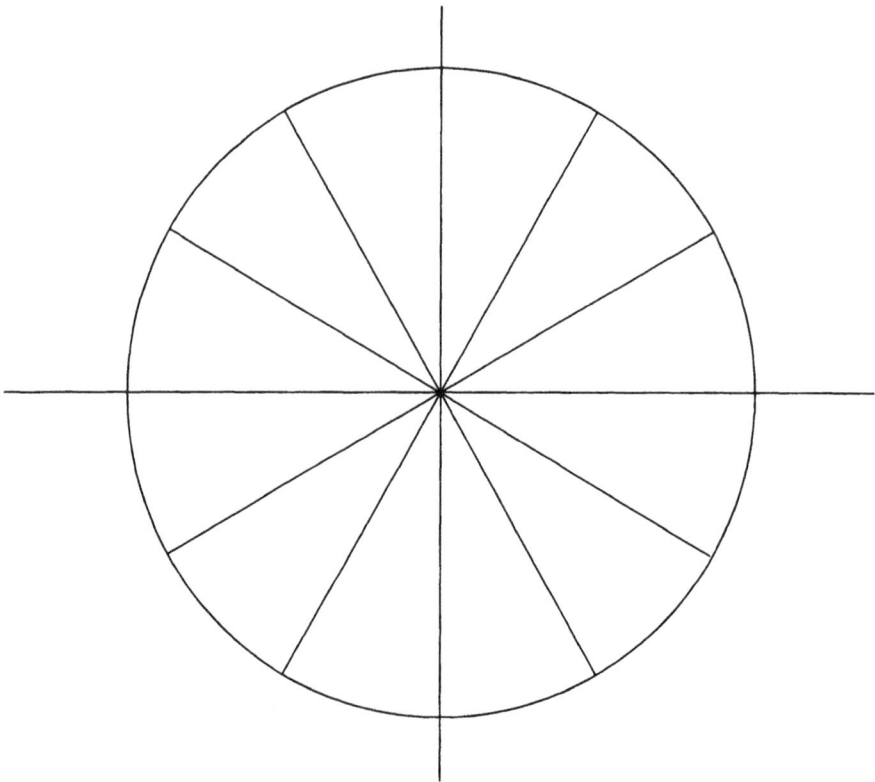

Abb. 14.4: Ausgabe des Applets Tortenstücke

Jetzt sind wir der Lösung unsere Problems schon ziemlich nahe gekommen. Wir kennen die Mittelpunkte der einzelnen Kreise, wir kennen die Abstände nebeneinander liegender Mittelpunkte – wenn Sie sich erinnern: Das war der Wert der Variablen punktAbstand, in deren Berechnung wir nun den radius eingehen lassen, den wir gerade bestimmt haben. Zusätzlich nutzen wir nun einen engen Verwandten der Methode drawOval, nämlich die Methode fillOval. Diese Methode arbeitet unter den gleichen Nebenbedingungen, was die Koordinaten, die Weite und die Höhe der Ellipse betrifft, sie füllt jedoch die Ellipse mit Farbe, statt lediglich ihre Randlinie zu zeichnen. Damit können wir also schon die zwölf kleinen Kreise zeichnen, wenn wir die Methode zeichneKreis entsprechend anpassen:

```
private void zeichneKreis(Graphics g, int x, int y, int rad) {
   g.fillOval(x-rad, y-rad, 2*rad, 2*rad);
}
```

Jetzt fehlen uns noch zwei Dinge: die Möglichkeit, jeweils eine Zeichenkette in die einzelnen Kreise zu schreiben, und die Konstruktion eines Polygons. Beginnen wir mit dem ersten Problem. Die Klasse Graphics enthält eine Methode mit Namen drawString, die eine Zeichenkette und zwei ganzzahlige Koordinaten hernimmt und diese Zeichenkette an die durch die Koordinaten bezeichnete Stelle schreibt.

Das war ziemlich einfach. Die Geschichte mit dem Polygon ist schon ein wenig trickreicher. Ein Polygon ist ein zusammenhängender Kantenzug, der vorgegebene benachbarte Punkte miteinander verbindet. Der letzte Punkt wird mit dem ersten Punkt verbunden, so daß ein zusammenhängendes Flächenstück entsteht – wenn sich Linien überkreuzen, können auch mehrere zusammenhängende Flächenstücke entstehen. Ein Polygon kann also durch eine Folge von Punkten charakterisiert werden. Java stellt eine Klasse Polygon zur Verfügung. Der Konstruktor für diese Klasse ist recht aufschlußreich: Durch new Polygon(x,y,n) wird ein Polygon über den n Punkten (x[0],y[0]), ..., (x[n-1],y[n-1]) konstruiert. Die Klasse Polygon enthält einige geometrisch interessante Methoden, z.B. kann man für einen Punkt überprüfen, ob er im Inneren eines Polygons liegt oder nicht. Wir gehen auf diese Methoden jedoch nicht ein und sind damit zufrieden, daß wir Polygone konstruieren und zeichnen können. Das Zeichnen eines Polygons poly durch das Graphikobjekt g geschieht durch den Aufruf g.drawPolygon(poly). Insgesamt ergibt sich also für unser Problem die in Bsp. 14.4 gezeigte Lösung.

Wenn das Programm abläuft, so ergibt sich das in Abb. 14.5 gezeigte Bild. Wenn Sie die Zeichnung näher betrachten, so stellen Sie fest, daß wir zwar die anfänglich gestellte Aufgabe erfüllt haben, daß aber die Darstellung noch unbefriedigend ist. Das liegt daran, daß die Zeichenketten so wiedergegeben werden, daß ihr erstes Zeichen in das Zentrum des Kreises fällt. Dadurch entsteht ein gewisses Ungleichgewicht: Wären die Zeichenketten Fähnchen, so würde man vermuten, daß starker Wind von Westen herrscht.

```
import java.applet.*;
import java.awt.*;

public class Sternzeichen extends Applet {
  Dimension d;
  Color c;
  int[] x, y;
  int radius;
  int punktAbstand;
  String[] dieNamen = {"Widder", "Stier", "Zwillinge", "Krebs",
    "Löwe", "Jungfrau", "Waage", "Skorpion", "Schütze",
    "Steinbock", "Wassermann", "Fische"};
  final int SEGMENTE = dieNamen.length;
  private int mittelpunktAbstand(int rd) {
    return (int)((double)rd * Math.sqrt(2.0-Math.sqrt(3.0)));
  }
  private void berechnePunkte(int rad) {
    double rd = (double)rad;
    final double winkel = 2.0*Math.PI/((double)SEGMENTE);
    for (int i = 0; i < SEGMENTE; i++) {
      double xd = Math.cos((double)i * winkel);
      double yd = - Math.sin((double)i * winkel);
      x[i] = (int)(rd * xd);
      y[i] = (int)(rd * yd);
    }
  }
  private void zeichneKreis(Graphics g, int x, int y, int rad) {
    g.fillOval(x-rad, y-rad, 2*rad, 2*rad);
  }
  public void paint(Graphics g) {
    g.translate((d.width+1)/2, (d.height+1)/2);
    for (int i = 0; i < x.length; i++) {
      g.setColor(Color.lightGray);
      zeichneKreis(g, x[i], y[i], punktAbstand/2);
      g.setColor(Color.black);
      g.drawString(dieNamen[i], x[i], y[i]);
    }
    g.setColor(Color.blue);
    Polygon poly = new Polygon(x, y, SEGMENTE);
    g.drawPolygon(poly);
  }
```

Bsp. 14.4: Das Applet Sternzeichen *(Teil 1; Fortsetzung Teil 2)*

```
public void init() {
   d = getSize();
   int größe = (d.width < d.height? d.width : d.height);
   radius = größe/4;
   setBackground(Color.white);
   x = new int[SEGMENTE];
   y = new int[SEGMENTE];
   berechnePunkte(radius);
   punktAbstand = mittelpunktAbstand(radius);
}
}
```

Bsp. 14.4: Das Applet Sternzeichen *(Teil 2)*

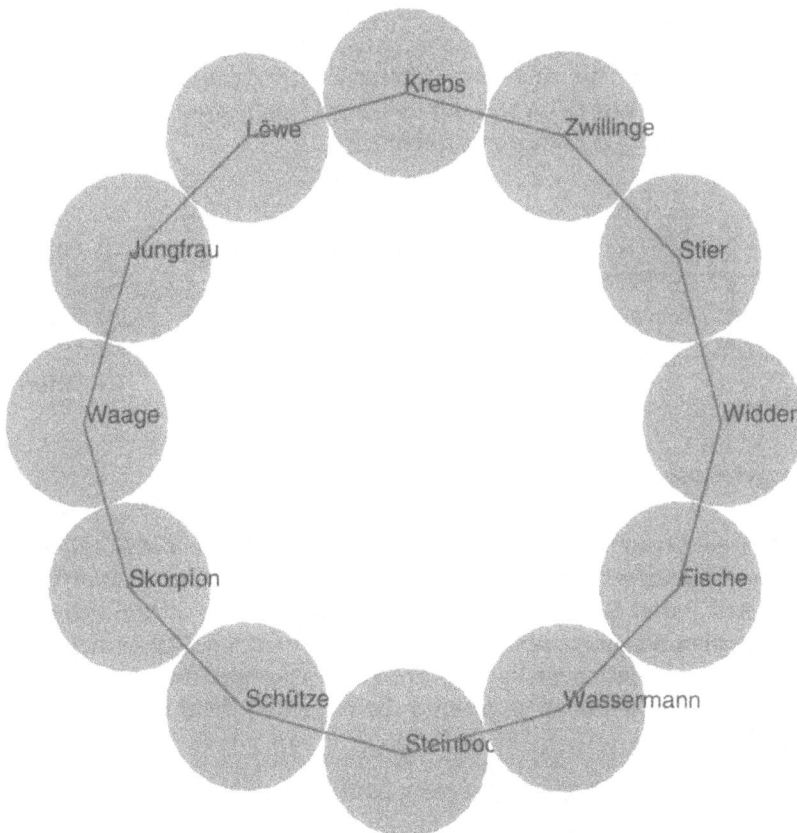

Abb. 14.5: Ausgabe des Applets Sternzeichen

Wir wollen im Folgenden überlegen, was getan werden kann, um die Ausgabe ansprechender zu gestalten. Intuitiv wäre es doch angemessen, wenn wir die Zeichenketten so in die Kreise setzen könnten, daß jeweils das Zentrum des Kreises mit dem Zentrum der Zeichenkette übereinstimmt. Es müßte also möglich sein, die Breite und die Höhe der Zeichenkette zu berechnen und mit diesen Informationen dann die Ausgabe zu justieren.

Das ist alles gut und schön: Die räumliche Ausdehnung einer Zeichenkette hängt aber wesentlich vom verwendeten Schrifttyp und seinen Charakteristika (Größe, Stärke, Neigung) ab. Man kann sich leicht vorstellen, daß verschiedene Schrifttypen dieselbe Zeichenkette verschieden breit und auch verschieden hoch darstellen. Also ist es nötig, über Schrifttypen nachzudenken, und auch hier stehen uns in Java die entsprechenden Möglichkeiten durch die Klasse Font zur Verfügung, die im Paket java.awt vereinbart ist. Diese Klasse enthält viele der Informationen, die wir zur Lösung unseres Problems benötigen.

Es hat sich eingebürgert, den Schrifttyp (also den Font) von seinen geometrischen Eigenschaften zu trennen und diese Eigenschaften in einer eigenen Klasse aufzubewahren und zu manipulieren. Die Eigenschaften, um die es uns geht, heißen *Fontmetriken*. Sie bestimmen für einen bestimmten Schrifttyp und für eine bestimmte Schriftgröße, die traditionell in der Einheit *Punkt* gemessen wird, einige Eigenschaften, die in der Abb. 14.6 wiedergegeben sind.

Abb. 14.6: Angaben zu Schrifttypen

Neben der Klasse Font wird im Paket java.awt auch die Klasse FontMetrics definiert. Diese Klasse enthält die entsprechenden Angaben für die zur Verfügung stehenden Schrifttypen. Ist fm ein Font, so liefert die Methode getFontMetrics(fm) ein Objekt mit allen Angaben, die diesen Schrifttyp betreffen. Wir brauchen hier nur wenige dieser Eigenschaften, so daß wir den interessierten Leser auf die Dokumentation verweisen. Für unsere Zwecke sind die folgenden Methoden aus der Klasse FontMetrics nützlich:

- Die parameterlose Methode getAscent gibt die Versalhöhe eines Fonts an.

- Für eine Zeichenkette s gibt die Methode stringWidth(s) die Länge der Zeichenkette in Pixeln an, wenn sie in dem zugrundeliegenden Schrifttyp gedruckt wird.

Das sind also genau die Eigenschaften, die wir benötigen. Wir wissen allerdings noch nicht, wie wir uns den Schrifttyp verschaffen, der uns zur Verfügung steht. Das kann für das Graphikobjekt g durch den Aufruf g.getFont() geschehen. Dieser Aufruf gibt ein Objekt des Typs Font zurück, das den Schrifttyp benennt, der gerade in g verwendet wird. Über diese Informationen hinaus enthält jedes Graphikobjekt Methoden, mit denen ihm ein Schrifttyp zugewiesen werden kann, wobei die Schriftgröße und der Stil (wie etwa *fett, kursiv, normal*) ebenfalls bestimmt werden können. Der Gebrauch ist davon abhängig, welche Schrifttypen auf Ihrem System zur Verfügung stehen, wir verweisen Sie daher auch hier für das Studium von Einzelheiten auf die Dokumentation von Java.

Doch zurück zu unserem Problem: Wir hatten gerade festgestellt, daß wir die Versalhöhe und die Breite einer Zeichenkette bestimmen können. Diese Angaben sollen nun zum Zentrieren der Zeichenkette dienen: Wir schieben die Zeichenkette um die Hälfte ihrer Breite nach links und versetzen sie um die Hälfte der Versalhöhe nach unten. Insgesamt ergibt sich dann für die paint-Methode das in Bsp. 14.5 dargestellte Aussehen.

```
public void paint(Graphics g) {
   Font dieserFont = g.getFont();
   FontMetrics dieseMetrik = getFontMetrics(dieserFont);
   int xKorrektur;
   int yKorrektur = dieseMetrik.getAscent()/2;
   g.translate((d.width+1)/2, (d.height+1)/2);
   for (int i = 0; i < SEGMENTE; i++) {
      g.setColor(Color.lightGray);
      zeichneKreis(g, x[i], y[i], punktAbstand/2);
      g.setColor(Color.black);
      xKorrektur = dieseMetrik.stringWidth(dieNamen[i])/2;
      g.drawString(dieNamen[i], x[i]-xKorrektur, y[i]+yKorrektur);
   }
   g.setColor(Color.blue);
   Polygon poly = new Polygon(x, y, SEGMENTE);
   g.drawPolygon(poly);
}
```

Bsp. 14.5: Die Methode paint *zur zentrierten Ausgabe der Texte*

Der Rest dieser Klasse bleibt unberührt, wir geben die Klasse selbst nicht noch einmal an. Beim Ausführen unseres verbesserten Applets ergibt sich die in Abb. 14.7 gezeigte Ausgabe, bei der die Texte mit den Bezeichnungen der Sternkreiszeichen nun exakt in der Mitte der zugehörigen Kreise positioniert sind. Wenn Sie das Applet auf ihrem Rechner ausführen erkennen Sie auch, daß das Polygon tatsächlich in blauer Farbe eingezeichnet wird.

Krebs

Löwe

Zwillinge

Jungfrau

Stier

Waage

Widder

Skorpion

Fische

Schütze

Wassermann

Steinbock

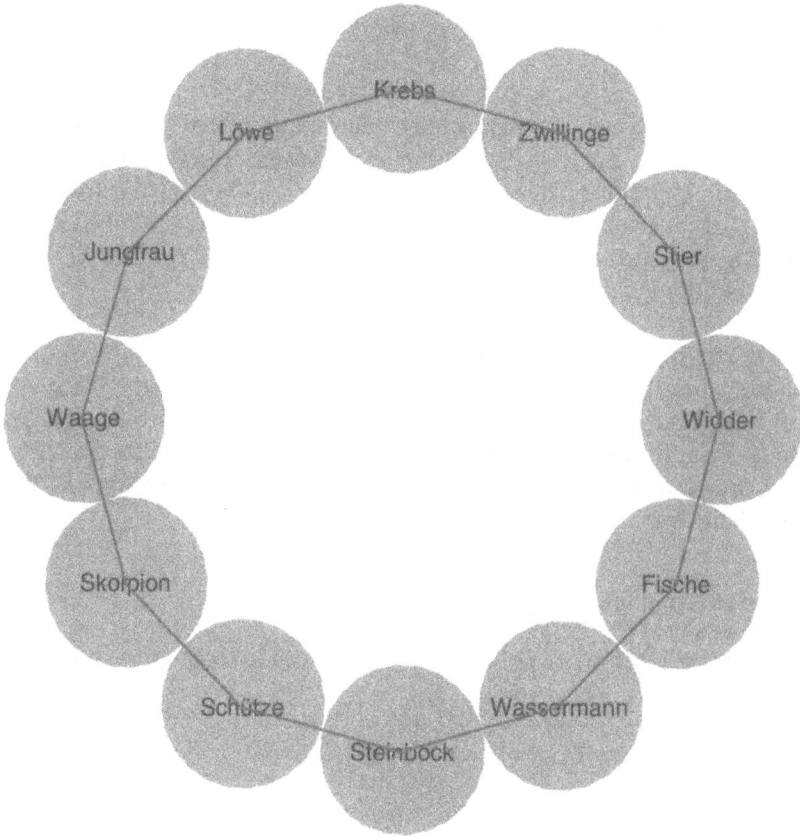

Abb. 14.7: Ausgabe des verbesserten Applets Sternzeichen

14.4 Applets mit Bildern

Wir wollen unsere astrologische Fragestellung ein wenig dahin erweitern, daß wir statt der Namen der Sternzeichen ihre in der astronomischen Welt wohlbekannten Symbole zeichnen. Diese Bilder sollen in Quadraten mit 80 Pixeln Seitenlänge zentriert an der Stelle der Kreise mit Namen dargestellt werden. Wir legen das Symbol für jedes Sternzeichen in einer jpg-Datei[1] ab, so daß etwa das Symbol für das Sternzeichen *Waage* in der Datei Waage.jpg zu finden ist. Es wird davon ausgegangen, daß der Programmtext des Applets, die HTML-Datei und diese Grafikdateien im selben Verzeichnis abgelegt sind.

---

[1] jpg steht für *Joint Photographic Expert Group* und bezeichnete ursprünglich das Komitee, das dieses Standardformat für Bilder normiert hat.

Laden eines Bildes

Zunächst zeigen wir Ihnen, wie man ein Bild in ein Applet lädt, dann werden wir uns verschiedene Methoden überlegen, wie wir Bilder in einem Applet darstellen.

Um Dateien zu identifizieren, bedient sich Java einer gleichförmigen Charakterisierung, die unabhängig von dem Ort ist, an dem die Datei gespeichert ist. Bekanntlich bedient man sich nicht nur der Dateien, die auf dem eigenen Rechner liegen, man kann vielmehr auch Dateien laden, die auf fremden Rechnern abgelegt sind. Da verschiedene Betriebssysteme verschiedene Arten der Auszeichnung von Dateien verwenden, erweist es sich als sinnvoll, diese Verschiedenheit in einer Klasse zu verbergen und diese Klasse dem Programmierer zur Verfügung zu stellen. Dadurch sind trivialerweise Systemabhängigkeiten herausfaktorisiert, und es ist für den Programmierer nicht länger nötig, sich mit diesen Abhängigkeiten zu befassen. Java stellt hierzu die Klasse URL zur Verfügung. *URL* steht für *Uniform Ressource Locator* und stellt eine gleichförmige Art dar, um auf Ressourcen zuzugreifen. Ein typisches Beispiel für eine textuelle Darstellung der Informationen, die ein *Uniform Ressource Locator* bereitstellt, sieht wie folgt aus:

```
http://www.ncsa.uiuc.edu:8080/demoweb/url-primer.html
```

Im allgemeinen besteht ein URL aus mehreren Teilen:

- Das Transferprotokoll bestimmt, auf welche Weise die Ressourcen über das Netz transportiert werden. Hier wird üblicherweise wie im obigen Beispiel das *Hypertext Transfer Protokoll* `http`, das *File Transfer Protocol* `ftp` oder das einfache *Dateiprotokoll* `file` benutzt. Das letzte Protokoll dient dazu, Dateien vom eigenen Rechner zu verwenden.

- Die Adresse gibt den Rechner an, auf dem die Ressource zu finden ist, in unserem Beispiel also `www.ncsa.uiuc.edu`. Die Syntax und die Bedeutung dieser Angabe kann maschinenabhängig sein.

- Die Angabe eines Kanals bestimmt, auf welche Weise der Rechner die Informationen bereitstellt, in unserem Beispiel über den Kanal `8080`. Der Kanal wird durch eine `port`-Nummer identifiziert, die meist standardisiert ist und fast immer weggelassen werden kann.

- Die lokalen Koordinaten legen den Ort der Datei auf dem betreffenden Rechner fest, meistens durch Angabe eines Pfadnamens, der Verzeichnisse einschließt; die Verzeichnisse sind in Java immer durch / (*slash*) voneinander getrennt, auch wenn manche Betriebssysteme hierzu \ (*backslash*) oder einen Doppelpunkt verwenden. In unserem Beispiel lautet diese Angabe also `demoweb/url-primer.html`.

Weiterhin kann eine URL einen *Anker* enthalten, der durch das Zeichen # und eine Markierung gegeben ist. Z.B. könnte die Datei-Angabe so enden: `#chapter1`, was andeuten soll, daß man lediglich auf den durch `chapter1` markierten Teil der Datei zugreifen möchte. Die Bedeutung eines solchen Ankers hängt freilich vom verwendeten Dateityp ab.

Die gerade geschilderte Art, einen URL zu beschreiben, wird *absolut* genannt, weil sie den Zugriff auf eine Datei vollständig beschreibt. Gelegentlich möchte man lediglich das Verzeichnis, in dem sich eine Ressource befindet, näher beschreiben, es aber dem ablaufenden Programm überlassen, auf welche Ressource spezifisch zugegriffen werden soll. Dies läßt sich durch einen *relativen* URL beschreiben. Der vollständige URL wird dann aus dem Kontext abgeleitet, der bekannt sein muß.

Betrachten wir die für die Klasse URL bereitgestellten Konstruktoren:

- `public URL(String protocol, String host, int port, String file) throws MalformedURLException`
  Dies ist die allgemeinste Art, ein URL-Objekt zu erzeugen. Alle Angaben bis auf den Kanal (`port`) sind Zeichenketten, aus denen dann der URL zusammengesetzt wird. Beachten Sie, daß eine Ausnahme aktiviert wird, wenn ein unbekanntes Protokoll spezifiziert wird.

- `public URL(String protocol, String host, String file) throws MalformedURLException`
  Auch hier wird ein absolutes URL-Objekt erzeugt, im Unterschied zu der gerade angegebenen URL fehlt freilich die Angabe des Kanals. Hier wird der voreingestellte Kanal verwendet.

- `public URL(URL context, String spec) throws MalformedURLException`
  Dieser Konstruktor erlaubt unter anderem die Erzeugung eines absoluten URL-Objekts aus dem im ersten Argument angegebenen relativen URL-Objekt und der Dateispezifikation, die als zweites Argument angegeben werden kann. Die Beschreibung dieses Konstruktors geschieht hier unvollständig, weil man hiermit unter anderem auch das Transferprotokoll ändern kann; auf diese Feinheiten wollen wir jedoch nicht eingehen.

Für unsere Zwecke sind nur zwei vordefinierte Methoden wichtig: die Methode `URLgetDocumentBase()` gibt als Resultat eine Instanz der Klasse URL zurück. Sie bezeichnet das Verzeichnis, in dem die HTML-Datei liegt, die das Applet aufruft. Mit dem CODEBASE-Parameter kann ein Verzeichnis angegeben werden, in dem ein Applet gespeichert ist. Dies ist insbesondere dann wichtig, wenn das Applet nicht im gleichen Verzeichnis wie die HTML-Datei liegt. `URLgetCodeBase()` gibt dann eine Instanz von URL zurück, die dem Verzeichnis entspricht. Damit läßt sich aus relativen Angaben durch Hinzunahme weiterer Verzeichnisse ein absolutes URL-Objekt konstruieren. Abschließend sei angemerkt, daß die Klasse URL im Paket `java.net.URL` zu finden ist.

Bilder

Da wir uns hier mit dem Laden und Darstellen von Bildern beschäftigen, sollten wir uns mit der zugehörigen Klasse befassen. Bilder werden als Instanzen der abstrakten Klasse Image vereinbart. Diese abstrakte Klasse stellt die Superklasse für all die Klassen dar, die Bilder repräsentieren. Das Bild selbst muß in einer Art behandelt werden, die spezifisch für die verwendete Plattform ist. Da wir an dieser Stelle nicht an einer Diskussion der spezifischen Eigenschaften der abstrakten Klasse Image interessiert sind, werden wir diese Klasse nur soweit diskutieren, wie es für die Realisierung unseres Applets notwendig ist. Es geht hierbei um zwei Gruppen von Operationen:

- Laden eines Bildes und
- Darstellen eines Bildes.

Nehmen wir an, wir haben eine Instanz der Klasse URL mit Namen einURL gegeben. Dieser URL sei entweder relativ (– dann muß er um weitere Angaben ergänzt werden –) oder absolut (– dann gibt er die vollständigen Daten einer Bilddatei an –) vorgegeben. Für beide Fälle stellt die Klasse Applet eine Methode mit dem Namen getImage zur Verfügung. Der Aufruf getImage(einURL) gibt die Instanz eines Bildes zurück, das sich unter dem absoluten URL einURL befindet. Haben wir einen relativen URL zur Verfügung, so müssen wir die konkreten Angaben über die Bilddatei noch ergänzen, dies tun wir durch eine Zeichenkette koordinaten. Der Aufruf getImage(einURL, koordinaten) gibt dann ebenfalls die Instanz eines Bildes zurück. Die folgenden Beispiele sollen kurz erläutern, wie Sie diese Methode handhaben können:

- `Image bild1 = getImage(getCodeBase(), "EinBild.jpg");`

  Hierdurch wird ein Bild aus dem Verzeichnis geladen, dessen URL durch den Aufruf der Methode getCodeBase() bestimmt ist, die als Ergebnis ein Objekt der Klasse URL liefert.

- `Image bild2 = getImage(getDocumentBase(), "nochEinBild.jpg");`

  Das Bild steht im gemeinsamen Verzeichnis des Applets und der HTML-Datei und soll geladen werden.

- `Image bild3 = getImage(bildURL);`

  Die URL der Bilddatei ist vollständig gegeben.

Mit diesen Hilfsmitteln scheint es gar nicht so schwierig, sich Bilder aus Dateien zu verschaffen. Da wir mit der abstrakten Klasse Image arbeiten, haben wir uns implizit einige Schwierigkeiten eingehandelt, die jedoch – sozusagen hinter unserem Rücken

– von der Klasse `Applet` ausgeräumt werden. Dies hat freilich seinen Preis: Die Methode `getImage` darf erst dann aufgerufen werden, wenn ein Applet seinen Kontext vollständig aufgebaut hat. Das bedeutet insbesondere, daß wir Bilder erst dann laden können, wenn ein Applet seine Initialisierung durchgeführt hat. Wir können Bilder also nicht nutzen bei der Initialisierung einer Instanzvariablen oder in einem Konstruktor einer lokalen Klasse, der vor der Methode `init` des Applets aufgerufen wird.

Kontrolle des Ladevorgangs

Bislang konnten wir immer davon ausgehen, daß ein Objekt unmittelbar im Anschluß an die Ausführung der Methode, die es konstruiert, auch tatsächlich zur Verfügung steht. Das muß freilich dann nicht der Fall sein, wenn Dateien geladen werden, die auf weit entfernten Rechnern liegen und die zudem noch recht kompliziert strukturiert sind. Wenn wir also `getImage` aufgerufen haben, und das Resultat einer Instanz von `Image` zugewiesen haben, so können wir noch lange nicht sicher sein, daß uns das entsprechende Bild auch wirklich unmittelbar zur Verfügung steht. Die Methode `getImage` ist nämlich so beschaffen, daß sie eine Referenz auf das Bildobjekt zurückgibt, auch wenn das Bild in diesem Objekt noch nicht vollständig geladen ist. Das kann uns natürlich in beträchtliche Schwierigkeiten bringen, denn wir sind möglicherweise in der leicht prekären Situation, daß wir Bilder darstellen wollen, auf die wir aber noch nicht vollständig zugreifen können. Was tun?

Java stellt hierzu die Klasse `MediaTracker` zur Verfügung, mit deren Hilfe es möglich ist, das Laden von Bildern und von Instanzen anderer Medientypen zu überwachen. Es wird ein Überwacher bereitgestellt, der beauftragt wird, bestimmte Objekte zu kontrollieren, also festzustellen, ob sie bereits vollständig geladen sind. Der Überwacher kann dann abgefragt werden kann, ob einzelne Objekte bereits geladen sind oder ob etwa schon alle Objekte zur Verfügung stehen, er stellt noch weitere Funktionalitäten bereit, um die wir uns aber an dieser Stelle nicht kümmern wollen.

Sei `tracker` eine Instanz der Klasse `MediaTracker` und `img` eine Instanz von `Image`, so fügt der Aufruf `tracker.addImage(img,j)` für eine nicht-negative ganze Zahl `j` dem überwachenden Objekt das Bild `img` als Überwachungsobjekt mit der Identifikationsnummer `j` hinzu. Der `tracker` bekommt also durch diesen Aufruf die Aufgabe, sich – neben möglicherweise noch einer Reihe anderer Bildobjekte – um das Laden des Bildes `img` zu kümmern und diesen Vorgang zu überwachen, wobei dem Bild die laufende Nummer `j` zugeordnet wird.

Der `tracker` hat nun eine Reihe von Bildern zu überwachen, wie kommen wir jetzt an die Informationen, ob alle Bilder bereits geladen sind? Hierfür bietet die Klasse `MediaTracker` vier recht einfach zu handhabende Methoden an:

- Der Aufruf von `checkID(j)` gibt als Booleschen Wert den Ladestatus des zu überwachenden Objekts mit der Nummer `j` zurück: Wird `true` zurückgegeben, so ist das entsprechende Bild fertig geladen im Speicher und kann verwendet werden.

- Der Aufruf der Methode `checkAll()` gibt den Booleschen Wert `true` genau dann zurück, wenn alle überwachten Objekte geladen sind. Bei diesem Aufruf bleibt `tracker` jedoch passiv: Bilder, die noch nicht geladen worden sind, werden durch diesen Aufruf auch nicht geladen.

- Es gibt in dieser Situation jedoch eine hilfreiche Variante von `checkAll`: Wenn wir dieser Methode nämlich den Booleschen Wert `true` als Parameter mitgeben, dann aktiviert der `tracker` zusätzlich auch noch den Ladevorgang für all die Bilder, die bislang noch nicht geladen worden sind.

- Analog ist auch die Methode `checkID` überladen, der ein zweiter Boolescher Parameter mitgegeben werden kann: Falls dieser Parameter auf `true` gesetzt ist und falls das entsprechende Bild noch nicht geladen worden ist, sorgt der `tracker` auch dafür, daß das Bild geladen wird.

Was nützt aber die Feststellung, daß ein Bild noch nicht geladen ist? Wir sollten in der Lage sein, das Programm so lange zu verzögern, bis das Bild bereitsteht; als Erweiterung wollen wir auch auf das Laden aller überwachten Bilder warten können. Hierzu bietet die Klasse `MediaTracker` zwei hilfreiche Methoden an:

- Der Aufruf der Methode `waitForID(j)` stößt den Ladevorgang für das dem Überwacher unter der Identifikationsnummer `j` bekannte Bild an und wartet so lange, bis das Bild auch tatsächlich geladen ist. Es ist möglich in einem zweiten Parameter die Anzahl der Millisekunden anzugeben, die diese Methode maximal abwartet; wir werden diese Funktionalität an dieser Stelle aber nicht nutzen.

- Analog initiiert der Aufruf `waitForAll()` das Laden aller überwachten Bilder und wartet, bis diese Bilder auch tatsächlich geladen sind. Auch hier ist es möglich, die Wartezeit in Millisekunden zu spezifizieren. Beide Methoden können eine Ausnahme der Klasse `InterruptedException` auslösen, wenn der Prozeß, in dem das Objekt der Klasse `MediaTracker` läuft, durch einen anderen Prozeß unterbrochen wird.

Es bleibt hinzuzufügen, daß die Klasse `MediaTracker` bei der Erzeugung eines Objekts natürlich wissen muß, in welchem Objekt die Überwachung eigentlich stattfinden soll. Wollen wir eine Instanz dieser Klasse in einem Applet einsetzen, so reicht der Hinweis auf diese Instanz des Applets durch `this`. Die Erzeugung eines Objekts der Klasse `MediaTracker` hat dann folgendes Aussehen:

```
MediaTracker tracker = new MediaTracker(this);
```

Kontrolle des Darstellens von Bildern

Zum Darstellen von Bildern nutzen wir die Methode `drawImage` aus der Klasse `Graphics`. Wir diskutieren die Methode zunächst recht allgemein. Der Aufruf erfolgt in folgender Form:

```
drawImage(img, x, y, width, height, bgcolor, observer)
```

Dabei ist `img` eine Instanz von `Image`, also des zu zeichnenden Bildes, `x`, `y`, `width` und `height` sind vom Typ `int`, `bgcolor` ist vom Typ `Color`, und schließlich ist `observer` ein `ImageObserver`. Die Abstraktion `ImageObserver` dient dazu, eine Schnittstelle für Klassen festzulegen, die Nachrichten über die darzustellenden Objekte empfangen und verarbeiten kann.

Der Aufruf von `drawImage` gibt einen Booleschen Wert zurück, er zeichnet `img` in das Rechteck, das durch x und y gegeben ist, und zwar so, daß der Punkt mit den Koordinaten (x, y) die linke obere Ecke des Bildes darstellt. Breite und Höhe des Bildes sind durch die Parameter `width` und `height` gegeben, wobei das Bild in dieses Rechteck skaliert wird, falls es nicht paßt. Die Farbe `bgcolor` dient als Hintergrundfarbe, wobei man sich vorstellen kann, daß zunächst das Rechteck mit dieser Farbe ausgefüllt wird und dann das Bild auf diesen Hintergrund aufgetragen wird. Dem Parameter `observer` wird ein Objekt einer Klasse übergeben, die die Abstraktion `ImageObserver` implementiert, und die dann benachrichtigt werden soll, wenn das Bildes geladen ist.

Die Methode `drawImage` wartet nicht, bis das Bild vollständig geladen ist. Sie stellt vielmehr die verfügbaren Bilddaten dar und kehrt dann unmittelbar zu ihrem Aufrufer zurück. Falls das Bild vollständig dargestellt werden konnte, wird `true` als Resultat zurückgegeben. Das Laden und Verarbeiten des Bildes kann jedoch einige Zeit in Anspruch nehmen; falls es noch nicht vollständig abgeschlossen ist, wird `false` als Resultat zurückgegeben und der `observer` wird später über den weiteren Verlauf der Verarbeitung des Bildes informiert.

Die Methode `drawImage` ist überladen: die Farbangabe kann ebenso fehlen wie Breite und Höhe des Bildes. Das Bild, die linke obere Ecke des Rechtecks und der Beobachter müssen jedoch stets angegeben werden.

Wir werden die Methode `drawImage` in Applets aufrufen. Ein kurzer Blick auf die Verwandschaftsbeziehungen in der Dokumentation zu Java (Abb. 14.8) zeigt, in welcher Hierarchie die Klasse `Applet` steht. Für unsere Zwecke ist es hilfreich zu wissen, daß die Klasse `Applet` von der Klasse `Component` erbt. Eine Komponente ist in der Sprechweise von Java ein Objekt, das eine graphische Repräsentation hat, die auf dem Bildschirm dargestellt werden kann, und die mit dem Benutzer in eine Interaktion eintreten kann, wie es bei graphischen Benutzungsoberflächen typischerweise der Fall ist. Von unmittelbarem Nutzen ist die Tatsache, daß die

Klasse Component die Abstraktion ImageObserver implementiert. Das Applet, in dem der Aufruf der Methode drawImage erfolgt, ist also immer eine Instanz einer Klasse, die ImageObserver implementiert. Daher werden wir für unsere Bilder stets das Applet selbst als Beobachter für die in ihm dargestellten Bilder nutzen und als letzten Parameter die Referenz this angeben.

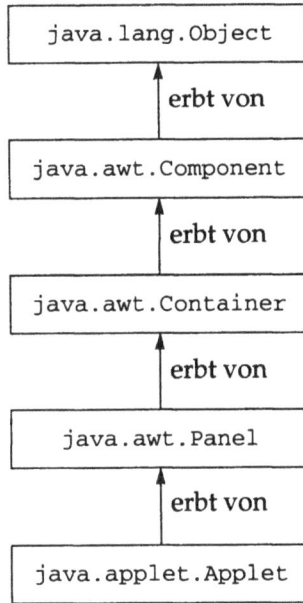

```
            java.lang.Object
                   ↑ erbt von
           java.awt.Component
                   ↑ erbt von
           java.awt.Container
                   ↑ erbt von
             java.awt.Panel
                   ↑ erbt von
           java.applet.Applet
```

Abb. 14.8: Oberklassen der Klasse Applet

14.5 Jetzt kann es losgehen

Nach all diesen Vorbereitungen können wir in der Tat daran gehen, die Bilder der Sternkreiszeichen zu laden und darzustellen. Wir wollen die Lösung des Problems in zwei Varianten vorstellen: In der ersten Variante wird die Behandlung von Bildern einschließlich des Ladens und des Zeichnens in die Methoden des Applet integriert. Die zweite Variante benutzt die bereits aus Kapitel 12 bekannten leichtgewichtigen Prozesse. Jedem Bild wird dann ein eigener Prozeß zugeordnet, der dafür sorgt, daß sein Bild auch angezeigt wird, sobald es fertig geladen ist.

Die erste Variante

In dieser Variante arbeiten wir direkt mit den entsprechenden Bildern. Dazu vereinbaren wir ein entsprechendes Feld `bild` als Attribut der Klasse `Sternzeichen`, die Bilder werden in der `init`-Methode des Applets (Bsp. 14.6) geladen. Beim Laden wird solange gewartet, bis die Bilder auch tatsächlich zur Verfügung stehen. Falls dabei Probleme auftreten, wird eine Ausnahme ausgelöst. Hier reagieren wir ganz lapidar mit der Mitteilung, daß das entsprechende Bild nicht geladen werden konnte und geben die Kontrolle an den Aufrufer zurück.

```
public void init() {
   d = getSize();
   int größe = (d.width < d.height? d.width : d.height);
   radius = größe/4;
   setBackground(Color.white);
   x = new int[SEGMENTE];
   y = new int[SEGMENTE];
   berechnePunkte(radius);
   punktAbstand = mittelpunktAbstand(radius);
   for (int j = 0; j < SEGMENTE; j++) {
     bild[j] = getImage(getDocumentBase(), dieNamen[j] + ".jpg");
     tracker.addImage(bild[j], j);
     if (!tracker.checkID(j)){
       try {
         tracker.waitForID(j);
       }
       catch (InterruptedException e) {
         System.out.println("Das Bild " + dieNamen[j] +
                 ".jpg" + " kann nicht geladen werden");
       }
     }
   }
}
```

Bsp. 14.6: Die Methode `init`

Das Darstellen der Bilder ist dann auch entsprechend einfach, der `paint`-Methode des Applets (Bsp. 14.7) wird das Bild direkt übergeben, so daß die Bilder in einer Schleife nacheinander gezeichnet werden. Bei Ausführung des Applets erhalten wir die in Abb. 14.9 gezeigte Ausgabe.

```
public void paint(Graphics g) {
   int größe = 80;
   int skal = größe/2;
   g.translate(d.width/2, d.height/2);
   for (int i = 0; i < SEGMENTE; i++)
      g.drawImage(bild[i], x[i]-skal, y[i]-skal, größe, größe, this);
   g.setColor(Color.blue);
   Polygon poly = new Polygon(x, y, SEGMENTE);
   g.drawPolygon(poly);
}
```

Bsp. 14.7: Die Methode paint

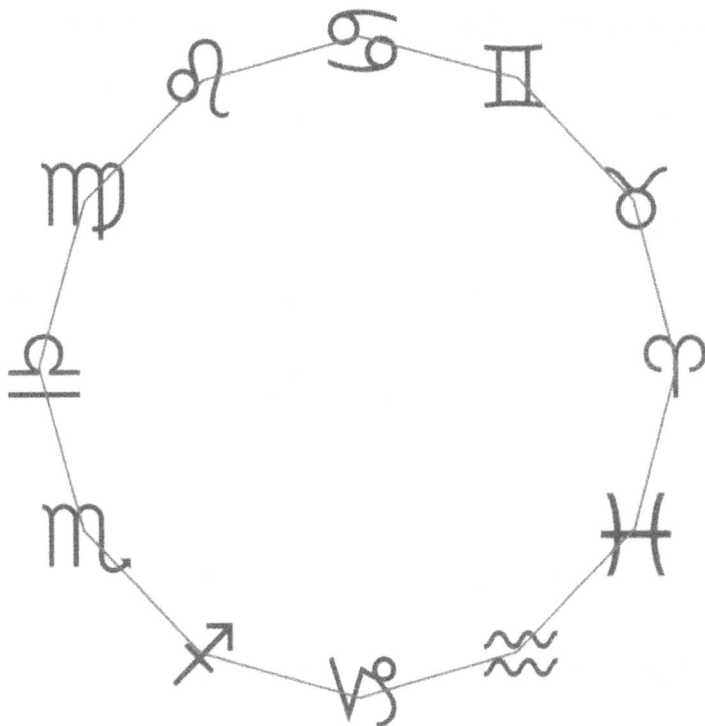

Abb. 14.9: Ausgabe der Bilder der Sternkreiszeichen

Die Prozeß-Variante

Die einfache Idee besteht darin, für jedes Bild einen eigenen Prozeß zu erzeugen und dann jedem Prozeß die Verantwortung dafür zu übertragen, daß sein Bild auch tatsächlich gezeichnet wird. Technisch ist zunächst zu berücksichtigen, daß, wenn wir Prozesse realisieren, wir die Abstraktion Runnable implementieren müssen, so daß unsere neue Klasse also die folgende Kopfzeile enthält:

```
public class SternzeichenMitBildFeldProz extends Applet
   implements Runnable
```

Erinnern Sie sich daran, daß jede Implementierung der Abstraktion Runnable die Methode run implementieren muß. Weiterhin sollte jeder Prozeß mit der Methode start gestartet werden.

Zunächst zur Methode run. Wir nehmen an, daß wir ein Feld t[] von Prozessen vereinbart haben. Dem Prozeß t[i] wird implizit das Bild bild[i] zugeordnet. Dabei bedeutet implizit, daß wir, wenn der Prozeß t[i] aktiv ist, das Bild bild[i] darstellen wollen; nachdem der Prozeß diese Arbeit getan hat, wird er schlafen geschickt (– versuchsweise für, sagen wir, 40 ms). Die Formulierung für die Methode sehen Sie in Bsp. 14.8.

```
public void run() {
   Thread lfdProzeß = Thread.currentThread();
   for (int j = 0; j < SEGMENTE; j++) {
     while (t[j] == lfdProzeß){
       bildIndex = j;
       try {
         t[j].sleep(pause);
       }
       catch (InterruptedException e) {
         break;
       }
       repaint();
     }
   }
}
```

Bsp. 14.8: Die Methode run

Beim Betrachten dieser Methode fällt der Aufruf der Methode repaint() auf. Es handelt sich hierbei um einen direkteren Aufruf der paint-Methode, die bekanntlich in unregelmäßigen Abständen vom Laufzeitsystem aufgerufen wird. Mit dieser Methode repaint haben wir dazu ebenfalls die Möglichkeit. Folgendes geschieht durch Voreinstellung:

- Die Zeichenfläche wird gelöscht,

- die Methode paint wird aufgerufen.

Damit sollte die Arbeitsweise der Methode run klar sein: Wir durchlaufen alle
Prozesse und schauen nach, welcher Prozeß der gerade laufende ist. Falls dies der
Prozeß i ist, weisen wir bild[i] als das zu zeichnende Bild aus, schicken den
Prozeß schlafen (– wobei wir möglicherweise zu aktivierende Ausnahmen auf-
fangen müssen –) und rufen dann die repaint-Methode auf.

Das setzt natürlich voraus, daß wir die Bilder bereits geladen haben. Hier gehen wir
ganz analog zum bisherigen Vorgehen vor: Wir laden das Bild und überwachen den
Ladevorgang. Nachdem wir uns vergewissert haben, daß das Bild auch tatsächlich
geladen ist, erzeugen wir jedoch den zum Bild gehörigen Prozeß und starten ihn.
Damit ergibt sich als Formulierung für unsere start-Methode (Bsp. 14.9).

Wir lernen hier auch gerade eine neue Methode für Applets kennen, nämlich die
Methode stop (Bsp. 14.9). Sie wird aufgerufen, nachdem das Applet seine Arbeit
getan hat. Wir haben diese Methode bislang nicht benötigt, an dieser Stelle erscheint
es jedoch sinnvoll, Aufräumarbeiten durchzuführen.

```
public void start() {
  for (int j = 0; j < SEGMENTE; j++) {
    bild[j] = getImage(getDocumentBase(), dieNamen[j] + ".jpg");
    tracker.addImage(bild[j], j);
    if (!tracker.checkID(j)){
      try {
        tracker.waitForID(j);
      }
      catch (InterruptedException e) {
        System.out.println("Das Bild " + dieNamen[j] +
                ".jpg" + " kann nicht geladen werden");
      }
    }
    t[j] = new Thread(this);
    t[j].start();
  }
}
public void stop() {
  for (int j = 0; j < SEGMENTE; j++){
    t[j] = null;
  }
}
```

Bsp. 14.9: Die Methoden start *und* stop

Diese Methode beendet alle Prozesse, indem sie sie auf `null` setzt. Diese Aktion ist trivial, sie hat jedoch eine ganz interessante Konsequenz: Falls das Applet wieder aufgerufen wird, so können aus einer früheren Aktivierung existierende Prozesse nicht wiederbelebt werden. Sie müssen allesamt neu gestartet werden. Dies erscheint sinnvoll, weil man im anderen Falle viel zuviele *Zombies* hätte, die unnütz Ressourcen verbrauchen.

Kommen wir zur `paint`-Methode für dieses Applet. Wir haben in der `run`-Methode für die Prozesse das Bild bestimmt, das gezeichnet werden soll, indem wir den zugehörigen Index bestimmt haben. Daraus folgt, daß die `paint`-Methode (Bsp. 14.10) lediglich das entsprechende Bild an die richtige Stelle zeichnen muß (und unser Polygon neu zeichnet).

```
public void paint(Graphics g) {
   int größe = 80;
   int skal = größe/2;
   g.translate(d.width/2, d.height/2);
   g.drawImage(bild[bildIndex], x[bildIndex] - skal,
     y[bildIndex] - skal, größe, größe, this);
   g.setColor(Color.blue);
   Polygon poly = new Polygon(x, y, SEGMENTE);
   g.drawPolygon(poly);
}
```

Bsp. 14.10: Die Methode `paint`

Wenn Sie das Applet ausführen, so kann es geschehen, daß es stark flimmert, weil die `repaint`-Methode durch das Neuzeichnen optische Unruhe erzeugt. Jedes Applet hat eine `update`-Methode, die von `repaint` aufgerufen wird, und die in ihrer Voreinstellung die Zeichenfläche löscht. Die folgende Redefinition der `update`-Methode verhindert das Löschen der Zeichenfläche:

```
public void update (Graphics g) {
   paint(g);
}
```

14.6 Ereignisse

Kehren wir noch einmal an die Stelle zurück, an der wir die Namen der Sternkreiszeichen in Kreise geschrieben haben. Das folgende Beispiel soll die Anwendung ein wenig verfeinern: Wir wollen mit dem Mauszeiger über die Fläche des Applets fahren; falls wir in einem der Kreise sind, soll dieser Kreis seine Farbe von hellgrau nach dunkelgrau ändern, die Farbe der Schrift soll von schwarz nach weiß wechseln. Verlassen wir den Kreis wieder, so soll der alte Zustand (hellgrauer Kreis, schwarze

Beschriftung) wieder hergestellt werden. Das ganze soll allerdings nur dann statt-finden, wenn wir die Maustaste nicht gedrückt halten, bei gedrückter Maustaste soll sich an der Darstellung nichts ändern.

Diese Problemstellung stellt uns vor ein veritables Problem, wir müssen nämlich jetzt dafür sorgen, daß wir die Mausbewegungen beobachten können und – sogar noch weitergehend – daß wir unterscheiden können, ob wir die Maus mit gedrückter oder ungedrückter Taste bewegen. Es soll ist übrigens gleichgültig, ob wir die rechte oder die linke Maustaste beobachten, zwischen den beiden Tasten sollen keine Unterschiede gemacht werden.

Um nun dieser neuen Situation Herr zu werden, führen wir den Begriff *Ereignis* ein: Ein Ereignis ist ein Geschehnis, das eintreten kann oder auch nicht. Sein Eintreten kann beobachtet werden, und daran können weitere Aktionen gebunden werden. Das Ereignis, über das wir hier sprechen, besteht ganz offensichtlich darin, daß wir den Mauszeiger bewegen und abhängig von der Position dieses Mauszeigers gewisse Aktionen ergreifen.

Um diese Überlegungen zu realisieren, sollten wir in der Lage sein, dem Applet mit-zuteilen, welche Ereignisse es beobachten soll. Wir müssen also für jedes Ereignis – oder allgemeiner – für jede Klasse von Ereignissen einen Beobachter installieren, der unserem Applet sagt, was beim Eintreten zu tun ist. Um dies im Detail zu dis-kutieren, führen wir die Klasse MouseEvent ein. Ein solches Maus-Ereignis ver-kapselt all jene Ereignisse, die im Laufe eines Mäuselebens eintreten können. Hierzu gehören sicherlich:

- die Maus wurde bewegt,
- die Maustaste wird gedrückt,
- die Maustaste wird losgelassen,
- die Maus wird bewegt,
- die Maus wird bewegt, und es sind weitere Ereignisse wie z. B. das Drücken einer Taste zu verzeichnen.

Mit einem solchen MouseEvent sind die folgenden beiden Methoden verbunden, die relativ zu den Koordinaten arbeiten, die die Zeichenfläche des Applets beschreiben:

- Bestimmung der horizontalen Position des Mauszeigers auf der Fläche des Applets; dies ist die Methode getX().
- Bestimmung der vertikalen Position des Mauszeigers auf der Fläche des Applets; dies ist die getY() Methode.

Es gibt weitere Methoden in dieser Klasse, die für unsere Zwecke jedoch nicht wichtig sind.

Nachdem wir nun wissen, wie Maus-Ereignisse behandelt werden können, müssen wir uns dem entsprechenden Beobachter zuwenden, also der Instanz einer Klasse, mit deren Hilfe die Ereignisse beobachtet werden können. In der Java-Terminologie heißen diese Beobachter `Listener`, also *Horcher*; die zugehörigen Abstraktionen und Adapterklassen sind in `java.awt.event` enthalten. Wir wenden uns einem speziellen Horcher zu, nämlich einem Beobachter für Mausbewegungen.

Die zugehörige Abstraktion heißt `MouseMotionListener`. Diese Abstraktion erweitert die Abstraktion `EventListener`, die uns gleich noch begegnen wird. Wesentlich für unsere Zwecke sind die beiden Methoden, mit deren Hilfe wir feststellen können, ob sich der Mauszeiger bewegt hat:

- `void mouseDragged(MouseEvent e)`: Diese Methode wird dann aufgerufen, wenn der Mauszeiger bei gedrückter Maustaste bewegt wird,

- `void mouseMoved(MouseEvent e)`: Diese Methode wird aufgerufen, wenn der Mauszeiger bewegt wird, ohne daß die Maustaste gedrückt ist.

So, jetzt stehen wir da: Wir haben `MouseEvent` zur Verfügung und eine Abstraktion. Wir können ganz sicher nicht erwarten, daß wir eine vorgefertigte Implementierung für die Abstraktion `MouseEventListener` finden werden, denn die zu ergreifenden Aktionen bei der Bewegung des Mauszeigers müssen schließlich spezifisch für die zu lösende Problemstellung vereinbart werden. Also müssen wir uns wohl selbst daran machen, eine Implementierung für diese Abstraktion zu schaffen. Java hilft an dieser Stelle ein wenig, indem die Sprache eine Klasse `MouseEventAdapter` zur Verfügung stellt, die die Abstraktion mit leeren Methodenrümpfen implementiert. Wir werden uns dieses Adapters bedienen, indem wir ihn durch Vererbung spezialisieren, also gezielt die leeren Rümpfe einzelner Methoden durch den gewünschten Code ersetzen. Bevor wir das jedoch tun können, sollten wir uns darüber informieren, wie man einen Beobachter, also einen `Listener`, in einem Applet installiert.

Die in Applets zur Verfügung stehende Methode erbt die Klasse `Applet` aus ihrer Oberklasse `Component`. Sie hat die Signatur:

```
public void addMouseMotionListener(MouseMotionListener l)
```

Wenn wir also `addMouseMotionListener` in einem Applet aufrufen, müssen wir uns eine Instanz von `MouseMotionListener` verschaffen. Hier kommen nun anonyme lokale Klassen (vergleiche Kapitel 8.4) sehr handlich in Spiel: Wir definieren eine anonyme lokale Klasse, die die Klasse `MouseMotionAdapter`, also den Adapter für `MouseMotionListener`, durch Vererbung spezialisiert. Die Spezialisierung bedeutet gerade, daß wir die uns interessierenden Methoden realisieren, indem wir ihre Rümpfe ausimplementieren. Da der Adapter so freundlich ist, Implementierungen für *alle* Methoden zur Verfügung zu stellen, brauchen wir lediglich genau diejenigen Methoden zu redefinieren, an denen uns gelegen ist.

In unserem Fall sieht es so aus, daß wir die Methode mouseMoved realisieren müssen. Wir müssen also festlegen, was geschieht, wenn wir den Mauszeiger ohne die gedrückte Maustaste bewegt haben. Hierzu verschaffen wir uns die Koordinaten des Mauszeigers, überprüfen, ob der Mauszeiger in einem der Kreise liegt, und tun dann für diesen Kreis das folgende: Wir ändern die Hintergrundfarbe und die Farbe, in der der Name des Sternzeichens geschrieben werden soll. Das setzt natürlich voraus, daß wir die Farben für die einzelnen Kreise und die Farben für die einzelnen Schriftzüge für jedes der Sternkreiszeichen getrennt manipulieren können, daß wir also für die Hintergrundfarbe und für die Farbe der Schrift jeweils separate Felder von Farben haben. In der Realisierung, über die wir jetzt diskutieren können, haben wir für die Hintergrundfarbe das Feld farbeDesKreises, für die Farbe der Schrift das Feld farbeDerSchrift vereinbart.

Für den an die Methode mouseMoved als Parameter e übergebenen MouseEvent stellen wir zunächst die Position fest, an der der Mauszeiger sich befand, als das Ereignis ausgelöst wurde. Dann iterieren wir über alle Sternkreiszeichen, um zu überprüfen, ob sich die Koordinaten des Mauszeigers in einem der Kreise befinden. Hierzu erweitern wir in einer Spezialisierung die Klasse MouseMotionAdapter um die Hilfsmethoden imKreis und quadrat. Die Überprüfung, ob ein Punkt in einem Kreis liegt, läßt sich aufgrund der Kreisgleichung leicht durchführen, dazu dient die Methode quadrat. Beachten Sie, daß wir unsere Koordinatensysteme verschoben haben, so daß wir die Mittelpunktsgleichung entsprechend justieren müssen, was durch Verschiebung um den Punkt $((d.width+1)/2, (d.height+1)/2)$ zustandekommt.

Bei der Konstruktion der Methode mouseMoved ist zu beachten, daß wir, nachdem wir die Farben bestimmt haben, die Methode paint erneut aufrufen müssen, um den geänderten Gegebenheiten Rechnung zu tragen. Dies geschieht durch den Aufruf der Methode repaint(), die dafür sorgt, daß die Zeichenfläche des Applets gelöscht und der neu bestimmte Inhalt des Applets mit der paint-Methode dargestellt wird.

Für den Aufruf der Methode addMouseMotionListener ergibt sich der in Bsp. 14.11 dargestellte Code, der die Erzeugung eines Objekts der anonymen Spezialisierung der Klasse MouseMotionAdapter mit den Vereinbarungen der drei Methoden mouseMoved, imKreis und quadrat enthält.

Das Argument zur Installation des Beobachters konstruieren wir beim Aufruf, wir übergeben also eine Instanz einer neuen Klasse, die wir extra für diesen Aufruf herstellen und instanziieren. Als Alternative hätten wir sicherlich auch eine lokale Klasse definieren und eine Instanz dieser lokalen Klasse an den Horcher übergeben können. Die in Bsp. 14.11 vorgestellte Konstruktion erspart das Anlegen einer neuen Klasse, die lediglich ein einziges Mal benutzt würde. Erkauft wird diese Vorteil freilich durch eine gewisse Unübersichtlichkeit. Es hilft hier, wenn man ganz fix öffnende und schließende Klammern gegeneinander abzählen kann.

```
addMouseMotionListener(
   new MouseMotionAdapter() {
      private int quadrat(int x) {
         return x*x;
      }
      private boolean imKreis(int xa,int ya,int xb,int yb,int rad){
         return
            quadrat((d.width+1)/2 + xa - xb) +
            quadrat((d.height+1)/2 + ya - yb) <= quadrat(rad/2);
      }
      public void mouseMoved(MouseEvent e) {
         int ex = e.getX();
         int ey = e.getY();
         for (int i = 0; i < SEGMENTE; i++)
            if (imKreis(x[i], y[i], ex, ey, punktAbstand)) {
               farbeDesKreises[i] = beiUngedrückterMausTaste;
               farbeDerSchrift[i] = andereSchrift;
            } else {
               farbeDesKreises[i] = normal;
               farbeDerSchrift[i] = normalSchrift;
            }
         repaint();
      }
   }
);
```

Bsp. 14.11: Der Aufruf der Methode addMouseMotionListener

Es bleibt eigentlich nur noch darüber zu berichten, wie die Felder für die Bestimmung der Farben initialisiert sind: Dies geschieht nach unseren Vorgaben durch hellgrau bzw. schwarz. Die paint-Methode ist im wesentlichen so geblieben, wie sie vorher war, die Veränderung besteht darin, daß nun für jedes Sternkreiszeichen Hintergrundfarbe und Schriftfarbe separat berücksichtigt werden müssen. Die entsprechende Schleife in dieser Methode sieht folgendermaßen aus:

```
for (int i = 0; i < SEGMENTE; i++) {
   g.setColor(farbeDesKreises[i]);
   zeichneKreis(g, x[i], y[i], punktAbstand/2);
   g.setColor(farbeDerSchrift[i]);
   xKorrektur = dieseMetrik.stringWidth(dieNamen[i])/2;
   g.drawString(dieNamen[i], x[i]-xKorrektur, y[i]+yKorrektur);
}
```

Sie sehen in Abb. 14.10 die Ausgabe, die entsteht, wenn wir mit der Maus in den Kreis für das Sternkreiszeichen *Löwe* fahren.

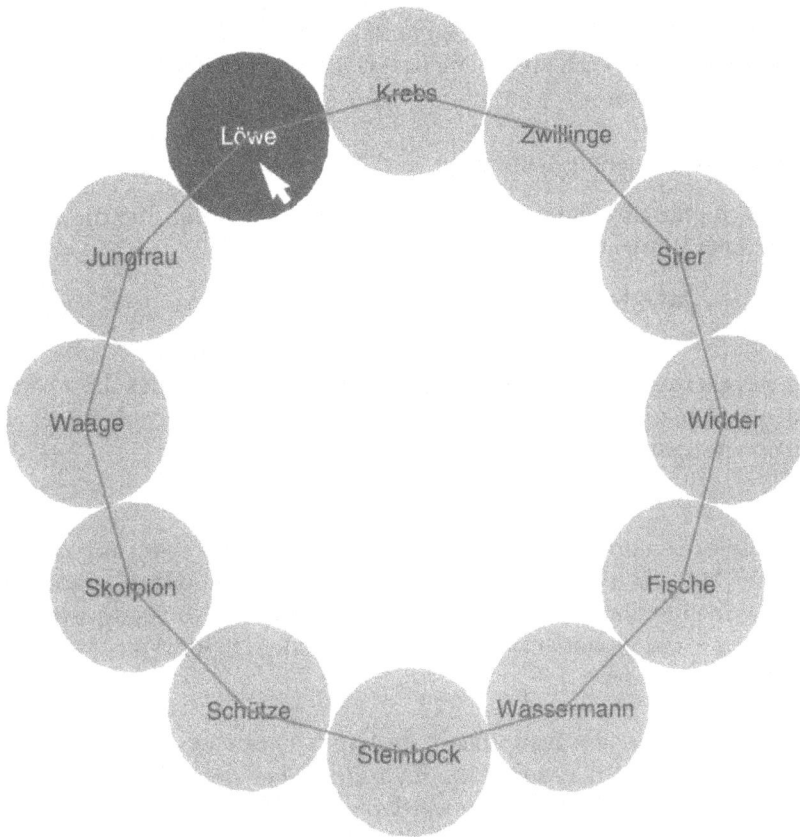

Abb. 14.10: Ausgabe des Applets `SternzeichenMitFarbwechsel`

14.7 Jetzt wird´s multimedial: Töne

Wir wollen unsere astrologischen Bemühungen weitertreiben: Wir haben die Bilder der Sternkreiszeichen gezeichnet; wenn wir mit der Maus auf einem der Bilder sind und die Maustaste drücken, so soll eine zugehörige Melodie abgespielt werden. Wenn der Mauszeiger über diesem Bild losgelassen wird, so soll die Melodie verstummen. Ist der Mauszeiger jedoch gewandert und befindet er sich nicht mehr über dem Sternkreiszeichen, auf dem er gedrückt worden ist, so soll zusätzlich ein warnender Ton erklingen.

Um Musik hören zu können, laden wir Audiodateien und spielen sie ab. Das geht in Java recht einfach; es wird unter anderem die Möglichkeit angeboten, Musikdateien der Typen ».wav« und ».au« abzuspielen. Im wesentlichen verschafft man sich eine

Datei fast genau so wie ein Bild, indem man sich den zugehörige URL hernimmt und die entsprechende Datei lädt. Ist diese Audiodatei verfügbar, so kann man sie einmal oder in einer unendlichen Schleife abspielen lassen. Wir können das Abspielen einer Audiodatei auch stoppen.

Die einzelnen Schritte gehen so vor sich:

- Wir beschaffen uns einen URL, nennen wir ihn `audioURL`, der die zu ladende Audiodatei kennzeichnet.

- Wir rufen innerhalb des Applets die Methode `newAudioClip` mit dem Parameter `audioURL` auf.

- Wir weisen das Resultat dieses Aufrufs einem Objekt zu, das die Abstraktion `AudioClip` realisiert. Die Abstraktion `AudioClip` wird auch durch die Klasse `Applet` implementiert.

Ist `ton` eine Instanz von `AudioClip`, so gibt es drei Methoden, mit denen man arbeiten kann: Mit `ton.play()` wird die zugehörige Audio-Datei abgespielt, mit `ton.loop()` wird die Datei nicht nur einmal, sondern endlos abgespielt, und mit dem Aufruf `ton.stop()` findet das Konzert ein Ende. Dieser Aufruf beendet das Abspielen der Audiodatei.

Das ist alles nicht besonders kompliziert, deshalb wenden wir uns gleich unserem Beispiel zu. Die in Bsp. 14.12 gezeigte Methode lädt neben den Bildern auch die Töne für die Sternkreiszeichen, Ausnahmen werden gleich abgefangen und nicht weitergereicht. Die Audio-Datei `"AusnahmeTon.au"` enthält den Warnton, der im Element `töne[SEGMENTE]` gespeichert wird.

Wir nehmen wieder an, daß wir die durch SEGMENTE vorgegebene Zahl von Sternkreiszeichen darzustellen haben, jedem Sternkreiszeichen wird eine Melodie zugeordnet, die in einer `wav`-Datei gleichen Namens abgelegt ist, so daß beispielsweise die Waage ihr Sternkreiszeichen als Bild in `Waage.jpg` und ihre Melodie in `Waage.wav` findet. Für Ausnahmesituationen sehen wir eine spezielle Melodie vor, so daß wir das Feld `töne` als Feld mit SEGMENTE+1 Elementen vom Typ `AudioClip` vereinbaren. Die genannte Ausnahmesituation kommt wie folgt zustande: Wir wollen die Sternkreiszeichen-Melodie genau so lange spielen, wie der Mauszeiger sich bei gedrückter Maustaste über dem Bild des entsprechenden Sternkreiszeichens befindet. Falls jedoch der Mauszeiger bewegt wird, während die Maustaste gedrückt ist und die Maustaste erst wieder in einem anderen Sternkreiszeichen oder in überhaupt keinem losgelassen wird, so wollen wir diese Extramelodie erklingen lassen.

Wir müssen jetzt also beobachten können, ob der Mauszeiger gedrückt oder losgelassen wurde, ferner müssen wir in der Lage sein anzugeben, wo dieses Maus-Ereignis stattgefunden hat. Durch unsere Diskussion der Klasse `MouseEvent` sind wir bestens darauf vorbereitet, die Koordinaten des Ortes zu bestimmen, an denen

```
private void ladeBildUndTon() {
  for (int j=0; j<SEGMENTE; j++) {
    bild[j] = getImage(getDocumentBase(), dieNamen[j] + ".jpg");
    tracker.addImage(bild[j], j);
    if (!tracker.checkID(j)){
      try {
        tracker.waitForID(j);
      } catch (InterruptedException e) {
        System.out.println("Das Bild " + dieNamen[j] + ".jpg"
                           + " kann nicht geladen werden");
      }
    }
    try {
      URL musikURL = new URL(getCodeBase(), dieNamen[j] + ".wav");
      töne[j] = newAudioClip(musikURL);
    } catch (java.net.MalformedURLException e) {
      System.out.println("Kein Ton");
    }
  }
  try {
    URL musikURL = new URL(getCodeBase(), "AusnahmeTon.au");
    töne[SEGMENTE] = newAudioClip(musikURL);
  } catch (java.net.MalformedURLException e) {
    System.out.println("Kein Ton");
  }
}
```

Bsp. 14.12: Einlesen der Audiodateien

ein Maus-Ereignis stattgefunden hat. Wir sind jedoch bislang noch nicht in der Lage, die Maus-Ereignisse *Maustaste gedrückt* und *Maustaste losgelassen* zu verarbeiten. Hierzu wird der Horcher `MouseListener` engagiert: Er enthält unter anderem die Methoden `mousePressed` und `mouseReleased`, die jeweils eine Instanz von `MouseEvent` als Parameter haben und dann aufgerufen werden, wenn die entsprechenden Ereignisse eingetreten sind. Die Installation dieses Horchers erfolgt wie üblich, indem man die Instanz einer anonymen Klasse von `MouseAdapter` erzeugt und die Methoden `mousePressed` und `mouseReleased` redefiniert.

Innerhalb dieser anonymen Instanz wird zunächst festgestellt, in welchem Segment sich die Maus gerade aufhält (oder ob sie außerhalb eines Segments ist). Hierzu dient die Methode `woIstDieMaus` (Bsp. 14.13). Diese Methode macht Gebrauch von der Möglichkeit, die Umgebung eines Punktes mit der Methode umgebung zu erkunden, die die als *Manhattan-Distanz* bezeichnete Entfernung zwischen zwei Punkten bestimmt: Diese Distanz berechnet das Maximum der Abstände in den jeweiligen Koordinaten, wobei der Verschiebung des Koordinatenursprungs Rechnung getragen wird.

```
public int woIstDieMaus(MouseEvent e) {
  int derOrt = SEGMENTE;
  Point hierIstDieMaus = e.getPoint();
  for (int ort=0; ort<SEGMENTE; ort++) {
    if (umgebung(punkte[ort], hierIstDieMaus)){
      derOrt = ort;
      break;
    }
  }
  return derOrt;
}

private boolean umgebung(Point P, Point Q) {
  return(Math.abs(horizontal + P.x - Q.x) <= größe/4
    && Math.abs(vertikal + P.y - Q.y) <= größe/4);
}
```

Bsp. 14.13: Die Methoden woIstDieMaus *und* umgebung

Nun zur Behandlung der Maus-Ereignisse. Die Methode mousePressed stellt zunächst fest, wo sich der Mauszeiger befindet. Wir merken uns die Position des Mauszeigers in der ganzzahligen Variable woSpieltDieMusik zur späteren Verwendung. Falls sich der Mauszeiger innerhalb eines Sternkreiszeichen befindet, so wollen wir die zugehörige Melodie spielen. Falls wir dagegen außerhalb aller Sternkreiszeichen sind, so wollen wir die Warnmelodie abspielen lassen. Gestoppt wird die gespielte Melodie in der Methode mouseReleased und es wird die Warnmelodie angestimmt, sofern sich der Mauszeiger nicht über dem Sternkreiszeichen befindet, zu dem die gestoppte Melodie gehörte. Sie finden den Code für beide Methoden in Bsp. 14.14.

```
public void mousePressed(MouseEvent e) {
  woSpieltDieMusik = woIstDieMaus(e);
  töne[woSpieltDieMusik].loop();
}

public void mouseReleased(MouseEvent e) {
  töne[woSpieltDieMusik].stop();
  if (woIstDieMaus(e) != woSpieltDieMusik)
    töne[SEGMENTE].play();
}
```

Bsp. 14.14: Die Methoden mousePressed *und* mouseReleased

Die paint-Methode dieses Applets gleicht denen der vorangehenden Applets. Die Ausgabe des Applets ist aus Abb. 14.9 bekannt, so daß wir auf eine erneute Wiedergabe hier verzichten können. Leider können wir das Abspielen einer Melodie nicht veranschaulichen.

Dieses Beispiel beendet die Behandlung von Ereignissen. Es konnte nur ein sehr kleiner Ausschnitt aus dem reichen Ereignismodell von Java gegeben werden. Insbesondere konnten wir aus Platzgründen die Behandlung von Tastaturereignissen, die durch die Abstraktion KeyListener gegeben ist, hier nicht betrachten. Wir konnten auch nicht alle Methoden oder Konstanten der behandelten Horcher angeben, die durch die entsprechenden Abstraktionen vorgesehen sind.

14.8 Der Sandkasten – einige Anmerkungen zur Sicherheit

Wir haben bis jetzt nicht von den Möglichkeiten Gebrauch gemacht, solche Applets zu verwenden, die auf anderen Rechnern abgelegt worden sind. Dabei lehrt der Blick auf die täglich Praxis im Internet, daß es gerade diese Art von Applet ist, die Java für den Gebrauch im Internet so attraktiv macht. Daher wollen wir nicht versäumen, auf diesen Aspekt einzugehen, um wenigstens in der gebotenen Kürze die fundamentalen Aspekte des Gebrauchs von entfernten Dateien zu schildern, und um Ihnen einen Einblick zu geben, daß auch Sicherheitsaspekte bei der Verwendung von Applets berücksichtigt werden müssen.

Wenn Sie sich an die Anmerkung zu CODEBASE auf Seite 358 erinnern, so wurde dort dieser Parameter lapidar so erklärt, daß damit ein Verzeichnis angegeben werden kann, in dem ein Applet gespeichert ist. Das soll nun präzisiert werden. Mit diesem Parameter können wir einen URL angeben, unter dem wir die ausführbare Version eines Java-Programms finden können. Wir wissen, daß diese ausführbaren Versionen in class-Dateien abgespeichert werden, also finden wir die zu einem Java-Programm gehörende class-Datei in dem Verzeichnis, das durch diesen URL angegeben ist. Wir nehmen uns also den URL

```
http://ls10-www.cs.uni-dortmund.de/java-buch/applets
```

her, laden von dort das Programm und eine weitere Bild-Datei, die wir dort abgespeichert haben. Wenn wir das Programm ausführen (– wir haben das Programm gewählt, mit dessen Hilfe wir Kreissegmente näher erläutert haben), so ergibt sich die in Abb. 14.11 gezeigte Darstellung.

Als zu ladende Graphik haben wir das Drahtmodell eines Würfels gewählt. Wir wollen uns das Programm anschauen; bevor wir dies jedoch tun, geben wir in Bsp. 14.15 die zugehörige html-Datei an.

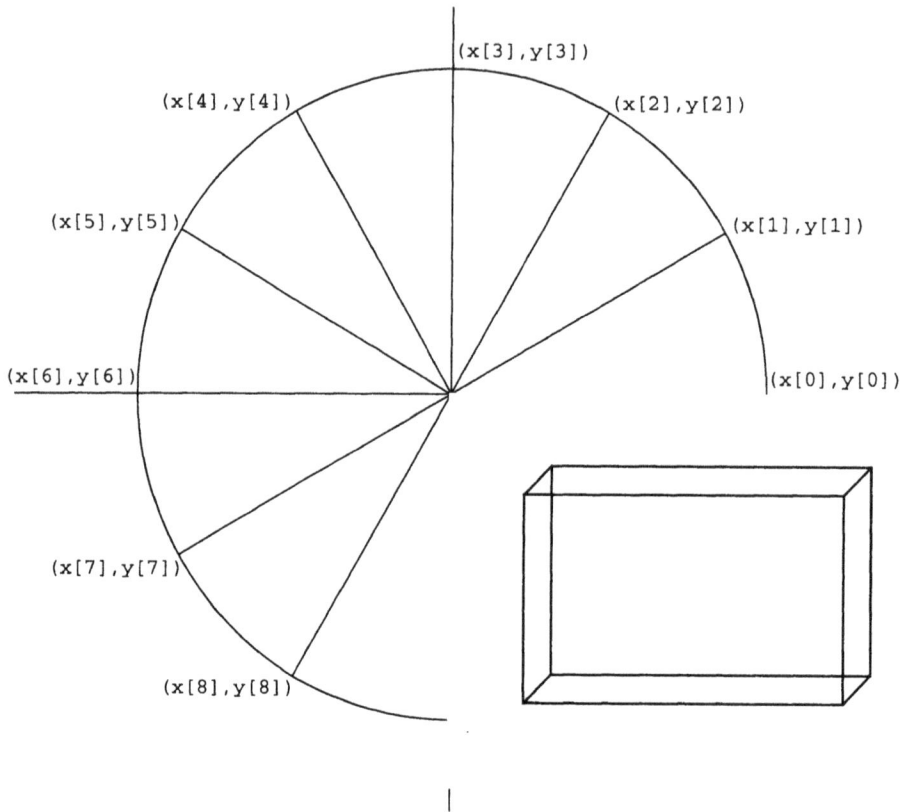

Abb. 14.11: Programm und Bild von einer URL geladen

```
<HTML>
<HEAD>
<TITLE> Ein Versuch </TITLE>
<BODY>
<h1> Paar Versuche </h1>
<APPLET CODE="KreisErklrg"
CODEBASE="http://ls10-www.cs.uni-dortmund.de/java-buch/applets"
WIDTH=800 HEIGHT=800>
<PARAM NAME = "Farbe" VALUE = "1">
</APPLET>
</BODY>
</HTML>
```

Bsp. 14.15: Aufruf des Applets KreisErklrg

Bei der Betrachtung dieser Datei fällt die Charakterisierung von CODEBASE auf:

```
CODEBASE="http://ls10-www.cs.uni-dortmund.de/java-buch/applets"
```

Dies ist also das entfernte Verzeichnis, in dem die class-Datei und die Datei mit dem Bild abgespeichert sind. Der wichtige Code-Ausschnitt findet sich in der Methode init der Klasse KreisErklrg:

```
// ...
System.out.println("getCodebase liefert: ");
System.out.println(getCodeBase().toString());
System.out.println("getDocumentBase liefert: ");
System.out.println(getDocumentBase().toString());
bild = getImage(getCodeBase(), "Bild.gif");
// ...
```

Sie sehen, daß die Methode getCodeBase den in der html-Datei angegebenen Parameterwert für CODEBASE liest, der Aufruf der Methode toString druckt die zugehörige Zeichenkette aus. Wenn Sie die Datei KreisErklrgNetz.html mit dem Appletviewer ansehen, wird die folgende Ausgabe in ihrem Terminalfenster ausgegeben:

```
getCodebase liefert:
http://ls10-www.cs.uni-dortmund.de/java-buch/applets/
getDocumentBase liefert:
http://ls10-www.cs.uni-dortmund.de/java-buch/KreisErklrgNetz.html
```

Wir laden also von einer entfernten Maschine eine Programmdatei, zusätzlich verschaffen wir uns von dieser Maschine eine Datei, die Bilddaten enthält. Wir greifen mithin auf einen fremden Rechner zu, die Frage stellt sich, ob wir das eigentlich dürfen und was wir an dieser Stelle eigentlich anrichten. Es ist offensichtlich, daß man sich über die Sicherheit verstärkt Gedanken macht muß, denn der Zugriff auf einen Rechner kann bekanntlich erhebliche Konsequenzen haben, wenn es beispielsweise dem zugreifenden Programm gelingt, unerlaubt Änderungen an Dateien oder sogar am Betriebssystem durchzuführen. Wir alle kennen die Diskussion um Computerviren, so daß sich die Frage stellt, ob wir denn damit nicht der Unsicherheit Tür und Tor öffnen.

Der Leser kann aber beruhigt werden: Applets können zwar auf andere Rechner zugreifen, dieser Zugriff ist jedoch sehr stark beschränkt und wird durch die Möglichkeiten von Java sehr streng reglementiert. Java verfügt über verschiedene Sicherheitsmodelle, die der Besitzer von Dateien auch genauer einstellen kann. Wir wollen das einfachste Modell, den *Sandkasten*, ein wenig näher vorstellen.

Zunächst sei festgehalten, daß jeder Appletviewer, also jedes Programm, unter dessen Kontrolle ein Applet ablaufen kann, seinen eigenen Sicherheitsmanager hat. Der Sicherheitsmanager überprüft alle Objekte daraufhin, ob sie ein Sicherheitsrisiko darstellen. Ist der Manager nicht davon überzeugt, daß kein Sicherheitsrisiko vorliegt, so wird eine entsprechende Ausnahme aktiviert, auf die das Programm entsprechend reagieren kann. Der Sicherheitsmanager ist Instanz einer Klasse, die von der Klasse Security abgeleitet wird. Die Feineinstellung der Sicherheit kann dann durch Unterklassenbildung für diese Klasse und durch geeignete Parametrisierung der Methoden bewirkt werden.

Wir schildern die Standardeinstellung, indem wir kurz charakterisieren, was ein Applet eigentlich darf und was es nicht darf.

- Ein Applet darf normalerweise auf der Maschine, auf der es ausgeführt wird, weder Dateien lesen noch Dateien schreiben. Dies ist die fundamentale Sicherheitsmaßnahme, die den ausführenden Kontext eines Java-Programms vom Rest der Maschine isoliert und ihm keinen Zugriff auf die übrigen Dateien gibt. Sie haben sicherlich die Einschränkung *normalerweise* bemerkt: Ein Applet kann manche Dateien lesen, die durch einen URL spezifiziert sind. Das gilt speziell für Dateien, die auf der ausführenden Maschine zu finden sind. Kritisch ist allerdings nicht das Lesen, sondern das Schreiben von Dateien, und hier ist Java recht streng.

- Ein Applet kann keine Netzwerkverbindungen öffnen. Ausgenommen ist die Verbindung zu dem Rechner, von dem es geladen worden ist. Auf diese Weise wird verhindert, daß Applets willkürlich Netzwerkverbindungen herstellen können.

- Ein Applet kann auf dem Rechner, auf dem es ausgeführt wird, keine Programme starten. Damit ist es etwa unmöglich, sich mit einem Applet auf einen Rechner einzuschleichen und auf diesem Rechner neue Programme zu starten (– wie es einige Viren offenbar gern tun).

- Ein Applet kann die meisten Systemeigenschaften nicht lesen. Damit soll verhindert werden, daß Systemeigenschaften über die Verbindung zwischen einem Applet und dem Rechner, von dem aus es gestartet wurde, bekannt gegeben werden (– sie könnten über diese Verbindung ja weitergereicht werden). Einige wenige harmlose Systemeigenschaften sind für ein Applet lesbar, sie sind an dieser Stelle jedoch nicht interessant.

- Ein Applet kann keine Bibliotheken laden oder Methoden definieren. Ein Applet kann also nur seinen eigenen Java-Code und die Programmierschnittstelle, die durch die Klasse Applet definiert ist, benutzen. Ein Appletviewer muß natürlich Zugriff auf die Pakete geben, die minimal zur Ausführung von Java-Programmen verfügbar sind.

- Fenster, die von einem Applet geöffnet werden, sehen anders aus als die Standardfenster. Damit sollen Schauspieler ausgeschlossen werden.

Auf diese Weise baut der Appletviewer eine schützende Wand um das System und um das Applet. Das Applet kann in diesem geschützten Bereich arbeiten, es muß jedoch die Restriktionen beachten, die gerade geschildert wurden. Insgesamt ergibt sich dadurch die in Abb. 14.12 gezeigte Aufteilung der Laufzeitumgebung in drei Schichten.

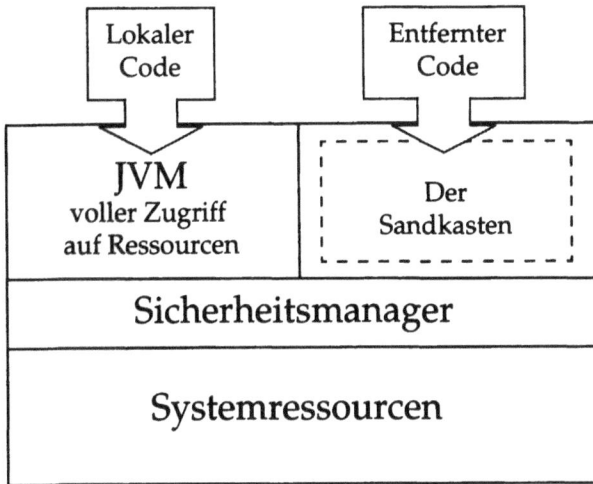

Abb. 14.12: Das Sicherheitskonzept von Java

Die unterste Schicht bildet die Systemschicht, in der die vitalen Ressourcen wie etwa das Dateisystem, der Speicherbereich, die Netzwerkverbindungen und dergleichen zu finden sind, der obere Bereich ist der Benutzerbereich, der zweigeteilt wird, einmal (links) der Bereich der *normalen* Java-Programme mit *Java Virtual Machine* (JVM), auf der anderen Seite (rechts) der Sandkasten, in dem sich Applets bewegen dürfen. Zwischen beide Schichten ist der Sicherheitsmanager gelegt, der bei Applets wie auch bei anderen Java-Programmen Sicherheitsaspekte berücksichtigt. Der linke Teil der obersten Schicht wird von lokalem Code angesprochen, also von lokalen Java-Programmen; entfernter Code, also Code, der über eine Netzwerkverbindung an den ausführenden Rechner herangetragen wird, landet nicht in der linken, sondern in der rechten Hälfte, im Sandkasten. Das ist die Grundidee des Sandkasten-Modells, wie es in der allerersten Version von Java zu finden war. Inzwischen ist dieses Sicherheitsmodell weiter verfeinert worden, es ist nicht mehr automatisch so, daß über das Netz geladener Code im Sandkasten landet, über geeignete Zertifikate kann vielmehr bewirkt werden, daß auch dieser Code im linken, JVM-Teil landen kann. Aber auf diese weiteren Verfeinerungen wollen wir an dieser Stelle nicht eingehen.

Zusammengefaßt: Sie können mit Java-Programmen auch dann arbeiten, wenn das Programm nur extern verfügbar ist, Sie können von einer externen Quelle neben Programmdaten auch andere Daten laden. Dabei müssen aber Sicherheitseinschränkungen beachtet werden.

Kapitel 15
Benutzungsoberflächen mit Swing

Das vorangehende Kapitel 14 hat gezeigt, wie man Java-Programme schreibt, die graphische Ausgaben erzeugen und die auf die Ereignisse reagieren können, die der Benutzer auslöst. Die Ausgaben in unseren Beispielen wurden dabei aus einfachen geometrischen Elementen, z.B. Ovalen und Linien, zusammengesetzt. Um vom Benutzer ausgelöste Ereignisse, beispielsweise das Drücken einer Maustaste über einem Kreis, zu erkennen, mußten wir die Maus beobachten und dann, wenn wir einen Tastendruck registrierten, die Position des Mauszeigers auf dem Bildschirm überprüfen. Mit dieser Vorgehensweise könnten wir sicherlich auch Fenster aufbauen, die an ihrem oberen Rand eine Menüleiste mit Menüs und zugehörigen Einträgen enthalten und auf deren Zeichenfläche Schaltknöpfe, Texteingabefelder und die anderen wohlbekannten Hilfsmittel für eine zeitgemäße Interaktion mit dem Benutzer verwendet werden.

Allerdings ist die Implementierung eines Fensters auf der Basis solcher einfacher geometrischer Elemente recht aufwendig. Wir wollen dies an zwei Beispielen, einem Eingabefeld für Text und einem Schaltknopf, demonstrieren.

- Unter einem Eingabefeld für Text wollen wir ein abgegrenztes Rechteck verstehen, in dem die Buchstaben erscheinen, die über die Tastatur eingegeben werden, solange der Mauszeiger innerhalb des Rechtecks positioniert ist. Wir müssen also zunächst ein Rechteck auf unserem Fenster zeichnen. Danach müssen wir auf ein ganz bestimmtes Ereignis warten, einen Mausklick, der den Mauszeiger innerhalb des Rechtecks positioniert. Auf diese Weise wird angezeigt, daß nun die Zeichen in dem Rechteck erscheinen sollen, die auf der Tastatur gedrückt werden. Hierzu müssen wir beobachten, ob Tastaturereignisse eintreten, also das Drücken von Tasten der Tastatur. Tritt ein solches Ereignis auf, so müssen wir die Taste identifizieren und das ihr zugeordnete Zeichen an die nächste Position in das Rechteck schreiben.

  Wenn wir uns diesen Ablauf vergegenwärtigen, so bemerken wir, daß alle Eingabefelder auf genau diese Art und Weise agieren. Es liegt daher nahe, diesen Ablauf nicht in jeder Anwendung neu zu implementieren, sondern über eine vordefinierte Klasse allen Programmierern zur Verfügung zu stellen. Dieser muß nur noch die Länge und Position des Texteingabefeldes festlegen; die Verarbeitung von Maus- und Tastaturereignissen kann dann ohne weitere Ergänzungen des Programms in der oben beschriebenen Form erfolgen. Das bedeutet, daß wir auf eine explizite Betrachtung und Implementierung der Ereignisbehandlung für ein Eingabefeld in unserem Programm vollständig verzichten können.

- Etwas anders verhält sich die Implementierung eines Schaltknopfes. Auch hier benötigen wir zunächst ein Rechteck, in das ein vorgegebener Text, beispielsweise »ok«, geschrieben wird. Wir warten nun auf zwei spezielle Ereignisse, entweder einen Mausklick auf dem Rechteck des Schaltknopfes oder das Positionieren des Mauszeigers auf dem Schaltknopf mit einem nachfolgenden Drücken der *Return/Enter*-Taste. Tritt eines dieser Ereignisse ein, so soll eine mit dem Schaltknopf verbundene Aktion ausgeführt werden. Welche Aktion ausgeführt wird, ist jedoch problemspezifisch und kann somit nicht im Vorhinein festgelegt werden.

Die Ereigniserkennung und -behandlung aller Schaltknöpfe ist also immer gleich und kann daher ebenfalls leicht durch eine vordefinierte Klasse bereitgestellt werden. Im Gegensatz zum Eingabefeld muß jedoch für einen Schaltknopf zusätzlich eine Möglichkeit geschaffen werden, um beim Drücken des Schaltknopfes gezielt an einer anderen Stelle des Programms fortzufahren: Wir müssen den vorgegebenen Programmtext des Schaltknopfes für jede Implementierung anpassen. Java stellt mit der Vererbung ein Konstrukt bereit, das uns bei solchen Anpassungen unterstützt.

Wir wissen allerdings schon, daß das Beobachten von Ereignissen für einen Schaltknopf auf genau die beiden Ereignisse reduziert werden kann, die wir oben beschrieben haben. Diese beiden Ereignisse sollen zudem immer zu der Ausführung der gleichen Funktionalität führen. Es liegt daher nahe, für einen Schaltknopf nicht die technischen *Basisereignisse* wie die beliebige Mausbewegung oder den Druck auf eine beliebige Taste zu betrachten, sondern die beiden interessierenden Ereignisse – Mausklick oder Drücken der Return/Enter-Taste bei einem über dem Schaltknopf positionierten Mauszeiger – zu einem *semantischen Ereignis* zusammenzufassen, das im Falle des Schaltknopfes einfach als »*Aktion ausgeführt*« bezeichnet wird. Wollen wir das mit dem Schaltknopf verbundene Verhalten realisieren, so müssen wir einfach nur eine Methode `actionPerformed` implementieren. Diese wird genau dann aufgerufen, wenn die Basisereignisse eintreten, die zu unserem semantischen Ereignis zusammengefaßt sind. Es ist ziemlich offensichtlich, daß die Ereignisbehandlung für den vordefinierten Schaltknopf dadurch wesentlich vereinfacht wird.

In diesem Kapitel werden wir Ihnen nun zeigen, wie man fensterorientierte Oberflächen aus den Klassen der Swing-Bibliothek zusammenstellt, die uns vordefinierte Elemente wie Eingabefelder für Texte und Schaltknöpfe zur Verfügung stellt (vgl. auch Kapitel 14.1). Mit dem Verwenden dieser Elemente werden wir zwangsläufig auch auf die von ihnen vorgegebenen Abläufe zur Behandlung von Ereignissen zurückgreifen.

Unsere Beispiele werden das in Kapitel 10 entwickelte Programm zur Bestimmung eines minimalen Gerüsts nach dem Algorithmus von Kruskal um eine Benutzungsoberfläche erweitern, mit der wir die Kanten, Knoten und Kosten des Graphen erfassen können. Wir werden nach der Eingabe des Graphen das Bestimmen des minimalen Gerüsts anstoßen und die Ergebnisse der Berechnung – in textueller Form als Folge der ausgewählten Kanten – in einem Fenster auf dem Bildschirm anzeigen können.

15.1 Eingabe von Knoten und Kanten

Wir werden nun damit beginnen, eine fensterorientierte Benutzungsoberfläche zum Erfassen der Daten für das in Kapitel 10 entwickelte Programm zu konzipieren. Betrachten wir noch einmal die Daten, die für die Bestimmung des minimalen Gerüsts zu einem Kostengraphen anhand des Algorithmus von Kruskal vorliegen müssen: Jede Kante des Graphen wird durch die Angabe der beiden Knoten bestimmt, die durch diese Kante miteinander verbunden werden. Zusätzlich wird für jede Kante ein Wert angegeben, der die ihr zugeordneten Kosten charakterisiert. Die Knoten des Graphen werden nicht explizit eingegeben, sondern bei Bedarf durch die Angabe der verbindenden Kante implizit in den Graphen eingeführt (siehe auch Bsp. 10.8). Der gesamte Graph wird durch das wiederholte Einfügen von Kanten aus dem leeren Graphen aufgebaut.

Unser Fenster muß dementsprechend für jede Kante Felder für die Eingabe der Namen von zwei Knoten und den Wert der Kosten vorsehen. Nach dem Eintragen dieser Werte müssen wir dem Programm mitteilen können, daß wir die Eingabe einer Kante abgeschlossen haben und daß die Werte übernommen werden sollen. Zudem müssen wir dem Programm nach der Eingabe aller Kanten – und damit auch aller Knoten – mitteilen können, daß die Berechnung des minimalen Gerüsts erfolgen kann. Neben unseren drei Eingabefeldern werden wir also noch zwei Schaltknöpfe einrichten, durch deren Auswahl wir dem Programm unsere Absichten bekanntgeben können.

Wir wollen die Elemente unserer Benutzungsoberfläche so anordnen, daß die Eingabefelder untereinander stehen und die beiden Schaltknöpfe unter den Eingabefeldern angeordnet werden. Zudem soll vor jedem Eingabefeld ein Text stehen, der die im nachfolgenden Eingabefeld erwartete Texteingabe charakterisiert. Unser Fenster besitzt somit den Aufbau einer Tabelle aus vier Zeilen und zwei Spalten. In den oberen drei Zeilen enthält die erste Spalte jeweils den erläuternden Text und die zweite Spalte das zugehörige Eingabefeld. In der vierten Zeile befindet in jeder Spalte ein Schaltknopf; diese vierte Zeile mit den Schaltknöpfen soll etwas von den anderen Zeilen abgesetzt werden. Abb. 15.1 zeigt eine Skizze des geplanten Fensteraufbaus.

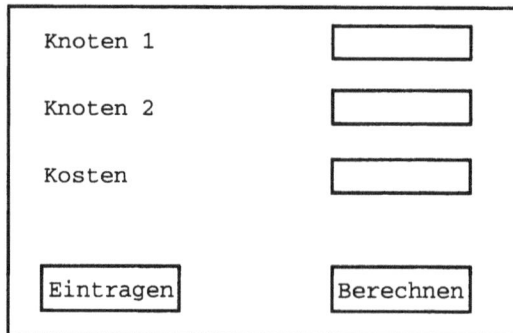

Abb. 15.1: Skizze des Aufbaus des Eingabefensters

Wenden wir uns nun der programmtechnischen Realisierung des in Abb. 15.1 skizzierten Fensters zu: Da wir auf die plattformunabhängige Klassenbibliothek Swing zurückgreifen wollen, müssen wir die zur Bibliothek gehörenden Klassen durch die Anweisung import javax.swing.* in unserer Implementierung bekanntmachen. Die durch Swing bereitgestellten Klassen sind leicht zu identifizieren, da ihre Namen mit »J« beginnen.

Die Klasse JFrame stellt uns Grundlagen zur Konstruktion von Fenstern zur Verfügung; die Klasse KruskalFrame wird als Subklasse von JFrame implementiert. Innerhalb von KruskalFrame legen wir einen vordefinierten Behälter der Klasse JPanel an, den wir mit dem Namen erfassen versehen und der die graphischen Elemente unseres Fensters zusammenfassen wird. Ein Behälter der Klasse JPanel dient dazu, Ordnung in die Präsentation verschiedener graphischer Elemente zu bringen, indem diese zusammengefaßt werden und bei Operationen über den Namen des JPanel-Objekts gemeinsam angesprochen werden können. Wir werden die folgenden Elemente in unseren Behälter legen:

- drei Eingabefelder als Objekte der Klasse JTextField, denen wir jeweils eine Länge von zehn Zeichen zuweisen,

- zwei Schaltknöpfe als Objekte der Klasse JButton, die wir mit »Eintragen« und »Berechnen« beschriften und die zur Steuerung des Programmablaufs dienen,

- drei Objekte der Klasse JLabel, die die Erläuterungen zu den drei Texteingabefelder enthalten, und

- zwei weitere JLabel-Objekte, die leere Texte enthalten und uns helfen, die Gestaltung des Fensters zu vereinfachen.

Während wir den Textfeldern und den Schaltknöpfen Namen zuordnen müssen, um sie während des Programmlaufs identifizieren und ansprechen zu können, können die Beschriftungen der Klasse JLabel anonym bleiben; da wir die Beschriftungstexte im Verlauf der Programmausführung nicht verändern wollen, müssen wir sie nur einmal plazieren und brauchen sie danach nicht wieder zu beachten. Wir vereinbaren daher folgende Attribute in der Klasse KruskalFrame:

```
protected JPanel erfassen;
protected JTextField knoten1, knoten2, kosten;
protected JButton eintragen, berechnen;
```

Das Erzeugen der zugehörigen Objekte und das Anordnen in dem JPanel-Objekt erfassen erfolgt in einer Methode baueErfassen (Bsp. 15.1). Die drei Textfelder erhalten initial jeweils eine Länge von zehn Leerzeichen, die beiden Schaltknöpfe tragen die Beschriftungen »Eintragen« und »Berechnen«. Bevor wir diese Objekte unserem Behälter erfassen hinzufügen, müssen wir zunächst angeben, in welcher Anordnung dieser Behälter die Objekte darstellen sollen.

Hierzu benutzen wir einen *Layoutmanager*, ein spezielles Objekt, welches eine bestimmte geometrische Anordnung der darzustellenden Objekte vorgibt und die zur Positionierung notwendigen Berechnungen vornimmt. Wir wählen den Layoutmanager für ein *Gridlayout*, eine Tabelle mit fünf Zeilen und zwei Spalten, den wir durch den Aufruf des Konstruktors new GridLayout(5,2) erzeugen. Mit den Methoden setHgap und setVgap setzen wir den Abstand zwischen den Spalten und Zeilen dieser Tabelle auf jeweils 10 Punkte und weisen dann mit der Methode setLayout den von uns konfigurierten Layoutmanager dem Behälter erfassen zu. Nun fügen wir mit der Methode add die Objekte in den Behälter ein, wobei dessen Zeilen und Spalten von links nach rechts und von oben nach unten gefüllt werden. Der Text »Knoten 1« erscheint also oben links, der Schaltknopf mit der Beschriftung »Berechnen« unten rechts. Die beiden JLabel-Objekte mit leeren Texten werden in die vorletzte Zeile eingetragen und sorgen dafür, daß zwischen Eingabefeldern und Schaltknöpfen ein erweiterter Freiraum in Höhe einer leeren Zeile in unserer Tabelle entsteht. Neben der geometrischen Anordnung sorgt der Layoutmanager auch für die Bestimmung der zur Darstellung der Objekte notwendigen Größe, so daß wir keinerlei Berechnungen und Positionierungen auf der Ebene einzelner Pixel durchführen müssen. Ein Blick auf die Positionierungsarbeiten in den Beispielen aus Kapitel 14 zeigt, daß der Layoutmanager die Gestaltung des Fensters deutlich vereinfacht.

Der Konstruktor der Klasse KruskalFrame (Bsp. 15.2) legt nun Größe, Position und Titel des Fensters fest; als Layoutmanager für das Fenster wird FlowLayout gewählt, der alle Elemente nacheinander so auf der Fläche des Fensters anordnet, wie dort Platz ist. Dieser Layoutmanager sorgt ebenfalls dafür, daß der Behälter erfassen auch dann oben in der Mitte des Fensters plaziert wird, wenn dessen Größe durch Ziehen am Fensterrand verändert wird. Anschließend wird durch den Aufruf der

Methode baueErfassen der bereits vorgestellte Behälter aufgebaut und anschließend als einziges Objekt unserem Fenster hinzugefügt. Abschließend wird durch
den Aufruf der Methode setVisible das Fenster auf dem Bildschirm angezeigt.

```
public void baueErfassen() {
  erfassen = new JPanel();
  knoten1 = new JTextField(10);
  knoten2 = new JTextField(10);
  kosten = new JTextField(10);
  eintragen = new JButton("Eintragen");
  berechnen = new JButton("Berechnen");

  GridLayout dasLayout = new GridLayout(5,2);
  dasLayout.setHgap(10);
  dasLayout.setVgap(10);
  erfassen.setLayout(dasLayout);

  erfassen.add(new JLabel("Knoten 1"));
  erfassen.add(knoten1);
  erfassen.add(new JLabel("Knoten 2"));
  erfassen.add(knoten2);
  erfassen.add(new JLabel("Kosten"));
  erfassen.add(kosten);
  erfassen.add(new JLabel(""));
  erfassen.add(new JLabel(""));
  erfassen.add(eintragen);
  erfassen.add(berechnen);
}
```

Bsp. 15.1: Die Methode baueErfassen

```
public KruskalFrame() {
  setSize(400,300);
  setLocation(50,50);
  setTitle("Kruskal");
  getContentPane().setLayout(new FlowLayout());
  baueErfassen();
  getContentPane().add(erfassen);
  setVisible(true);
}
```

Bsp. 15.2: Der Konstruktor KruskalFrame

Die Implementierung der Benutzungsoberfläche hat also die in Abb. 15.2 skizzierte Struktur: Auf der Fensterfläche wird gemäß der Regeln eines FlowLayout-Managers ein einzelner Behälter der Klasse JPanel mittig angeordnet, der seinerseits gemäß der Regeln eines GridLayout-Managers Texte, Eingabefelder und Schaltknöpfe in fünf Zeilen und zwei Spalten ausrichtet. Abb. 15.3 zeigt die Darstellung des Fensters auf dem Bildschirm.

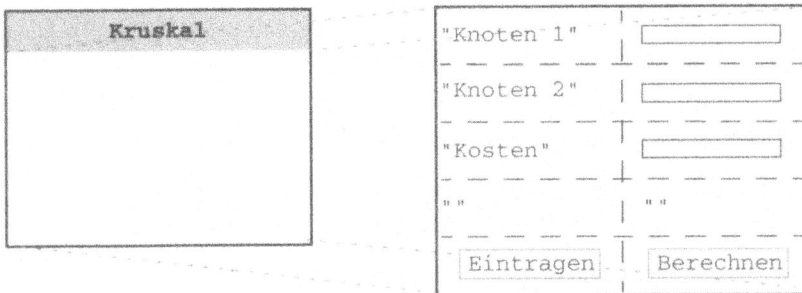

Abb. 15.2: Bestandteile des Fensters KruskalFrame

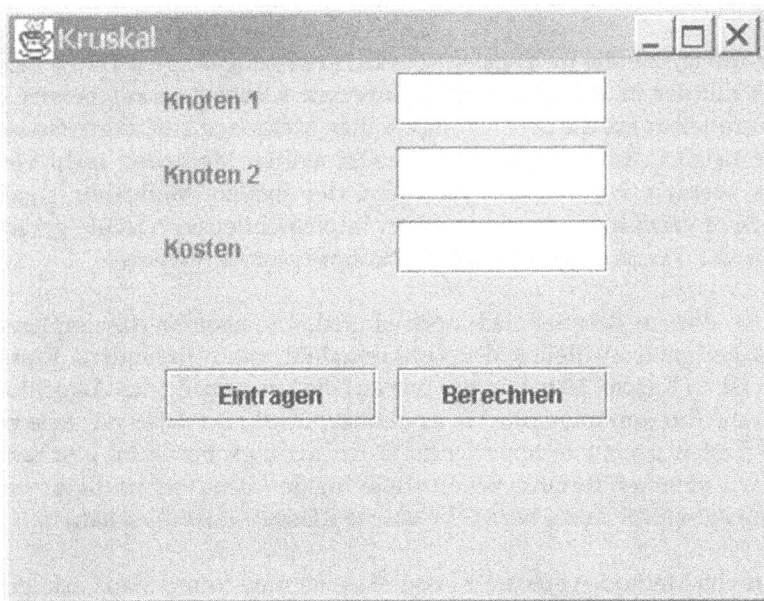

Abb. 15.3: Darstellung des Fensters KruskalFrame *auf dem Bildschirm*

Die Ausführung des Konstruktors der Klasse KruskalFrame erzeugt das Fenster auf dem Bildschirm. Allerdings fehlt noch jede Möglichkeit, die in dem Fenster erfaßten Daten mit einer verarbeitenden Anwendung auszutauschen. Hierzu müssen wir der Anwendung die Werte übergeben, die eingegeben wurden, und wir müssen der Anwendung mitteilen, wenn einer der beiden Schaltknöpfe gedrückt wird. Hilfreich ist es zudem, wenn wir die Einträge in den Eingabefeldern löschen, sobald wir sie in der Anwendung erfaßt haben, und damit dem Benutzer signalisieren, daß er weitere Eingaben vornehmen kann. Auch für dieses Zurücksetzen der Feldinhalte muß eine geeignete Methode bereitgestellt werden.

Wir erweitern also unsere Klasse KruskalFrame um vier einfache Methoden:

- `public String gibKnoten1()`
  Gibt den im ersten Eingabefeld erfaßten Text zurück.

- `public String gibKnoten2()`
  Gibt den im zweiten Eingabefeld erfaßten Text zurück.

- `public int gibKosten()`
  Wandelt den im dritten Eingabefeld erfaßten Text in einen Wert des Typs `int` um und gibt diesen zurück.

- `public void eingabeZurück()`
  Setzt für alle drei Eingabefelder die Darstellung auf einen leeren Text und bereitet damit eine erneute Eingabe vor.

Die Anwendung, die die im Fenster KruskalFrame abgefragten Daten verarbeiten wird, liegt mit der in Bsp. 10.8 implementierten Klasse Kruskal bereits vor. Wir werden unmittelbar auf die dort bereitgestellten Methoden zurückgreifen und dabei die Klasse Kruskal und die von ihr bereitgestellten Methoden nicht verändern. Allerdings werden wir auf ein Aufrufen der beiden Methoden legeAn und arbeitspferd verzichten, da die in ihnen implementierten Abläufe gerade durch die in Kruskal Frame eingebauten Schaltknöpfe gesteuert werden.

Sie sehen an diesem Beispiel auch noch einmal, wie bequem das Implementieren durch das geeignete Aufteilen der Funktionalität auf verschiedene Klassen und Methoden ist: In Kapitel 10 haben wir uns auf die Umsetzung des Algorithmus von Kruskal in die Programmiersprache Java konzentriert und dabei nur eine rudimentäre, zum Testen geeignete textorientierte Benutzungsoberfläche geschaffen, nun ergänzen wir eine komfortable Schnittstelle für den Benutzer und können unmittelbar einen Anschluß an die bereits bewährte Klasse Kruskal schaffen.

Der Aufruf von Methoden aus der Klasse Kruskal muß immer dann erfolgen, wenn einer der beiden Schaltknöpfe unseres Fensters ausgelöst wird. Wir müssen also für jeden dieser Schaltknöpfe jeweils einen Horcher einrichten, der die Abstraktion ActionListener implementiert. Wir wissen bereits, daß wir dann für jeden dieser beiden Horcher jeweils nur die Methode `actionPerformed` implementieren müssen, die beim Eintreten des semantischen Ereignisses »*Aktion ausgeführt*« aufgerufen wird. Wir betrachten zunächst die – etwas einfachere – Implementierung des Horchers für den Schaltknopf `berechnen`, die in Bsp. 15.3 vorgestellt wird.

```
import javax.swing.*;
import java.awt.event.*;

public class BerechnenListener implements ActionListener {
  private Kruskal derAlgorithmus;
  public BerechnenListener(Kruskal alg) {
    derAlgorithmus = alg;
  }
  public void actionPerformed(ActionEvent e) {
    derAlgorithmus.erzeugeHeap();         // aus Bsp. 10.8
    derAlgorithmus.konstruiereBaum();     // aus Bsp. 10.8
    derAlgorithmus.druckeBaumkanten();    // aus Bsp. 10.8
  }
}
```

Bsp. 15.3: *Der Horcher* `BerechnenListener`

Die notwendigen Arbeitsschritte zur Berechnung des minimalen Gerüsts finden wir in der Methode `arbeitspferd` der Klasse `Kruskal` (Bsp. 10.8). Wir rufen daher in unserer Implementierung der Methode `actionPerformed` die drei Methoden `erzeugeHeap`, `konstruiereBaum` und `druckeKanten` in dieser Reihenfolge auf; die Ausgabe erfolgt dann in dem Terminalfenster, in dem alle Ausgaben über `System.out` erscheinen. Um die Methoden aufrufen zu können, benötigen wir ein Objekt der Klasse `Kruskal`, das wir als Parameter des Konstruktors übernehmen und in dem Attribut `derAlgorithmus` ablegen. Der parametrisierte Konstruktor ist auch der Grund, warum wir eine Klasse für den Horcher implementieren müssen und nicht eine anonyme Klasse innerhalb der Klasse `KruskalFrame` anlegen können: Dann hätte uns nur der parameterlose Standardkonstruktor zur Verfügung gestanden.

Die Realisierung des Horchers für den Schaltknopf `eintragen` erfolgt in analoger Weise: Die Klasse `EintragenListener` implementiert wiederum die Abstraktion `ActionListener`, die Methode `actionPerformed` übernimmt das Erfassen der Kante durch das Aufrufen der Methode `verarbeiteKante` eines `Kruskal`-Objekts (Bsp. 10.8). Die verarbeitete Kante wird durch den Aufruf des Konstruktors der Klasse `Kante` geschaffen, der als Parameter die im Eingabefenster angegebenen Namen der Knoten und die Kosten der Verbindung erhält. Nach dem Erzeugen der Kante werden die Eingabefelder des Fensters gelöscht. Damit diese Verbindung zwischen den Werten des Fensters und dem Algorithmus von Kruskal hergestellt

werden kann, muß `EintragenListener` entsprechende Objekte kennen. Diese
werden als Parameter an den Konstruktor übergeben und in den beiden Attributen
`derFrame` und `derAlgorithmus` abgelegt. Bsp. 15.4 zeigt die Implementierung.

```
import javax.swing.*;
import java.awt.event.*;

public class EintragenListener implements ActionListener {
  private KruskalFrame derFrame;
  private Kruskal derAlgorithmus;
  public EintragenListener(KruskalFrame eF, Kruskal alg) {
    derFrame = eF;
    derAlgorithmus = alg;
  }
  public void actionPerformed(ActionEvent e) {
    derAlgorithmus.verarbeiteKante(
    new Kante(derFrame.gibKnoten1().charAt(0),
      derFrame.gibKnoten2().charAt(0), derFrame.gibKosten()));
                                          // aus Bsp. 10.8
    derFrame.eingabeZurück();
  }
}
```

Bsp. 15.4: Der Horcher `EintragenListener`

Nun stehen nahezu alle Hilfsmittel bereit, um unsere komfortable Eingabe mit den
aus Kapitel 10 bekannten Klassen zu einem Programm zu verbinden. Wir müssen
nur noch den Konstruktor der Klasse `KruskalFrame` noch etwas überarbeiten, um
Objekte der beiden Horcherklassen `BerechnenListener` und `EintragenListener`
zu erzeugen und mit den beiden Schaltknöpfen berechnen und eintragen durch
den Aufruf der Methode `addActionListener` zu verbinden. Das für die Horcher
benötigte Objekt der Klasse `Kruskal` übergeben wir dem Konstruktor von `Kruskal`
als Parameter und reichen es dann einfach an die beiden Konstruktoraufrufe weiter.
Bsp. 15.5 zeigt die abschließende Implementierung der Klasse `KruskalFrame` und
Bsp. 15.6 die sehr einfache Methode `main` zum Erzeugen je eines Objekts der Klassen
`KruskalFrame` und `Kruskal`. Das Programm kann übrigens einfach durch das
Schließen des Fensters beendet werden – diese Funktionalität ist bereits in die Klasse
`JFrame` eingebaut.

```
import javax.swing.*;
import java.awt.*;
import java.awt.event.*;

public class KruskalFrame extends JFrame {
  protected JPanel erfassen;
  protected JTextField knoten1, knoten2, kosten;
  protected JButton eintragen, berechnen;
  public KruskalFrame(Kruskal algorithmus) {
    setSize(400,300);
    setLocation(50,50);
    setTitle("Kruskal");
    getContentPane().setLayout(new FlowLayout());
    baueErfassen();
    getContentPane().add(erfassen);
    setVisible(true);
    eintragen.addActionListener(
      new EintragenListener(this, algorithmus));
    berechnen.addActionListener(
      new BerechnenListener(algorithmus));
  }
  public void baueErfassen() {
    erfassen = new JPanel();
    knoten1 = new JTextField(10);
    knoten2 = new JTextField(10);
    kosten = new JTextField(10);
    eintragen = new JButton("Eintragen");
    berechnen = new JButton("Berechnen");
    GridLayout dasLayout = new GridLayout(5,2);
    dasLayout.setHgap(10);
    dasLayout.setVgap(10);
    erfassen.setLayout(dasLayout);
    erfassen.add(new JLabel("Knoten 1"));
    erfassen.add(knoten1);
    erfassen.add(new JLabel("Knoten 2"));
    erfassen.add(knoten2);
    erfassen.add(new JLabel("Kosten"));
    erfassen.add(kosten);
    erfassen.add(new JLabel(""));
    erfassen.add(new JLabel(""));
    erfassen.add(eintragen);
    erfassen.add(berechnen);
  }
  public String gibKnoten1() {
    return knoten1.getText();
  }
```

Bsp. 15.5: Die Klasse KruskalFrame *(Teil 1; Fortsetzung Teil 2)*

```
    public String gibKnoten2() {
      return knoten2.getText();
    }
    public int gibKosten() {
      return Integer.parseInt(kosten.getText());
    }
    public void eingabeZurück() {
      knoten1.setText(null);
      knoten2.setText(null);
      kosten.setText(null);
    }
  }
```

Bsp. 15.5: Die Klasse KruskalFrame *(Teil 2)*

```
  public class Programm {
    public static void main(String args[]) {
      new KruskalFrame(new Kruskal());
    }
  }
```

Bsp. 15.6: Aufruf der Anwendung durch Erzeugen des Fensters KruskalFrame

15.2 Programmsteuerung durch Menüs

Wir wollen das in Kapitel 15.1 entwickelte Programm noch ein wenig verbessern und auch die Ausgabe in unserem Fenster erscheinen lassen. Dazu müssen wir das Erscheinungsbild des Fensters nach Abschluß der Datenerfassung völlig verändern. Darüber hinaus wollen wir die Steuerung des Programmablaufs nicht nur über die bereits bekannten Schaltknöpfe vornehmen, sondern wir werden auch noch eine einfache Menüleiste am oberen Rand des Fensters ergänzen.

Die erweiterte Benutzungsoberfläche wird in der Klasse KruskalFrameMitMenue angelegt, die von der Klasse KruskalFrame erbt. Damit steht uns die Implementierung aus Kapitel 15.1 unmittelbar zur Verfügung, wir müssen uns nur um die neu hinzukommenden Elemente kümmern. Wir beginnen mit der Konzeption der Menüleiste, die zwei Menüs enthalten wird:

- Das Menü mit der Bezeichnung »Datei« enthält lediglich einen Eintrag »Beenden«, über den wir unser Programm beenden wollen.

- Das Menü mit der Bezeichnung »Bearbeiten« enthält zwei Einträge, mit denen wir zwischen den beiden Modi »Eintragen« und »Berechnen« wechseln können. Im Modus »Eintragen« sehen wir das uns schon aus Kapitel 15.1 bekannte Eingabeformular, im Modus »Berechnen« wird die Berechnung des minimalen Gerüsts durchgeführt und es werden anschließend die ausgewählten Kanten aufgelistet.

Eine Menüleiste ist ein Objekt der Klasse JMenuBar, ein Menü ein Objekt der Klasse JMenu und ein Menüeintrag ein Objekt der Klasse JMenuItem. Mit den Vereinbarungen der folgenden Referenzen schaffen wir daher in KruskalFrameMitMenue die Grundlage für das Ergänzen einer Menüleiste:

```
private JMenuBar leiste;
private JMenu dateiMenü, bearbeitenMenü;
private JMenuItem beenden, eingeben, berechnen;
```

Der letzte Menüeintrags berechnen verdeckt den aus der Klasse KruskalFrame ererbten Schaltknopf gleichen Namens, was nicht schadet, da wir den Schaltknopf nicht mehr benötigen. In der Methode baueLeiste (Bsp. 15.7) werden die zugehörigen Objekte erzeugt und in der schon bekannten Weise durch den Aufruf der Methode add ineinander geschachtelt. Sie sehen, daß auch die Objekte der Klassen JMenuBar und JMenu wieder Behälter sind, die weitere Objekte unserer Oberfläche aufnehmen können.

```
private void baueLeiste() {
    leiste = new JMenuBar();
    dateiMenü = new JMenu("Datei");
    bearbeitenMenü = new JMenu("Bearbeiten");
    beenden = new JMenuItem("Beenden");
    eingeben = new JMenuItem("Eingeben");
    berechnen = new JMenuItem("Berechnen");
    leiste.add(dateiMenü);
    leiste.add(bearbeitenMenü);
    dateiMenü.add(beenden);
    bearbeitenMenü.add(eingeben);
    bearbeitenMenü.add(berechnen);
}
```

Bsp. 15.7: Die Methode baueLeiste

Da auch die Ausgabe der ausgewählten Kanten in unserem Fenster erscheinen soll, benötigen wir eine Darstellungsform, mit der wir eine Liste von Kanten anzeigen können. Hierzu schaffen wir uns einen weiteren Behälter der Klasse JPanel, in den wir ein Objekt der Klasse JTextArea, also eine mit Text beschreibbare Fläche legen.

Wir ergänzen die zwei Vereinbarungen in der Klasse KruskalFrameMitMenue und verkapseln den Aufbau des Behälters in der Methode bauePräsentieren (Bsp. 15.8). JTextArea kantenliste erhält eine Höhe von zehn Zeilen und eine Breite von dreißig Zeichen. Da ein JTextArea-Objekt auch zur Eingabe von Text dienen kann, wir aber diese Fähigkeit hier nicht benötigen, verhindern wir durch den Aufruf setEditable(false) das Ändern des ausgegebenen Textes. Wir wählen den Layoutmanager BorderLayout, der es uns ermöglicht, über die Himmelsrichtungen die Plazierung von Elementen auf dem JPanel zu beschreiben. Das JTextArea wird durch die Angabe CENTER die Mitte gestellt.

Die Zahl der für das minimale Gerüst benötigten Kanten hängt unmittelbar von der Anzahl der Knoten des Ausgangsgraphen ab und kann daher die vorgegebene Höhe des Textfeldes von zehn Zeilen überschreiten. Um auch in diesem Fall alle Kanten betrachten zu können, muß der Benutzer in der Liste der Kanten blättern können. Um dieses Blättern zu ermöglichen, betten wir das Textfeld kantenliste in einen weiteren Behälter der Klasse JScrollPane ein. Wenn nun die Zahl der auszugebenden Kanten die vorgegebenen zehn Zeilen überschreitet, wird der Behälter um einen vertikalen Rollbalken erweitert, mit dem der sichtbare Bereich des gezeigten Textes verschoben werden kann. Abb. 15.4 zeigt die Darstellung des Behälters präsentieren innerhalb des Fensters KruskalFrameMitMenue.

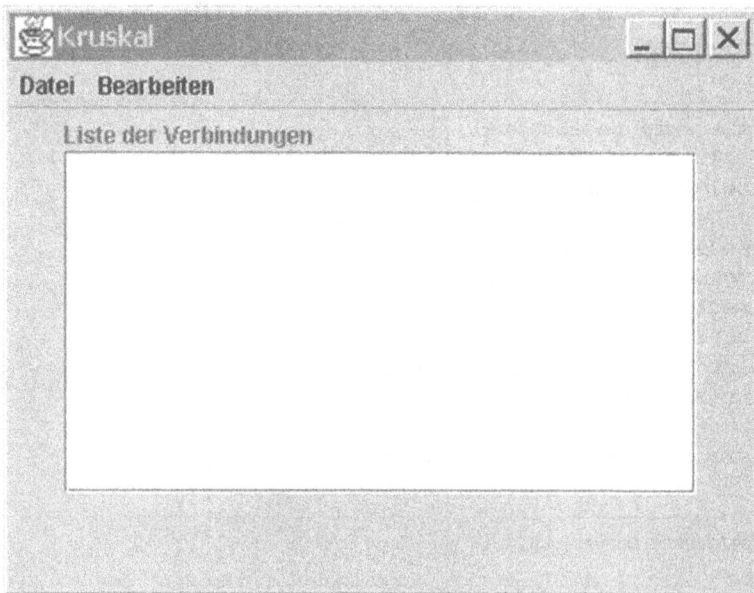

Abb. 15.4: Darstellung des Behälters präsentieren *auf dem Bildschirm*

```
private void bauePräsentieren() {
    präsentieren = new JPanel();
    kantenliste = new JTextArea(10,30);
    kantenliste.setEditable(false);
    präsentieren.setSize(200,200);
    präsentieren.setLayout(new BorderLayout());
    präsentieren.add(BorderLayout.NORTH,
                        new JLabel("Liste der Verbindungen"));
    präsentieren.add(BorderLayout.CENTER,
                        new JScrollPane(kantenliste));
}
```

Bsp. 15.8: Die Methode bauePräsentieren

Bevor wir den Konstruktor der Klasse KruskalMitFrame und die Verknüpfung der Ereignisse der Benutzungsoberfläche mit geeigneten Horchern betrachten können, müssen wir weitere Methoden ergänzen:

- Die Methode zeileHinzu verlängert den im Ausgabebereich gezeigten Text um eine weitere als Parameter übergebene Zeile, ausgabeZurück löscht den Ausgabebereich.

- Die Methode baueErfassen muß den geänderten Erfordernissen angepaßt werden: Da wir die Berechnung nun über einen Menüeintrag anstoßen, wird der in der Klasse KruskalFrame vereinbarte Schaltknopf berechnen nicht mehr benötigt. Wir definieren daher eine leicht veränderte Fassung der Methode baueErfassen, die auf der alten Implementierung aufsetzt, nachträglich aber den ererbten Schaltknopf entfernt. Dadurch bleibt der unterste rechte Platz der Tabelle des Gridlayoutmanagers leer.

- Die Methoden zuPräsentieren und zuErfassen schalten die Darstellung im Fenster der Benutzungsoberfläche um, indem sie durch den Aufruf der Methode setVisible jeweils das gewünschte JPanel-Objekt sichtbar machen und das andere verbergen. Gleichzeitig wird durch den Aufruf von setEnable immer der Menüeintrag ausgeschaltet, der zu der angezeigten Darstellung führen würde.

Die Abb. 15.5 zeigt das Aussehen des angepaßten Behälters erfassen, der nun ohne den Schaltknopf berechnen erscheint. Das Menü Bearbeiten ist aufgeklappt, nur die Auswahl des Eintrags »Berechnen« ist möglich. Der zugehörige Programmtext wird in Bsp. 15.9 vorgestellt.

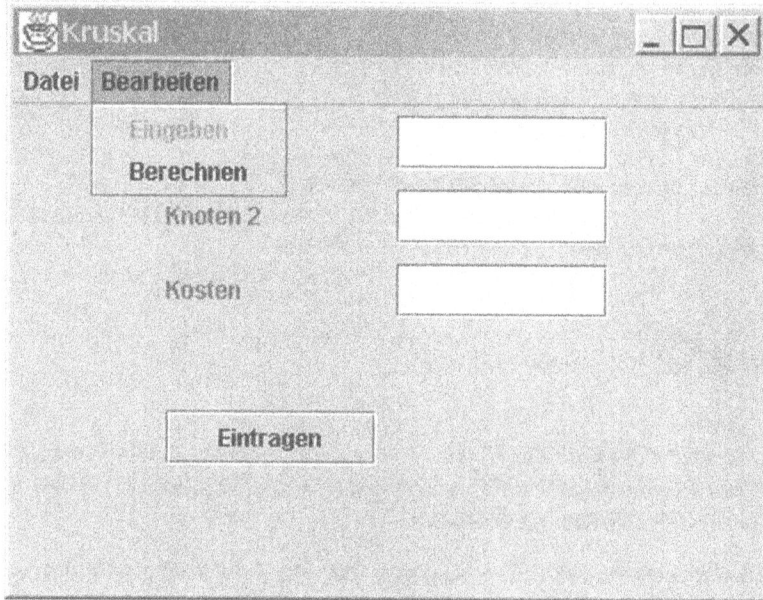

Abb. 15.5 Darstellung des Behälters erfassen *auf dem Bildschirm*

```
public void baueErfassen() {
   super.baueErfassen();
   erfassen.remove(super.berechnen);
}
public void zuPräsentieren() {
   erfassen.setVisible(false);
   präsentieren.setVisible(true);
   eingeben.setEnabled(true);
   berechnen.setEnabled(false);
   }
public void zuErfassen() {
   präsentieren.setVisible(false);
   erfassen.setVisible(true);
   eingeben.setEnabled(false);
   berechnen.setEnabled(true);
}
public void zeileHinzu(String s) {
   kantenliste.setText(kantenliste.getText() + s + '\n');
}
public void ausgabeZurück() { kantenliste.setText(null); }
```

Bsp. 15.9: Methoden der Klasse KruskalFrameMitMenue

Nun können wir die Klasse KrukalFrameMitMenue (Bsp. 15.10) mit der Implementierung ihres Konstruktors abschließen. Dieser Konstruktor basiert auf dem Konstruktor der Oberklasse KruskalFrame, den wir über super(algorithmus) aufrufen. Dann ergänzen wir die Menüleiste leiste und den Behälter präsentieren und schalten durch den Aufruf von zuErfassen zunächst auf die Darstellung des JPanel-Objekts präsentieren um. Beachten Sie, daß die Menüleiste über die Methode setJMenuBar dem Fenster und nicht dem ContentPane der Zeichenfläche des Fensters zugeordnet wird.

Als Abschluß ergänzen wir die Horcher für die drei Menüeinträge, bei denen wir jeweils wieder auf ein semantisches Ereignis warten, das Auswählen des Eintrags mit der Maus. Daher müssen wir lediglich die zugehören actionPerformed-Methoden implementieren. Da diese Methoden für die Menüeinträge beenden und eingeben sehr einfach ausfallen, ergänzen wir sie direkt als anonyme Klassen. Der Horcher für den Eintrag beenden beendet das Programm unmittelbar durch den Aufruf der exit-Methode aus der Klasse System, der Horcher für den Eintrag eingeben wechselt durch den Aufruf der Methode zuErfassen nur den im Fenster dargestellten Behälter. Der Horcher für berechnen muß als eigene Klasse ausgeführt werden, da als Parameter das Fenster und ein Objekt der Klasse Kruskal benötigt werden.

```
public KruskalFrameMitMenue(Kruskal algorithmus) {
    super(algorithmus);
    baueLeiste();
    setJMenuBar(leiste);
    bauePräsentieren();
    getContentPane().add(präsentieren);
    zuErfassen();
    beenden.addActionListener(
        new ActionListener() {
            public void actionPerformed(ActionEvent e) {
                System.exit(0);
            }
    } );
    eingeben.addActionListener(
        new ActionListener() {
            public void actionPerformed(ActionEvent e) {
                zuErfassen();
            }
    } );
    berechnen.addActionListener(
        new BerechnenMitFrameListener(this, algorithmus));
}
```

Bsp. 15.10: Der Konstruktor KruskalFrameMitMenue

Die Methode `actionPerformed` des Horchers `BerechnenMitFrameListener` entspricht in ihrem Ablauf der schon aus `BerechnenListener` (Bsp. 15.3) bekannten Implementierung. Bsp. 15.11 zeigt, daß zusätzlich das Ausgabefeld zurückgesetzt und die Darstellung auf die Ausgabe umgestellt werden. Weiterhin muß für die Ausgabe der ausgewählten Kanten eine veränderte Methode `druckeBaumkanten` aufgerufen werden, die als Parameter das Fenster übergeben bekommt, damit die auszugebenden Texte in das Ausgabefeld geschrieben werden können. Diese Methode muß in der Klasse `Kruskal` in Anlehnung an die parameterlose Methode gleichen Namens (Bsp. 10.8) und mehr noch an die Methode `drucke` aus der Klasse `KantenListe` (Bsp. 10.2) ergänzt werden. Die Erweiterung finden Sie in Bsp. 15.12.

```
import javax.swing.*;
import java.awt.event.*;
public class BerechnenMitFrameListener implements ActionListener {
    private KruskalFrameMitMenue derFrame;
    private Kruskal derAlgorithmus;
  public BerechnenMitFrameListener
        (KruskalFrameMitMenue fra, Kruskal alg) {
    derFrame = fra;
    derAlgorithmus = alg;
  }
  public void actionPerformed(ActionEvent e) {
    derAlgorithmus.erzeugeHeap();              // aus Bsp. 10.8
    derAlgorithmus.konstruiereBaum();          // aus Bsp. 10.8
    derFrame.ausgabeZurück();
    derFrame.zuPräsentieren();
    derAlgorithmus.druckeBaumkanten(derFrame); // neu zu Bsp. 10.8
  };
}
```

Bsp. 15.11: Die Klasse `BerechnenMitFrameListener`

```
class Kruskal {
// ... bekannte Implementierung aus Bsp. 10.8
  public void druckeBaumkanten(KruskalFrameMitMenue fra) {
    baumKanten.startIteration();
    while (!baumKanten.istEnde()) {
      fra.zeileHinzu(
          (baumKanten.aktuellesElement()).toString());
      baumKanten.iteriere();
    }
  }
}
```

Bsp. 15.12: Erweiterung der Klasse `Kruskal`

Der Aufruf des Programms (Bsp. 15.13) erfolgt analog zu Bsp. 15.6.

```
public class Programm {
  public static void main(String args[]) {
    new KruskalFrameMitMenue(new Kruskal());
  }
}
```

Bsp. 15.13: Aufruf des Algorithmus von Kruskal

Sie haben nun einen kurzen Einblick in den Umgang mit den Klassen und Methoden der Swing-Bibliothek erhalten. Obwohl wir Ihnen aus der Vielzahl der dort bereitgestellten Elemente nur eine kleine Auswahl präsentieren konnten, haben Sie einen guten Eindruck von den Möglichkeiten zur Implementierung graphischer Oberflächen gewonnen:

- Zahlreiche vordefinierte Elemente wie beispielsweise Schaltknöpfe oder Textfelder stehen unmittelbar zur Verfügung und müssen nicht aus einzelnen geometrischen Elementen zusammengebaut werden.

- Verschiedene Behälter wie beispielsweise JPanel stehen bereit, um Elemente zu bündeln und anschließend gemeinsam zu behandeln. Dadurch wird der Aufbau komplexer Benutzungsoberflächen vereinfacht.

- Viele vordefinierte Elemente wie beispielsweise JMenueBar oder JMenu sind zugleich Darstellungselemente und Behälter, so daß der Aufbau der Oberfläche und die Strukturierung der benutzten Elemente zusammenfallen.

- Vordefinierte Elemente erzeugen semantische Ereignisse, die mit den Aufgaben der Elemente korrespondieren. Wir haben dies an den Beispielen der Schaltknöpfe und Menüeinträge kennengelernt. Dadurch kann das Horchen und das Reagieren auf Ereignisse stark vereinfacht werden.

- Layoutmanager übernehmen die Anordnung von Elementen in Behältern und Fenstern, so daß der Programmierer auf das Berechnen von Größen und Positionen verzichten kann. Auch hierdurch wird die Gestaltung von Benutzungsoberflächen erleichtert.

Kapitel 16
Java und das objektorientierte Paradigma

16.1 Programmierparadigmen

Programmiersprachen werden aufgrund der von ihnen unterstützten *Programmier-paradigmen* in verschiedene Gruppen eingeteilt. Als Programmierparadigma einer Sprache wird der grundsätzliche Zugang bezeichnet, der der Formulierung von Algorithmen in dieser Sprache zugrunde liegt. Aufgrund ihrer unterschiedlichen Paradigmen werden folgende Gruppen unterschieden:

- *imperative* (oder *prozedurale*) Sprachen wie z.B. die Sprachen Pascal oder C,

- *funktionale* (oder *applikative*) Sprachen wie z.B. LISP oder SML,

- *prädikative* (oder *logische*) Sprachen, z.B. die Sprache PROLOG, und

- *objektorientierte* Sprachen, z.B. Eiffel, Smalltalk, C++, BETA und auch Java.

Die Zuordnung einer Sprache zu einer Gruppe bedeutet nicht, daß ausschließlich die dem Paradigma der Gruppe entsprechende Konstruktion von Algorithmen unterstützt wird. Vielmehr finden sich in Programmiersprachen meist auch Sprachbestandteile, die eigentlich den Denkschemata anderer Paradigmen zuzuordnen sind, wie überhaupt Paradigmen hier nur eine sehr grobe Orientierung erlauben (und manchmal zum Verkaufsargument absinken). In diesem Buch ist die Einführung in das Programmieren in der Sprache Java zunächst anhand des prozeduralen Paradigmas erfolgt; es wurde aber auch deutlich, daß Java die Deklaration und Anwendung von Funktionen in einer Weise gestattet, die dem mathematischen Verständnis einer *seiteneffektfreien* Funktion nahekommt. Anschließend wurden die Eigenschaften von Java vorgestellt, die Java zu einer objektorientierten Sprache werden lassen: der Umgang mit Klassen und Objekten und die darauf aufsetzende Konstruktion von Hierarchien durch den Mechanismus der Vererbung. In diesem abschließenden Kapitel sollen noch einmal die zentralen Prinzipien der implizit bereits eingeführten Paradigmen explizit herausgestellt und anhand der Sprache Java kritisch diskutiert werden.

16.2 Imperative und funktionale Programmierung

Innerhalb des imperativen Programmierparadigmas werden Algorithmen durch Anweisungen dargestellt, die das Ändern der Werte von Variablen bewirken. Diese geänderten Werte werden dann von nachfolgenden Anweisungen abgefragt und erneut manipuliert. Wesentlich für den Einsatz des imperativen Konzeptes ist die Möglichkeit, die Variablen eines Programms als verbindendes *Gedächtnis* für Werte zu benutzen.

Demgegenüber werden im Rahmen des funktionalen Programmierparadigmas Algorithmen so konstruiert, daß sie Werte durch die Ausführung von Funktionen berechnen und dabei ohne Seiteneffekte auskommen, d.h. ohne ein Ändern von für die Funktionen globalen Werten. Dabei werden komplexe Funktionen aus einfacheren Funktionen zusammengesetzt, so daß ein funktionales Programm durch ein Geflecht von Funktionsdefinitionen und -aufrufen gebildet wird.

Die Methoden impQuad und funQuad (Bsp. 16.1) verdeutlichen die Eigenschaft von Java, die imperative und die funktionale Algorithmengestaltung zu unterstützen. Sie zeigen dabei deutlich die Unterschiede zwischen einem imperativ und einem funktional ausgerichteten Algorithmus zum Quadrieren ganzer Zahlen. In Bsp. 16.1 werden zunächst die beiden Attribute argument und ergebnis deklariert, die für eine imperative Lösung des Problems des Quadrierens benötigt werden. Zunächst wird die zu quadrierende Zahl der Variablen argument zugewiesen, diese wird in der Methode impQuad mit sich selbst multipliziert und das Resultat dieser Berechnung wird in der Variablen ergebnis zur weiteren Verwendung abgelegt.

```
// ...
   int argument, ergebnis;
   void impQuad() {
      ergebnis = argument * argument;
   }
   int funQuad(int wert) {
      return wert * wert;
   }
// ...
// Anwendung von impQuad
   argument = 5;
   impQuad();
   argument = ergebnis;
   impQuad();
   System.out.println(ergebnis);
// Anwendung von funQuad
   System.out.println(funQuad(funQuad(5)));
```

Bsp. 16.1: Imperativer und funktionaler Algorithmus zum Quadrieren

Die Methode funQuad präsentiert einen funktional formulierten Algorithmus, bei dem die Multiplikation des Eingabeparameters wert mit sich selbst als Funktionsergebnis zurückgegeben wird. Deutlich werden die Unterschiede beider Zugänge am Beispiel der Berechnung der vierten Potenz der Zahl 5 mit den Methoden impQuad und funQuad in Bsp. 16.1. Während bei der imperativen Lösung die beiden Aufrufe der Methode impQuad durch Zuweisung des Inhalts der Variablen ergebnis an die Variable argument verbunden werden, kann in der funktionalen Lösung das Ergebnis des ersten Aufrufs der Methode funQuad direkt als Parameter an den zweiten Aufruf übergeben werden.

Die Änderung der Werte von Variablen ist insbesondere beim Gebrauch von Schleifen als Grundlage für die wiederholte Ausführung von Anweisungen unumgänglich, da nur bei veränderten Variablenwerten die schrittweise Produktion des gewünschten Ergebnisses möglich wird. Schleifen sind daher Konstrukte, die in der Regel dem imperativen Paradigma zugeordnet werden. Demgegenüber wird ein wiederholtes Auswerten von Anweisungsfolgen in der funktionalen Programmierung über rekursive Aufrufe von Funktionen gelöst. Die schrittweise Berechnung eines Ergebnisses erfolgt dabei durch eine entsprechende Änderung der Parameterbelegung in jedem Funktionsaufruf. Das Bsp. 16.2 zeigt die unterschiedlichen Konstruktionsprinzipien für ein wiederholtes Ausführen gleicher Anweisungsfolgen am Beispiel des Aufsummierens der ersten fünf natürlichen Zahlen.

Der in Bsp. 16.2 vorgestellte imperative Algorithmus basiert auf der Verwendung einer for-Schleife. Die Änderung der Variablen zähler durch das Schleifenkonstrukt und die explizite Zuweisung an die Variable summe führen dazu, daß jeder Durchlauf mit einer anderen Wertebelegung beginnt. Für die funktionale Formulierung des Algorithmus wird zunächst die rekursive Methode funSum definiert, die sich selbst mit einem verminderten Wert des Eingabeparameters zahl erneut aufruft. Das Aufsummieren erfolgt beim schrittweisen Abarbeiten der rekursiven Aufrufe der Methode funSum.

```
// ...
   int summe;
// iterative Berechnung
   for (int zähler = 1; zähler <= 5; zähler++)
     summe += zähler;
// rekursive Berechnung
   int funSum(int zahl) {
     return (zahl > 1 ? (funSum(zahl - 1) + zahl) : 1);
   }
// ...
   funSum(5);
// ...
```

Bsp. 16.2: Summenbildung durch Iteration und Rekursion

16.3 Objektorientierte Konzepte

Das objektorientierte Programmierparadigma bietet gegenüber dem imperativen oder dem funktionalen Paradigma zusätzliche Möglichkeiten zur Strukturierung von Algorithmen, die zu einem anders gearteten, datenorientierten Programmaufbau führen. Die Implementierung von Handlungsabläufen innerhalb der Teilstrukturen eines objektorientierten Programms erfolgt allerdings wieder mit den bereits bekannten Konzepten der imperativen oder funktionalen Programmierung.

In diesem Abschnitt soll nun noch einmal kurz die Fragestellung beantwortet werden, was der Begriff »*objektorientiert*« letztlich bedeutet. Dabei werden wir zunächst noch einmal die allgemeinen Konzepte der *objektorientierten* Programmierung aufgreifen, die bei ihrem Einsatz auftretenden Probleme identifizieren und geeignete konzeptionelle Lösungen vorstellen. Abschließend werden wir die Umsetzung dieser Lösungen in der Sprache Java untersuchen.

Zunächst stellt sich für die objektorientierte Programmierung die zentrale Frage, was ein Objekt ist. Für den Bereich der Informatik kann auf diese Frage eine Antwort gegeben werden, die sich weitgehend mit der Verwendung des Begriffs *Objekt* im umgangssprachlichen Gebrauch deckt:

> *Ein Objekt ist eine Entität, die durch ihren Zustand und die Manipulationsmöglichkeiten auf diesem Zustand charakterisiert wird.*

Daraus kann abgeleitet werden, daß ein Objekt immer einen Zustand beinhaltet. Weiterhin sind als Handlungen eines Objekts vorgegebene Aktionen möglich, die eine Manipulation des Zustands des Objekts erlauben. Die programmtechnische Formulierung einer solchen Aktion wird in der objektorientierten Programmierung als *Methode* bezeichnet. Der von Methoden manipulierte Zustand eines Objekts ist durch die Wertebelegung von innerhalb des Objekts liegenden lokalen Variablen gegeben, die als *Attribute* bezeichnet werden. Die Wirkung von Methoden auf die Wertebelegungen der Attribute wird auch als *Verhalten* des Objekts bezeichnet. Wir haben diese Begriffe in dem vorliegenden Buch bereits von Beginn an für die entsprechenden Konstrukte der Sprache Java verwandt.

In Java werden Objekte als Instanzen von Klassen realisiert. Eine Menge von Objekten unterschiedlicher Klassen bildet die strukturbildende Grundlage für ein Softwaresystem, das anhand des objektorientierten Paradigmas entwickelt wird. Neben der Strukturierung durch Klassen müssen bei der Entwicklung auch Zielsetzungen berücksichtigt werden, die die Herstellung und Wartung des Systems erleichtern. Klassen müssen einfach entwickelt, getestet und geändert werden können und sollen zugleich eine Wiederverwendung in anderen Aufgabenstellungen erlauben. Um diese Zielsetzungen zu erreichen, müssen bei der Gestaltung von Klassen zwei wesentliche Prinzipien eingehalten werden:

- *Prinzip der Kapselung (Encapsulation)*
  Das Prinzip der Kapselung fordert die Zusammenfassung des Zustands und des Verhaltens eines Objekts derart, daß Methoden und Attribute als gemeinsame Bestandteile des Objekts betrachtet werden, wobei die Methoden eines Objekts Attribute dieses Objekts nutzen oder manipulieren.

- *Prinzip der Abschottung (Information Hiding)*
  Das Prinzip der Abschottung fordert das Verbergen der internen Struktur und der internen Abläufe eines Objekts derart, daß nur derjenige Teil des Objekts nach außen freigegeben und sichtbar ist, auf den ein Zugriff von außerhalb zur Benutzung notwendig ist. Eine derart abgeschottete Struktur wird auch als *Abstrakter Datentyp* (ADT) bezeichnet.

Alle in diesem Buch vorgestellten Programmbeispiele zeigen Klassen, deren Objekte diesen beiden Prinzipien genügen. Allerdings ist es in Java möglich, Implementierungen vorzunehmen, die beide Prinzipien verletzen. Wird das Zugriffsrecht public an Attribute vergeben, so sind diese von jedem anderen Objekt direkt ansprechbar. Dann läßt sich das Prinzip der Kapselung umgehen, indem die öffentlich bereitgestellten Werte und die darauf arbeitenden Operationen verschiedenen Objekten zugeordnet werden. Ebenso wird das Prinzip der Abschottung verletzt, wenn auf diese Weise die Implementierung der Speicherungsstruktur und der unmittelbare Zugriff auf Zustandsinformationen jedem anderen Objekt möglich gemacht werden.

Durch den restriktiven Einsatz der Zugriffsrechte private und protected, wie wir ihn in diesem Buch demonstriert haben, lassen sich die engen Grenzen der beiden Prinzipien bei jedem Java-System einhalten. Wir müssen aber als Resümee feststellen, daß eine Programmierung mit Java zwar das Anlegen von Klassen, Objekten und Methoden erfordert, den *vernünftigen* Umgang mit diesen Konstrukten aber nicht erzwingt. Die sachgerechte Verwendung der objektorientierten Sprachkonstrukte zur Gestaltung gekapselter und abgeschotteter Objekte mit Java ist somit eine Aufgabe des Entwicklers.

16.4 Erzeugung gleichartiger Objekte

Reale Aufgabenstellungen erfordern immer das Zusammenwirken verschiedener Objekte, die gemeinsam das gegebene Problem bewältigen. Beispielsweise wird für die Abwicklung der Geschäfte einer Bank für jedes Konto oder für die Verwaltung der Kunden einer Versicherung für jeden Versicherten ein entsprechendes Objekt benötigt. Eine wesentliche Forderung an objektorientierte Programmiersprachen ist daher, daß sie das einfache Erzeugen einer Vielzahl *gleichartiger* Objekte (z.B. Konto1, Konto2, ...) unterstützen müssen. Eine weitere Analyse des Bankbeispiels ergibt, daß in diesem Anwendungsbereich verschiedene Arten von Konten auftreten, die in ihrem Verhalten einander zwar nicht gleich, aber doch sehr ähnlich sind, z.B. Girokonten, Sparkonten oder Festgeldkonten. Hier ist es wünschenswert, die Gemeinsamkeiten dieser Konten in einer Deklaration zusammenzufassen und daraus die geforderten Spezialisierungen abzuleiten. Ein solches Vorgehen verringert den Entwicklungsaufwand und vermeidet die ansonsten in einander ähnlichen Teilen möglichen Inkonsistenzen. Eine weitere Forderung an eine objektorientierte Programmiersprache ist daher, daß sie das einfache Erzeugen einander *ähnlicher* Objekte unterstützen müssen.

Die entsprechenden Hilfsmittel zur Definition gleichartiger und ähnlicher Objekte sind mit den Konzepten der Klasse und der Vererbung bereits in den vorangehenden Kapiteln eingeführt worden. Sie werden hier noch einmal zusammengefaßt und kritisch diskutiert.

Die Möglichkeit zur Erzeugung gleichartiger Objekte ist in Java immer gegeben, da jeder Instanzbildung zunächst die Vereinbarung einer entsprechenden Klasse vorangehen muß. Grundsätzlich lassen sich über den Konstruktor einer Klasse beliebig viele der zugehörigen Objekte erzeugen. Wir haben dies an zahlreichen Stellen unserer Beispielprogramme ausgenutzt, insbesondere beim Aufbau dynamischer Datenstrukturen (Kapitel 6), die ihre Fähigkeit zur flexiblen Anpassung ihrer Größe an die Anzahl der zu verwaltenden Daten u.a. dieser Eigenschaft verdanken.

16.5 Erzeugung ähnlicher Objekte

Das Erzeugen einander ähnlicher Objekte wird durch die Spezialisierung von Superklassen zu Subklassen unterstützt. Dabei übernimmt eine *Subklasse* zunächst alle Attribute und Methoden ihrer *Superklasse* und erweitert dieses Erbe bei Bedarf um eigene Deklarationen. In Java wird eine solche Spezialisierung durch das *Erben* einer Klasse realisiert. Abb. 16.1 veranschaulicht das Vererben der Superklasse Konto an die drei Subklassen Girokonto, Sparkonto und Festgeldkonto. In Bsp. 16.3 wird ein Ausschnitt aus dem zugehörigen Java-Programm vorgestellt.

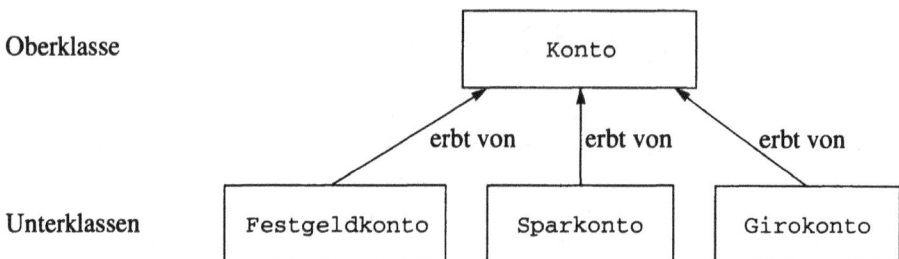

Abb. 16.1: Erbungsbeziehungen der Klasse Konto

Die in Bsp. 16.3 vorgenommene Spezialisierung der Klasse `Konto` vereinbart eine neue Klasse `Girokonto`, die die Attribute `inhaber`, `nummer`, `stand` und `dispo` und die Methoden `zahleEin` und `hebeAb` der Klasse `Konto` mit den zusätzlich deklarierten Attributen `anzahlBuchungen` und `buchungsgebühr` und der Methode `rechneAb` vereint.

```
class Konto {
   private int nummer, stand, dispo;
   Konto(int n, int ein) {
     nummer = n;
     stand = ein;
     dispo = 0;
   }
   void zahleEin(int ein) {
     // ...
   }
   int hebeAb(int ab) {
     // ...
   }
}
class Girokonto extends Konto {
   private int anzahlBuchungen, buchungsgebühr;
   Girokonto(int n, int ein, int bg) {
     super(n, ein);
     anzahlBuchungen = 0;
     buchungsgebühr = bg;
   }
   int rechneAb() {
     // ...
   }
}
```

Bsp. 16.3: Erben der Klasse Girokonto *von der Klasse* Konto

Abb. 16.2 visualisiert ein der Referenz `einGiro` zugewiesenes Objekt, das aus der Klasse `Girokonto` durch den Aufruf des Konstruktors erzeugt wurde:

```
Girokonto einGiro = new Girokonto(134, 100, 1);
```

Abb. 16.2 verdeutlicht, warum Objekte einer Subklasse immer kompatibel zu ihrer Superklasse sind: alle Attribute und Methoden, die durch die Superklasse definiert werden, sind in Form eines imaginären Teilobjekts auch Bestandteile der Objekte der Subklasse. Dieses Teilobjekt muß – von einigen später diskutierten Ausnahmen abgesehen – beim Zugriff auf seine Bestandteile nicht beachtet werden, der Aufruf der Methode `einGiro.hebeAb(50)` ist zulässig und führt dazu, daß die Methode `hebeAb` des imaginären Teilobjekts der Klasse `Konto` in der Klasse `Girokonto` ausgeführt wird. Bei der Ausführung dieser Methode werden von der gewählten Spezialisierung ausgehend solange die in der – möglicherweise geschachtelten – Teilobjekte der Superklassen inspiziert, bis die Methode mit dem aufgerufenen Namen `hebeAb` gefunden wird. Diese wird dann ausgeführt.

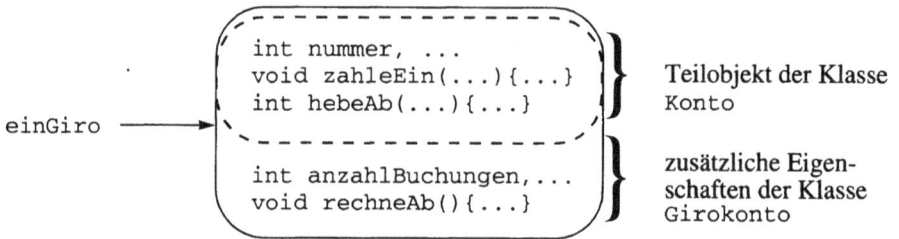

Abb. 16.2: Visualisierung eines Objekts der Klasse `Girokonto`

Die Schachtelung der Objekte von Sub- und Superklassen erlaubt auch die Zuweisung eines Objekts einer Subklasse an eine Referenz auf eine Superklasse, ohne daß die zum Teilobjekt gehörenden Informationen verloren gehen. Die Referenz der Superklasse zeigt dann zwar auf das Objekt der Subklasse, es sind der Referenz aber nur die ererbten Bestandteile der Superklasse bekannt, so daß auch nur diese für die Referenz sichtbar sind. Ein Zugriff kann somit nur auf ererbten Bestandteile erfolgen. Abb. 16.3 zeigt diesen Fall für die Vereinbarung:

```
Konto einKonto = einGiro;
```

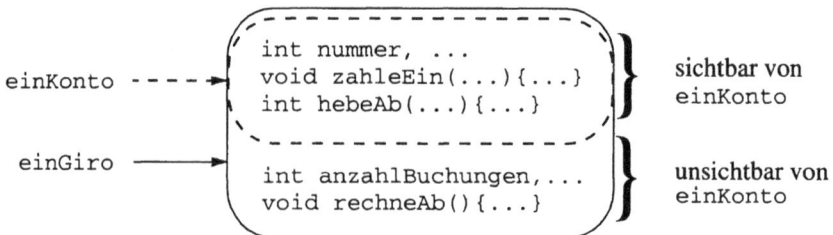

Abb. 16.3: Visualisierung einer Referenz auf ein Teilobjekt der Klasse `Konto`

Das Bsp. 16.4 zeigt eine alternative Form der Wiederverwendung der bereits definierten Klasse `Konto`. Die Vereinbarung der Klasse `GiroBuchung` schafft Objekte mit einer anderen Struktur, da bei Erzeugung eines Objekts `einGiroBuchung` der Klasse `GiroBuchung` nicht zugleich ein Teilobjekt der Klasse `Konto` geschaffen wird.

Vielmehr wird ein solches Objekt nur durch den expliziten Aufruf des Konstruktors erzeugt und kann dann innerhalb des über einGiroBuchung erreichbaren Objekts unter dem Namen einfachesGiro angesprochen werden. Die Attribute und Methoden des Objekts einfachesGiro sind jedoch in dem Objekt einGiroBuchung nicht bekannt und ausschließlich über einen qualifizierten Zugriff in der Form einGiroBuchung.einfachesGiro erreichbar. Die Zuweisung von einfachesGiro an eine Referenz von Konto betrifft nur das zugehörige Konto-Objekt, das Objekt der Klasse GiroBuchung geht dabei verloren:

```
einKonto = einGiroBuchung.einfachesGiro;
```

```
class GiroBuchung {
   public Konto einfachesGiro;
   public int anzahlBuchungen, buchungsgebühr;
   public GiroBuchung(int n, int ein, int bg) {
      einfachesGiro = new Konto(n, ein);
      anzahlBuchungen = 0;
      buchungsgebühr = bg;
   }
   public void rechneAb() {
      // ...
   }
}
```

Bsp. 16.4: Die Klasse GiroBuchung mit einem eingebetteten Objekt

Ein Vergleich der Abb. 16.3 mit der Abb. 16.4 zeigt sehr anschaulich, daß die Erweiterung von Klassen zu Subklassen durch Vererbung und das explizite Setzen von Referenzen als Attribute auf separate Objekte unterschiedliche Konzepte sind, die zu verschiedenen Strukturen führen. Insbesondere können die in der Klasse Konto vereinbarten Methoden nicht für die Objekte der Klasse GiroBuchung aufgerufen werden, sondern nur für deren unter dem Namen einfachesGiro ansprechbares Attribut.

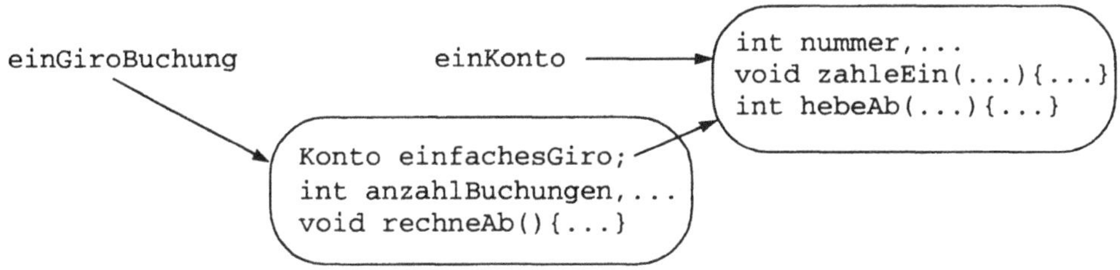

Abb. 16.4: Visualisierung einer Referenz auf ein Teilobjekt der Klasse Konto

16.6 Konzepte der Spezialisierung

Zusammen mit der Vererbung von Klassen werden in der Softwaretechnik verschiedene Formen der Beziehungen zwischen Klassen und verschiedene Möglichkeiten der Veränderung von Attributen und Methoden einer Superklasse in ihren Subklassen diskutiert. Die Realisierungen dieser Konzepte, soweit sie in Java überhaupt umgesetzt sind, werden nun vorgestellt. Es werden unterschieden:

- *Umbenennung (renaming)* – Innerhalb einer Subklasse soll ein Element, Attribut oder Methode, das in der Superklasse definiert ist, unter einem anderen als dem dort definierten Namen angesprochen werden können.

- *Überdefinition* – Innerhalb einer Subklasse soll der Name eines Attributs oder einer Methode der Superklasse für eine erneute Deklaration verwendet werden, die die Deklaration der Superklasse verbirgt.

- *Redefinition* – Die in einer Subklasse vorgenommene Änderung einer von der Superklasse ererbten Definition eines Elements soll auch bei Zugriffen über Referenzen der Superklasse wirksam werden.

- *Mehrfacherbung (multiple inheritance)* – Eine Subklasse soll von mehr als einer Superklasse erben können.

- *Generizität* – Eine Form der Klassenvereinbarung, die Typparameter enthält. Erst durch das Ersetzen dieser Typparameter wird aus einer *generischen Klasse* eine konkrete Klasse erzeugt, von der Objekte abgeleitet werden können.

Umbenennung in Java

Das Ziel einer Umbenennung ist es, die aus einer Superklasse ererbten Attribute und Methoden in einer Subklasse unter einem anderen Namen ansprechbar zu machen, um die Namen dem Sprachgebrauch innerhalb der Subklasse anzupassen.

Attribute können in Java nicht umbenannt werden. Auch Methoden können nicht explizit durch eine Anweisung der Sprache Java umbenannt werden. Allerdings ist es immer möglich, den Aufruf der umzubenennenden Methode in einer neu definierten Methode mit der gewünschten Bezeichnung und der gleichen Signatur zu verbergen, die dann die Parameter und den möglichen Rückgabewert weiterreicht. Die Methode soSollSieHeißen kapselt in dieser Form die Methode soWurdeGeerbt ein:

```java
int soWurdeGeerbt(int i, char c) {
  //...
}
int soSollSieHeißen(int j, char d) {
  return soWurdeGeerbt(j, d);
}
```

Überdefinition und Redefinition in Java

Wird ein ererbter Name in einer Klasse überdefiniert, so wird der unmittelbare Zugang zu der in der Superklasse vorgenommenen Vereinbarung durch die neue Vereinbarung verdeckt. Java gibt dem Programmierer keine Möglichkeit, diesen Vorgang durch eine explizite Angabe zu steuern. Es kommen implizite Standard-mechanismen zur Anwendung, die allerdings Attribute und Methoden unterschied-lich behandeln.

Attribute können in Java immer überdefiniert werden, indem in einer Subklasse eine neue Vereinbarung unter dem gleichen Namen vorgenommen wird. Als Beispiel definieren wir eine sehr einfache Klasse und ihre ebenso simple Subklasse.

```
class MitEinemAttribut {
  public int dasAttribut;
}
class MitVerdecktemAttribut extends MitEinemAttribut {
  public char dasAttribut;
}
```

Nun legen wir ein Objekt der Klasse MitVerdecktemAttribut an und lassen je eine Referenz der Super- und der Subklasse darauf verweisen (Abb. 16.5).

```
MitVerdecktemAttribut refMVA = new MitVerdecktemAttribut();
MitEinemAttribut refMEA = RefMVA;
```

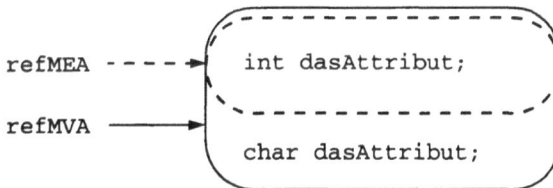

Abb. 16.5: Visualisierung der Referenzen auf ein Objekt der Klasse MitVerdecktemAttribut

Ein Zugriff durch refMVA.dasAttribut liefert nun ein Zeichen, der Zugriff über refMEA.dasAttribut eine ganze Zahl – dies ist genau der Effekt der impliziten Überdefinition. Allerdings kann durch einen qualifizierten Zugriff der Form super.dasAttribut innerhalb der Subklasse MitVerdecktemAttribut immer auch auf das Attribut der direkten Superklasse, also die ganzzahlige Variable dasAttribut, zugegriffen werden.

Anders wird diese Situation für Methoden gelöst: Methoden werden grundsätzlich *nie* überdefiniert, sondern immer nur redefiniert. Bei der Redefinition ersetzt die Vereinbarung in der Subklasse bei der Ausführung immer die in der Superklasse vorgenommene Definition. Wir verdeutlichen die Situation an einem Beispiel, das analog zu dem vorhergehenden aufgebaut ist:

```
class MitEinerMethode {
    public void dieMethode() { System.out.println("in MEM"); }
}
class MitVerdeckterMethode extends MitEinerMethode {
    public void dieMethode() { System.out.println("in MVM"); }
}
```

Erzeugen wir ein Objekt der Klasse `MitVerdeckterMethode` und lassen je eine Referenz der Super- und der Subklasse darauf verweisen, so ergibt sich die in Abb. 16.6 dargestellte Struktur: Aufrufe der Methode `dieMethode` ergeben nun sowohl über die Referenz `refMEM` als auch über die Referenz `refMVM` immer die Ausgabe `"in MVM"`. Innerhalb von `MitVerdeckterMethode` – und auch nur dort – ist jedoch über `super` auch hier noch ein Zugriff auf die Methode in der Klasse `MitEinerMethode` möglich.

```
MitVerdeckterMethode refMVM = new MitVerdeckterMethode();
MitEinerMethode refMEM = refMVM;
```

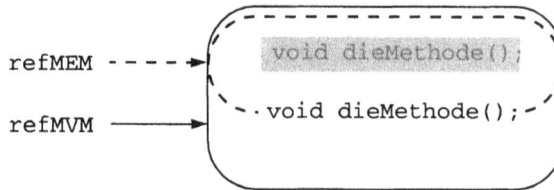

Abb. 16.6: Visualisierung der Referenzen auf ein Objekt der Klasse `MitVerdeckterMethode`

Die Redefinition von Methoden kommt nur dann zum Tragen, wenn in einer Subklasse eine Methode mit gleicher Signatur vereinbart wird. Ist eine Redefinition nicht möglich, so meldet der Compiler einen Fehler. Dieser Fall würde beispielsweise dann auftreten, wenn wir folgende Vereinbarung vorgenommen hätten:

```
class MitEinerMethode {
    final void dieMethode() { System.out.println("in MEM"); }
}
```

Das Schlüsselwort `final` würde das Redefinieren der Methode verbieten, die Klasse `MitVerdeckterMethode` wäre daher nicht zulässig.

Da Attribute immer überdefiniert werden, können sie nicht redefiniert werden. Die von Java vorgegebene Behandlung von ererbten Komponenten ist zwar etwas unsymmetrisch, gleichwohl sehr pragmatisch:

- Die beliebige Redefinition von Attributen ist in einer getypten Sprache wie Java sehr problematisch. Die Anforderungen an die Typsicherheit würden daher die Möglichkeiten der Redefinition i.w. auf solche Fälle beschränken, in denen auch mit den Standardtypkonvertierungen gearbeitet werden könnte.

- Demgegenüber stellt Redefinition von Methoden kein Problem dar, da ja die für die Benutzung wichtige Schnittstelle der Methode, die durch die Signatur gegeben ist, erhalten bleibt, so daß sich weder die Parametertypen noch der Typ eines möglicherweise vorhandenen Rückgabewertes ändern. Die Redefinition stellt zudem sicher, daß ein Objekt unter einer Signatur immer nur genau eine Funktionalität anbietet. Wird hingegen die Überdefinition von Methoden gestattet, so hängt die Reaktion eines Objekts auf den Aufruf der Methode vom Typ der aufrufenden Referenz ab; ein Zeiger auf die Super-klasse bewirkt dann möglicherweise ein anderes Verhalten als ein Zeiger auf die Subklasse. Diese Problematik wird in Java ausgeklammert.

Mehrfacherbung

Das Konzept der Mehrfacherbung bezeichnet die Fähigkeit einer Subklasse, mehrere direkte Superklassen zu besitzen und somit von mehreren Klassen zu erben. Sieht eine Programmiersprache Mehrfacherbung vor, so zieht dies zwei wesentliche Konsequenzen nach sich:

- Eine Subklasse kann durch das direkte Erben der verschiedenen Superklassen einfach aus diesen »zusammengesetzt« werden, redundante Beschreibungen werden vermieden. Diese an sich recht praktische Eigenschaft führt jedoch zu Problemen: Bei Namenskonflikten ist zu klären, aus welcher vererbenden Klasse die für die erbende Klasse gültige Vereinbarung gewählt werden soll. Ist ein Attribut in einer gemeinsamen Superklasse der Superklassen verein-bart und wird es dadurch über verschiedene direkte Superklassen geerbt, so muß bestimmt werden, ob dieses Attribut einfach oder mehrfach angelegt werden soll.

- Die Objekte einer mehrfach erbenden Subklasse können den Referenzen aller ihrer Superklassen zugewiesen werden, sie fühlen sich sozusagen in ver-schiedenen Umgebungen wohl. Ein Amphibienfahrzeug (das von einem Boot und einem Automobil erben würde) könnte so programmtechnisch problem-los sowohl unter die Boote der Hafenverwaltung als auch unter die Kraftfahr-zeuge des Straßenverkehrsamtes eingeordnet werden.

Mehrfacherbung wird von Java nicht in vollem Umfang unterstützt. Jede Klasse
(außer `Object`) besitzt genau eine Superklasse, aus der sie abgeleitet ist. Das
beschriebene einfache Zusammensetzen von verschiedenen Klassen zu einer neuen
Klasse kann daher in Java nicht erfolgen.

Allerdings kann der zweite o.a. Aspekt, die Zuweisungskompatibilität zu den
Referenzen verschiedener Typen, in Java durch eine geeignete Struktur von
Abstraktionen erreicht werden. Eine Klasse kann mehrere Abstraktionen implementieren, eine Abstraktion kann mehrere andere Abstraktionen erweitern. Da Abstraktionen auch zur Typisierung von Referenzen herangezogen werden können, lassen
sich Objekte an alle Referenzen binden, die auf die entsprechenden Abstraktionen
verweisen. Die Hafenmeisterei würde mit der Abstraktion `AllesWasSchwimmt`, das
Straßenverkehrsamt mit der Abstraktion `AllesWasRollt` arbeiten. Dann kann ein
Amphibienfahrzeug bequem mitschwimmen und -rollen, wenn es folgende Vereinbarung besitzt:

```
interface AllesWasSchwimmt {
  // ...
}
interface AllesWasRollt {
  // ...
}
class Amphibienfahrzeug
  implements AllesWasSchwimmt, AllesWasRollt {
  // ...
}
```

Abstraktionen bieten natürlich nicht alle Möglichkeiten, die eine Programmierung
mit *echter* Mehrfacherbung bereitstellt. Java bietet hier mit Abstraktionen einen
Kompromiß, der eine gegenüber Mehrfacherbung einfachere Behandlung in
Compiler und zur Laufzeit erlaubt.

Generizität

Generische Klassen besitzen formale Typparameter, die im Rumpf der Klasse als
Platzhalter für aktuell bei der Erzeugung eines Objekts übergebene Typen dienen. Es
ist dadurch beispielsweise möglich, Datenstrukturen aufzubauen, die sehr flexibel
und zugleich einfach zur Speicherung von Werten verschiedener Typen eingesetzt
werden können. Der folgende, in Java *nicht* mögliche Programmausschnitt soll
andeuten, wie eine Übertragung des prinzipiellen syntaktischen Aufbaus von
generischen Klassen aus anderen Programmiersprachen in Java aussehen könnte:

```
class GenerischeListe [T] {
  class GenerischesElement [T] {
    // ...
  }
  // ...
  GenerischesElement[T] kopf;
  // ...
}
// ...
GenerischeListe[int] eineIntListe =
                    new GenerischeListe[int]();
GenerischeListe[char] eineCharListe =
                    new GenerischeListe[char]();
```

Die abschließenden beiden Zeilen des vorangehenden Programmauschnitts zeigen, wie aus der fiktiven generischen Klasse GenerischeListe auf sehr einfache Weise zwei Listen erzeugt werden könnten, von denen die eine dazu dienen würde, ganze Zahlen abzuspeichern, und die andere einzelne Zeichen aufbewahren könnte. Die Angabe des aktuellen Typparameters würde die konkrete Datenstruktur bestimmen, da innerhalb der Klasse GenerischeListe alle Vorkommen von T entsprechend ersetzt würden. Dieser Mechanismus würde neben seiner einfachen Handhabung zugleich auch große Typsicherheit bieten, da natürlich nur solche Werte in einer Instanz von GenerischeListe abgelegt werden könnten, die auch den für T gewählten Typ besitzen.

Bei der Gestaltung der Sprache Java wurde auf Generizität verzichtet, da genau der zuletzt genannte Vorteil, die Bewahrung der strengen Typisierung, zugleich einen erheblichen Mehraufwand bei Übersetzung und der Ausführung bewirken würde; konzeptionelle Einschränkungen wurden hier aus technischen Gründen in Kauf genommen.

Allerdings haben wir bereits in Kapitel 7.6 eine Liste mit beliebigen Elementen kennengelernt und auch für die Wiener Hofburg (Kapitel 7.7) und im Algorithmus von Kruskal (Kapitel 10.4) eingesetzt. Diese Implementierung baut auf der Kompatibilität von Sub- und Superklassen auf und geht von Referenzen auf die Klasse Object aus, die auf jedes beliebige Objekt in Java verweisen können. Diese Implementierung weist aber nicht die oben angedeutete Typsicherheit einer auf generischen Klassen basierenden Lösung auf. Für die Bewahrung der Typsicherheit müßte sehr viel Aufwand getrieben werden, da jeder eingefügte Wert explizit überprüft werden müßte, ob er den vorgegebenen Typ besitzt oder nicht.

16.7 Assoziation, Aggregation und Komposition in Java

Zum Abschluß unserer Untersuchung der Realisierung objektorientierter Konzepte in der Programmiersprache Java werden noch zwei Formen der Beziehungen zwischen Objekten betrachtet, die als Assoziation und Aggregation bezeichnet werden.

Assoziation beschreibt eine Beziehung zwischen zwei Objekten derart, daß ein Objekt das andere kennt und dessen Methoden benutzen kann. Assoziationen werden in Java durch Referenzen auf Objekte realisiert. Dies bedeutet insbesondere, daß Assoziationen in Java immer gerichtet sind, da eine wechselseitige Kenntnis zweier Objekte voneinander erst dann gegeben ist, wenn beide Objekte jeweils eine Referenz auf das andere Objekt enthalten.

Aggregation und *Komposition* beschreiben Beziehungen zwischen zwei Objekten derart, daß ein Objekt als Teil eines anderen, umgebenden Objekts aufgefaßt werden kann, ohne von diesem zu erben. Das umgebende Objekt kennt sein Teilobjekt und kann dieses auch benutzen. In diesem Sinne ist Aggregation eine spezielle Form der Assoziation, bei der zwischen beiden Objekten eine stärkere Abhängigkeit besteht. Die Komposition fordert einen noch engeren Zusammenhalt der Objekte, bei dem davon ausgegangen wird, daß ein Teilobjekt nur gemeinsam mit dem es umgebenden Objekt existieren kann, d.h. mit diesem erzeugt und vernichtet wird.

In Java kann eine solche enge Bindung zwischen zwei Objekten dadurch ausgedrückt werden, daß innerhalb eines Objekts eine konstante Referenz auf ein anderes Objekt angelegt wird, die dann nicht verändert werden kann. Dies geschieht durch die Angabe der Spezifikation `final` bei der Vereinbarung der Referenz, die so eine konstante Referenz bildet und immer nur auf genau das Objekt verweist, das ihr bei der Initialisierung zugewiesen wurde. Für das Bsp. 16.4 könnte eine solche Vereinbarung das folgende Aussehen besitzen:

```
final Konto einfachesGiro = new Konto();
```

16.8 Abschlußbemerkungen

Java präsentiert sich als eine objektorientierte Sprache, deren Syntax- und Semantik-definition von der »Gnade der späten Geburt« profitiert. Viele Ideen wurden aus BETA übernommen, die Klarheit der Umsetzung der objektorientierten Prinzipien erinnert an Eiffel und die Syntax lehnt sich stark an die von C++ an. Hinzu kommt mit der Abstraktion ein Konzept, das in dieser Form keine der genannten Sprachen kennt.

Java sollte nicht, wie dies aufgrund der Syntax vielfach geschieht, als vereinfachte Version von C++ betrachtet werden: Die *semantische Distanz* zwischen beiden Sprachen ist zu groß. Java ist eine eigenständige, handliche Sprache mit einer über-schaubaren Syntax und einer klaren Semantik, die sich insbesondere dazu eignet, dem Anfänger objektorientierte Konzepte nahezubringen. Die Umsetzung objekt-orientierter Systeme in eine Implementierung mit Java bereitet im allgemeinen keine Probleme.

Zusätzlich sprechen für einen Einsatz von Java einige der Aspekte, deren Betrach-tung wir im vorliegenden Buch explizit ausgeklammert haben. Die Ausrichtung des Übersetzungsvorgangs auf einen einfachen Programmaustausch im Internet hat dazu geführt, daß einerseits für alle Hardwareplattformen geeignete Compiler und Interpreter kostenfrei zur Verfügung stehen und sich andererseits Java-Programme tatsächlich sehr leicht zwischen verschiedenen Plattformen portieren lassen. Die Dynamik, die den gesamten Bereich der Java-Programmierung umgibt, hat zudem zu einer Vielzahl von Klassenbibliotheken geführt, die ein breites Spektrum von Aufgaben standardisiert unterstützen.

Literaturverzeichnis

[AG00]   K. Arnold, J. Gosling: *The Java Programming Language*,
              Addison-Wesley, Reading, Mass., [3]2000

[AHU74]   A. V. Aho, J. E. Hopcroft, J. D. Ullman: *The Design and Analysis of
              Computer Algorithms*, Addison-Wesley, Reading, Mass., 1974

[AHU83]   A. V. Aho, J. E. Hopcroft, J. D. Ullman: *Data Structures and
              Algorithms*, Addison-Wesley, Reading, Mass., 1983

[ALS00]   H.-J. Appelrath, J. Ludewig, A. Spiegel: *Skriptum Informatik –
              Eine konventionelle Einführung*, VdF, Zürich, [5]2000

[BG92]   F. L. Bauer, G. Goos: *Informatik – eine einführende Übersicht*,
              Springer, Berlin, [4]1992

[CLR01]   T. H. Cormen, C. E. Leiserson, R. L. Rivest: *Introduction to
              Algorithms*, The MIT Press, Cambridge, Mass., [2]2001

[CW01]   M. Campione, K. Walrath: *The Java Tutorial. Object-Oriented
              Programming for the Internet*, Addison-Wesley, Reading, Mass., [3]2001

[DD96]   E.-E. Doberkat, S. Dißmann: *Einführung in die objektorientierte
              Programmierung mit BETA*, Addison-Wesley, Bonn, 1996

[H-O97]   Fritz Hermanovski-Orlando: *Gesammelte Werke in drei Bänden*,
              Zweitausendeins, Frankfurt a. M., 1997

[GHJV95]   E. Gamma, R. Helm, R. Johnson, J. Vlissides: *Design Patterns*,
              Addison-Wesley, Reading, Mass., 1995

[GJM91]   C. Ghezzi, M. Jazayeri, D. Mandrioli: *Fundamentals of Software
              Engineering*, Prentice-Hall, Englewood Cliffs, NJ, 1991

[GJS00]   J. Gosling, B.Joy, G. Stelle: *The Java Language Specification*,
              Addison-Wesley, Reading, Mass., [2]2000

[Güt92]   H. Güting: *Datenstrukturen und Algorithmen*,
              B. G. Teubner, Stuttgart, 1992

[Knu93]   D. E. Knuth: *The Stanford GraphBase - A Platform for Combinatorial
              Computing*, Addison-Wesley, Reading, Mass., 1993

[Knu68]   D. E. Knuth: *The Art of Computer Programming I - III*,
               Addison-Wesley, Reading, Mass., 1968

[Kru56]   J. B. Kruskal: *On the Shortest Spanning Subtree of a Graph and the
               Traveling Salesman Problem*, in: Proceedings of the American Mathe-
               matical Society 7:1 (Feb. 1956), 48-50

[Mey97]   B. Meyer: *Object-oriented Software Construction*, Prentice Hall,
               New York, ^{2}1997

[Hen97]   N. Hendrich: *Java für Fortgeschrittene*, Springer-Verlag,
               Berlin, 1997

[Str92]   B. Stroustrup: *Die C++ –Programmiersprache*, Addison-Wesley,
               Bonn, 1992

Anhang

A: Einfache Methoden zur Ein- und Ausgabe

Die Klasse EA stellt einfache Methoden zur Ein- und Ausgabe bereit, soweit sie innerhalb der Beispiele dieses Buches benötigt werden. Die Klasse ermöglicht es uns,
innerhalb der ersten einführenden Beispiele Ein- und Ausgaben vorzunehmen, ohne
unmittelbar auf die Problematik der Datenströme (Kapitel 13) eingehen zu müssen.
Zudem stellen wir in der Klasse EA die Methode readInt zur Verfügung, die ganze
Zahlen über die Standardeingabe einliest, eine Funktionalität, die so von Java nicht
angeboten wird.

Mit Ausnahme von readInt kapseln die Methoden der Klasse EA die von dem
Objekt out der Klasse System bereitgestellten Methoden gleichen Namens ein und
vermeiden lediglich den erklärungsbedürftigen Zugang über System.out. Die
ersten Beispiele werden ausschließlich innerhalb des namenlosen Standardpakets
implementiert. Um aus einer anderen Klasse heraus genutzt zu werden, muß die
Klasse EA dann nur mit dieser im gleichen Verzeichnis abgelegt werden.

Bsp. A1 zeigt die Implementierung der Klasse EA.

```
import java.io.*;
public class EA {
  public static void print(String s) {
    System.out.print(s);
  }
  public static void print(char c) {
    System.out.print(c);
  }
  public static void print(int i) {
    System.out.print(i);
  }
  public static void print(boolean b) {
    System.out.print(b);
  }
```

Bsp. A1: Die Klasse EA (Teil 1; Fortsetzung Teil 2)

```java
public static void print(Object o) {
  System.out.print(o);
}
public static void println(String s) {
  System.out.println(s);
}
public static void println(char c) {
  System.out.println(c);
}
public static void println(int i) {
  System.out.println(i);
}
public static void println(boolean b) {
  System.out.println(b);
}
public static void println(Object o) {
  System.out.println(o);
}
public static int readInt() {
  DataInput StdEingabe = new DataInputStream(System.in);
  int ergebnis = 0;
  try { ergebnis = Integer.parseInt(StdEingabe.readLine()); }
  catch (IOException io) {}
  return ergebnis;
}
public static char readChar() {
  DataInput StdEingabe = new DataInputStream(System.in);
  char ergebnis = ' ';
  try { ergebnis = StdEingabe.readLine().charAt(0); }
  catch (IOException io) {}
  return ergebnis;
}
}
```

Bsp. A1: Die Klasse EA *(Teil 2)*

B: Anmerkungen zum Unicode-Zeichensatz

Unicode (ISO 10646) ist ein Kodierungssystem für Zeichen, das der zunehmenden Internationalisierung Rechnung trägt und letztlich die bisherigen Standards wie ASCII oder ISO 8859 ablösen soll. Im Gegensatz zu diesen Standards, die auf einer 7 bit- (ASCII) oder 8 bit-Darstellung (ISO 8859) aufsetzen und daher nur 128 bzw. 256 Zeichen unterscheiden können, verwendet Unicode 16 bit zur Kodierung eines einzelnen Zeichens. Dadurch können bereits 65536 verschiedene Zeichen kodiert werden, ein Erweiterungsmechanismus erlaubt sogar die Kodierung von über einer Million Zeichen.

Jedes Zeichen besitzt im Unicode-Zeichensatz eine eindeutige Position, die üblicherweise als vierstellige Hexadezimalzahl angegeben wird. So ist beispielsweise 03BC der griechische Buchstabe »µ«, 20AC bezeichnet »€«, das Währungszeichen für *Euro*. Der Bereich des Unicode-Zeichensatzes, der von 0000 bis 007F reicht, entspricht exakt dem bekannten ASCII-Format. Der Unicode-Zeichensatz umfaßt unter vielen anderen auch die hebräischen, griechischen, kyrillischen, armenischen und arabischen Zeichensätze, Symbole aller Art und die unter CJK (China-Japan-Korea) zusammengefaßten Schriftzeichen.

Neben der Kodierung mit 16 bit existieren im Unicode-Standard einige kompaktere Formate (wie UTF-7 oder UTF-8), die eine Kodierung mit variabler Länge verwenden, so daß ein Zeichen in ein, zwei oder drei Bytes umgesetzt wird. Durch diese Kodierungen kann möglicherweise in erheblichem Maße Speicherplatz gespart werden.

Index

! 29, 32

- 27f, 32

-- 35

!= 27ff, 32

" " 22

% 27, 31f

& 29, 32

&& 29, 32

* 27f, 32

+ 27f, 32

++ 35, 83

/ 27f, 32

// 24

< 27ff, 32

<= 27ff, 32

= 32

== 27ff, 32

> 27ff, 32

>= 27ff, 32

?: 37

^ 29, 32

| 29, 32

|| 29, 32

' ' 29

A

Abschottung 407

abstract 196

Abstract Windows Toolkit 340

Abstraktion 113ff, 121, 154, 186f, 196,
   200, 210, 213, 226, 248, 252, 416
   DataInput 334

DataOutput 333

Enumeration 210, 245

Erweiterung einer 118f

Implementierung einer 118

interface 113

Liste 190

Menge 253

Namenskonflikte in 120

Partition 256

PrioritaetsWarteschlange 114, 116f

Referenz auf 117

Verschattung in 120

Aggregation 418

Algorithmus 13, 16, 20, 32, 100

Backtracking 162

binäre Suche 142

Bubblesort 54

First-In-First-Out 265

funktionaler 404

Heapsort 51, 100

imperativer 404

Quicksort 170

Rham's Funktion 111

Sieb des Eratosthenes 311

Sortieren durch Einfügen 50f

Sortieren durch Mischen 323

Speisende Philosophen 303

von Euklid 40

von Kruskal 51, 156, 233, 239, 259,
   263, 284, 385, 391, 417

Anweisung 21f, 32f, 36ff, 41ff

bedingte 32, 36f, 45

Bedingungsschleife 40

bewachte 32, 38f, 45

break 39, 44

continue 44

do 41

elementare 21, 32
for 42
geschachtelte 37
if 36
Liste von 38f
markierte 44
Schleife 40
Sprung 32, 45
switch 38
while 40f
Zählschleife 42
Zuweisung 33
Applet 339, 342ff, 356
Applikation 21ff, 60, 75, 276, 339
Äquivalenzrelation 262
Assoziation 418
Attribut 59f, 69, 79, 114, 120, 134, 176f,
          209, 406, 413
    Deklaration von 61
    final 114
    lokales 216
    Name von 61
    privates 74ff
    Standard-Initialisierung von 222
    statisches 76f, 182
    Veränderung von 412
    Vereinbarung von 176
    Vorbelegung von 61
    Wert von 61
    Zugriff auf 70
    Zugriffsspezifikation zu 232
Ausdruck 27, 34ff, 40ff, 48
    arithmetischer 27, 202
    Liste von 42
    Zuweisung als 34
Ausnahme 269f, 275, 277ff, 283
    Attribut einer 277
    Ausnahmeobjekt 269
    catch 269, 273, 280
    Error 269
    Exception 269
    Fangen einer 269, 272f, 280
    finally 281
    Methode einer 277

Throwable 277
throws 269
try 273, 280
Weiterleiten einer 280
Weiterreichen einer 273
Werfen einer 269

B

Backtracking 110, 162
Baum 91
    binärer 91ff, 156, 235
    binärer Suchbaum 142
    Blatt von 92f
    Breitendurchlauf durch 151
    Durchlauf durch 149
    freier 236
    Höhe von 146
    Kante in 91
    Knoten in 91ff, 156
    leerer 92
    Preorder-Durchlauf durch 321
    Sohn in 92
    Unterbaum von 92
    Wurzel von 92f, 236
Baustein 260
Bedingungsschleife 32, 40f
    do 41
    while 40
Benutzungsoberfläche 218, 339, 383ff
    Bild in 356
    Ereignis 383
    Fenster in 394
    Graphik in 345
    Look-and-Feel einer 340
    Menüleiste in 399
Beweis
    vollständige Induktion 105f, 147
Bezeichner 24
Bild
    Laden von 357

Block 22, 32f, 36, 42, 46, 60, 64, 68, 217
  { } 22
  innerer 46
  umgebender 46
Boolean 81
boolean 29, 36, 39ff, 80
break 39, 44
Breitendurchlauf 151ff
Buchstabe 24
byte 27, 30, 38

C

case 38
catch 269, 273, 276f, 280f
char 29, 38, 80
Character 81
class 22, 60
Cloneable 188
Compiler 23
continue 44

D

Datei 313ff
  Ausgabedatei 317, 324
  Eingabedatei 324
  EOF 316
  Laden einer 323
  Name einer 319
  Öffnen einer 316
  Schließen einer 316
Dateisystem 228
Datenstrom 313ff, 319ff, 333
  Ausgabestrom 313, 317
  Eingabestrom 313
  Filter 315, 321
Datenstruktur 47, 127, 233
  dynamische 127ff
  Feld 32, 47
  Heap 115
  rekursive 89

Datentyp 26f
  abstrakter 165ff, 407
default 38
Deklaration 33, 69, 128, 176
  Initialisierung bei 34
  Variable von 25
Disjunktion 29
  exklusive 29
do 41
Double 81
double 28

E

else 36
Encapsulation 407
Ereignis 383
  Basisereignis 384
  Behandlung von 384
  Horcher zu 391, 399
  semantisches 384
Erweiterung
  einer Methode 181
extends 119, 177, 181, 276

F

Fakultätsfunktion 90
false 29, 36, 40f
Feld 32, 47ff, 93f, 101, 187
  Baumdarstellung 94
  Deklaration von 47ff
  Dimension von 50
  Element von 47
  Grundtyp von 48
  Index von 48, 50
  Indexbereich von 48
  Initialisierung von 48
  Konstante 48f
  Kopie von 48
  Länge von 48
  mehrdimensionales 49
  new 48
  Operation auf 48

unregelmäßiges 50
Zugriff zu Elementen 50
Fibonacci 109
final 114, 185, 196, 414, 418
finally 281
Float 81
float 26, 28
for 42
Format 314

G

garbage collection 129
Gedächtnis 404
Generizität 416
Gerüst 19
   minimales 19, 239, 249
Grafikdatei 356
Graph 16, 127, 156ff, 233, 385
   Adjazenzliste von 157f, 163
   Clique in 261
   Durchlauf durch 161
   einfacher Pfad in 237
   freier Baum 236ff, 256
   gerichtete Kante in 156
   gerichteter 156
   Implementierung von 242
   Kante in 17, 235
   Kantenmenge von 156
   Knoten in 16, 158, 235
   Knotenmenge von 156
   Kostengraph 238
   minimales Gerüst zu 238f
   Pfad in 157, 235ff
   Tiefendurchlauf durch 162
   ungerichteter 234ff, 247
   Veranschaulichung von 15
   zusammenhängender 236
   Zyklus in 157, 161, 237

H

Hashing 243
Hashfunktion 243f

Hashtable 245
Hashtafel 245, 253
   mit Keller 244
   mit offener Adressierung 243
   mit Verkettung 243
   sekundäre Hashfunktion 243f
   Universum 243
Heap 94ff, 110ff, 124, 246, 249ff, 257
   Bedingung 95
   heapify() 97f
   sortiere() 100
   Verfahren von Williams 110
Heapsort 89, 93f, 100f
Hierarchisierung 21
Hofburg 13, 20, 91, 101, 156, 199, 233
Hofzwerg 13ff, 20, 52, 194ff, 233, 252

I

if 36
import 226
Induktion 107
   Anfang 147
   Schritt 105
   Verankerung 105
   vollständige 105
   Voraussetzung 105, 147
Information Hiding 407
Initialisierung 34
Inorder-Durchlauf 150f
instanceof 187, 193
int 25ff, 30, 38, 80, 129
Integer 27, 81
   parseInt() 81
interface 113ff, 118, 121, 190, 210
Invariante 260

J

Java Foundation Classes 339

K

Kante 16ff, 91, 156
  billigste 17
  ungerichtete 235
Kapselung 407
Kellerspeicher 127, 165f
  Last In First Out 165
Klammerung 31
Klasse 21ff, 32, 59, 68, 77, 114, 118, 128,
      176, 181, 184, 187, 207, 209, 217,
      226, 231, 252, 406, 416
  abgeleitete 177
  abstract 196
  abstrakte 194ff, 199, 248
  abstrakte Methode in 196
  Aggregation zwischen 418
  anonyme 218ff
  Applet 342
  Assoziation zwischen 418
  Attribut einer 59ff, 69, 73
  Ausnahme 276
  Benutzung einer 252
  BST 144ff, 154, 207f, 321
  Class 185f
  class 22, 60
  Cloneable 188
  DataInputStream 336
  DataOutputStream 336
  Definition einer 61, 220
  Deklaration einer 59
  EA 22ff, 423
  einhüllende 80f, 213
  Element 130, 133f, 140
  Error 277
  Erweiterung einer 177
  Erweiterung um Methode 179
  Exception 270, 277
  Exemplar einer 59
  Exemplar-Initialisierung in 222f
  extends 181, 276
  Extension einer 177
  File 326f
  FileInputStream 315, 336
  FileOutputStream 336
  FilterInputStream 336
  FilterOutputStream 336
  generische 412, 416
  Generizität von 412
  Graph 160f, 164
  Hashtable 245, 253
  HeapPWS 116
  Hofzwerg 197
  Implementierung einer 252
  innere 207, 209, 215ff
  InputStream 315, 335
  Instanz einer 62, 73, 77ff, 406
  Integer 27
  Klassenattribut 73
  Klassifikationshierarchie 179
  Knoten 144, 159ff, 168
  Kompatibilität von 409
  Komposition zwischen 418
  Konstruktor einer 61f
  Konto 73f
  Kruskal 258f, 390
  Liste 134
  lokale 217, 220
  Long 27
  Math 25
  Mehrfacherbung von 185, 200, 412ff
  Methode einer 21, 59, 61, 69
  multiple inheritance 412
  Name einer 60
  Oberklasse 177
  Object 185f, 244
  Objekt einer 59
  opake 122
  OutputStream 335
  package 71
  private 70ff
  protected 181
  public 70
  Punkt 59f, 67, 71
  Qualifikation in 61
  Redefinition in 183, 412ff
  Renaming in 412
  RuntimeException 280
  Sichtbarkeit einer 62
  Sichtbarkeit in 184

`SohnElem` 155
Speicherplatz einer 59, 61
Spezialisierung einer 176, 184
`Stack` 167
`static` 73
`String` 282
`StringBuffer` 282
Subklasse 177ff, 408f
Superklasse 177ff, 197, 408f
`System` 318
`Thread` 287ff
`Throwable` 276, 279
Typsicherheit einer 187
Überdefinition in 412f
Überschreiben in 183
Umbenennung in 412
Unterklasse 177, 220f
Vereinbarung von 24
Vererbung einer 177ff, 252, 408
`Waehrung` 72
wrapper class 81
Zugriffsspezifikation in 70f
Zuweisung 178
Klassenattribut 73
Knoten 18, 91f
    innerer 92f
Kodierung 425
    ASCII 425
Kommentar 24, 115
    `/* */` 24
    `//` 24
Komposition 418
Konjunktion 29
Konstante 27ff, 38, 48, 114, 197
    ' ' 29
    `MAX_VALUE` 27f
    `MIN_VALUE` 27f
    `NaN` 28
    `NEGATIVE_INFINITY` 28
    `POSITIVE_INFINITY` 28
Konstruktor 61f, 65, 70ff, 82, 215, 222
    Name von 61
    Signatur 77
    überladener 77, 82

Kontrollstruktur 21
Konturmodell 46f, 62, 69
Korrektheitsbeweis 104
Kostengraph 238f
    minimales Gerüst zu 238
Kruskal 16, 20

L

Laufzeitfehler 189
Laufzeitverhalten 100
Layoutmanager 387, 401
    `FlowLayout` 387
    `GridLayout` 387
Liste 127, 156, 189, 248
    Adjazenzliste 157
    doppelt verkettete 140f
    Durchlaufen einer 138f
    einfach verkettete 130
    Einfügen in 131f, 140
    Element von 156
    geordnete 136
    leere 130, 133
    lineare 129, 138
    Löschen aus 133, 140
    verkettete 136, 154, 158, 165
    von beliebigen Elementen 189
    zirkuläre 170
`Long` 27, 81
`long` 30

M

Marke 44ff
    Sichtbarkeit von 46f
Menge 242
Methode 21ff, 32, 59f, 68, 104, 120, 177,
        181, 406, 414
    `abs()` 27f
    abstrakte 114f, 196f, 221
    `actionPerformed()` 384, 391, 400
    `fakultät()` 89f, 104f
    Fakultätsfunktion 89
    `heapify()` 104, 250

iterative 89, 138
linear rekursive 104
`main()` 22ff
`max()` 25, 27f
`min()` 27f
Parameter einer 60ff, 73, 78f
`println()` 22
private 74
`readInt()` 25
Redefinition einer 196
rekursive 89f, 104, 131, 138, 162
Rückgabewert einer 60, 64, 83
Rumpf einer 24
schlicht lineare 104
Semantik einer 115
Signatur einer 62ff, 73, 114, 139
statische 77
überladene 82
verborgene 74
vordefinierte 25ff
Zugriffsspezifikation zu 232
Modell 19
  mathematisches 19
Modellierung 175, 184, 200

N

Name 23ff, 46
  Konflikt bei 68, 113
  überladener 82
  Vereinbarung von 68
Namensraum 225
Negation 29
`new` 48, 59ff, 127f, 220f
`null` 128ff

O

Objekt 59, 63, 66, 128, 406
  ähnliches 408
  Allokation von 128
  gleichartiges 408
  Initialisierung von 60
  Referenz auf 65
  Schachtelung von 410

Speicherplatz von 65
Teilobjekt 409
Zustand von 62f
Operation 21, 27f
Operator 32
  - 27f
  ! 29
  % 27
  & 29
  && 29
  * 27f
  + 27f
  / 27f
  ?: 37
  ^ 29
  | 29
  || 29
  Auswahloperator 37
  Infix 34
  `instanceof` 187
  modulo 27, 31
  Priorität von 31ff
  shortcut 29
  zur Typanpassung 30
  Vergleich 27

P

`package` 71, 225f, 230
Paket 71, 124, 181, 184, 225ff, 313
  anonymes 71
  Grundpaket 225
  `import` 226ff
  `java.awt` 340, 354
  `java.io` 313ff, 333
  `java.lang` 225, 318
  `javax.swing` 340, 386
  `package` 225
  Subpaket 228, 230
Parameter 22, 60f, 82
  aktueller 22, 25, 62
  Anzahl von 82
  call by reference 80
  call by value 78, 80
  formaler 22, 62, 73, 78f, 90

Liste von 62
Typ von 62
Übergabe von 78
Partition 239ff, 256f
    Implementierung von 242
Pisano-Zahlen 55
Postorder-Durchlauf 151
Preorder-Durchlauf 149ff
Priorität 31, 114, 117
Prioritätswarteschlange   100, 113ff,
    246, 249, 265
private 70ff, 184, 196, 227f, 232, 407
Programm 21
    Hello World 21
    main() 22
Programmierparadigma 403, 406
    objektorientiertes 403, 406
Programmiersprache
    funktionale 403
    imperative 403
    objektorientierte 403
    prädikative 403
protected 181ff, 209, 227f, 232, 407
Prozeß 287ff, 294, 300
    Dämon 292
    Deadlock von 310
    Eigenschaft von 292
    Generierung von 293
    kritischer Abschnitt in 294, 303
    leichtgewichtiger 287, 289
    Priorität von 292
    Sperre von 298ff
    Synchronisation von 297
    synchronized 296
    Verklemmung von 310
    Wartemenge von 297
    Zustand von 289
public 22, 70f, 115, 226, 232

Q

Quicksort 170

R

Referenz   65f, 70, 79, 127ff, 134, 158,
    179, 221, 416
Rekursion 89f, 104
Rückgabewert 60
Rundungsfehler 30

S

Schleife 41, 45
    Abbruchkriterium einer 43
    Bedingungsschleife 32, 40
    for 42
    Iteration in 42
    Rumpf 40
    Sprung innerhalb von 45
    Terminierung einer 41
    unendliche 293
    Zählschleife 32, 42
Schlüsselwort 22ff
Schrift
    Größe einer 354
    Metrik zu 354
    Typ einer 354f
Seiteneffekt 403
short 27, 30, 38
Sichtbarkeit 46, 68
Signatur 62
Sortieren 21
    Bubblesort 54
    durch Einfügen 21, 32, 50f, 100
    durch Mischen 323, 328
    Heapsort 89ff, 100
    Quicksort 170
Speicherbereinigung 128
Speicherplatz 26, 66
    allokierter 65
Spezialisierung 21, 176, 184, 196, 408f
Sprunganweisung 32, 44
Stack 165
static 22, 73, 77, 82, 182, 196, 209
Stream 313

String 22, 282
  " " 25
  + 25
  Konkatenation von 25
Subklasse 187, 408
Suchbaum 127, 142f, 149, 207, 321ff
  Ablegen von 323
  binärer 321
  Breitendurchlauf durch 149ff, 210ff
  degenerierter 146
  Effizienz von 146
  Einfügen in 144
  Implementierung von 144
  Inorder-Durchlauf durch 150
  Löschen aus 147
  Postorder-Durchlauf durch 151
  Preorder-Durchlauf durch 149
  Suche in 145f
  Tiefendurchlauf durch 149
  Wurzel von 142, 147
Superklasse 408
Swing 340, 383ff, 401
switch 38
synchronized 296, 301

T

Telephonnetz 13f
Terminierungsbedingung 90
Text 25
Thread 287, 289
throw 269, 276
throws 269ff
Transformationsschema 104
true 29, 36, 40f
try 273, 276, 280f
Typ 21ff, 31f
  Anpassung von 30
  boolean 29, 36, 39ff
  byte 27, 30
  char 29
  double 28
  float 26ff

int 25ff, 30
Konversionsoperator 189
konvertierbarer 188
Konvertierung von 30, 187
long 27, 30
Platzbedarf von 26
primitiver 21, 26, 32, 79f
Sicherheit von 179, 187
short 27, 30
type cast 187
Umwandlung von 199
vordefinierter 21, 23
wandelbarer 187
Wertebereich von 26, 30

U

Übersetzungseinheit 71, 225, 228ff
Unicode 29f, 425

V

Variable 21ff, 30, 33, 46, 405
  Deklaration von 25, 33, 42, 46
  Gültigkeitsbereich von 64
  lokale 64, 79, 90
  Sichtbarkeit von 33, 46
  Typ von 23
  Verdecken von 46
  Vereinbarung von 25
  Wertebereich von 23, 25
Venn-Diagramm 177
Verallgemeinerung 21
Verbindung 17
  billigste 17
Vereinbarung 22
  von Variable 25
Vererbung 184, 200, 412
  von Attribut 179
  statische 179
Vererbungshierarchie 181
Vergleich 28f
  != 27ff
  < 27ff

```
<=  27ff
==  27ff
 >  27ff
>=  27ff
```
Vernetzung 14
`void` 22

W

Wahrheitswert 29
  `false` 29
  `true` 29
Warteschlange 114, 152ff, 265f
`while` 40f
Wiederverwendung 260, 410
Wurzel 92f, 142

Z

Zahl
  Binärdarstellung 57
  `byte` 27
  Einlesen einer 23
  Fließkomma 28
  ganze 27
  `int` 27
  `long` 27
  reelle 28
  `short` 27
Zählschleife 32, 42f
  `for` 42
  Initialisierung einer 42
Zeichen 29
Zeichensatz 29f
Ziffer 24
Zugriffsspezifikation 70, 407
  `package` 232
  `private` 227, 232
  `protected` 227, 232
  `public` 232
Zuweisung 25, 30ff, 42f, 189, 405
  `--` 35
  `++` 35
  `+=` 34

`=` 25
  einfache 34
  Infix 35
  Initialisierung durch 34
  mehrfache 34
  Operator 25
  Postfix 35
  Präfix 35

www.ingramcontent.com/pod-product-compliance
Lightning Source LLC
Chambersburg PA
CBHW081524190326
41458CB00015B/5451

* 9 7 8 3 4 8 6 2 5 3 4 2 9 *